艺术珍宝

联合国教科文组织世界遗产

［意］马可·卡特尼奥　贾斯米娜·特里福尼　著

曹莉　译

中国科学技术出版社
·北京·

作者
马可·卡特尼奥（Marco Cattaneo）
贾斯米娜·特里福尼（Jasmina Trifoni）

设计
帕特里奇亚·巴洛科·洛维塞蒂（Patrizia Balocco Lovisetti）

▌第2页 这颗星是太阳神的象征，代表着和平、艺术、医药和光明之神阿波罗。路易十四在凡尔赛宫的所有装饰中都加入了神和国王的形象，成为法国君主制的象征。

百处艺术珍宝

美洲

美国　纽约自由女神像
美国　陶斯印第安村
墨西哥　瓜纳华托古镇及其银矿
墨西哥　瓦哈卡历史中心
古巴　哈瓦那旧城及其防御工事
古巴　特立尼达岛和甘蔗谷
危地马拉　安提瓜古城
哥伦比亚　卡塔赫纳港口、要塞和古堡群
秘鲁　阿雷基帕历史中心
巴西　巴伊亚的萨尔瓦多历史中心
巴西　巴西利亚城
玻利维亚　苏克雷历史中心
阿根廷　科尔多瓦耶稣会街区和牧场

欧洲

葡萄牙　托马尔的基督会院
葡萄牙　辛特拉文化景观
西班牙　巴塞罗那的古埃尔公园、古埃尔宫和米拉公寓
西班牙　埃纳雷斯堡的大学城及历史区
西班牙　格拉纳达的阿尔罕布拉宫、赫内拉利菲宫和阿尔拜辛区
西班牙　科尔多瓦历史中心
西班牙　塞维利亚大教堂、城堡王宫和西印度群岛综合档案馆
法国　兰斯的圣母大教堂、原圣勒弥修道院与塔乌宫
法国　巴黎塞纳河畔
法国　凡尔赛宫及其园林
法国　圣米歇尔山及其海湾
法国　沙特尔圣母大教堂
法国　卢瓦尔河谷城堡群
法国　阿尔克－塞南皇家盐场
法国　阿维尼翁历史中心
英国　铁桥峡谷
英国　威斯敏斯特宫、西敏寺和圣玛格丽特教堂
英国　坎特伯雷大教堂
比利时　布鲁日历史中心
比利时　建筑师维克托·奥尔塔设计的主要城市建筑
荷兰　金德代克－埃尔斯豪特风车群
德国　波茨坦和柏林的宫殿与公园
德国　亚琛大教堂
德国　维尔茨堡宫
德国　弗尔克林根钢铁厂
德国　毛尔布龙修道院
丹麦　克伦堡城堡
瑞典　特宁霍尔姆皇家领地
挪威　于尔内斯木板教堂
挪威　卑尔根
芬兰　韦尔拉木浆木板工厂
爱沙尼亚　塔林历史中心
拉脱维亚　里加历史中心
俄罗斯　圣彼得堡历史中心及其相关古迹群
俄罗斯　克里姆林宫和红场
波兰　克拉科夫历史中心
捷克共和国　布拉格历史中心
捷克　莱德尼采－瓦尔季采文化景观
奥地利　申布伦宫殿和花园
意大利　圣玛丽亚感恩教堂和多明戈会修道院建筑群
意大利　热那亚的新街和罗利宫殿体系
意大利　威尼斯及其潟湖
意大利　拉韦纳的早期基督教遗迹和镶嵌画
意大利　比萨大教堂广场
意大利　佛罗伦萨历史中心
意大利　阿西西的圣方济各教堂和其他圣方济各遗址
意大利　梵蒂冈城和圣保罗大教堂
意大利　卡塞塔王宫、万维泰利水渠和圣莱乌奇奥建筑群
意大利　诺托谷地的晚期巴洛克风格城镇
克罗地亚　杜布罗夫尼克古城
匈牙利　布达佩斯的多瑙河两岸和布达城堡区
保加利亚　伊万诺沃岩洞教堂
希腊　阿索斯山
希腊　迈泰奥拉修道院
土耳其　伊斯坦布尔历史区
土耳其　萨夫兰博卢城
塞浦路斯　特罗多斯地区的彩绘教堂

非洲

摩洛哥　非斯的阿拉伯人聚居区
毛里塔尼亚　瓦丹、欣盖提、提希特和瓦拉塔古镇
马里　邦贾加拉悬崖
马里　杰内古城
利比亚　古达米斯老城
埃及　伊斯兰开罗城
埃塞俄比亚　贡德尔地区的法西尔盖比城堡及古建筑
坦桑尼亚　桑给巴尔石头城

亚洲

阿拉伯叙利亚共和国　大马士革古城
以色列　耶路撒冷古城及其城墙
也门　萨那古城
伊朗　伊斯法罕王侯广场
乌兹别克斯坦　伊钦卡拉内城
乌兹别克斯坦　撒马尔罕古城
巴基斯坦　拉合尔古堡和夏利玛尔公园
印度　德里的顾特卜塔及其古建筑
印度　泰姬陵
斯里兰卡　加勒老城及其城堡
尼泊尔　加德满都谷地
中国　长城
中国　紫禁城
中国　北京颐和园
中国　泰山
中国　拉萨布达拉宫
老挝　琅勃拉邦城镇
越南　顺化历史建筑群
韩国　海印寺木刻高丽大藏经版与版库
日本　古京都历史遗迹
日本　姬路城
日本　严岛神社

序言

UNESCO 意大利国家委员会

地球及其居民给现代世界留下了众多珍贵的自然遗产和文化遗产。从巴西的热带雨林、澳大利亚精美的珊瑚礁、俄罗斯的火山、非洲的野生动物保护区，到亚洲的佛教古迹、埃及的金字塔、意大利的历史名城、法国的大教堂，自然遗产和文化遗产遍布世界各地。

1972年，联合国教科文组织大会第17届会议通过了《保护世界文化和自然遗产公约》（以下简称为《世界遗产公约》）各项决议，呼吁全世界重视保护珍贵的文化遗产和自然遗产。截至2022年，已有194个国家加入了《世界遗产公约》，缔约国承诺不仅会保护其境内的世界遗产地，也会保护各自的国家级遗产，由此成立了世界遗产委员会。此委员会认为地球上有些地方在自然特征、历史意义或精神内涵上具有"突出的普遍价值"，因此保护它们不仅是一个民族的责任，还是全人类的共同责任。

《世界遗产公约》关注文化遗产和自然遗产，制定了各种自然遗产地和文化遗产地列入联合国教科文组织《世界遗产名录》的评定标准，设立了保护世界遗产可持续发展的管理标准，提出了保护世界遗产的具体措施，是保护遗产最有力的国际法律工具。

截至2023年1月，联合国教科文组织《世界遗产名录》收录了1157项来自世界各地的文化、自然和复合遗产（文化与自然双重遗产）。尽管这些遗产地由此获得了声望，但许多遗产地本身非常脆弱，容易受损。因此确保这些遗产地不失去使其名列"世界遗产"的独特价值，已成为一项日益复杂的挑战。目前已有55项遗产地被正式列入《濒危世界遗产名录》，此外，还有许多世界遗产地面

第4—5页　布达拉宫（Potala Palace）是藏传佛教的象征。布达拉宫始建于7世纪，从那时起到1959年，它最先是西藏地方统治者的冬宫居所，后来成为历代达赖喇嘛的冬宫居所。现存建筑由五世达赖喇嘛阿旺罗桑嘉措（Srong-brtsan Gampo）始建于1645年。

临着各种威胁，危及它们的长期完整性和继续存在的可能性。

文化遗产地日渐受到城市发展、旅游业兴盛、环境恶化，甚至人为破坏的影响。自然遗产地也因基础建设、资源使用不当、旅游需求膨胀、环境污染以及气候变化的长期影响处境艰难。世界遗产地是我们大家的，不管它们位于何处，保护它们是我们共同的责任。我们必须记住一句谚语——"我们只有在失去某件东西的时候，才会明白它的价值。"这句谚语告诫我们不要等到形势无法挽回的时候才知道珍惜，那就为时已晚了。

世界遗产基金会作为《世界遗产公约》的重要组成部分，将负有以下责任：为获得提名的新遗产地提供筹备性援助，对意在保护联合国教科文组织《世界遗产名录》中遗产地的项目予以资助，同时提供紧急援助、技术支持和培训课程。另外，它还促成《世界遗产公约》及其目标的宣传工程，支援联合国教科文组织"青年参与世界遗产保护和宣传"特别计划。此计划于1994年发起，旨在鼓励年轻人采取行动，在世界遗产地保护中发挥积极作用。但是由于基金会资金来源有限，只是迈着小步伐朝着正确方向前进。

这本书印制精美，信息翔实，希望您享受阅读过程，读后可以对世界遗产有更多了解。如果您想参与保护人类世界遗产的活动，欢迎访问我们的网站http://www.unesco.org/ 了解更多信息。

联合国教科文组织世界
遗产中心主任
弗朗西斯科·巴达兰
（Francesco Bandarin）

本书地图图例： ⊛ 柏林　首都　首府
　　　　　　　● 塔努姆　联合国教科文组织
　　　　　　　　　　　世界文化遗产所在地

目录

序言
第 4 页

导言
第 8 页

欧洲
第 12 页

亚洲
第 252 页

非洲
第 338 页

美洲
第 368 页

《世界遗产名录》
第 418 页

▎第 7 页 撒马尔罕的雷吉斯坦广场是三所可兰经学校的所在地。这张照片展示了其中之一悉多书院（Shirdor）的一个细节，其名字"Shirdor"意为"有狮子的建筑"，建于 17 世纪。

导言

第9页 开罗历史中心。展示了14世纪苏丹哈桑（Sultan Hassan）清真寺和1911年完工的法伊清真寺（Rifai Mosque）的尖塔。

第10—11页 威尼斯城可谓是独特的建筑杰作。图片展示了公爵宫（Ducal Palace）、圣马可广场（St. Mark's Square）和钟楼（Bell-tower），它们共同构成了威尼斯的政治和宗教中心。

1972年11月16日，联合国教科文组织大会在巴黎通过了对联合国教科文组织《世界遗产名录》有指导作用的《世界遗产公约》，并于1975年12月17日正式生效。联合国教科文组织的宏伟目标是鉴别、研究和保护从历史、艺术、科学、自然、考古或人类学角度看具有"突出的普遍价值"的自然形成或人工打造的文物古迹、建筑群和遗址。

联合国教科文组织《世界遗产名录》非同寻常，其中涵盖了众多承载人类历史和地球发展史的名胜古迹与杰出作品，是地球历史发展的缩影，为人们了解自然和文化提供了素材，最重要的是它可以作为连接人类和地球的纽带。名录的目的是展示受到联合国教科文组织保护的典型宝贵遗产。

鉴于遗产地数量庞大，我们依照主题将介绍内容分为三册，分别为《古代文明》《自然圣殿》《艺术珍宝》。文化遗产和自然遗产的区别已在《世界遗产公约》中明确列出，但是建筑古迹和考古遗址之间的分界线比较难以界定。仅仅以时间为标准可能会歪曲其历史内涵，因此，本书中会包含所有始终有人类居住的遗产地，尽管其中一些从时间上看可能会被归入考古遗址的范畴。

列入联合国教科文组织《世界遗产名录》中文化遗产目录的文物古迹、建筑群和遗址必须至少满足以下六条标准之一：

1. 能够代表人类创造力的经典之作；

2. 能够展示在一定时期内或世界某一文化区域内，对建筑或技术、纪念性艺术、城镇规划或景观设计方面的发展产生过巨大影响，展现了重要的人类价值观的交流；

3. 能够为现存或者已经消逝的文化传统或文明提供独一无二或至少与众不同的见证；

4. 可作为一种建筑类型、建筑群、技术集群或景观的杰出范例，展示出人类历史上的一个（或几个）重要阶段；

5. 可作为传统的人类居住地或使用地的杰出范例，代表一种（或几种）文化，特别是其已经变得易于损坏或正在受到不可逆转变化的影响；

6. 与具有突出普遍意义的事件或与现行传统、思想、信仰、文学艺术作品有着直接和实质的联系（此项标准仅在特殊情况下适用，且要与其他标准一起作用）。

基于以上标准，我们从400项代表人类艺术和建筑遗产的遗址中，挑选了100项纳入本书。每一个遗产地都有独一无二的文化价值，我们进行选择的时候也经常左右为难。因此，我们试图为读者提供一个样本，可能不太全面，但不会歧视任何国家和文化，整体代表性和综合性都有所保障。

阐释书中涉及的遗产地时，仅局限于文明长河留下的巨作本身远远不够，甚至有些狭隘。因此，本书不会过分赘述遗产地本身的风格特征，而是力求展示它们是如何在当时的历史背景和社会文化背景下形成的。

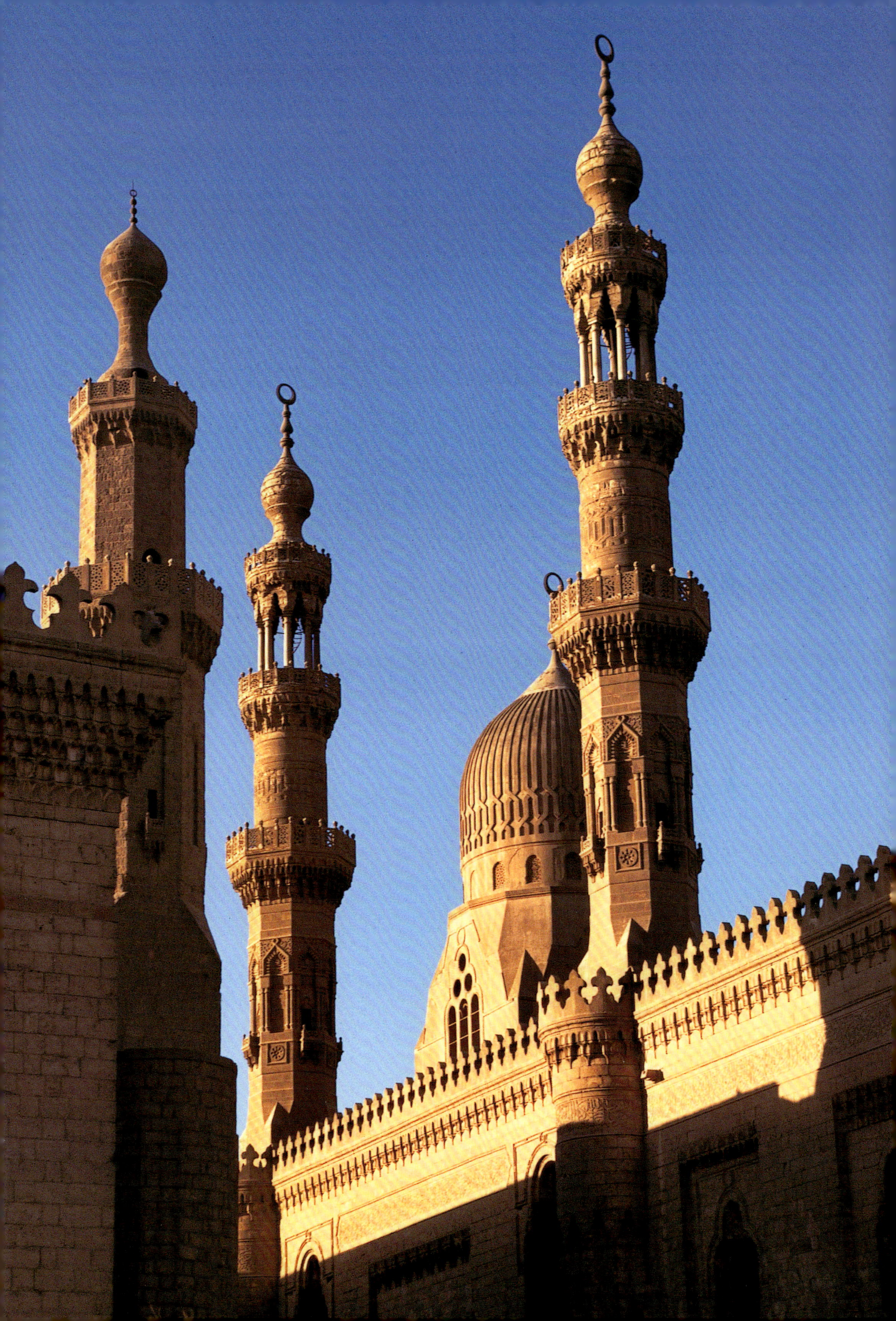

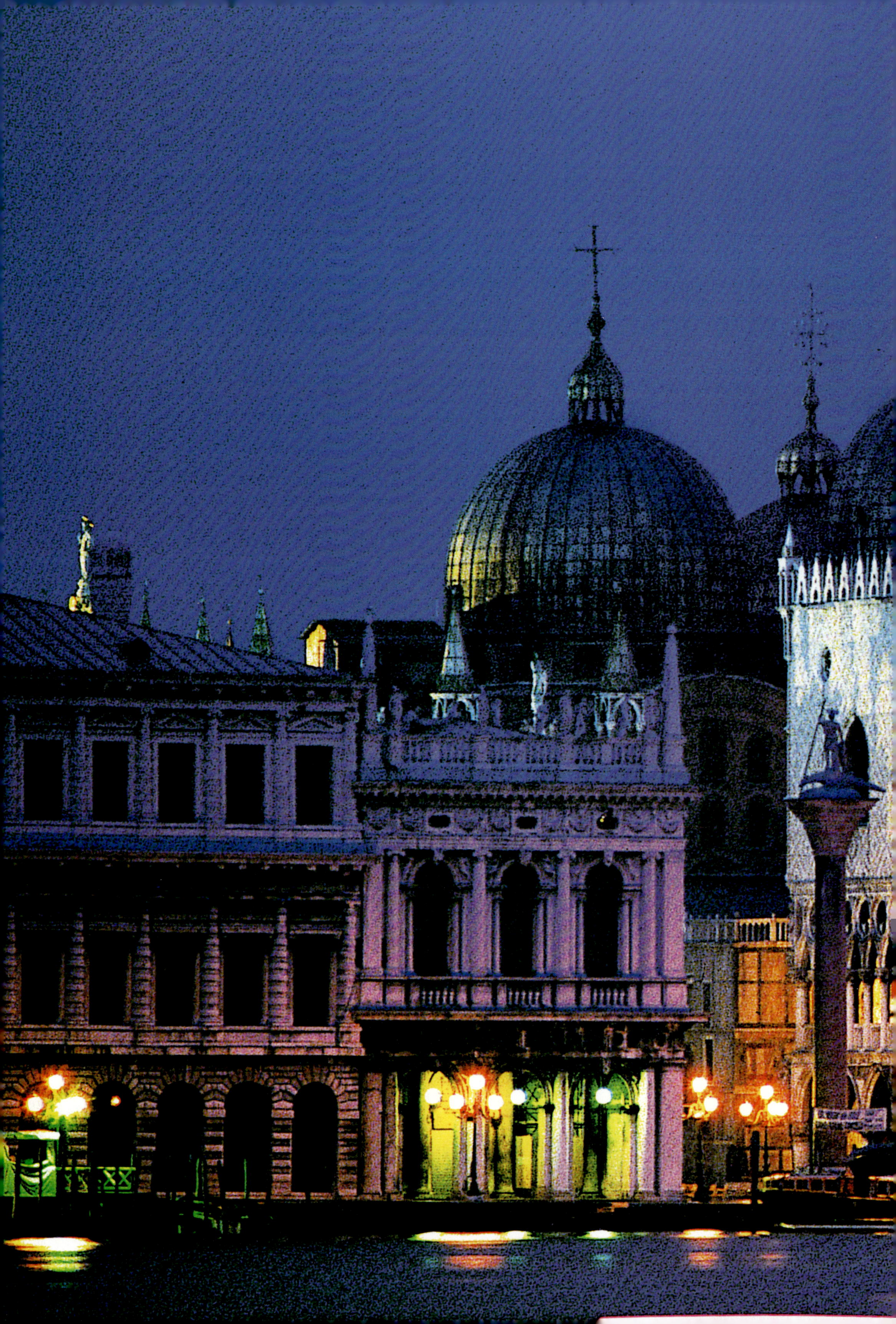

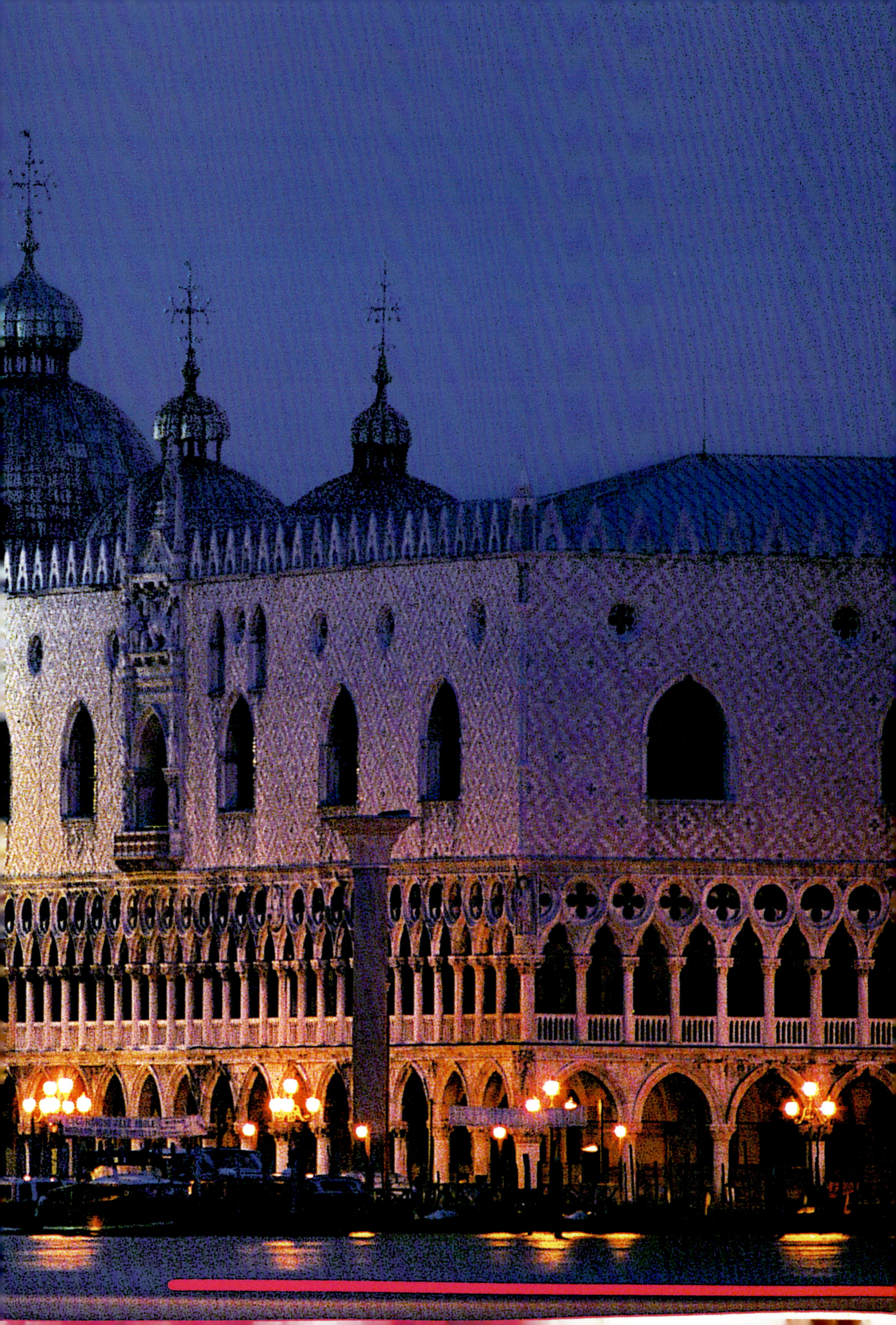

欧洲遗产地列表

1　挪威：于尔内斯木板教堂 14
1　挪威：卑尔根 17
2　瑞典：特宁霍尔姆皇家领地 21
3　芬兰：韦尔拉木浆木板工厂 24
4　丹麦：克伦堡城堡 29
5　俄罗斯：圣彼得堡历史中心及其相关古迹群 32
5　俄罗斯：克里姆林宫和红场 38
6　爱沙尼亚：塔林历史中心 44
7　拉脱维亚：里加历史中心 48
8　英国：铁桥峡谷 52
8　英国：威斯敏斯特宫、西敏寺和圣玛格丽特教堂 54
8　英国：坎特伯雷大教堂 58
9　荷兰：金德代克－埃尔斯豪特风车群 62
10　比利时：布鲁日历史中心 64
10　比利时：建筑师维克托·奥尔塔设计的主要城市建筑 68
11　德国：波茨坦和柏林的宫殿与公园 70
11　德国：亚琛大教堂 76
11　德国：维尔茨堡宫 80
11　德国：弗尔克林根钢铁厂 84
11　德国：毛尔布龙修道院 86
12　波兰：克拉科夫历史中心 88
13　捷克共和国：布拉格历史中心 92
13　捷克：莱德尼采－瓦尔季采文化景观 99
14　奥地利：申布伦宫殿和花园 102
15　法国：兰斯的圣母大教堂、原圣勒弥修道院与塔乌宫 107
15　法国：巴黎塞纳河畔 111
15　法国：凡尔赛宫及其园林 116
15　法国：圣米歇尔山及其海湾 122
15　法国：沙特尔圣母大教堂 124
15　法国：卢瓦尔河谷城堡群 128
15　法国：阿尔克－塞南皇家盐场 134

15　法国：阿维尼翁历史中心 136
16　意大利：圣玛丽亚感恩教堂和多明戈会修道院建筑群 140
16　意大利：热那亚的新街和罗利宫殿体系 144
16　意大利：威尼斯及其潟湖 148
16　意大利：拉韦纳的早期基督教遗迹和镶嵌画 156
16　意大利：比萨大教堂广场 162
16　意大利：佛罗伦萨历史中心 166
16　意大利：阿西西的圣方济各教堂和其他圣方济各遗址 172
16　意大利：梵蒂冈城和圣保罗大教堂 178
16　意大利：卡塞塔王宫、万维泰利水渠和圣莱乌奇奥建筑群 186
16　意大利：诺托谷地的晚期巴洛克风格城镇 191
17　西班牙：巴塞罗那的古埃尔公园、古埃尔宫和米拉公寓 194
17　西班牙：埃纳雷斯堡的大学城及历史区 198
17　西班牙：格拉纳达的阿尔罕布拉宫、赫内拉利菲宫和阿尔拜辛区 200
17　西班牙：科尔多瓦历史中心 204
17　西班牙：塞维利亚大教堂、城堡王宫和西印度群岛综合档案馆 208
18　葡萄牙：托马尔的基督会院 212
18　葡萄牙：辛特拉文化景观 216
19　克罗地亚：杜布罗夫尼克古城 222
20　匈牙利：布达佩斯的多瑙河两岸和布达城堡区 227
21　保加利亚：伊万诺沃岩洞教堂 230
22　希腊：阿索斯山 234
22　希腊：迈泰奥拉修道院 238
23　塞浦路斯：特罗多斯地区的彩绘教堂 242
24　土耳其：伊斯坦布尔历史区 244
24　土耳其：萨夫兰博卢城 250

欧洲

欧洲在文化遗产地宝库中扮演着重要的角色，这毋庸置疑。列入联合国教科文组织《世界遗产名录》的重要建筑遗址有400个，其中一半以上都在欧洲。此书涵盖了近两千年的历史，这段时间内欧洲文明异常繁荣，推动了跨文化趋势的发展，促进了欧洲独创艺术运动的发展。

回顾欧洲文化演变及其建筑发展史，我们可以发现三个主要影响因素。第一个因素是时代背景——基督教的出现和传播。宗教一向被视为历代艺术家灵感的源泉，特别是在中世纪晚期。教会力量也会促进众多无价艺术作品的产出和各种艺术风格的发展。哥特式艺术（在不同地区有所差异）就是一个典型例子，它对欧洲建筑结构和建筑史产生了深远的影响。宗教观念深入各个地区，它就像一条线将挪威最北部的于尔内斯木板教堂（Wooden church of Urnes Stavkirke）和靠近圣地的塞浦路斯特罗多斯彩绘教堂（Painted Churches of Troodos in Cyprus）连接了起来。里斯本热罗尼莫斯修道院（Monasterio de los Hieronimos）和格鲁吉亚的巴格拉特主教座堂（Cathedral of Bagrati）建筑灵感都来源于宗教。

第二个因素是国家政治组织。不管是佛罗伦萨美第奇家族（Medici in Florence）那样的小公国，哈布斯堡（Hapsburgs）王朝那样的大帝国，法国、英格兰、沙俄那样历史悠久的王国，还是意大利萨沃伊（Savoys）那样的新兴君主国，都对欧洲文化演变及其建筑发展史产生了重要的影响。欧洲文明史充斥着种种激烈的政治冲突和领土争夺，但与此同时，它也见证了连续不断的文化交流。统治王朝和显贵家族竞相比拼，寻求文化上的声望，这种竞争在住宅规模和建筑的艺术品位上体现得淋漓尽致。就是这种对权势的颂扬催生了凡尔赛宫（Palace of Versailles）、卡塞塔王宫（Palace of Caserta）、美泉宫（Palace of Schönbrunn）、维尔茨堡（Palace of Würzburg）以及圣彼得堡（St Petersburg）这样的杰作。

第三个因素是经济发展。《世纪遗产名录》中一些欧洲城市历史中心都曾长期处于商业繁荣状态。例如威尼斯几个世纪以来一直称霸地中海地区，卢贝克和卑尔根曾是汉萨同盟的港口，布鲁日是佛兰德地区的主要口岸，这些地方的经济发展都繁荣兴盛。此外，18世纪始于英国的工业革命，在欧洲文化史上占有一席之地，它深刻地改变了人们的工业活动方式和日常生活习惯。

然而，从这三个因素解释欧洲文化遗产丰富的原因并不全面。以西班牙为例，西班牙和意大利建筑遗址数量相同，并列世界第一，它既有伊斯兰教风格的建筑，也有出自近些年奇世天才高迪（Gaudí）的非凡建筑，这些都让西班牙引以为傲。另外，放眼整个欧洲大陆史，20世纪是其打破传统的节点，先是新艺术运动推出曲折而精致的线条，后是包豪斯（Bauhaus）主张的极端理性主义，这都给欧洲建筑注入了新的活力。

于尔内斯木板教堂

挪威 | 吕斯特（Luster），
松恩峡湾（Sognefjord）
入选年份：1979
遴选标准：C(Ⅰ)(Ⅱ)(Ⅲ)

挪威50欧尔硬币的背面有一条龙的图案。于尔内斯木板教堂（Urnes Stavkirke）的北门上也刻有这种神物。这座挪威最古老的木板教堂，位于松恩（Sogne）峡湾一个宽阔拐角的尽头。松恩峡湾全长约203千米，是世界上最长的峡湾。

木板教堂（Stavkirke）字面意思是"木棍教堂"。这个名字源于一种将木棍埋入地下，以辅助承重的建筑技术。据估算，中世纪挪威至少有800座此类教堂，但由于18世纪时要建造石材建筑，这些教堂大都被破坏和拆除了。最早一批木板教堂留存时间都很短，因为木头很快就会在潮湿的泥土中腐烂。为了避免这种情况的发生，12世纪时，人们建造了木制基座，并将木柱固定在上面，这样结构就更加坚实牢固了。

于尔内斯木板教堂外观简单朴素，被称为"穷人的教堂"。它和其他木板教堂别无二样，只是内部装饰以暖色系的世纪老松木为主调，充满了生命力，由此衍生了一种新风格——于尔内斯风格，这是挪威人宗教生活最直接的表现方式。此风格融合了阿萨特鲁（Asatru，试图复兴日耳曼宗教的异教徒，由主要崇拜独眼神奥丁和雷神托尔的维京人主导）、中世纪基督教和路德宗（Lutheranism）的特点。

10世纪的海洋探险者把维京人与其他欧洲民族联系在了一起。许多军事首领受洗皈依基督教，并鼓励军队效仿他们，奥拉夫·特里格维松（Olav Trygvason）便是如此。他在991年入侵英国期间改信了基督教。回国后，他成为挪威东北部的国王，并致力于让他的臣民改变信仰。1015年，奥拉夫·特里格维松的继任者奥拉夫·哈拉尔松（Olav Haraldsson）促成了挪威人最终皈依基督教。奥拉夫二世于1030年死于斯蒂克尔斯塔德战役，仅一年后，人们就把他推崇为圣徒，尊为挪威的守护神。

在接下来的几个世纪里，以当今于尔内斯为代表的宗教建筑风格得到了发展。于尔内斯木板教堂建于1100年至1150年间，建筑材料松木源自原址的旧教堂。它有三个中堂，16根支撑柱，柱子的柱头刻有动植物图案，非常精美。唱诗班席上主教宝座、铁烛台以及耶稣、圣母和圣约翰的雕塑可以追溯到12世纪和13世纪，它们都是受基督教启发而创。同样从基督教中获得灵感建造的摆设有：宗教改革（1537年传入挪威）时期添置的长椅，以及17世纪末建成的祭坛和演说台。

与此同时，我们可以从地板下发现的符文铭文和门口的动物图案上看出基督教与异教的融合。有一种解释是：这些精美的雕刻描绘的是狮子和蛇正在全力争斗。另外一些资料显示它们是古斯堪的纳维亚神话传说文学集《埃达》（Edda）中的神龙，基督教图像学中反复出现的符号葡萄藤蔓缠绕在这些狮头蛇身的奇异动物上。在艺术家的眼里，这可能代表着正义战胜邪恶，真理战胜了挪威人祖先的传统错误思想。

▌第14页 雕刻于于尔内斯木板教堂松木墙上的早期维京信徒，融合了中世纪基督教改变的形象，周围有动植物图像装饰。

■ 第15页（上）于内斯木板教堂建于1150年前后，是挪威现存约40座木制教堂中最古老、最大、保存最完好的一座。

■ 第15页（下）祭坛规模不大，17世纪木装饰了一座神龛，里面陈列着中世纪风格的耶稣、圣母和圣约翰木制雕像。于内斯木板教堂是挪威的观光胜地，还用于举行婚礼、葬礼和主日敬拜仪式。

ALFRED SKULSTAD
BRYGGEN HANDEL
GALLERI BRYGGEN
BRYGGEN HERREFRISØR
Kokker
Taxi

卑尔根

挪威

卑尔根（Bergen）
入选年份：1979
遴选标准：C（Ⅲ）

从某种意义上说，黑线鳕的故事是在卑尔根写成的。人们在这里接收来自挪威北部港口的黑线鳕，将其熏制，储存在大型仓库里，最终装上轮船运往欧洲各地。这种鱼有23种不同的种类，价格各异，颇受顾客喜爱。在长达四百年时间里，鳕鱼几乎是挪威唯一的出口产品。

卑尔根城的起源地卑尔根古码头位于瓦根湾（Vågen）东岸，1070年前后由国王奥拉夫三世（Olav Kyrre）修建的中世纪城区布吕根的起源，与之有着千丝万缕的联系。13世纪，布吕根码头成了古城繁华的商业和经济中心，这里大约有30个仓库，用来存放从法罗群岛（Far Øer, Faroe Islands）和波罗的海（Baltic）海岸运来的货物。

1360年，卑尔根港的经济出现了一个转折点，当时卑尔根与诺夫哥罗德（Novgorod）、布吕赫（Brugge or Bruges）和伦敦一同被列为汉萨同盟四大通商处。此后的四百年中，德国商人垄断了码头生意，码头得名"德国码头"（此名实际上是挪威单词"tyskerbryggen"的缩写，意为"德国人的码头"）。码头主要出口鳕鱼，这主要是因为黑线鳕市场需求很大，尤其是在天主教国家。挪威用这部分贸易收入进口谷物（因为挪威这种高纬度国家谷物产量不佳），以及莱茵河流域的织物、陶器、玻璃和葡萄酒等珍贵物品。

卑尔根商站（Bergen Kontor）有1000名工作人员，都是男性。商站严格禁止其成员与当地妇女交往。只有每年夏季才允许工作人员的妻子、未婚妻，以及其他女眷造访，其余时间禁止探访。

■ 第16页 经过几个世纪，卑尔根许多木质建筑毁于接二连三的火灾。目前留存下来的建筑是20世纪初按照原始风格重建的。

■ 第17页（上） 现今游船遍布的卑尔根古码头或称"德国码头"是汉萨同盟的主要中心之一。这个同盟是一个强大的经济联盟，在近400年的时间里，它把北欧的主要港口联结在一起，进行贸易往来、维护共同贸易利益。

■ 第17页（中） 瓦根湾俯瞰图。卑尔根港是卑尔根市的核心，现在仍位于瓦根湾东岸。

■ 第17页（下） 卑尔根港口仓库表面涂着色彩亮丽的漆，现在成为艺术家工作室、商馆和汉萨联盟博物馆的所在地。

商站还有很多其他规定，其中最重要的一条是禁止明火。这是因为其建筑很多为木质结构。房屋为木质阁楼，屋顶用厚木板做成，房子间的狭窄过道也铺了厚木板。尽管条例严明，卑尔根还是多次遭受了火灾。只是每次火灾过后，为迅速恢复贸易，它无暇优化建筑设计，按照相同的标准重建所有受损木屋，因此港口地区的布局规划一直未曾改变：木屋有两三层，通常内含小商店，上层是住宅区，屋顶上面贴着瓷砖，每栋建筑后面都有公共房间，供商人们每天工作结束后开会、休息。

17世纪初，许多欧洲国家重掌自己货物的贸易控制权，汉萨同盟贸易往来开始日趋减少。1630年，挪威商贩开始购入第一批仓库，一百年后，德国商贩的仓库数量仅剩9个。自1754年10月17日起，卑尔根商站开始完全由挪威人接管，但他们保留了原有的规章制度，甚至将德语继续作为通用贸易语言。

但是，1850年后，工业革命的浪潮席卷斯堪的纳维亚半岛（Scandinavia）沿岸。传统的鳕鱼业受到了其他贸易的影响。港口面积很快便供不应求，无法发挥正常效用了。1889年12月31日，商站关闭。

自那之后，不幸的事接二连三地在卑尔根发生。1910年，为修建砖制仓库，南部原址建筑都被拆毁。1944年，一次爆炸摧毁了很多房舍的屋顶；1955年，一场大火烧毁了当时一半建筑。截至目前，世界上最古老的贸易中心只有58栋木屋留存下来，它们中一部分是按照最初的标准重建的，并漆成了亮红色。为纪念这座城市的过去，当地人保留了商馆和画廊，汉萨同盟博物馆（Museum of the Hanseatic League）便是其中之一。

▋ 第18页（上）这张照片展示的是港口后面的一些老房子。卑尔根商站只有男性，女性只有夏季才可前往造访。

▋ 第18页（左下）汉萨同盟博物馆某商员住宅一角。墙上的油画和其他珍贵的物品彰显着商人的富有。

▋ 第18页（右下）这是厨房的一张照片，人们下班后聚集于此。出于安全性的考虑，建筑物内其他房屋禁止明火。

▌第18—19页 汉萨同盟博物馆于1976年开放，是欧洲布局最优美的博物馆之一。它经过了精心的改造，还配有原有的家具和设备。里面的商店非常有趣，那里储存着盐腌鳕鱼和用于提取鱼肝油的器具。

▌第19页（下） 这是博物馆的另一间房间。它展示了卑尔根黄金时期的作品、世界上最重要的符文石收藏品之一以及卑尔根地区的考古发现。

第20页（左上）和20—21页 特宁霍尔姆宫（Drottningholm）巴洛克风格公园的全景，展示了其完美的对称性。公园纵跨约700米，从入口一直延伸到宫殿门口，一路上有喷泉和佛兰德雕塑家阿德里安·德·弗里斯所做的青铜雕像点缀。下图是赫尔克里士（Hercules）的雕像。

特宁霍尔姆皇家领地

瑞典　斯德哥尔摩皇后岛（Island of Lovon）
入选年份：1991
遴选标准：C(Ⅳ)

■ 第20页（右上）这座展馆由主体和四个侧面建筑组成，于1763年完成重建。里面收藏有大量流行于当时贵族阶层的中国艺术品和日本艺术品。

■ 第21页（上）这座公园最显眼的建筑当属中国亭，是瑞典国王阿道夫·弗雷德里克（Adolf Fredrik）为王后路易莎·乌尔丽卡（Lovisa Ulrika）贺33岁生日下令建造的。

长期以来，瑞典宪法规定国王只是权力的象征，必须始终处于国家政治生活中心。1980年，瑞典修改了这项法条。次年，国王卡尔十六世·古斯塔夫（Karl Gustaf XVI）携其家眷搬到了离首都有几英里的梅拉伦湖畔的一个小岛上——特宁霍尔姆乡村庄园，这不失为一个理想的选择。

"特宁霍尔姆"这个名字字面意思是"王后岛"，起源于16世纪。当时的瑞典国王约翰三世（King John Ⅲ）为他的王后凯瑟琳·雅盖隆卡（Katherine Jagellonica）在此地兴建了一座宫殿，并以特宁霍尔姆宫为之命名。1661年，海德薇格·埃莉奥诺拉（Edvige Eleonora）买下了这座城堡，当时王卡尔十一世年幼，王太后海德薇格辅助摄政，但是这座殿宇没有保留多久，同年12月30日，一场大火将这里夷为平地。1648年《威斯特伐利亚和约》（the Peace of Westphalia）之后，瑞典成为欧洲的主要强国之一。为了歌颂国家的伟大，老尼科迪默斯·特辛（Nicodemus Tessin）和他的儿子重建特宁霍尔姆宫。

特宁霍尔姆宫标志着北欧巴洛克风格的胜利。一段宏伟的楼梯占据了整栋建筑的中心位置，面朝楼梯的是用雕像、灰泥和壁画装饰的房间，非常华丽。同期，宫殿周围土地的美化工作也开始了。人们建造了凡尔赛风格的巴洛克式花园，里面放置了很多佛兰德（Flemish）著名雕塑家阿德里安·德·弗里斯（Adrian de Vries）的雕像加以点缀，供人参观。

第22—23页 皇家剧院是目前世界上仍保留着原始结构的最古老剧院，由卡尔·弗雷德里克·阿德尔克兰茨（K. F. Adelcrantz）设计，1766年竣工。1920年，剧院安装了电器设备，换掉了快速更换布景的绳索，更新了19世纪安装的音效系统。

长期以来，特宁霍尔姆宫一直是宫廷女眷的住所。1744年，为庆祝普鲁士路易莎·乌尔丽卡（Lovisa Ulrika）公主与瑞典王储阿道夫·弗雷德里克（Adolf Fredrik）大婚，它被当作贺礼送给了公主。自此之后，特宁霍尔姆宫的黄金年代便开始了：瑞典最著名的艺术家和科学家齐聚宫殿，其中自然学家卡尔·冯·林奈（Carl von Linné）对皇家收藏的"自然物"进行了归类。宫殿的一些房间也按照路易莎·乌尔丽卡王妃的心愿，重新装修成了洛可可风格。

18世纪，欧洲宫廷贵族对东方的一切事物都非常感兴趣，瑞典东印度公司（一家为了与东亚特别是中国进行贸易而成立的公司）达到了辉煌的巅峰。1753年，路易莎·乌尔丽卡王后33岁生日之际，国王将建于斯德哥尔摩的中国亭送给她作生日礼物。为了增添戏剧性效果，他让人趁着黑夜在王后窗前建造了亭子。但是，不到十年时间，亭子的建筑木材就开始腐烂了，最终中国亭被中国宫取代。由于后期修复工作都是依照原始建筑计划精心开展的，所以今天我们仍然可以看到蓝金色奢华风中国宫的原貌。

同期，卡尔·弗雷德里克·阿德尔克兰茨（Karl Fredrik Adelcrantz）受委托设计皇家剧院（欧洲迄今保存最完好的巴洛克剧院），并于1766年竣工。这座宫廷剧院建筑材料简单，设施由意大利人多纳托·斯托帕尼（Donato Stopani）设计，非常精密，可以实现布景的快速变换，目前仍保存完好；舞台高约20米，装有移动面板，可以再现天上浮云漫步、水岸波涛汹涌，也可以制造打雷、刮风和闪电等特效，创造了绝美的艺术效果。

18世纪末，瑞典人对戏剧的兴趣减弱，渐渐地皇家剧院被人们遗忘了。1920年，精通戏剧文学的历史学家阿格尼·比吉尔（Agne Bejier）再次注意到它，使它重拾往日的辉煌。布景机和古老的幕布都被修缮得焕然一新。1922年8月19日，剧院再次拉开帷幕，成功举办了海顿（Haydn）、亨德尔（Handel）、格鲁克（Gluck）和莫扎特（Mozart）的作品音乐节，重新赢得了国际声誉。如今，这座剧院除了作斯德哥尔摩皇家歌剧院使用外，还是18世纪音乐和芭蕾舞研究中心。

▌第22页（下）路易莎·乌尔丽卡受过教育、见多识广，她委托艺术家琼·埃里克·雷恩（Jean Eric Rehn）装饰图书馆。

▌第23页（上）老尼科迪默斯·特辛为海德薇格·埃莉奥诺拉王太后设计的卧室是瑞典巴洛克风格的完美范例。它由众多斯堪的纳维亚最著名的室内装潢师历时15年时间完成，1683年完工。

▌第23页（下）通往特拉弗伦（Trapphallen）的华丽楼梯是皇家宫殿的中心。栏杆上的阿波罗大理石雕像和缪斯大理石雕像，是意大利雕塑家乔瓦尼（Giovanni）和卡洛·卡罗夫（Carlo Carove）创作的。

韦尔拉木浆木板工厂

芬兰　屈米省（Province of Kymi），亚拉和瓦尔凯阿拉自治市（Municipality of Jaala and Valkeala）
入选年份：1996
遴选标准：C(Ⅳ)

20世纪中叶，现代木材加工技术在19世纪末前后曾迅速发展的制造业中占了极大优势。1964年7月，位于两个芬兰市镇亚拉（Jaala）和瓦尔凯阿拉（Valkeala）中间的韦尔拉木浆木板工厂被迫关闭。工厂全盛时期，员工人数达140人，每年生产木板2200吨。

1870年前后，工业革命的浪潮席卷韦尔拉木浆木板工厂及其周围村庄所在地——屈米河谷区（Kymi torrent）。仅仅几年时间，富裕的外国人，大多是德国人和挪威人，就在谷底地区建满了锯木厂、木工作坊和造纸厂。当时有一名年轻的瑞士工程师雨果·纽曼（Hugo Neuman）独辟蹊径。1872年，他首次创建了一家木浆生产公司，供给造纸厂商，但现实条件注定了他必定失败。纽曼资金不足，无法扩大工厂规模，并且运输产品也有困难。此外，当时最大木浆进口国俄国市场纸张价格下跌。再加上1876年的一场大火，这家公司运营没多久，最终被迫停业。

▎第24—25页　韦尔拉木浆木板工厂迷人的冬景图。图片展示了矗立在旧有工厂周围的红砖建筑。建筑左侧是用于木浆烘干的四层工厂，非常宏伟。它是在原始的木浆烘干区毁于火灾后，于1892年建成的。

▎第25页（中） 这幅图展示的是一条河。20世纪20年代，一座水坝在此处兴建，自1954年起，它一直为一个小型水电站提供动力。

▎第25页（下） 河流上方是厂主住所，由弗里德里克·威廉·迪佩尔于1895年设计而成。自造纸厂建成至其辞世（1906年），迪佩尔一直是这个工厂的主要股东。

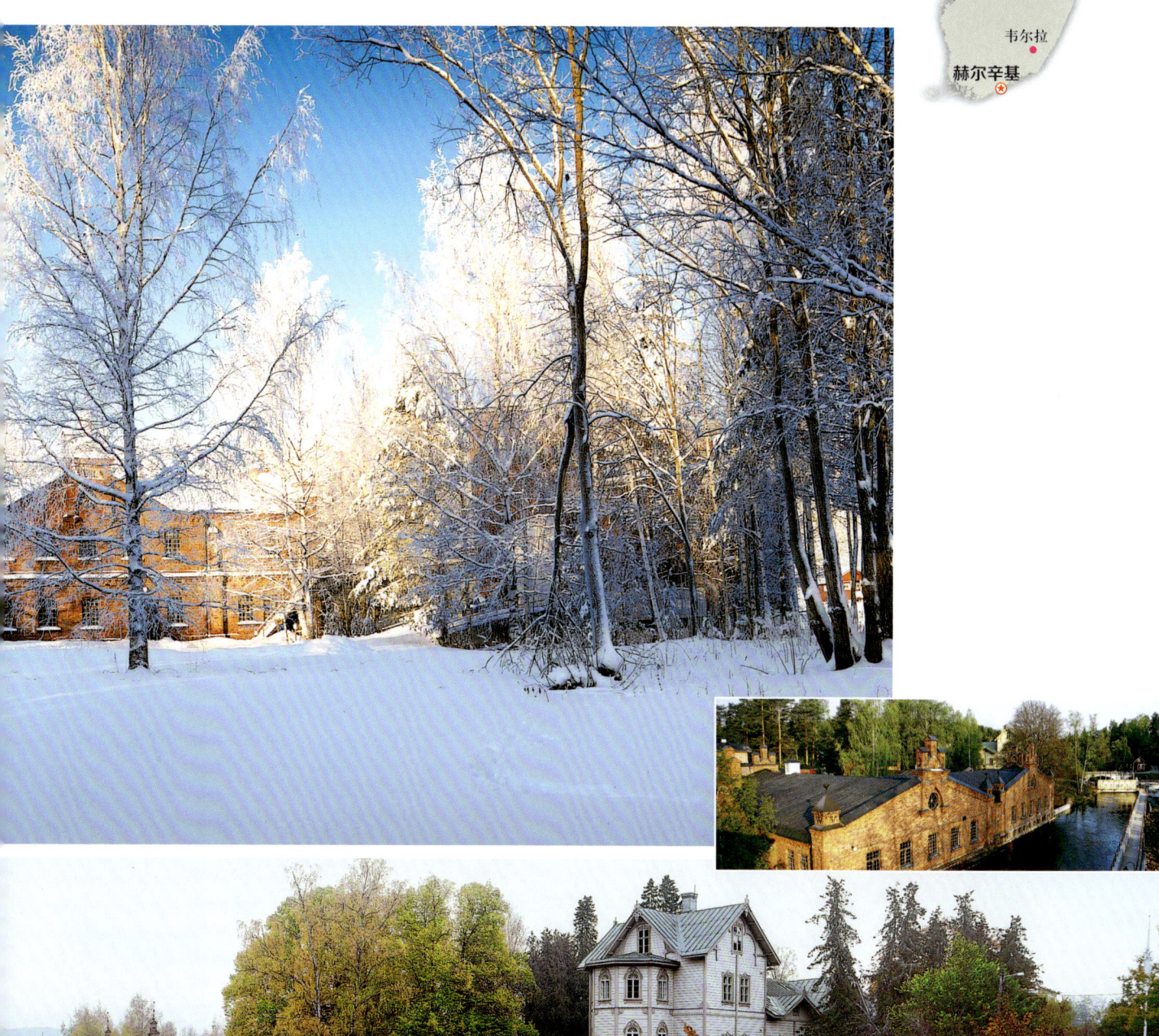

韦尔拉

赫尔辛基

第26页（左下） 在这个大储藏室里仍然可以看到用来运输木板的手推车。韦尔拉工厂产量最高时期，每年生产2200吨木板。

第26页（右） 办公室墙上挂着工厂的早期版画。楼房里的陈设和1964年工厂关闭时一样。

1882年，奥地利人戈特利布·克来得尔（Gottlieb Kreidl）、德国人路易斯·亨奈尔（Louis Haenel）和弗里德里克·威廉·迪佩尔（Friedrich Wilhelm Dippell）建造了一座新的、规模更大的、设备更先进的造纸厂。工厂最大的股东迪佩尔于1906年辞世，但是工厂一直平稳生产，甚至平稳度过了1918年芬兰内战岁月。之后，它被同一流域的另一家木材处理公司收购，两年后又转手库迈尼（今天的UPM-库迈尼公司）。但是新厂主们没有更新机械设备，因此工厂产量逐年减少。几十年来，工厂未曾发生什么变化，只是20世纪20年代工厂周围兴建了新的大坝，1954年建成了一个水电站。

此后，这家工厂的最后一个工人到龄退休，其母公司UPM-库迈尼公司（UPM-Kimmele）关闭了它，并决定将这个工业革命工厂遗址保留下来。起初，整个建筑群（工厂、厂主住宅、工人宿舍）都是用木头建造的，大多工人住在河流对岸的简陋小屋里，他们有自己的花园，所以能够与周围的植被和谐地融合在一起。

1892年的一场大火，摧毁了工厂的木浆烘干区，随后卡尔·爱德华·迪佩尔（Carl Eduard Dippell）设计了一栋四层楼房建于此地，气势非常宏伟。为避免同样的事故再次发生，建筑物取材红砖。1895年，围绕旧有木制工厂，又一栋两层建筑拔地而起。最后一栋建筑仓库也是迪佩尔设计的。虽然迪佩尔设计的建筑外观是新哥特式风格，但他采用的是现代建筑技巧。仓库墙壁是用轻质长石砖砌成的，于1902年完工。

手工加工木材的机器值得一提。首先，工人们用手动环状锯把树干切割成一段一段约1.5米长的木条，然后去掉树皮，把木块放到两台内置重达三吨石块的研磨机里研磨，再将出机的木浆放进搅拌机里加工。后者其实是一个提取过程，通过扭动挤压，把木浆中大部分多余的水分提取出来。之后，木板需要在大约158华氏度（70摄氏度）的温度下悬挂晾干。三天后，所有木板都要经过测量，切割成需要的厚度，最后按照每捆约200千克的标准打包。

1972年，韦尔拉木浆木板工厂被改造成了一座博物馆。自那时起，很多加工木材和制造纸板的机器便一直留在那里，用来纪念芬兰开创木材加工和造纸业的先锋时代，目前芬兰在此行业仍然是领军国家之一。

第26—27页 位于屈米河沿岸的韦尔拉木浆木板工厂，是在1870年到1918年间分期建造的。1922年它被UPM-库迈尼公司收购，后来UPM-库迈尼又将它改建成了一座博物馆。

第27页（下） 从木浆中提取水分的扭力压机目前仍保存完好。韦尔拉木浆木板工厂的设备都是建厂初期的原始装置。

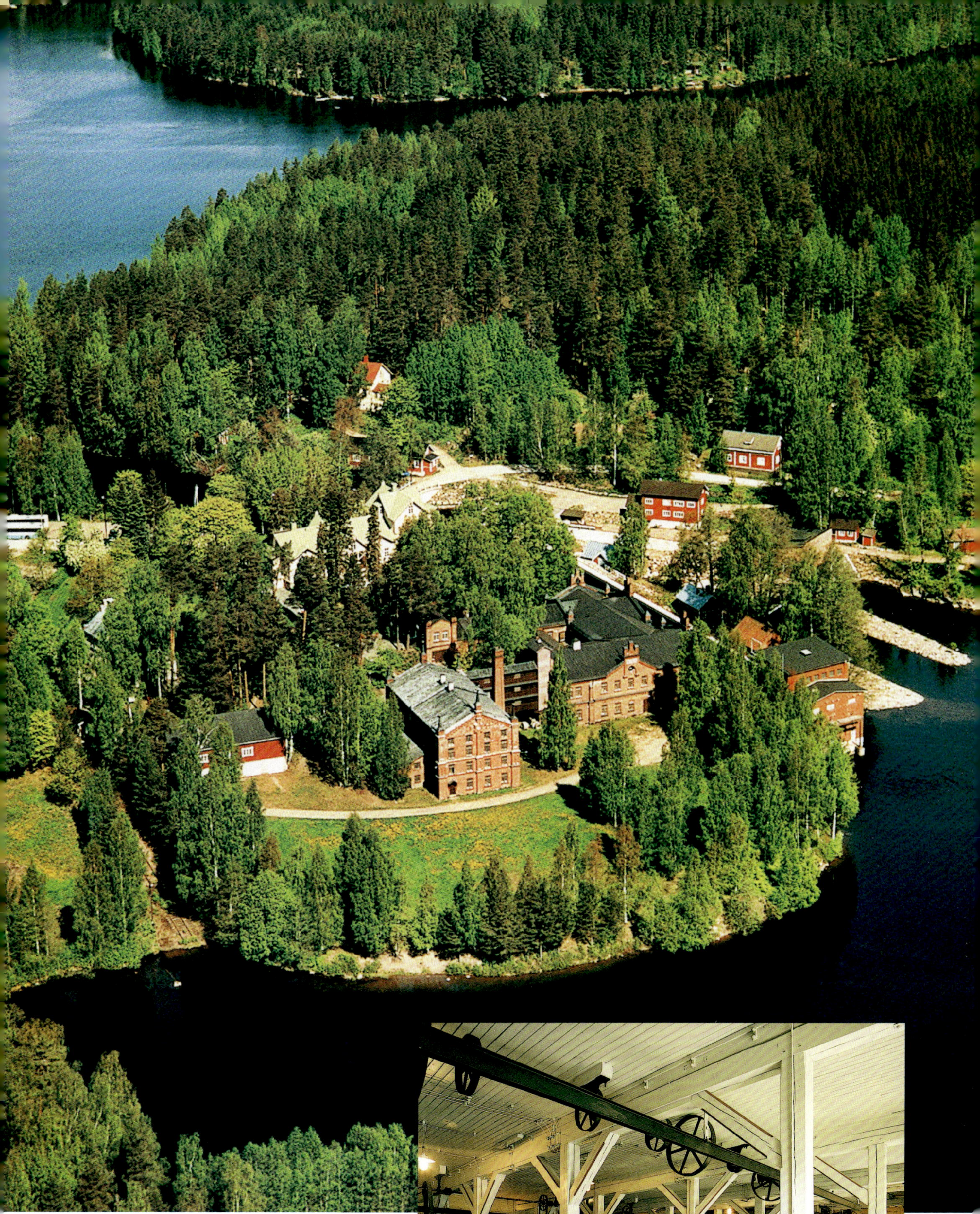
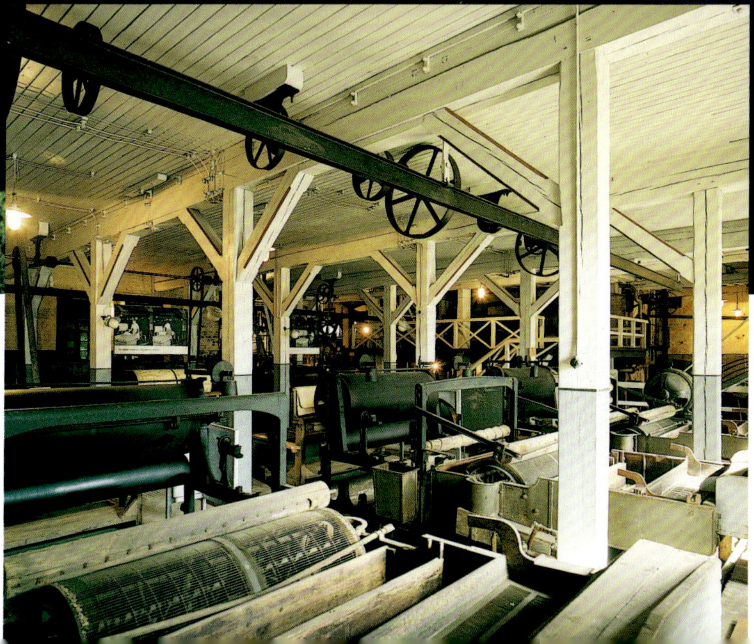

■ 第28页（上） 克伦堡城堡的小教堂于1582年落成，至今仍保留着文艺复兴时期的彩色木制装饰。我们今天看到的是19世纪修复的结果，在1785年占领城堡的士兵将教堂用作火药库后，修复工作势在必行。

■ 第28—29页 克伦堡城堡景色图。尽管经历了一系列修葺，克伦堡城堡当今的外观仍然可以彰显设计师简·范帕谢恩（Jan vanPæschen）的设计风格，他曾于1574年受命于弗雷德里克二世（Frederik Ⅱ），负责扩建这座古堡。

■ 第29页（左上） 礼堂画廊上部的装饰之一；它们是以弗雷德里克二世和索菲（Sophie）王后家族的盾形纹章为基础设计的。

■ 第29页（右上） 城堡由一圈双环墙包围，从赫尔辛格东部顶端眺望着厄勒海峡。

克伦堡城堡

丹麦 | 赫尔辛格
入选年份：2000
遴选标准：C（Ⅳ）

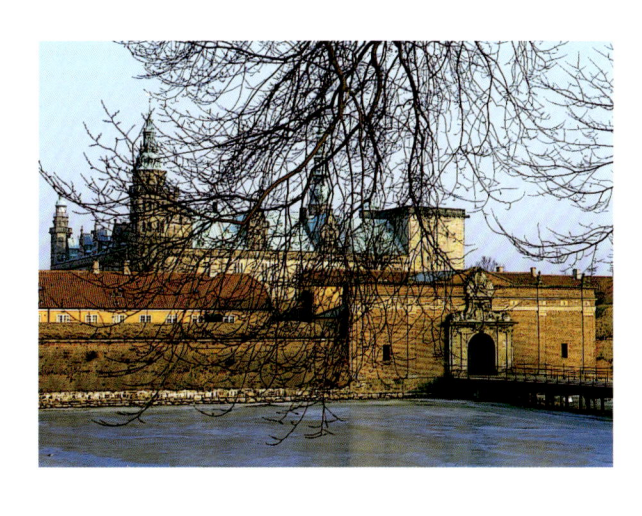

克伦堡城堡（Kronborg Castle）的入口处上方矗立着威廉·莎士比亚的浅浮雕画像。这位伟大的英国剧作家的一生一直是个谜，没人知道他是否来过这座城堡。但是可以肯定的是，由于他把这里作为悲剧《哈姆雷特》的背景地，因此他被视为克伦堡城堡最佳推广人。大约800年前，丹麦历史学家萨克索·格拉玛提库斯（Saxo Grammaticus）撰写的一个丹麦传说中，有一个名叫哈姆雷特（Hamlet）的饱受折磨的王子，但当时这座城堡还不存在。

克伦堡城堡位于厄勒海峡的入口处，厄勒海峡是一处分隔丹麦和瑞典的狭长水域，在赫尔辛格还不到9英里宽。1420年前后，丹麦国王波美拉尼亚（Pomerania）的埃里克（Erik）要求所有横跨厄勒海峡（Øresund）的渡船支付通行费。同时，当局建造了一座名为克罗根（Krogen）的大堡垒向渡船人以示警醒。16世纪下半叶弗雷德里克二世统治时期，这座被城墙包围的建筑群才得以重建，它用塔楼、柱廊和雕像装饰，成为北欧最宏伟的文艺复兴风格的宫殿。为强调这一变化，1577年1月24日，王室下令将这栋建筑的名字改为克伦堡，同时颁布了一条严格的法令并督促法令尽快生效，任何人不得使用此建筑的旧称，违者需缴纳罚款。

一百多年来，克伦堡城堡一直是丹麦王室的住所，在此期间，它经历了许多重大历史变故。比如1629年，克伦堡宫几乎全部毁于一场大火。1658年，克伦堡宫遭到瑞典人侵占。几十年后，克伦堡城堡被改造成了一座监狱，后来又变成了一个驻军营地。1816年，莎士比亚逝世200周年之际，丹麦士兵在克伦堡城堡首次上演了《哈姆雷特》，这个传统一直延续至今。1866年，在一些丹麦政要的强烈要求下，国家开始了围墙修复工程，为期30年左右。第二次世界大战期间，德国军队曾因克伦堡城堡的重要战略地位，在此驻扎。

城堡的大部分区域可供参观，包括一楼的王室成员的房间、二楼的小礼堂和华丽的舞厅。舞厅纵跨整个南翼，面积近680平方米，是北欧最大的舞厅。舞厅最初的内部装饰在1629年的火灾中毁于一旦，自那之后，城堡再也没有往日的壮丽之势了。幸运的是，40幅16世纪绝妙的丹麦皇族肖像挂毯画，有14幅留存了下来。其中7幅仍保留在城堡之中，另外7幅在哥本哈根国家博物馆展出。

克伦堡的军事背景在其炮台处一目了然。战事围困期间，地下通道、储藏室和密室区域可以为1000名士兵提供六周食宿。这里还矗立着"丹麦人霍尔格"（Holger Danske）雕像，他是一个传说中的国王和将军，后来成为丹麦人的象征。霍尔格的神话源自法国中世纪文学著作《罗兰之歌》（Chanson de Roland），1534年由克里斯琴·佩德森（Christian Pedersen）改编，并赋予了其北欧色彩。佩德森是赫尔辛格人，因此一提到丹麦人霍尔格这个人物，人们就会立马想到克伦堡。关于克伦堡城堡是丹麦防御堡垒这一点，有一个广为流传的说法：如果国家安全受到威胁，"丹麦人霍尔格"雕像便会复活。

与此同时，负责维护克伦堡的机构开始筹划修复城堡展览区，并加入现代化元素，这一项伟大的工程于2010年完工。

■ 第30页（左上）这间客房是弗雷德里克二世为他的岳母梅克伦伯格公爵夫人（The Duchess of Mecklenburg）专门布置的。注意看文艺复兴风格的雕刻烟囱。

■ 第30页（右上）国王书房是在17世纪克里斯琴四世（Christian IV）统治时期进行的装修，天花板上有圆形和三叶草形状的寓意画。

■ 第30页（下）克里斯琴四世请人做的大部分佛兰德挂毯都在1629年的大火中烧毁了。留存下来的14幅文物，7幅陈列在克伦堡王室成员的房间里，另外7幅在哥本哈根的国家博物馆里。

■ 第31页（上）这幅挂毯于1550年前后在弗兰德斯（Flanders）产出。它以阿尔布雷克特·杜勒（Albrecht Dürer）的一件雕刻品为基础，上面画了犀牛和其他小动物。欧洲第一幅知名犀牛挂毯于1515年从果阿（Goa）运到里斯本（Lisbon）。

■ 第31页（下）这幅挂毯的名字是"俄耳甫斯为动物演奏音乐"（Orpheus Enchanting the Animals），它是17世纪初在佛兰德艺术家弗朗斯·施皮林斯（Frans Spierings）的工作室里织成的。

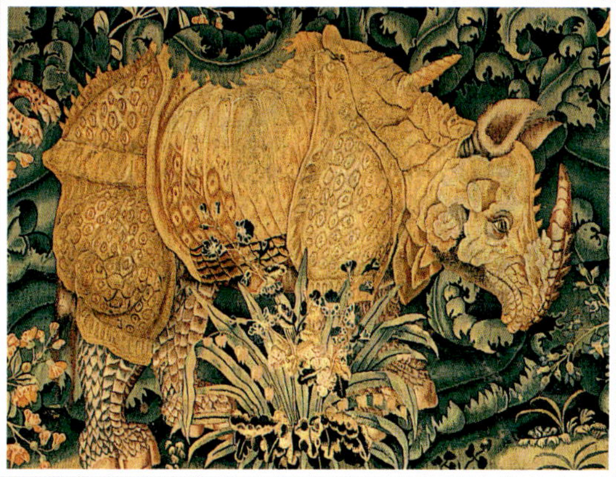

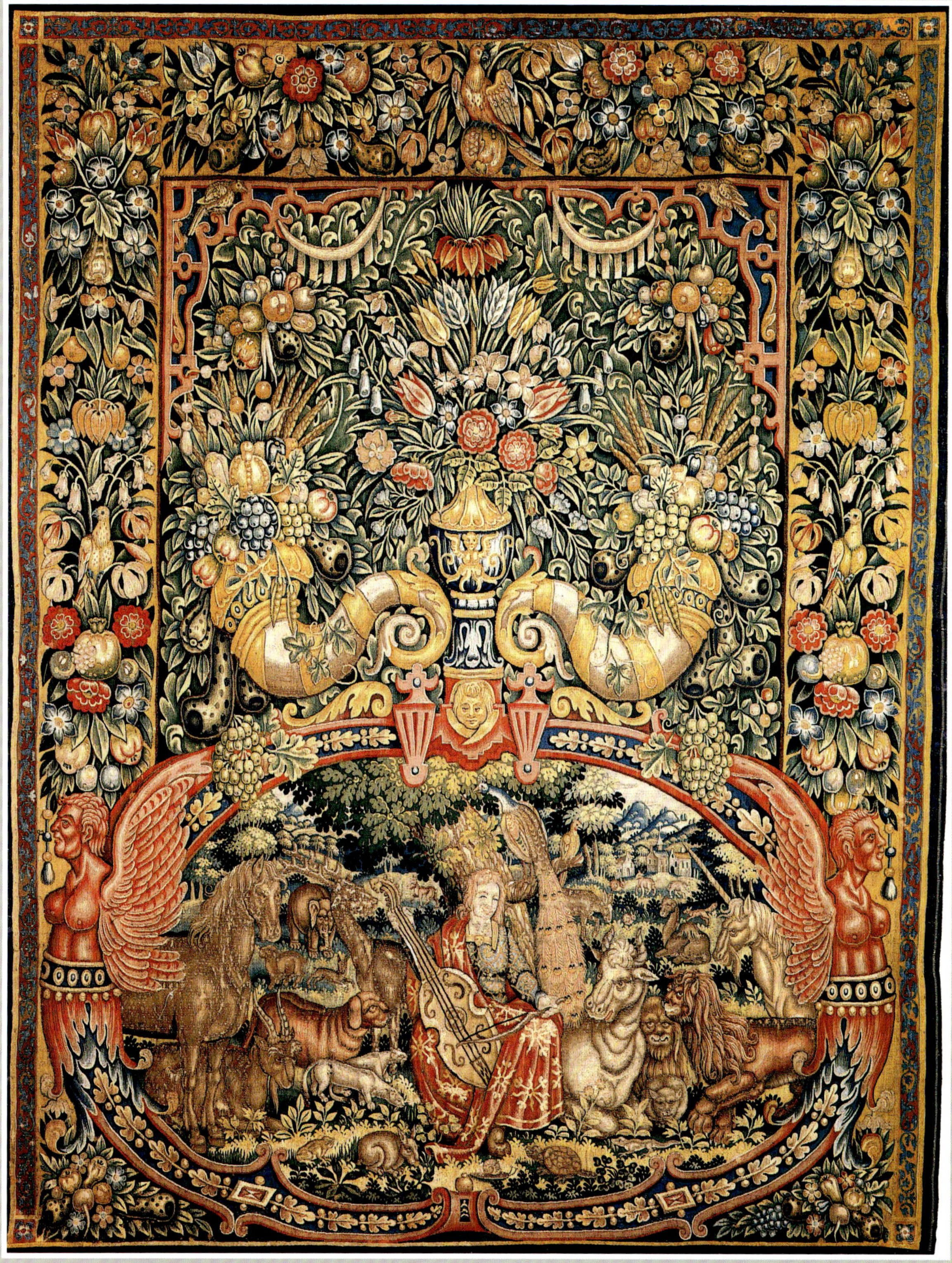

圣彼得堡历史中心及其相关古迹群

俄罗斯 | 入选年份：1990
遴选标准：C(Ⅰ)(Ⅱ)(Ⅳ)(Ⅵ)

"阿芙乐尔"号巡洋舰原为俄国海舰队的军舰，后被用作训练舰。半个多世纪来，它一直停泊在圣彼得堡市中心纳希莫夫海军学院（Nachimov Naval Academy）前的涅瓦河。这条河从拉多加湖流向芬兰湾东端波罗的海。1917年11月7日（俄历10月24日）早晨，"阿芙乐尔"号学员炮击临时政府所在地冬宫，宣告了"十月革命"的开始。一年后，列宁将首都迁至莫斯科，圣彼得堡也因此失去了其自彼得大帝时代起所占据的重要地位。

彼得大帝十岁登上俄国王位，那时他就已经目睹了很多王室成员相互残杀的宫廷阴谋。当他摆脱家庭教师的约束之后，也开始讨厌莫斯科的守旧气氛。彼得大帝喜爱海员工作，曾四处出海游览，在荷兰的造船厂工作过，他梦想着俄国可以变成欧洲最强国之一。因此，他计划在涅瓦河小岛上建立一座新首都。

1703年夏天，彼得大帝命令军队木匠建造一个小木屋，以便亲自监督彼得格勒岛（Petrogradskaia Storona）的建设工作。他在小木屋里住了六年，其间一直将最珍爱的礼服大衣、指南针和一艘划艇带在身边。后来，沙皇皇后凯瑟琳二世（Czarina, Catherine Ⅱ）用砖墙把这个小木屋围了起来，以纪念彼得大帝创建圣彼得堡之创举。

圣彼得堡的建设始于大型防御建筑彼得保罗要塞（SS. Peter-Paul Fort），该要塞位于兔子岛（Hare Island）。起初，要塞墙壁都是木头造的，后来彼得大帝聘请意大利建筑师多梅尼科·特雷齐尼（Domenico Trezzini）建造坚固的堡垒。特雷齐尼还在要塞大门上装饰了象征罗曼诺夫王朝的双头鹰浮雕、圣乔治和龙。他还是圣彼得保罗大教堂（SS. Peter-Paul Cathedral）的设计师，大教堂于1712年开始建造，1733年竣工。高大精致的大理石柱、豪华的枝形吊灯和多彩拱顶围绕着伊万·扎鲁德尼（Ivan Zarudnyi）建造的木刻镀金雕像。1725年（大教堂还未完工），彼得大帝被安葬于此，从此这座巴洛克式教堂便成为后来罗曼诺夫王朝成员的最后安息之地。

1712年，圣彼得堡正式成为俄国首都。士兵和劳工们开凿运河，试图把这个城市变成俄罗斯的"阿

姆斯特丹"。他们还建造了圣彼得堡的第一个沙皇宫邸——彼得大帝夏宫（The Summer Palace）。特雷齐尼采用了沙皇朴素的荷兰风格，在此基础上发挥自己的创造力，设计了一座两层宫殿。宫殿以浅浮雕装饰，上面刻了沙皇庆祝海军胜利的画面。彼得大帝早逝后，凯瑟琳一世（CatherineⅠ）和彼得二世（PeterⅡ）

▌第32页（右上）
斯莫尔尼大教堂（Smolny Cathedra）是沙皇伊丽莎白二世（Czarina ElizabethⅡ）建立的修道院的一部分，由拉斯特雷利于1748年设计。教堂将俄罗斯和意大利的巴洛克风格巧妙地融合在了一起。

▌第32页（左下）
圣彼得保罗大教堂（Sts.Peter-Paul Cathedral）钟楼精妙的镀金尖顶。1712年，意大利建筑师多梅尼科·特雷齐尼受委托在彼得保罗要塞设计了这座宗教建筑。

▌第32—33页 兔子岛全景图。兔子岛是彼得大帝创建的原始市中心。1703年，沙皇在这里建造了一座木制堡垒，后来被特雷齐尼逐步改造成石头堡垒。矗立在兔子岛中心的是巴洛克杰作圣彼得保罗大教堂，非常精致优雅。

▌第33页（右上）
除了彼得二世和伊万四世，罗曼诺夫王朝的沙皇都葬在圣彼得保罗大教堂。卡拉拉大理石制成的石棺周围是粉红色和绿色的科林斯柱，屋顶还悬挂着拱形拱顶和可爱的水晶枝形吊灯。

▌第33页（右下）
斯特罗加诺夫宫面朝涅夫斯基大道（Nevsky Prospekt）的一条运河，是巴尔托洛梅奥·拉斯特雷利于1753年为斯特罗加诺夫家族（他们的厨师发明了著名的牛肉料理）建造的。如今，这里收藏着俄罗斯国家博物馆的藏品。

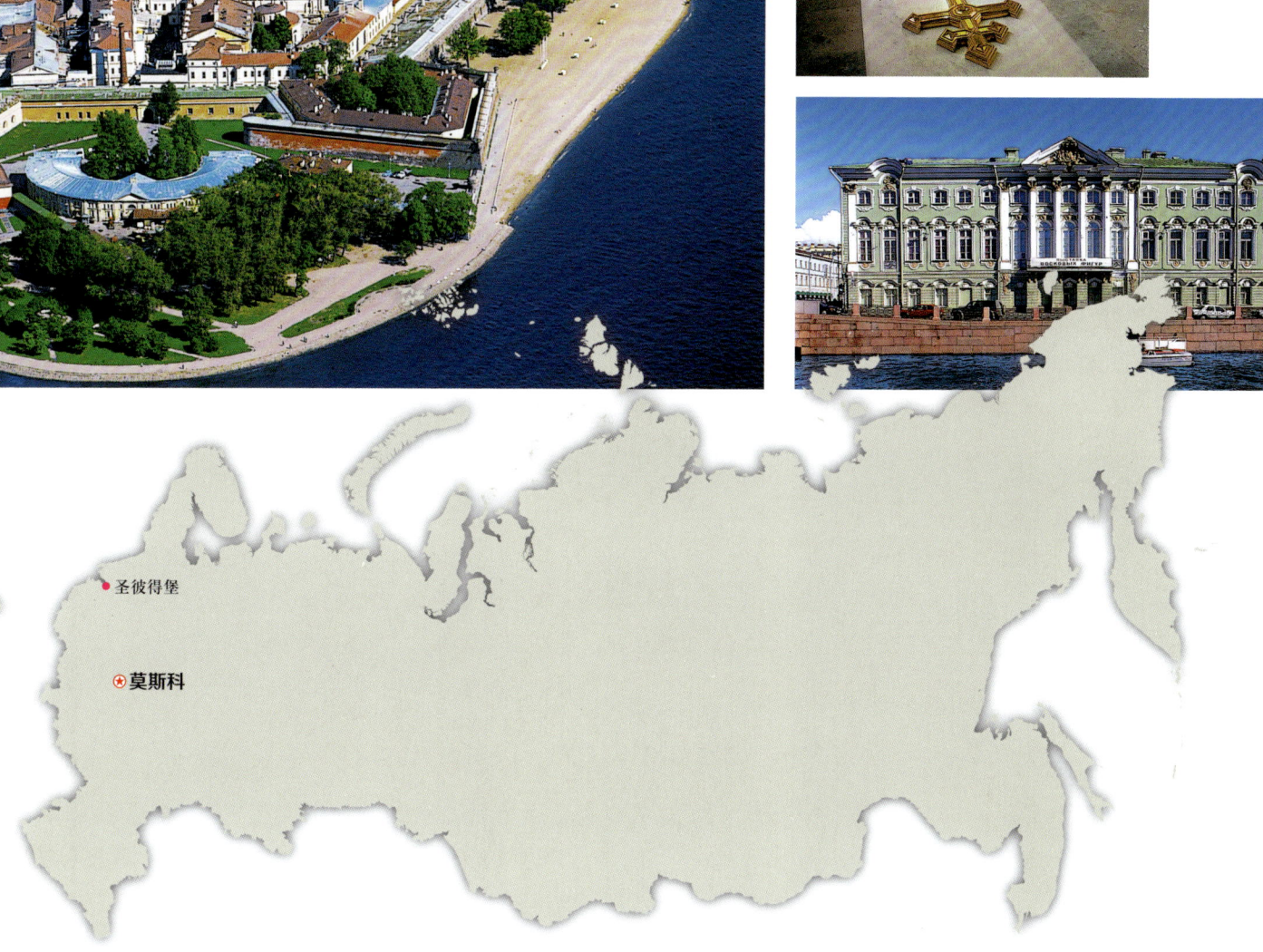

● 圣彼得堡

★ 莫斯科

短暂执政，其间皇宫重返奢华的莫斯科。但是1730年，女皇安娜一世（Czarina Anna）又选择回到圣彼得堡。1740年，她重建了彼得大帝之女伊丽莎白的宫闱。

女皇安娜一世执政期间，圣彼得堡被载入世界建筑史册。巴尔托洛梅奥·拉斯特雷利（Bartolomeo Rastrelli）为此做了很大贡献。拉斯特雷利当年跟随父亲来到俄罗斯，一同为彼得大帝效力。

拉斯特雷利设计的建筑是纯巴洛克风格，比如斯特罗加诺夫宫（Stroganov Palace，谢尔盖伯爵的住所）、沃龙佐夫宫（Vorontsov Palace，长期以来唯一的军事学校）以及斯莫尔尼大教堂（Smolny Cathedra），它结合了俄罗斯建筑传统和西方特色。这种特殊融合的杰作则是冬宫，建于1754年至1762年。尽管冬宫内部经历了多次翻修，其外观却不曾改变，堪称俄罗斯巴洛克风格建筑的典型代表。

冬宫建成后，很快就成为彼得三世和他的情人沃隆佐娃公主幽会的地方。这可能是他妻子索菲·冯·安哈尔特·泽布斯特（Sophie von Anhalt-Zerbst，德国人）发动政变的原因之一。彼得三世登上王位仅六个月后，索菲便策划了宫廷政变，推翻了彼得三世的统治，篡夺王位后，加冕自己为女皇凯瑟琳二世，彼得也因遭到暗杀身亡。此后，凯瑟琳二世便开始了对俄国长达30年的专制统治。其间，她为圣彼得堡增添了很多宝贵的财富。

凯瑟琳二世酷爱艺术，曾买下大量艺术作品收藏。1764年至1774年10年时间里，圣彼得堡共购进2500件油画、10000件雕刻珍品、10000件画像，还有各种瓷器、银器和雕塑。为储藏这些艺术品，小艾尔米塔什（Small Hermitage）在冬宫附近落成。1771年，凯瑟琳二世又聘请尤里·费尔滕（Yuri Velten）设计建造大艾尔米塔什（Great Hermitage）。1785年至1787年间，凯瑟琳二世委托贾科莫·奎朗（Giacomo Quarenghi）

设计艾尔米塔什剧院（Hermitage Theater）。19世纪中叶，新艾尔米塔什（New Hermitage）也在周围落成，丰富了此建筑群。1851年，尼古拉斯一世（Nicholas Ⅰ）将大艾尔米塔什和新艾尔米塔什作为公共博物馆对外开放。如今，艾尔米塔什博物馆是世界四大博物馆之一。馆藏丰富，内有300万件展品，比如一些印象主义画家最著名的作品。有些绘画作品卢浮宫都不一定有，只此可见。凯瑟琳去世后，她的儿子保罗一世（Paul Ⅰ）继承了俄国王位。保罗一世和凯瑟琳关系一直很紧张，他非常厌恶她的生活作风和为政方式。在位期间，保罗一世多次遭人暗算，整天提心吊胆，因此他主张建立米哈伊洛夫宫（Engineers' Castle），以免遭小人暗杀。米哈伊洛夫宫由坚固的砖石砌成，周围筑堤防护，还修建了秘密通道和逃生路线。1801年，宫殿竣工，保罗一世终于移居于此。

为公共博物馆对外开放。

■ 第35页（左中）
这处宽阔的约旦楼梯（Jordan Staircase）是天才建筑师巴尔托洛梅奥·拉斯特雷利的杰作，为冬宫增色不少。每年1月沙皇皇室都要通过这里来到涅瓦河边举行洗礼仪式，以纪念耶稣在约旦河受洗。于是，人们便将这座楼梯命名为"约旦楼梯"。

■ 第35页（右中）
陈列凯瑟琳二世银器收藏品房间之一。凯瑟琳二世酷爱收藏艺术品。1764年至1774年间，女皇共购进2500件油画、10000件雕刻珍品、10000件画像，还有上千件雕塑、瓷器和银器。

■ 第35页（左下）
这是油画展区，占地面积很广，也是艾尔米塔什最受游客欢迎的部分之一。文艺复兴到18世纪晚期的欧洲艺术藏品彰显了王室成员的个性和皇家独特的品位。19世纪、20世纪的作品主要是私人藏品。

■ 第35页（右下）
凯瑟琳二世委托贾科莫·奎朗设计的艾尔米塔什剧院。

■ 第34—35页
这张照片拍摄的是正对宫殿广场（Palace Square）的冬宫南侧。这座建筑是艾尔米塔什建筑群的一部分，非常宏伟，是世界上最著名的博物馆之一。它由巴尔托洛梅奥·拉斯特雷利于1754年至1762年间建造。外部装饰有400根柱子和16种不同类型的窗户。

■ 第35页（上）艾尔米塔什博物馆分馆之一。博物馆包罗万象，馆内有近300万件艺术展品。1851年，尼古拉斯一世将其作

但事实证明这里并非牢不可破，仅三天后，他便遭人暗杀，死于寝宫。

继任者亚历山大一世（Alexander I）在位期间，完成了喀山大教堂（cathedral of Kazan）的建造，建成了喀山最宏伟的教堂。建筑师安德烈·沃罗尼欣（Andrei Voronikhin）以古罗马圣彼得教堂为原本，设计了一个长约111米的半圆形的柱廊，以掩饰教堂侧面面临圣彼得堡主要街道涅瓦大街。教堂内装饰着红色的花岗岩圆支柱，柱头精美；地板上有典雅的拼制图案；里面还有反拿破仑卫国战争（Patriotic War against Napoleon）中的俄国英雄米哈伊尔·库图佐夫的灵柩。为庆祝库图佐夫击败法军，1818年，亚历山大委托奥古斯特·德蒙费朗（Auguste de Montferrand）设计了宏伟的圣彼得堡圣以撒大教堂（St. Isaac's Cathedral），历时40年才得以建成。教堂重达33万吨，为减轻建筑点沼泽地的负担，地下埋了数千个木桩加固。新古典主义风格的圆顶镶嵌着约100千克黄金。人们从芬兰湾就可以看到它。

1825年，尼古拉斯一世登上皇位，接手了俄国政权。受前期叛乱和骚动影响，彼时国家已经风雨飘摇，也为一个世纪后的"十月革命"的爆发埋下了种子。俄国人民和军队高呼改革，但罗曼诺夫王朝王室最终都用专制政策或者血腥镇压结束纷争，他们并不关注如何解决民众的问题，一心摆脱宫廷强加的枷锁，巩固中央集权。大量文学作品，如果戈理尖锐的讽刺文学和陀思妥耶夫斯基的戏剧小说应时而生、针砭时弊。涅瓦大街上的建筑奇观是权贵家族和宫廷官员的府邸，在圣彼得堡贫困区和富丽堂皇的宫廷之间形成了一道屏障。叛乱频发并日渐猛烈，后期多位权贵丧命于反叛活动。1881年3月1日，在离火星场（Field of Mars）和米哈伊洛夫宫几步之遥的地方，沙皇亚历山大二世被一群叛乱分子杀害。

皇储亚历山大三世就此继位。亚历山大三世起初进行了一段时间残酷的镇压，并在亚历山大二世遇刺地点建造了基督复活教堂（Church of the Resurrection），以"喋血大教堂"（Church of Spilt Blood）之名而闻名。教堂属于传统的洋葱形圆顶建筑，通过新奇的排列方式将各种建筑元素巧妙地融合在了一起。教堂内部的圣障、天花板和地板以各种材料装饰，包括意大利大理石、斑岩、挪威花岗岩和碧玉。圣彼得堡从无到有，代表欧洲建筑之巅，囊括巴洛克风格到新古典主义风格各种建筑。基督复活教堂（喋血大教堂）是这座城市最后一件伟大的建筑，但它的名字却成为一个不祥的预兆。它刚建成，尼古拉二世就被迫退位，罗曼诺夫王朝在后期俄国历史上也时乖命蹇。

▎**第36页（上）** 喀山大教堂是圣彼得堡最宏伟的教堂之一。半圆形的柱廊由96根科林斯式圆柱组成，排成四排，面向涅瓦大街。沃罗尼欣（Voronikhin）的设计灵感来自贝尼尼（Bernini）设计的古罗马圣彼得教堂柱廊。

▎**第36页（左下）** 这座宏伟的圣彼得堡圣以撒大教堂由奥古斯特·德蒙费朗（Auguste de Montferrand）于1818年设计，历时40年才得以建成。教堂的镀金圆顶重达3.3万吨，从芬兰湾就可以看到它。

▎**第36页（右下）** 教堂装饰有绝妙的天花板和墙壁壁画，大多由卡尔·布吕洛夫（Karl Bryullov）设计，还有14种不同类型的大理石制品，43种宝石和次宝石。教堂内部占地约3995平方米。

▎**第37页** 喋血大教堂是亚历山大三世1883年下令建造的，取址上一任沙皇亚历山大二世遇刺地。教堂用黄金、大理石、拼制图案和搪瓷瓷砖装饰。

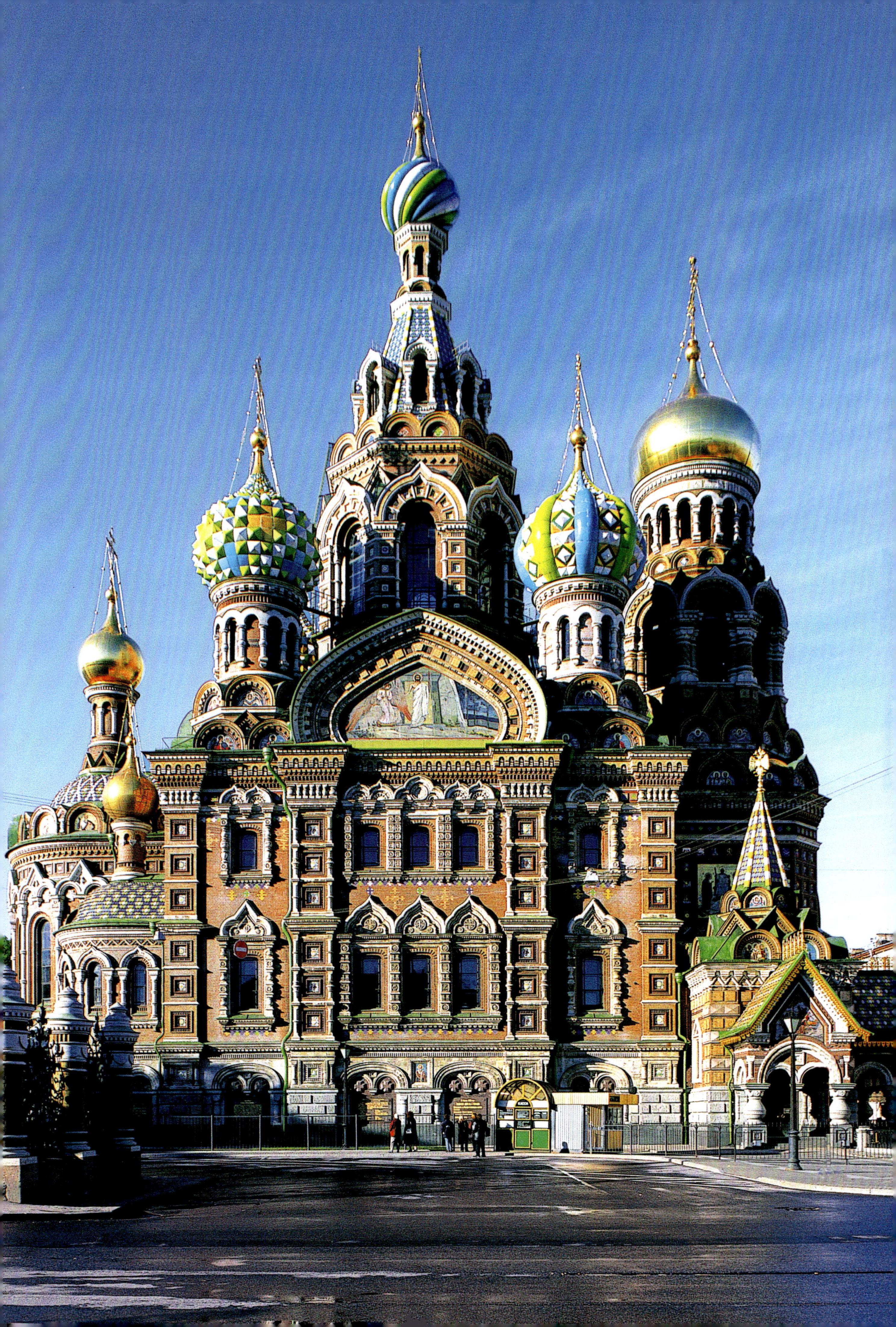

克里姆林宫和红场

俄罗斯 | 莫斯科
入选年份：1990
遴选标准：C（Ⅰ）（Ⅱ）（Ⅳ）（Ⅵ）

20世纪90年代初，苏联解体，俄罗斯联邦首任总统鲍里斯·叶利钦（Boris Yeltsin）发起了一项大胆的计划，重建大克里姆林宫（The Great Palace）最初的辉煌。大克里姆林宫坐落于克里姆林宫（来自"kreml"一词，意为"堡垒"），1838年至1849年建筑师康斯坦丁·索恩（Konstantin Thon）为尼古拉一世而建，耗资1200万卢布。1917年10月俄罗斯革命之前，大克里姆林宫一直是沙皇和俄罗斯王子的皇室宫殿。

1932年至1934年间，沙皇时代最具代表性的一些建筑被拆除，包括圣安德鲁和圣亚历山大的宫室，并将最高苏维埃和俄罗斯联邦的代表安置在一个面积1570平方米、可容纳3000人的区域。幸好有人在英国温莎城堡（Windsor Castle）皇家档案中发现了宫殿原始设计图的照片，再加上政府3亿美元的资金投

■ 第38页（上）克里姆林宫的红围墙由高耸的塔楼加固。照片中面对莫斯科的那一面是最先建造的，始于15世纪。

■ 第38页（右下）这里可以看到大克里姆林宫、大教堂以及后面的墙壁。大克里姆林宫建于1838年至1849年间，非常宏伟，是克里姆林宫最大的建筑，占地4.5公顷，历代沙皇居住于此。

第38页（左下）圣母领报大教堂（Cathedral of the Annunciation）的镀金圆顶和大克里姆林宫的正面在现代莫斯科背景下脱颖而出。

第38—39页 克里姆林宫宗教中心主教座堂广场（Sobornaya Square）上有四座大教堂。莫斯科防御工事村的起源可以追溯到11世纪，但直到15世纪末伊万三世统治期间，克里姆林宫才开始呈现出目前的样貌，有了宗教建筑和雉堞墙。

第39页（上） 天使长米迦勒大教堂（Cathedral of the Archangel Michael）的内部由意大利建筑师阿尔维塞·努尔沃（Alvise il Nuovo）设计，柱子和墙壁上都覆盖着壁画，莫斯科王子和沙皇的遗体就埋在这里。

入和2500名工人的辛勤劳动，受损房间于2000年完成了重建，还经过了精心粉刷，装饰了镀金中楣。宫殿再次彰显了罗曼诺夫王朝的辉煌。

抛开沙皇们拿破仑式的野心，可以肯定的是，多个世纪以来，克里姆林宫一直是俄罗斯政治生活和宗教生活的中心。历代沙皇、王子、东正教族长居住于此，即使18世纪初彼得大帝将首都转移到圣彼得堡，沙皇们仍继续在这里加冕。克里姆林宫前方的红场非常庄严，纪念"十月革命"的阅兵活动便在此举行。1961年，尼基塔·赫鲁晓夫（Nikita Khrushchev）于大克里姆林宫对尤里·加加林（Yuri Gagarin）进行了表彰，庆祝其成功从太空返回地球，完成了人类第一次绕地球轨道飞行。

考古发现，莫斯科地区的历史最早可以追溯到青铜器时代，但第一个定居于此的斯拉夫人的足迹却不早于11世纪。同期，涅格林纳亚河和莫斯科河汇合处的波罗维卡亚山上，一个防御工事村开始建造，占地不超过5公顷。1147年，基辅王子尤里·多尔戈鲁基（Yuri

Dolgoruky）统治期间，工事村打破壁垒，不断扩大。同年，莫斯科城正式建成。

直到 14 世纪伊万·卡利塔（Ivan Kalita）统治时期，这座堡垒才开始被视为莫斯科的行政中心。1367 年至 1368 年，迪米特里·东斯科伊（Dimitri Donskoy）王子建造了一座大型堡垒，因其白墙高塔，莫斯科以"白墙城"闻名世界。

1485 年至 1495 年全俄君主伊万三世执政期间，克里姆林宫彻底重建，初具现在的外观。白墙被垛口堡垒取代，长超过 1.6 千米，角落和各个入口都有塔楼，共 20 座。堡垒内封闭区域的宗教建筑和非宗教建筑（占地约 27.5 公顷）可以追溯到各个时代，由各国建筑师设计。其中一些作品是交由 15—16 世纪的意大利建筑师设计的，例如马科·弗里亚森（Marco Friazin）、彼得罗·安东尼奥·索拉里（Pietro Antonio Solari）和亚里士多德·费奥拉凡蒂（Aristotele Fioravanti）。

从处于第二重要位置、面向亚历山大花园的特罗伊茨克（Troickaya）塔楼进入克里姆林宫，左边是克里姆林宫军事要塞所在地兵工厂，19 世纪中叶成为 1812 年卫国战争的博物馆，前面放置了 800 多门从拿破仑军队缴获的大炮。旁边是参议院，建于 1776 年至 1787 年，现在是俄罗斯联邦总统的官邸。这两座建筑的对面是国会大厦。国会大厦建于 1961 年苏联时期，是克里姆林宫里唯一一栋看起来格格不入的建筑体。

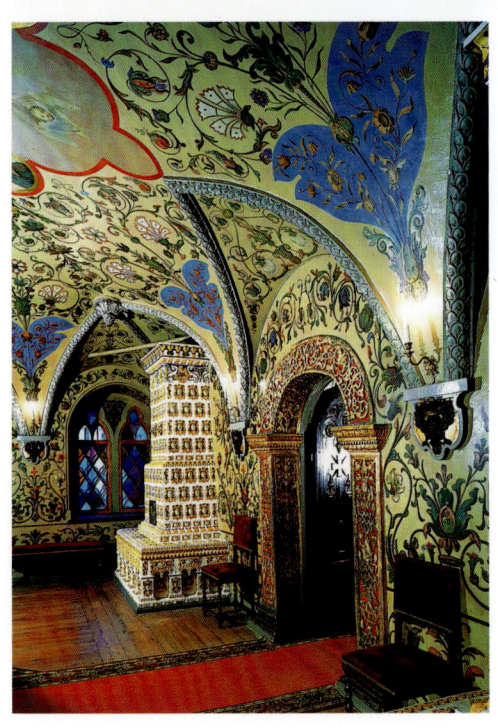

▎第 40 页（左上）
多棱宫是克里姆林宫最古老的非宗教建筑，一层大型沙龙中心有一根方形柱子，从这个位置看，拱顶上的所有壁画都栩栩如生。

▎第 40 页（左下）
特雷姆宫装饰有花卉图案的房间。特雷姆宫位于多棱宫旁边，为皇室家族所有，藏有沙皇加冕仪式用的宝座。

但好在赫鲁晓夫下令把它的地基选在了地平面 50 英尺（15.24 米）以下的地方，才不至于影响其他建筑景观。

再往里面是耸立在伊万诺夫斯卡亚广场（Ivanovskaya Square）的钟楼，1600 年完工，高约 81 米，是当时俄罗斯最高的建筑。广场地面上矗立着莫斯科奠基者建造的青铜杰作"钟王"（Czar Bell），高约 6.1 米，重 220 吨，是世界上最大的钟。1737 年的一场大火中，它从支撑物上掉下来，摔成了两半。一个世纪后，为纪念这一事件，它被安置在一个基座上陈列。附近的沙皇大炮也一生"壮志未酬"，它是世界上最大的大炮，口径 900 毫米，重 44 吨，从未使用过就退役了。

克里姆林宫的宗教和建筑中心聚集在教堂广场（Sobornaya Square）上。莫斯科第一座教堂——圣母升天大教堂（Cathedral of the Assumption）便坐落于此。圣母升天大教堂由费奥霍凡特（Fioravanti）于 1475 年至 1479 年为伊万大帝而建，是教堂广场上最古老最壮观的宗教建筑。历代沙皇加冕仪式在此举行，最重要的法令也于此宣读。此外，莫斯科都主教和大主教都安葬于此。大教堂后面是圣母法衣存放教堂（Deposition of the Gown），右边是十二使徒教堂（Church of the Twelve Apostles）和主教宫（Patriarchal Palace）。广场上还有圣母领报大教堂（Cathedral of the Annunciation）和天使长米迦勒大教堂（Cathedral of the Archangel Michael），两者圆顶都呈洋葱状。每一座教堂里都珍藏着安德烈·鲁布列夫（Andrei Rublev）等大师所创作的俄罗斯画像艺术和壁画珍品。

再往前走是的多棱宫（Palace of Facets），由马克·拉福（M. Ruffo）和彼得罗·安东尼奥·索拉里（Pietro Antonio Solari）设计。它是克里姆林宫最古老的非宗教建筑，其表面镶上了棱柱形白石，非同一般，多棱宫由此得名。接着是 17 世纪罗曼诺夫王朝早期统治者重建的特雷姆宫（Terem Palace），里面收藏了一系列沙皇加冕仪式用的宝座。此外，还有贮藏沙皇珍宝和俄国钻石藏品的军械库博物馆（Armory Museum）。

■ 第 40—41 页
沙皇们过去经常在特雷姆宫的金屋接待客人和顾问。公民们可将他们的请求放在王座旁边请愿窗内的盒子里。

■ 第 41 页（右上）
特雷姆宫的"贵族屋"（Boyar Room）是以俄国封建贵族的名字命名的。贵族们享有极大的特权，他们在这个房间里会面，解决争端，讨论国家管理，据说还策划了反对沙皇的阴谋。

■ 第 41 页（右下）
特雷姆宫小礼拜堂东墙上 19 世纪的壁画。

▌第 42—43 页 圣巴西尔大教堂的 9 个圆形屋顶代表着东正教的 9 个主要节日。

▌第 42 页（左下）圣巴西尔大教堂是莫斯科最著名的纪念建筑，1552 年伊万四世（Ivan the Terrible）为政期间开始兴建，用以庆祝其战胜鞑靼人。

▌第 42 页（右下）圣巴西尔大教堂是按照俄罗斯传统，完全用砖建造的，也有木制建筑的典范。里面还可以看到 16 世纪的壁画。

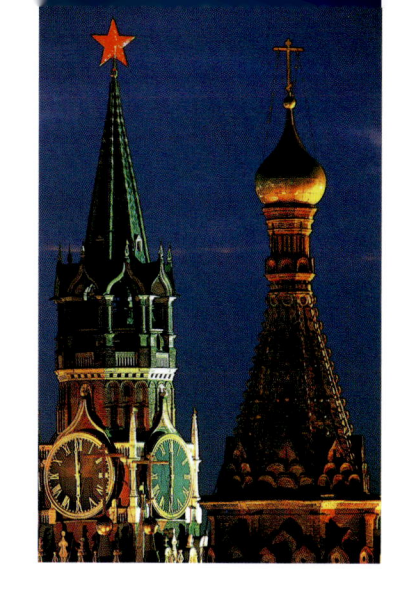

斯巴斯克塔楼（Spasskaya Tower），也叫救世主塔楼，位于克里姆林宫俯瞰红场的位置，1491年由彼得罗·安东尼奥·索拉里为伊万大帝而建，得名于一面墙上的图像。过去，任何进入大门的人都必须脱帽以示对此地的敬意。

塔楼前面矗立着代祷教堂（Church of the Intercession），也称圣巴西尔大教堂（Cathedral of St. Basil），是红场最著名的纪念性建筑。广场名字并非取自红色苏维埃政权，而是源于单词"krasnij"，在古俄语里此词意为"漂亮"，现大多用来表示"红色"。多年来，莫斯科惨遭鞑靼人的劫掠与突袭，为纪念占领鞑靼人王国的首都喀山，伊万四世下令建造了圣巴西尔大教堂。教堂由俄罗斯建筑师巴尔马（Barma）和波斯特尼克（Postnik）设计，他们在一个平面图上设计了9个圆柱形小礼拜堂，每个小礼拜堂代表一个东正教节日。其中最大的一个在中间，其屋顶倾斜，其余8个围绕在其周围。

广场的周边是新古典主义建筑，比如莫斯科自1893年以来的第一家大型商店古姆百货大楼。苏联解体后，其政权的痕迹逐渐消失。虽然列宁的灵柩仍然放置在参议院大厦，但20世纪20年代移走的两个"古老的新奇事物"最近又在红场重新出现，即喀山圣母教堂（Church of the Madonna of Kazan）和复活之门。1995年以前，复活之门始终处于拆除状态，以便每年11月7日举行大型军事游行时坦克可以顺利通过。

■ 第43页（上）在圣巴西尔大教堂的映衬下，我们可以看到斯巴斯克塔楼（救世主塔楼）的夜景。斯巴斯克塔楼面向红场，是克里姆林宫20个入口中最重要的一个。1625年，塔楼上的钟第一次敲响。

■ 第43页（下）红场（这个名字来源于俄语单词"krasnij"，意为"美丽"）是莫斯科主要的商贸交易场所。它以前和克里姆林宫隔着一条深沟，只有经由两座桥才可以进入宫中，分别在斯巴斯克塔楼和尼古拉斯卡亚塔（Nikolskaya Towers）矗立的地方。

塔林历史中心

爱沙尼亚

哈留（Harjumaa）县
入选年份：1997
遴选标准：C（Ⅱ）（Ⅳ）

第44页（上）爱沙尼亚首都——塔林的起源尚不确定，但它很可能是中世纪时期建立的。关于其最早的记录出自阿拉伯地理学家阿尔·伊德里西之手。

第44页（下）亚历山大·涅夫斯基东正教大教堂的轮廓在老城区以及圣玛丽和圣尼古拉教堂的钟楼衬托下脱颖而出。

第44—45页 塔林历史中心的一大特色是其城墙建于12—13世纪，高14.9-15.8米，长度绵延约2.4千米。尽管年代久远，但它们依旧保存完好。

窥视厨房塔（Kiek in de Kök）高151英尺（约46米），是塔林（Tallinn）防御墙上最高的一座炮塔。之所以取名"窥视厨房"，是因为据说从墙的裂缝看出去，可以窥探到周围居民的饮食习惯。城市的北门前矗立着一座低矮厚实的堡垒——玛格丽特堡垒（Paks Margareeta），或称"胖玛格丽特"。

要登上塔林上城区的座堂山（Toompea），可以走沿着城墙直通高处的皮克雅各（Pikk Jalg，"长腿"之意）路。也可以选择更具挑战性的卢西雅各（Lühike Jalg，"短腿"之意）路。这些路名彰显了爱沙尼亚人的幽默感，正是这种性格特点让他们渡过了历史上多次国家受侵时期。

关于塔林最早的文献出自阿拉伯地理学家阿尔－伊德里西（al-Ibrisi）之手。1154年，阿尔－伊德里西在一张地图上标出了一个叫夸勒韦尼（Qualeveni）的地方，与塔林现在的位置相对应。夸勒韦尼这个名字源自颇具传奇色彩的英雄卡莱夫（Kalev），爱沙尼亚人将其视为自己的祖先。1219年，丹麦国王沃尔德马二世（King Waldemar Ⅱ）的船只抵达夸勒韦尼，上面载着征服爱沙尼亚人的军队，他们把这座城市变成了一个军事和商业港口，在这里修建了一座堡垒，创立了一个主教辖区，更城市名为塔林（Tallinn），名字源于"taani linn"（塔尼林）一词，意为"丹麦的城市"。

1227年，条顿骑士团（Teutonic Knights）来到这里，但1238年塔林再次被丹麦人占领，随后于1258年加入汉萨同盟，成为北欧主要贸易中心之一。城市统治者财富积累不断增加，与此同时，爱沙尼亚人的不满情绪也与日俱增。1343年，塔林爆发多次民众起义，其中一次让丹麦人再次放弃塔林，以19000枚银币的价格割让给条顿骑士团。条顿骑士团统治期间，未曾受到民众挑战，直到宗教改革时期，双方关系开始紧张。1577年，莫斯科人抵达塔林，双方放下紧张的局势，转而共同对抗莫斯科人。瑞典人前来帮助当地人对抗莫斯科人，打败了伊万四世的军队。

在斯堪的纳维亚君主制的统治下，塔林的运势开始衰败。1710年，俄国沙皇彼得大帝占领了这座城市，此后，塔林几乎与世隔绝。直到19

第45页（上）亚历山大·涅夫斯基东正教大教堂建于1894年至1901年间。它代表着爱沙尼亚东正教的中心，俯瞰塔林上城区的座堂山。

第45页（下）大教堂外墙上装饰着精美的镶嵌图案，里面有古老的圣像和油画，还有精美的祭坛画。

世纪末，连接圣彼得堡和莫斯科的铁路建成，这种局势才得以结束。这一期间，爱沙尼亚人的爱国精神也得到加强，他们从1917年"十月革命"中汲取力量，于次年2月宣告了独立自主的爱沙尼亚共和国的诞生。1941年，纳粹入侵，爱沙尼亚自由之梦破灭，随之而来的是令人惶恐的狂轰滥炸以及苏联人的占领。

接下来几十年里，塔林港口工业发展受到了苏联极大的影响。尽管苏联解体时，爱沙尼亚本土人只占总人口的47%，但最终爱沙尼亚人还是获得了独立。

虽然塔林的发展一波三折，但是城墙内历史中心的建筑水平未曾受到丝毫影响。主教座堂位于座堂山（Toompea Hill）上，1229年由条顿骑士团在丹麦城堡的基础上建造，俄国人于18世纪又对其进行了改造。

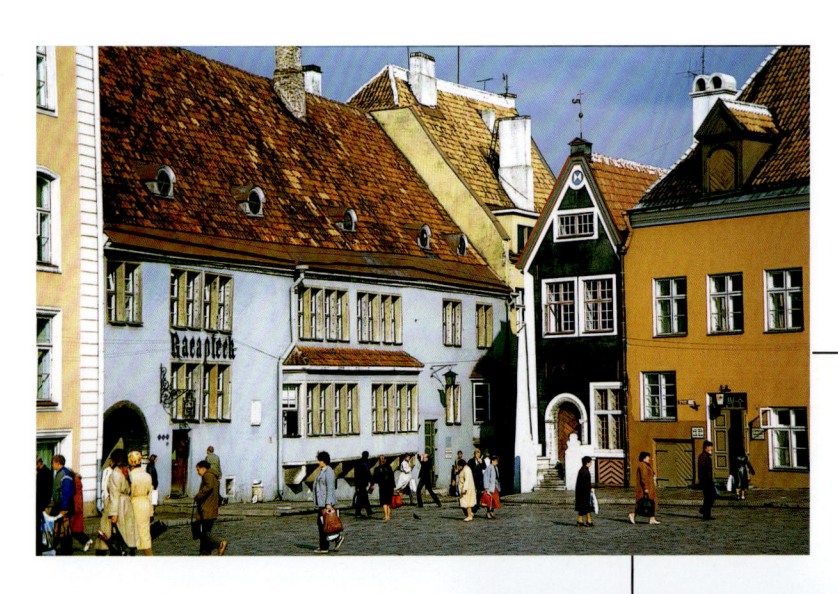

政厅。这里也是塔林老城主要步行街皮克雅各路的起始点，沿路都是哥特式外观的建筑物，汉萨联盟的公会也坐落于此。最引人注目的是 17 号大城堡对面矗立着亚历山大·涅夫斯基东正教大教堂（Orthodox cathedral of Alexander Nevsky），它设计美观，圆顶呈洋葱状，表面有镶嵌图案，里面还有很多圣像，但它始终有着俄国统治的印记。人们看到它便会联想到俄国入侵，于是 1930 年，爱沙尼亚人计划将其移出塔林。不远处便是塔林大教堂（Toomkirik），也叫圣玛丽教堂（St. Mary's Church），由丹麦人在 1240 年建造，16 世纪又按照晚期哥特式风格进行了重建。

塔林老城的下城区，坐落着圣尼古拉教堂（Church of St. Nicholas）。教堂建于 1315 年，一个世纪后，这里发生了一场火灾，多亏汉萨同盟商人的捐款，教堂才得以重建。里面最具艺术价值的是一个带有双层装饰画的祭坛，装饰画出自卢贝克画师赫尔曼·罗德（Herman Rode）之手，另一个便是画家伯恩特·诺克（Bernt Notcke）的作品《死神之舞》（Danse Macabre）。

附近的市政厅广场上，矗立着北欧唯一一座保存完好的哥特式风格市

■ 第 46 页（左上和右上）许多历史性建筑面对着市政厅广场（左）和老城（右）而建。最重要的是哥特式建筑群，汉萨联盟的公会便坐落于此。

■ 第 46—47 页 沿着古城墙所建的塔楼俯瞰通往历史中心的道路。16 世纪保卫塔林的 60 座塔楼中，有 18 座留存至今。

会馆（Great Guildhall），现在是爱沙尼亚历史博物馆（Historical Museum）所在地。黑头兄弟会会馆（Guild of the Brotherhood of Black Knights）位于街道26号，文艺复兴风格，建于16世纪晚期。此会馆肩负着保卫城市的艰巨任务，或许并非偶然，它是最后一个被查禁的行会，彼时1940年。

▌第47页（左上）
这座宫殿耸立于市政厅广场上，类似宗教建筑。但事实上，这是塔林市政厅，北欧唯一一座保存完好的哥特式建筑。

▌第47页（右上）
圣尼古拉教堂于1315年由定居塔林的德国商人建造。16世纪"破坏圣像运动"时期，它曾遭到严重损坏，第二次世界大战中又遭到炮轰。之后人们对其进行重建，后被用作博物馆和音乐厅。

里加历史中心

拉脱维亚

入选年份：1997
遴选标准：C（I）（II）

1970年，利奥尼德·勃列日涅夫将苏联最高荣誉列宁勋章授予里加（Riga），以表彰该城市为国家经济发展做出的贡献。毫不夸张地讲，列宁勋章让拉脱维亚首都里加成为进步模范和国家荣誉的象征。

自里加城建成以来，邻国便一直在争夺道加瓦（Daugava）河上的重要港口。官方说法是，1201年，布雷马（Brema）的艾伯特（Albert）主教建立了里加。这位高级教士雄心勃勃，短短几年时间，其麾下的宝剑骑士团（Fratres militiae Christi）便征服了整个利沃尼亚（Livonia，这片领土覆盖现在整个拉脱维亚和爱沙尼亚南部），并将其变成了一个德国的封地。13世纪，里加开展了毛皮、小麦、鱼、木材和价值高昂的琥珀贸易，经济开始繁荣起来。1282年，它加入强大的商业城市联盟——汉萨同盟，与其他成员共同主导波罗的海和北海贸易。

1211年至1271年间里加经济繁荣时期，圣玛丽亚大教堂建成。从外面看，仍然保持着最初明显的罗马式风格。但几个世纪来，其内部多次以哥特式、文艺复兴风格、巴洛克和新古典主义风格进行翻修，最终风格混杂。1884年，人们用木头和金属制成了6718根发声管，建成了当时世界上最大的管风琴，为教堂增色不少。里加还保留了另外三座建于神圣罗马帝国（Holy Roman Empire）时期的教堂：圣彼得教堂（1209年），圣雅各布教堂（1226年）和圣约翰教堂（1234年）。

宗教改革的到来标志着德国对里加统治的结束。1582年，波兰国王斯蒂芬·巴托里（Stefan Bathory）占领了里加，四十年后，它转而由瑞典人统治。斯堪的纳维亚君主制开明，促进了里加经济、社会和文化的实质性发展，但好势头只维持

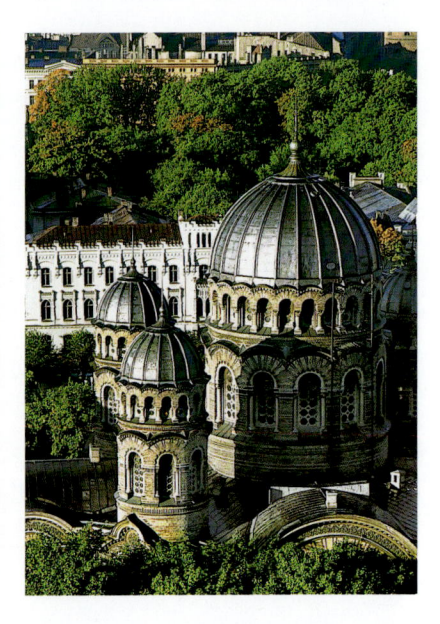

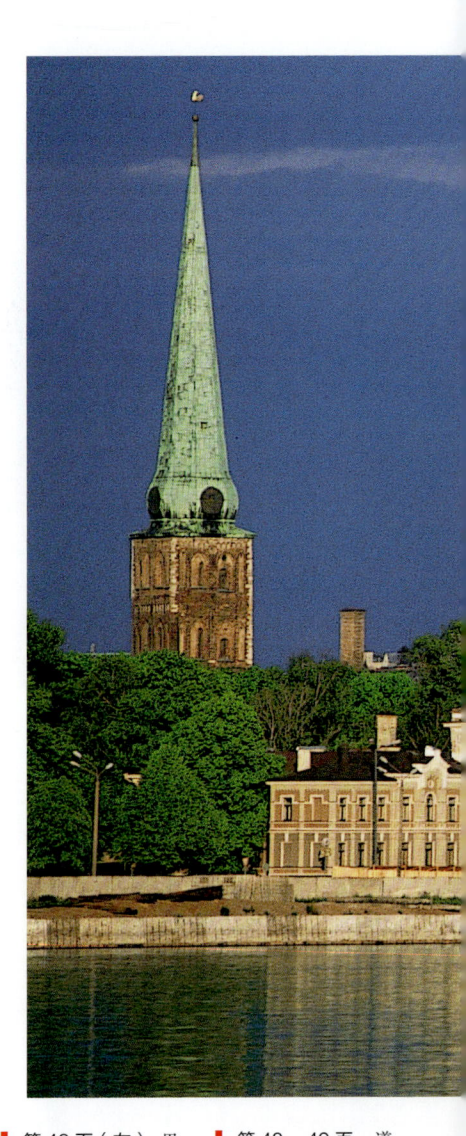

■ 第48页（左） 里加鸟瞰图。前面是圣雅各布教堂的钟楼，建于1226年，被封为天主教圣地。它后面是圣彼得教堂的钟楼，高约72米，是里加的瞭望塔。

■ 第48页（右） 这座精致的宫殿里藏有星象仪，宫殿的圆顶和装饰模仿了沙皇俄国的风格，周围是一处公园和卓越的新艺术风格建筑。

■ 第48—49页 道加瓦河角度的历史中心图。里加坐拥11处公园以及众多雅致的钟楼。最大的是圣玛丽亚大教堂的钟楼，它也是波罗的海国家最大的宗教建筑。尽管经过多次翻修，它的外观仍然保持着罗马式风格。

■ 第49页（左下）
20世纪早期里加市中心近1000栋建筑中的一座。拉脱维亚独立后，这些建筑物被外国公司收购，并在他们的推动下恢复了最初的辉煌。

■ 第49页（右下）
拉脱维亚艺术学院坐落于这片大型砖石建筑群。艺术学院于1905年开放，内有一个博物馆，收藏着众多拉脱维亚和俄国艺术家的经典绘画作品。

■ 第 50 页（上）20
世纪初期，里加进行了
明显的扩建。新的城市
规划包括宽阔的林荫大
道，沿路是类似图片上
的豪华大厦，其中最
有创造力的是米哈伊
尔·艾森斯坦（Michail
Eisenstein）的作品。

■ 第 50—51 页　市
中心屠夫街上的典型建
筑。值得注意的是圣约
翰小教堂，建于 1234
年，其山形墙是里加唯
一的哥特式建筑。

了很短时间。1710 年，俄国彼得大帝军队入侵里加，并开启了对其长达两百多年的统治，直至 1918 年拉脱维亚独立才结束。好景不长，第二次世界大战伊始，拉脱维亚再次被德国人占领。

里加一直保持着国际化城市的形象。其人口数量超过 50 万，城市高知阶层与音乐界联系紧密。1837 年至 1839 年，为逃避在祖国的欠下的债务，德国作曲家理查德·瓦

第51页（上）历史中心的鸟瞰图，房屋外观色彩各异。17世纪时，里加是一座繁荣的贸易城市，商人们因行会联系在一起，建造了秀丽的房屋，它们同时也被用作商店。

第51页（左下）这座城堡由宝剑骑士团于1330年建造，现在是拉脱维亚国家历史博物馆（Museum of Latvian History）、文学历史博物馆（Museum of the History of Literature）和外国艺术博物馆（Museum of Foreign Art）的所在地。从城堡塔楼上可以看到河岸的美景。

第51页（右下）大小行会的宏伟建筑和塔楼。最初的建筑建于14世纪，但19世纪中叶，该建筑群又以创造性的英国新哥特式风格进行了重建。

格纳（Richard Wagner）来到这里避难。

19世纪中叶，沙皇亚历山大二世决定改善城市面貌。他下令拆除城墙，发起了建筑革命，试图打造独一无二的里加城。这也让里加在几十年后的新艺术浪潮中达到艺术顶峰。改建后的里加历史中心建筑外观呈几何形状，弧线优美，上面有各种花卉和动物图案，街角还有石膏像和人物雕像。这种新艺术风格将建筑、绘画和雕塑融为一体，实现了装饰性和实用性的完美结合。

所有这些都彰显了时代精神，折射出充满现代风格的艺术热情。

里加坐拥大约千座新艺术风格的建筑，由不同建筑师设计而成。最具代表性的当属艾伯塔（Alberta）街、伊丽莎白（Elizabetes）街、安东尼加斯（Antonijas）街和塔林纳斯（Tallinas）街上的建筑，其中包括艾伯特街13号的住宅楼，那是1904年为国务大臣列别金斯基而建。此杰作由米哈伊尔·艾森斯坦设计，他的儿子谢尔盖曾执导电影《战舰波特金号》（The Battleship Potemkin）。和艾森斯坦设计的其他建筑的外观一样，此处住宅楼也将铁和木头的涡形花样交错镶嵌在弓形窗上，很多地方还装饰了雕像和意大利花饰的浅浮雕，创造了一种戏剧性效果。

第二次世界大战结束后，里加并入苏联，并经历了强势的俄罗斯化进程。其他苏联加盟共和国居民移民到里加，许多纪念性建筑以斯大林风格建成，但它们没有破坏历史中心建筑遗产的整体特色。1990年拉脱维亚独立，开启市场经济模式，至少三分之一的新艺术风格建筑出售给了专注做修复工作的西方公司，但他们做不到将建筑恢复原样。

铁桥峡谷

英国

英格兰什罗普郡（Shropshire）塞文河（River Severn）
入选年份：1986
遴选标准：C（Ⅰ）（Ⅱ）（Ⅳ）（Ⅵ）

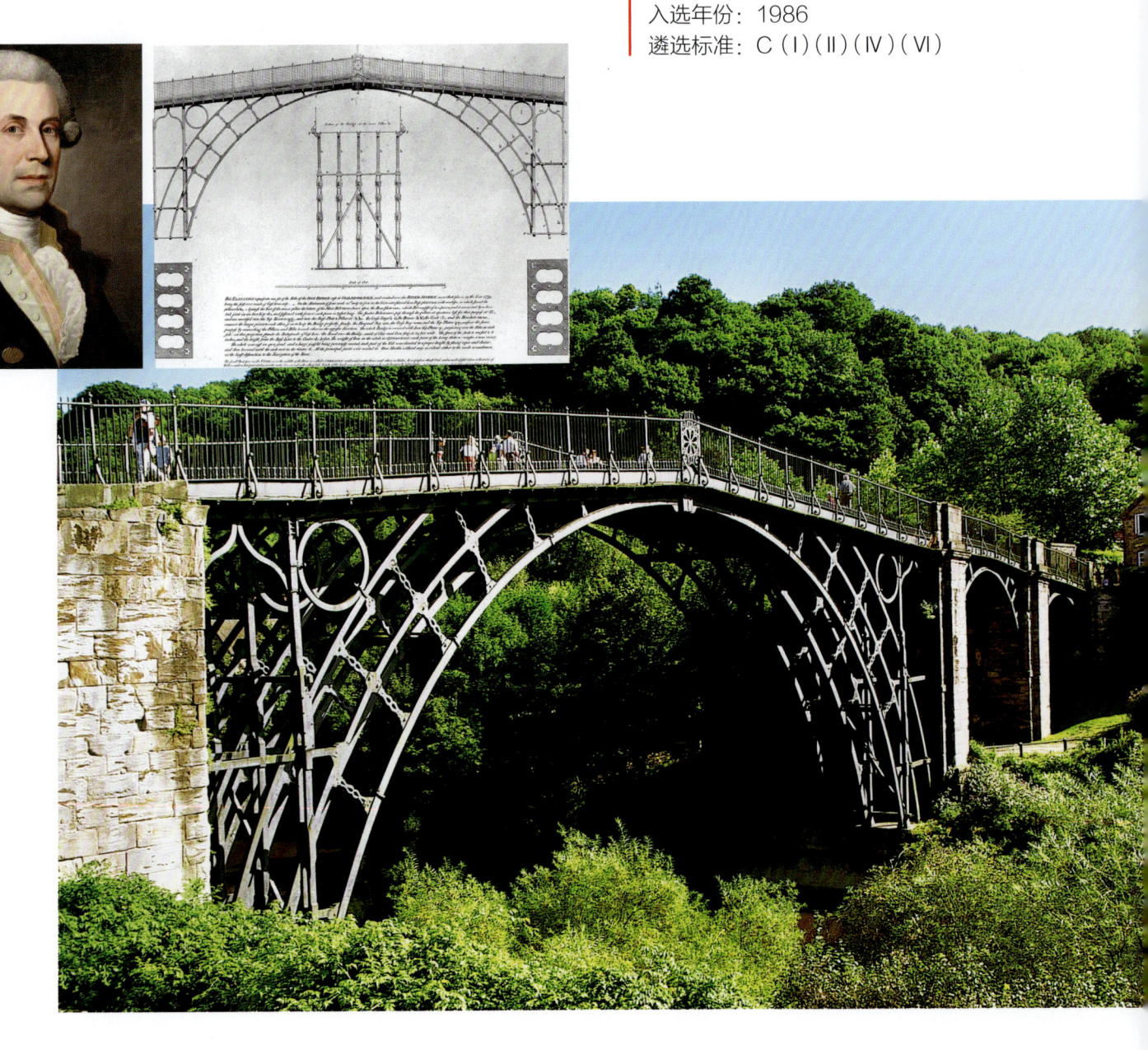

"来到煤溪谷（Coalbrookdale）就像进入了冥界。一股浓烟从地下冒出来，机器喷出一团团蒸汽，黑烟从铸造厂的烟囱里升起。在这种黑暗中，我向低处走，来到塞文河岸边，它在两座高山之间静静地流淌着，此时我发现自己站在一座完全由铁建造的桥前。夜幕降临，眼前的景色仿佛是一扇通向神秘世界的大门。"这是1787年一位不知名的意大利旅行者对铁桥峡谷（Ironbridge Gorge）的描述。塞文河流经英格兰腹地，全长338千米，是英国最长的河流。塞文河畔的峡谷盛产煤和铁。18世纪初，这些矿藏为工业革命的到来奠定了基础。正是在这里，一位名叫亚伯拉罕·达比一世的贵格会教徒和铁厂老板发现了一种既能降低生产成本又能提高铁的质量的方法，即将铁与焦炭熔合，制造出一种合金铸铁。他于1707年取得了该方法的专利权。这一发明使以达比公司命名的煤溪谷变成了世界上工业化程度最高的地区之一。几年时间里，塞文河成为欧洲内河运输密度排位第二的河流，那里建成的工厂开始生产各种类型的机器。约翰·威尔金森（John Wilkinson）建造了第一艘铁船，詹姆斯·瓦特（James Watt）为蒸汽机

第52页（左上）这是建筑师托马斯·法诺斯·普里查德（1723—1777年）的画像。他建议在塞文河上建一座桥，以便把工业产品运输到什罗普郡。

第52页（右上）威廉·埃利斯（William Ellis）绘制的一幅大桥版画，非常罕见，保存在铁桥峡谷博物馆信托基金会档案中。这座桥是世界上第一座铁制桥梁，横跨塞文河，跨度约31米，并不妨碍船只从桥下的河面驶过。

铸造了汽缸。钢铁工业的繁荣促进该地区不断吸引工程师和工人。为迎接新居民，多栋房屋、学校、教堂和银行拔地而起，这就形成了新村庄科尔波特（Coalport）。然而，18世纪中叶之后，宽阔的塞文河两岸间距阻碍了其发展，建筑师托马斯·法诺斯·普里查德（Thomas Farnolls Pritchard）建议修建一座大桥，方便人们前往工厂，以免恶劣的气候阻碍人们过河。1773年，合金铸铁发明者的孙子亚伯拉罕·达比三世（Abraham Darby Ⅲ），经过两年的研究提出了一项计划，又过了两年，工程开始动工。1779年，世界上第一座铸铁桥落成。大桥单跨跨度约31米，总重423吨。生产和建筑成本当时高达6000英镑，包括大桥落成典礼那天免费供给啤酒所花的15英镑。煤溪谷档案文件没有留下任何铁桥施工方案的痕迹，但惊喜的是，最近有人在瑞典发现了一张相关的图纸。可能是因为其结构瞩目，铁桥很快引起了世界各地工程师和旅行家的兴趣，使得煤溪谷成为那个时代有识者的必到之地。亚伯拉罕·达比三世后多次受邀设计类似铁桥的大桥，从威尔士（Wales）到牙买加（Jamaica），订单遍及各地。但是，此项不凡的技术成就不久后便身处危险之中。虽然铁桥是唯一一座抵御住1795年塞文河洪水的大桥，令人惊喜，但从1782年开始，它便开始出现结构性问题。仅仅七年之后，人们便开始对其进行一系列重建工作。1926年，人们首次提出拆除铁桥，部分原因是当地的工业生产已经停止。1930年，铁桥禁止车辆通行。

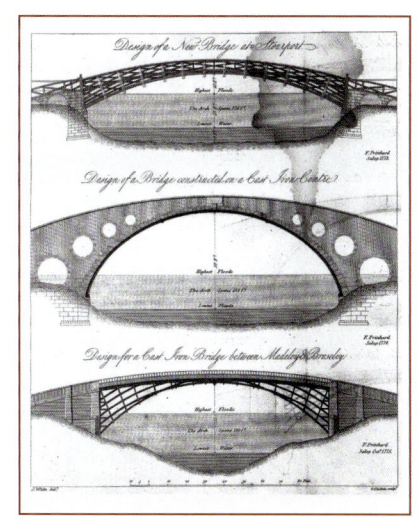

1967年，铁桥峡谷博物馆信托基金会（Ironbridge Gorge Trust）成立，奇迹般地拯救了铁桥的命运。基金会的宗旨正是保护工业革命的历史遗产。两年后，英国最大的露天博物馆之一在煤溪谷公司（Coalbrookdale Company）办公区和科尔波特的一些区域开放了。人们置身其中，穿着那个时代的服装，似乎又回到了铁桥地区繁荣的那些日子。

第52—53页 为弥补建筑费用，该桥自开通之日起，运输货物往返，都要交付通行费。然而不久后，由于塞文河频繁遭遇洪水，铁桥结构开始受损。1930年以来，铁桥只允许行人通行。

第53页（中）18世纪末，铁桥名声大噪，煤溪谷的工厂也因此收到了大量建造桥梁的订单。这幅图纸显示了三种不同的铁桥结构方案。

第53页（下）这是科尔波特村房屋的全景图。科尔波特在煤溪谷附近发展起来，是附近工厂工人及其家眷的住所。19世纪上半叶，此处工厂工人达2000多名。

威斯敏斯特宫、西敏寺和圣玛格丽特教堂

英国 伦敦（London）
入选年份：1987
遴选标准：C（I）(II)(IV)

每年英国国会开幕大典上，步兵代表团成员都会身着17世纪服装，仔细巡查威斯敏斯特宫（Palace of Westminster）地窖。这项仪式是为了让人们记住1605年火药阴谋时期人们面临的危险。当时，天主教徒盖伊·福克斯（Guy Fawkes）及其追随者意图炸毁信奉新教的英国政权所在地。

对于英国公民来说，这个故事的宗教影响永无休止。威斯敏斯特宫的历史已有900年之久。它如今非常宏伟，拥有1200间房间、100座楼梯，还有近两英里（约3.22千米）长的走廊，但是11世纪中叶威廉一世统治期间至1512年亨利八世在位时期英国皇室成员主要住所的原始建筑现在都荡然无存了。1512年的一场大火使宫殿的大部分原始建筑付之一炬，只留下中世纪的威斯敏斯特大厅（Westminster Hall）、圣史蒂芬礼拜堂（St. Stephen's Chapel）和珠宝塔（Jewel Tower）。珠宝塔建于1366年，用于储存君主的私人财宝。经重建，威斯敏斯特宫变成了上议院，圣史蒂芬礼拜堂转变成了下议院。

1834年，威斯敏斯特宫再次化为灰烬，这一次，威斯敏斯特大厅再次幸免于难。国会新址由查尔斯·巴里爵士（Sir Charles Barry）设计，为了向附近的西敏寺（Westminster Abbey）致敬，他设计了新哥特式风格的建筑。第二次世界大战期间，宫殿遭德军炮弹轰炸，严重受损。1948年至1950年，人们严格按照查尔斯·巴里爵士的设计图，对宫殿进行了修复工作。

整个建筑的中心是那间巨大的八边形圣史蒂芬房间，可以通过正门进入，它是维多利亚时代的建筑杰作。从这里出发有两条走廊：北边的走廊通向上议院，南边的走廊通向下议院。上议院建于1847年，房间面积338平方米，非常华丽，里面有一个富丽堂皇的新哥特式宝座，每年11月国会开幕式上，女王都坐在上面发表演讲。另一端，下议院面积295平方米，与圣史蒂芬礼拜堂的风格一致。议员们按排就

■ 第54页（上）威斯敏斯特大厅入口。大厅建于11世纪理查德二世时期，用于宫廷娱乐，是威斯敏斯特宫中唯一在1512年和1834年两次灾难性火灾中保存下来的建筑。几个世纪以来，威斯敏斯特大厅一直是处理国家大事的中枢机构，如今用来举行重要仪式。

■ 第54页（下）威斯敏斯特宫的哥特式风格尖顶。该建筑由查尔斯·巴里爵士在19世纪早期设计，里面有上议院和下议院的房间。

■ 第54—55页 泰晤士河威斯敏斯特桥视角下的威斯敏斯特宫。威斯敏斯特宫的北面矗立着世界上最著名的钟楼——"大本钟"（Big Ben）。"大本钟"这个名字最初是给这个重达14吨的大钟起的，1859年安置好以后，大钟便一直不间断报时。

座，多数党和少数党分别坐在大厅两边。国会会议期间，象征王权的权杖放在房间中央的桌子上。桌子下面有一块红毯，上面有两条红线，它们间隔两把剑长的距离。众议院议员不能越过界线，以防争论演变，恶化成混乱。

威斯敏斯特大厅建于1097年，但其金碧辉煌的屋顶是14世纪建造的。大厅占地约1500平方米，最初用于举行加冕仪式宴会。几个世纪以来，它被用于处理国家审判案件，如裁决托马斯·莫尔爵士以及火药阴谋同谋者。这种时候，里面到处都是小贩和货物，大厅便会成为伦敦社会生活的中心。如今，最重要的公共仪式都在此举行，如1977年英国女王伊丽莎白二世即位25周年纪念活动、1995年联合国成立50周年纪念仪式，以及一年后南非总统纳尔逊·曼德拉（Nelson Mandela）与两院的会晤均在此地进行。

威斯敏斯特宫最北边矗立着"大本钟"，人们喜欢用这个名字称呼这座钟楼，"大本钟"也已成为伦敦的标志性建筑。钟楼于1859年落成，呈新哥特式建筑风格特色，得名于其重达14吨的报时钟。钟楼的每个方向都有一座钟，四座钟的直径都是7.93米。钟楼高98.15米，要走334级台阶才可到达顶端。从钟楼顶俯瞰，可以看到一座具有哥特式尖顶的宏伟建筑杰作——西敏寺，其建筑过程横跨13—16世纪。

西敏寺最初是本笃会修道院，1065年被国王忏悔者爱德华（King

▎第55页（右上）
这座理查德一世骑马的雕像是1860年建的，位于威斯敏斯特宫东侧。理查德一世在1199年战乱中身亡。

▎第55页（右中）
放置典雅雕像的壁龛和其他新哥特式装饰点缀着威斯敏斯特宫外观。采用新哥特式风格是为了向附近的西敏寺致敬。

Edward the Confessor）并入威斯敏斯特宫。一年后，征服者威廉（William the Conqueror）赢得黑斯廷斯战役的胜利后抵达伦敦，于西敏寺加冕为英格兰国王，但1298年的一场大火将其夷为平地。

不久后，亨利三世便命令亨利·德雷恩（Henry de Reyns）设计一座新建筑。当时正是法国哥特式建筑的黄金时期，于是德雷恩跨越英吉利海峡（Chartres and Amiens Cathedrals），探索沙特尔大教堂和亚眠主教座堂这些伟大建筑的奥秘。回英后，他设计了一座带有大窗户的非凡建筑，但不幸的是，这些窗户现在都已被毁了。

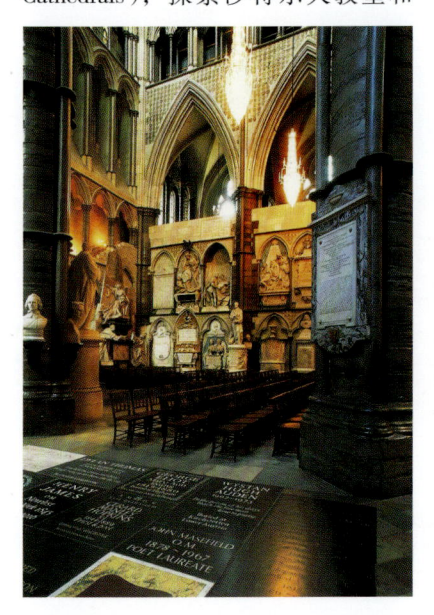

中殿占地5255平方米，高34.15米，是英国最大的中殿。它直通祭坛，忏悔者爱德华就埋葬在这里。南侧的走廊通向牧师会礼堂前的大回廊，这间礼堂是八角形的，拱顶由单柱支撑，英国国会最初便是在这里召开的。

13世纪以来，西敏寺经历了多次翻修，还另外修建了其他建筑结构。较为重要的改造当属1506年增建的拱形天花板以及18世纪修建的新哥特式外观建筑，包括两座68米高的细长钟楼。外部的重建工作持续了25年之久，到1998年才结束。

主入口上方壁龛里添置了雕塑，它们代表的是现代基督教殉道者，他们曾饱受20世纪宗教迫害。

英格兰和大不列颠历史上最重要的事件都是在西敏寺庆祝的。除爱德华五世和爱德华七世之外，从征服者威廉起，英国所有君主都是在西敏寺加冕登基的。1953年6月2日，伊丽莎白二世加冕礼上，西敏寺容纳了8200人。

加冕宝座于1307年由橡木制成，当时爱德华一世执政。装饰品中融入了国王的画像，画像中他站在一头狮子上，周围是植物和鸟类的图案。宝座的下方有一个储柜用来存放斯昆石（Stone of Scone）。斯昆石是苏格兰历代国王加冕时使用的一块砂岩，1296年被人从苏格兰带回来，一直存放在威斯敏斯特宫，长达700年之久。直到1996年11月13日，约翰·梅杰首相在交接仪式上将其物归原主。

西敏寺具有重要的政治意义和宗教意义。国王亨利八世与天主教会决裂，但他的女儿伊丽莎白一世却改变了这座修道院的地位，并授予其"皇家特处"的称号，将修道院归于君主的管辖之下。因此，它的政治地位大有提升。与之相邻的圣玛格丽特教堂也获得了同样的地位。它建于11世纪，300年后按照垂直式哥特式风格重建。直到今天，圣玛格丽特教堂仍是"下议院的教区教堂"，代表教会和国会的结合。

18世纪末之前，西敏寺一直是皇家墓地所在地。16世纪初为埋葬亨利七世建造了都铎式风格的圣母教堂，堪称杰作。教堂中心是伊丽莎白一世的大理石墓，非常华丽，1605年由雕刻家马克西米利安·科尔特（Maximilian Colt）雕刻而成。旁边是她同父异母的姐姐玛丽一世的墓，玛丽一世也被称为"血腥玛丽"或"苏格兰的玛丽"。她曾将伊丽莎白囚禁在伦敦塔（Tower of London），1558年被伊丽莎白斩首。

除历代君主外，英国历史上很多著名的人物都葬在西敏寺，共计3300人。诗人角（Poets' Corner）有很多诗人的葬礼纪念碑，如杰弗里·乔叟（Geoffrey Chaucer）、威廉·莎士比亚（William Shakespeare）、查尔斯·狄更斯（Charles Dickens）、拉迪亚德·吉卜林（Rudyard Kipling）和乔治·拜伦（George Byron）等，这只是其中最著名的几位。其他地方还有政治家，以及像查尔斯·达尔文（Charles Darwin）和艾萨克·牛顿（Isaac Newton）这样的科学家，像劳伦斯·奥利维尔（Lawrence Olivier）这样的演员和国家英雄。圣乔治教堂（St. George's Chapel）是第一次世界大战中牺牲的英国皇家空军飞行员的纪念地。

唯一一位有幸在英国最重要的教堂墓地中占有一席之地的普通公民是托马斯·帕尔（Thomas Parr）。1653年，国王查理一世将这项荣誉赐予他的臣民以示纪念，因为据说帕尔寿命高达153岁零9个月，一生经历了10位君主的统治。

▌第56页（左）南耳堂的诗人角是英国历史上最重要作家的墓地，也是修道院最受欢迎的地方之一。第一位被埋葬的作家是杰弗里·乔叟，威廉·莎士比亚于1616年死于埃文河畔斯特拉特福（Stratford-upon-Avon），1740年被移到这里。乔治·拜伦勋爵一生声名狼藉，直到1969年，也就是他去世100多年后，才获准进入西敏寺墓地。

▌第56页（中）唱诗班座位由爱德华·布洛尔（Edward Blore）在19世纪中叶设计，具有维多利亚时期哥特式风格，位于西敏寺中殿。中殿高34.15米，当属英格兰最高的殿堂。

▌第56页（右）圣爱德华教堂（St. Edward's Chape）的加冕宝座于1307年由橡木制成，当时爱德华一世执政。上面装饰着树叶、鸟类和动物的图案，靠背上是君主站在狮子身上的图案。

▌第57页（上）西敏寺朴素的哥特式风格正面。塔楼高68米，整个建筑占地2970平方米。1066年圣诞节，征服者威廉成为第一位在此加冕的统治者。1953年伊丽莎白二世加冕典礼当天，西敏寺容纳了8200人。

▌第57页（下）这是西敏寺众多漂亮窗户中的一扇，其中许多都是过去两个世纪建造的。这栋建筑里有许多艺术品。修道院博物馆（Abbey Museum）收藏了大量皇家雕像。

坎特伯雷大教堂
圣奥古斯汀修道院和圣马丁教堂

英国 | 英格兰肯特郡（County of Kent）
入选年份：1988
遴选标准：C（I）（II）（VI）

第58—59页 坎特伯雷大教堂的正面。1077年，诺曼大主教兰弗朗克开始建造坎特伯雷大教堂，后来又进行了几次扩建和重建，使其成为中世纪各种风格的集大成者。

■ 第58页（下）
大教堂北侧是大回廊（Great Cloister）。坎特伯雷举办本笃会教区期间，大回廊是修道院生活的中心。它旁边矗立着牧师会礼堂，因每天早上僧侣们聚集在这里阅读圣本笃准则的章程而得名。

■ 第59页（左上）
图为大回廊。虽然大回廊是兰弗朗克大主教时期建造的，但13世纪和14世纪它以哥特式风格改建，现在的外观仍保留了当时典雅的风格。

■ 第59页（右中）
大回廊的尖拱顶结构是哥特式的。16世纪中叶，亨利八世和罗马断绝联系，开始压制修道会，在此之前，坎特伯雷本笃会教区一直很活跃。

■ 第59页（右下）
基督教堂大门处的耶稣像，这里是教堂的主要入口。

由于国王公然侵犯坎特伯雷大教堂自古以来举行加冕仪式的权利，1170年圣诞节，坎特伯雷大主教托马斯·贝克特（Thomas Becket）在坎特伯雷大教堂（Canterbury Cathedral）的讲坛上宣布了一条教令：将约克大主教和所有参与亨利二世年幼继承人加冕仪式的主教逐出教会。这项举措获得了教皇亚历山大三世的支持和追随。这不是第一件君主和教会斗争事件，也不会是最后一件。四天后，亨利二世和贝克特之间的冲突在大教堂以悲剧收场，四名想要赢得国王封赏的骑士杀死了大主教贝克特。

然而，这件事并没有让王室如意，反而使坎特伯雷大教堂声名鹊起，迅速成为中世纪欧洲最重要的朝圣地之一。亨利二世悔恨不已，倾尽全力在基督教区的每一个角落传播其"死对头"的信仰，使其留在大众记忆中。1387年，杰弗里·乔叟的《坎特伯雷故事集》（The Canterbury Tales）出版，至此，托马斯·贝克特的名声达到了顶峰。

坎特伯雷的历史始于597年，当时圣格列高里一世（Pope Gregory the Great）派遣本笃会修道士奥古斯丁跨越英吉利海峡，向盎格鲁人传教。肯特郡国王埃塞尔伯特自己接受洗礼后，很快他的众多臣民纷纷效仿，传教任务顺利完成。奥古斯丁在坎特伯雷建立了一座修道院，并在院中心修建了一座教堂，用于举行礼拜仪式。今天的坎特伯雷大教堂就是在此最初的基础上修建起来。后来，教堂扩建，并一直处于服务状态。直到16世纪中叶，亨利八世断绝与罗马的联系，决定压制修道会。

为纪念圣马丁而建的小教堂也可追溯至奥古斯丁时代。它坐落在大教堂东边的一座小山上，被英国圣公会供奉为母堂。

坎特伯雷首位诺曼人大主教兰弗朗克于1077年开始建造教堂，但这项工作一直持续到中世纪末期才结束。最原始的建筑中，只有晚期罗马式风格的地下室保存至今，装饰着雕刻的柱廊和1160年前后的稀有壁画。

经过1174年毁灭性的火灾后，残存的罗马式建筑被改建为英国哥特式建筑，堪称此风格杰作。其中包括教堂东侧部分和英格兰最长的巨大唱诗班席，为放置托马斯·贝克特的圣骨匣而建的三一教堂（Trinity Chapel），使新建筑达到了顶点。

后来，坎特伯雷大教堂内又添置了其他坟墓，特别是有"黑太子"之称的威尔士王子爱德华三世的坟墓也安置于此。

彩绘玻璃窗也是12世纪末建造的，可以与沙特尔大教堂和布尔日大教堂的彩窗相媲美。它们相继阐释

《旧约》和《新约》中的故事，试图说明《旧约》中的事件是如何为《新约》中的事件进行铺陈的，其灵感来自中世纪最受欢迎的宗教文本《穷人圣经》（Biblia Pauperum）。

虽然 170 米长的中殿以及教堂西侧部分在火灾中幸免于难，但 14 世纪末仍然依照垂直式风格的经典作品进行了重建，这一风格是为回应火焰哥特式风格的极端形式而发展起来的。典型例子是内部尖拱顶以及塔楼，包括建于 1496 年壮观的哈里钟楼（Bell Harry Tower），那也是坎特伯雷独一无二的骄傲。

英格兰宗教改革（Anglican Reformation）期间，在有多位具有优秀人格的大主教的带领下，坎特伯雷大教堂在政治上和宗教上扮演了重要的角色。1642 年内战时期，教堂被清教徒洗劫，教会解散，但君主制的恢复使教堂重获了往日的声望。然而，教堂真正获得重生应归功于 20 世纪的修复工作。自那之后，前来朝圣的人数激增，人们重拾对宗教音乐的兴趣，坎特伯雷大教堂便是其中最活跃的一个中心。

▎第 60 页（左）圣米迦勒教堂（St. Michael's Chapel），也称为战士教堂，里面有军事指挥官的坟墓和女王军团（Queen's Regiment）的军旗。

▎第 60—61 页 三一教堂于托马斯·贝克特去世（1170 年）四年后建立，旨在安置其灵柩。1538 年，亨利八世下令拆毁了托马斯·贝克特的坟墓。自那之后，为纪念大主教贝克特，人们建立了剑尖祭坛（Altar of Sword Point），上面有一支永不熄灭的蜡烛。

■ 第61页（左上）
晚期罗马风格的地宫装饰着雕刻精美的柱头和稀有的壁画。地宫是1174年毁灭性大火后，兰弗朗克大教堂唯一留存下来的建筑。

■ 第61页（右上）
爱德华三世的儿子威尔士王子爱德华（1330—1376年），人称"黑太子"。这是其华丽陵墓的细节图。这座陵墓是大教堂雕塑杰作之一。

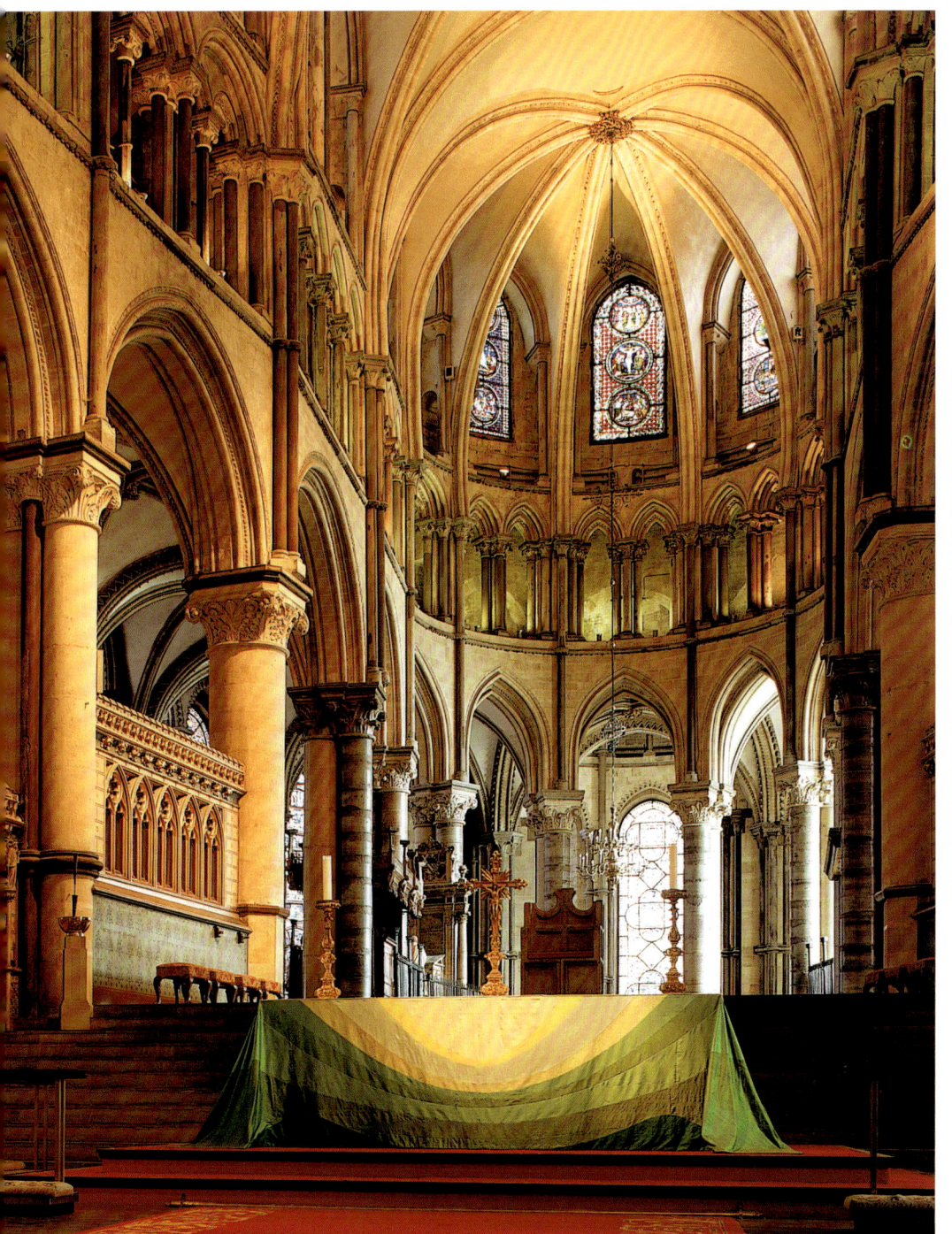

■ 第61页（右下）
这些窗户是大教堂的瑰宝。最初英国和法国工匠于13世纪制作的窗户，很多已被毁掉。三一教堂里残存的窗户展现了有关托马斯·贝克特生活和事迹的画面。墙上的窗户包含了名著《穷人圣经》的内容。

金德代克－埃尔斯豪特风车群

荷兰 | 阿尔布兰茨瓦尔德（Alblasserwaard），多德雷赫特（Dodrecht）附近
入选年份：1997
遴选标准：C（I）（II）（IV）

"上帝创造了世界，荷兰人创造了荷兰。"法国哲学家笛卡尔（Descartes）如是说。笛卡尔曾在荷兰生活过一段时间，他非常热爱这片土地，但现有证据表明，荷兰并非由荷兰人一手打造：许多后来被海洋入侵的地区，早在5000年前就有人居住了。尽管如此，荷兰人与大海的斗争仍跨越好几个世纪。

11世纪，第一个排水渠沿着阿尔布兰茨瓦尔德圩田区而建。仅仅100年后，整个地区被一座堤坝包围，其中包括流经荷兰南部的阿尔布拉斯（Alblass）盆地和吉森（Giessen）盆地。因此，就有了低地（Nederwaard）和高地（Overwaard）之分。1277年，弗洛瑞斯五世伯爵（Count Floris V）设立了水和圩区管理局（Water and Polder Administration）来维护堤坝。

尽管如此，此地仍多次遭遇水灾。其中最严重的一次被人们称为"伊丽莎白洪水"，发生于1421年11月18日晚上。当时，一场猛烈的

第 62—63 页 首批八家砖砌磨坊于 1738 年在低地建成，位于莱克河下游。该地区被金德代克包围，面积 450 平方千米。

第 63 页（上） 高地上的一座八角形木磨坊，建于 1740 年。虽然与现代的抽水技术相比，金德代克磨坊已经过时了。但夏季的每个星期六，它们都会运作，向游客展示其效能。

暴风雨使得海平面突然升高，最终导致河岸决堤，60 座村庄淹没于洪水之中。据说，在此次洪水中，一只猫把一个新生儿的摇篮推到了堤岸最高点，拯救了其生命，堪称奇迹。自那之后，此堤岸便有了金德代克（Kinderdijk）或"小孩堤防"之称。金德代克是阿尔布兰茨瓦尔德水域的最后一站，它覆盖了莱克河（Lek）下游沿岸 450 平方千米的区域。

在经历了至少 30 场大灾难之后（最后一次发生在 1726 年），当局被迫承认他们的防御系统存在不足，并决定修建排水磨坊。1738 年，首批 8 家砖砌磨坊在低地建成，两年后又有 8 家在高地拔地而起，但这次是木质八角形建筑。随着时间的推移，新磨坊、拦河坝和泵站相继建立，功能区逐渐扩大。

风车磨坊里的生活非常艰苦。居住在那里的都是至少有 10 个孩子的贫困家庭。他们通过捕鱼和种植蔬菜维持生计。磨坊的建筑条件映射了那里艰苦的生活环境。一层是下轮和一个大的多用途房间（包括做饭的区域和父母小孩睡觉的床）。二层是熏鱼室。最高层通常被称为"肥胖的房间"，里面存放着磨坊运转所需的大部分设备：制动器、上轮、主轴和用来转动圆屋顶的滑块。

磨坊本身包括连接在一个轮轴上的四个叶片，轮轴固定在圆屋顶上，并与上轮相连。上轮带动长木轴（最长可达 10 米）旋转，从而带动下轮，并通过齿轮的作用，带动排水轮。圆形屋顶能 360° 旋转，使得叶片可以利用任何迎面而来的风。叶片开始转动时，排水轮就会带动水流向一个金属闸门，这个闸门能将高处水域和低处水域隔开。如果闸门一侧的水压超过另一侧，较低水域中的水就会被强行穿过闸门，从而达到排水的目的。磨坊运作时，叶片上覆盖着帆布，就像可以根据风速调松或紧的船帆。

荷兰为了赢回海上领地，建造了 1 万座磨坊，其中只有大约 900 座还留存至今，19 座在金德代克。尽管从 1869 年起，这些风力磨坊一直由一个以蒸汽为动力（后来是以柴油为动力）的汲水机运作，但他们仍然可以完美运作，就像第二次世界大战期间那样，那时燃料短缺，需要这些风车发挥作用。如今，夏季每个星期六，金德代克的磨坊便投入使用，以重新唤起人们对排水造地时代的记忆。

布鲁日历史中心

比利时　佛兰德地区（Flanders）
入选年份：2000
遴选标准：C（II）（IV）（VI）

在布鲁日（比利时法语区人称"布鲁日"，由此得名）的中心地带堡垒广场26号，你可以品尝到"半月啤酒厂"发酵黑啤酒的独特风味。这是一种主要由麦芽、啤酒花和特殊酵母制成的发酵啤酒。在导游的介绍下，你会了解到这座啤酒厂早在1564年就被列入了城市档案。1856年，梅斯家族接管了啤酒厂，引入了现代生产方法，并保留了这个具有悠久历史的原址。整个布鲁日城，是14世纪到16世纪北欧的主要贸易中心，至今仍保留着古老传统特色。

布鲁日的历史可以追溯到早期基督教时代，当时有高卢罗马人（Gallic-Roman）定居此地。公元270年前后，日耳曼人袭击了佛兰芒海岸城市，罗马人设法在那里修建了一座堡垒，并一直保持到公元4世纪。之后，布鲁日持续发展，公元650年，它已成为佛兰芒海岸沿线最重要的城市之一。不久后，布鲁日开始与斯堪的纳维亚进行贸易。9世纪时，布鲁日开始铸造自己的货币，并建立了引以为傲的城堡广场。布鲁日一名来源于古挪威单词"Bryggia"一词，意思是"卸货地点"。

从11世纪开始，这座城市也开始在原址之外的地区发展，就是现在人们所熟知的斯蒂恩街和老城堡。这两个地区是布鲁日最古老的教区教堂所在地。圣母教堂（Onze Lieve Vrouwekerk）始建于1220年，花了两个世纪才完工。它的白墙和裸露的圆柱都是中世纪风格建筑。但它旁边后来兴建的礼拜堂是巴洛克风格建筑，装饰华丽。教堂里有一尊米开朗琪罗在16世纪早期雕刻的《圣母与圣婴》（Madonna and Child）雕像，这是米开朗琪罗一生中唯一一件离开意大利的作品，后被一位佛兰德商人买下。圣救主主教座堂（Sint-Salvator Kathedraal）也是同期建造的，当时只是一座礼拜堂，后来于1788年变成了大教堂。这座普通的黄砖建筑内部空间很大，但里面只有布鲁塞尔的珍贵挂毯和一架十分珍贵的17世纪风琴，显得空荡荡的。

13世纪，布鲁日的重要性日益凸显，吸引了来自欧洲各地的商人，佛兰德也因此成为欧洲人口最多的地区之一。布鲁日出口贵重的羊毛，很快就开设了许多手工艺品商店，佛兰芒人和意大利人还在城中建立了第一批银行，当地商业迅速发展。但14世纪，布鲁日下层阶级暴力反抗，城市发展受到了影响。15世纪时它再度繁荣起来，其文化和艺术也随着佛兰芒绘画流派的创立蓬勃发展。1482年，勃艮第的玛丽（Queen Mary of Burgundy）去世，她的丈夫奥地利的马克西米利安（Maximilian）登上王位，引发了暴动，城市再次陷入混乱。1600年，布鲁日的重要地位被安特卫普取代。但贸易仍持续了许多年，只是逐渐衰落。后来，布鲁日错过了工业革命的发展机会，到19世纪中叶，它沦落为比利时最穷的城市。

这座中世纪城市围绕着政治和宗教中心城堡广场发展起来。圣血

■ 第64页（右上）
圣母教堂是比利时最高的教堂。始建于1220年，圣母教堂有200多年的历史，是这座城市最古老的教区教堂。

■ 第64页（左中）
圣血圣殿外观细节图。里面存放着欧洲最重要的圣骨匣之一，是商人从地中海归来时供奉的祭品。

■ 第64页（右下）
圣救主主教座堂雄伟的哥特式拱顶。其他特色包括：来自布鲁塞尔的华丽的壁挂，一架装饰着天使图案的巴洛克风格风琴，以及许多佛兰芒学派的绘画。

■ 第65页 城堡广场保留了它的中世纪特色。14世纪到16世纪，它既是布鲁日的政治中心和宗教中心，也是欧洲贸易网络的中心。

布鲁日（布吕赫）

布鲁塞尔

圣殿（Heilig Bloed Basiliek）也在城堡广场，里面存放着欧洲最重要的圣骨匣。圣血圣殿分为两部分，下层是圣巴西略礼拜堂（Chapel of St. Basil），中殿为拱顶建筑，入口有很多石柱。上层礼拜堂有一个花瓶，据说里面盛着基督身上的血和泪。圣殿附近是古老的登记大厅（Registry Hall），17世纪巴洛克运动高峰时期建造的教长大厦（Provost's House），以及建于1376年至1420年之间的市政厅，它是该市最古老的哥特式公共建筑之一。布鲁日最重要的广场一直是市集广场，沿途均是城市黄金时代商人们的豪华别墅。

古老的圣约翰医院坐落在城堡广场外的玛丽亚大街，建于13世纪，一直开放了600年。画家汉斯·梅姆林（Hans Memling）的六幅杰作在此地的小礼拜堂展出。他的其他画作，以及罗吉尔·范德魏登（Rogier van der Weyden）、简·范艾克（Jan van Eyck）、希罗尼穆斯·博施（Hieronymus Bosch）和小彼得·勃鲁盖尔（Pieter Bruegel the Younger）的作品，一同陈列在医院病房和格罗宁格博物馆（Groeninge Museum），这证明了布鲁日也是欧洲主要的艺术中心。

▎第66页（上）罗塞尔沿河大街是布鲁日最秀丽的街道之一。这座城市躲过了第二次世界大战的狂轰滥炸，市政当局又采取了严格的措施对其进行保护，如对市中心的交通进行严格管制，禁止张贴广告牌。

▎第66页（下）罗塞尔沿河大街的中世纪建筑倒映在第韦尔河河面上，这条河是城市的水道之一。自15世纪勃艮第公爵统治布鲁日以来，这个城市的布局从未经历过实质性的改变。

▎第66—67页 从钟楼往下看的景色。中世纪富商住宅正对着市集广场。这些建筑大多可以追溯到14世纪和15世纪。

▎第67页（左下）圣约翰医院坐落在玛丽亚大街，建于13世纪，1976年之前一直是市医院。

▎第67页（右下）从钟楼俯瞰的市集广场夜景，这座八角形钟楼建于13世纪。

LE PANIER D'OR
Restaurant SINT-JORIS Brasserie
STELLA
ARTOIS
CAFE CENTRAL
stella artois
de gouden meermin
CAFE DES ARTS

建筑师维克托·奥尔塔设计的主要城市建筑

比利时 | 布鲁塞尔（Brussels）
入选年份：2000
遴选标准：C（Ⅰ）（Ⅱ）（Ⅳ）

■ 第68页（左）1895年，范艾特菲尔德公馆（Maison van Eetvelde）建于帕默斯顿大道，象征着新艺术风格的一次胜利。虽然外观没有显露出像内部那样大胆的线条，奥尔塔在这座建筑中建立了他的新建筑风格。

■ 第68页（右下）建造在保罗·埃米尔·詹森大街的塔塞尔公馆是维克托·奥尔塔打破传统建筑风格，走向新艺术风格的首次尝试。

1873年，老修鞋匠皮埃尔·奥尔塔最喜欢的儿子、12岁的维克托·奥尔塔（Victor Horta）刚进入享有盛誉的根特音乐学院（Ghent Conservatory），便被学校声乐课程班开除，令他大失所望。维克托也感到万念俱灰，前途迷茫。

在众多的失意者中，维克托·奥尔塔算幸运者之一，他被引荐到法兰西艺术学院学习建筑学，一直学到1877年。奥尔塔非常聪明且孜孜不倦，在巴黎短暂停留后，他回到比利时，在布鲁塞尔定居，并在国王利奥波德二世的建筑师阿方斯·巴拉特（Alphonse Balat）的工作室找到了工作，在那里一直工作到1892年。正是在巴拉特的影响下，奥尔塔对新型建筑材料产生了兴趣。从这位良师那里，他学到了19世纪的新古典主义风格以及巧妙运用它们的方法。学习成效很快呈现出来了，年仅23岁的他就因向比利时议会提交的一个设计方案而获得了戈德查理奖（Godecharle Prize）。

很快，奥尔塔开始接到设计私人住宅的工作。最初是在根特，1893年他来到了布鲁塞尔，开始从知识界的朋友中寻求志同道合的人。其中一位是埃米尔·塔塞尔，他是实业家欧内斯特·索尔维颇有影响力的合作者。塔塞尔请奥尔塔设计一个简单的住宅，既要满足其画室的各种设计要求又要符合其近百岁高龄祖母的审美。于是，奥尔塔按照塔塞尔的要求在保罗·埃米尔·詹森大街建造了塔塞尔公馆。他打破了传统的对称设计，沿着一根贯穿整个建筑的中轴组织住宅空间，其新风格主义外观反映了16世纪意大利风格。奥尔塔放弃了砖石材料，选择使用钢铁和玻璃制成的框架，给人以外观轻盈的感觉。公馆入口是埃及风格的，顶部是弓形窗，侧面包围着结实的护栏。宽敞的接待室里延伸出一套严格按照意大利文艺复兴时期传统建造的房间，房间内的铁柱就像热带花园中的棕榈树一样，实现了古典风格和异国

情调的和谐统一。

索尔维公馆（Hôtel Solvay）房间内部有很多与自然相关的设计，一年后更加明显。奥尔塔巧妙地利用了周围的大花园，通过一系列管子将空气引入房内。1895年，奥尔塔打破古典主义传统，设计了他的第一个新艺术风格建筑。当时外交官埃德蒙·范·艾特菲尔德男爵刚被任命为刚果自由邦的行政长官，正在寻找一位兼具天赋和勇气的建筑师，最终他选择了奥尔塔。奥尔塔按照计划在帕默斯顿大道上为他建造了范·艾特菲尔德公馆，这座建筑的设计与巴拉特设计的拉肯王家温室里冬日花园非常相似。房子的主要部分接待室通向一个八边形的走廊，纵向贯穿整栋建筑，洒满了从屋顶倾泻下来的自然光。承重柱、栏杆和装饰都是铁制的，为和装饰美观的窗户相称，铁制品需要经过弯曲处理。设计时，奥尔塔将城市规划的线路考虑在内，因此通往冬日花园的斜廊也直通广场。

奥尔塔最具革命性的设计，也许是1898年他在美利坚大街23号到25号为自己建造的公馆。在这座建筑中，奥尔塔的装修风格达到了顶峰。他设计自然，如同剧院的翼楼，建筑使用透明材料以便更好地利用自然光线。

奥尔塔住宅可能是奥尔塔最后一个极具创新性的作品。1902年，他遇到了创新瓶颈期，因此他回归到更传统的设计，设计线条简化。

维克托·奥尔塔在现代建筑史上享有双重声誉。一方面，他凭借早期作品被称为现代主义的奠基人，因为他打破了19世纪的建筑风格，将新艺术引入建筑学。另一方面，他成熟的作品反映了他风格的转变，也反映了导致奥尔塔与保守主义结盟的修正主义风格，这种风格使他陷入一种琐碎的学院风中。

1994年，奥尔塔写下了他的遗嘱，其中包括对其恩师崇高的赞扬，他写道："我所拥有的一切，都要感谢最纯粹的（最具个性的）一流建筑师阿方斯 巴拉特。"1997年，奥尔塔逝世。

▌第69页 根特建筑师奥尔塔设计的范·艾特菲尔德公馆，铁柱支撑着玻璃圆顶，栏杆和装饰类似自然界的物品。像他的其他作品一样，这所房子的设计迎合了主人的个性和地位。

波茨坦和柏林的宫殿与公园

德 国 | 柏林西南，勃兰登堡（Brandenburg）
入选年份：1990，1992，1999
遴选标准：C（I）（II）（IV）

■ 第70页（上）无忧宫（Sans Souci Palace）的巴洛克花园。虽然腓特烈二世在18世纪中叶委托格奥尔格·文策斯劳斯·冯·诺贝尔斯多夫（Georg Wenzeslaus von Knobelsdorff）完成这座建筑的设计，但哪个设计将成为君主的离宫，是由君主本人决定的。

■ 第70—71页 温伯格山（Weinberg Hill）的鸟瞰图。无忧宫和六层梯田式建筑便建于此地。巴洛克风格的花园及其中央的喷泉坐落在山脚下。

■ 第71页（左）腓特烈二世爱好音乐，喜欢在音乐厅里弹钢琴来招待客人。精美的绘画和家具装饰着这个位于无忧宫最高处的洛可可房间。

■ 第71页（右上）无忧宫宏伟的图书馆装饰着美丽的灰泥、镀金的铜像和洛可可式的壁炉。启蒙运动的领袖伏尔泰，在这个图书馆放满了书。

$\mathbf{普}$鲁士国王腓特烈·威廉（Frederick William）之子霍亨索伦（Hohenzollern）王朝的腓特烈二世1712年出生于柏林。三十年战争（Thirty Years War）后，腓特烈·威廉对饱受战争蹂躏的选区进行了严格的重组和重建。他还是一名虔诚的路德教徒，教育儿子按照宫廷内的要求，厉行勤俭节约，以还清腓特烈一世留下来的巨额债务。但在启蒙运动来临之际，有教养但叛逆的霍亨索伦王朝的腓特烈对18世纪的欧洲产生了重要的影响，部分是由于其政治和军事才能出色，但最重要的是他思想前卫，对其王国的文化和艺术事业起到了推动作用。

宫殿铁的纪律迫使年幼的腓特烈王子尝试逃到英格兰宫廷，最后以失败告终。他顽固独裁的父亲将其困在德波边境的小镇昆斯特林，监禁了他两年。在那里，腓特烈王子创作了两部政治哲学著作：《反马基雅维利》（Antimachiavell）和《对世袭王子的教育指导》（Instruction for the Education of the Hereditary Prince）。其中，他基于自己的标准反驳了意大利作家马基雅维利提出的治国观，认为要想建立良好的国家，应该宣扬公平的道德观念，并促进人民思想的解放。

1740年，腓特烈二世登上王位。1742年至1745年间，腓特烈二世利用其父建立起来的强大军事资源，占领了哈布斯堡（Hapsburg）最富饶的西里西亚（Silesia），从此便获得了"腓特烈大帝"的称号。执政期间，他还开始发展文化建设，委托格奥尔格·文策斯劳斯·冯·诺贝尔斯多夫在哈维尔湖（Lakes Havel）和格利尼克（Glienicke）湖之间的波茨坦（Potsdam）乡村地区设计一座夏季离宫。1745年4月14日，建筑工程正式在一座小山的山顶上启动，两年内无忧宫就落成了。这项工程的惊奇之处在于腓特烈曾与建筑师热烈讨论过他的想法，而且他还亲自设计了平面图。无忧宫后来也成为德国洛可可风格的标志。腓特烈二世并不想要豪华绚丽的宫殿，他只需要一个能够举办艺术和文学沙龙且可以放松身心的地方。

$\mathbf{这}$座单层宫殿的北边入口是一个半圆形柱廊，直通温伯格特拉斯（Weinbergterrasse），那是一栋六重梯田式建筑，上面布满了壁龛和藤蔓。底下是一个巴洛克式花园，其中心被一个水池和一座喷泉占据。南边入口前装饰有36座砂岩雕塑，与大窗户交替错开而列。这座圆顶建筑里面有一个巨大的椭圆形大理石厅（Marble Room），用于宫廷接

■ 第71页（右下）
大理石厅是无忧宫最大的房间，用于宫廷接待。它呈椭圆形，顶部有一个通风的圆顶。

▌第 72—73 页 无忧宫公园里摆满了雕像、石窟和人工废墟，是完美建筑和景观的代表，反映了腓特烈二世个人的爱好。在背景中，我们可以看到受意大利文艺复兴时期别墅启发而建的橘园美术馆（Orangerie）。

▌第 72 页（下） 无忧宫公园的另一幅图景外加其中的一处废墟。像废墟这些不合时宜的建筑不仅是为了唤起人们的记忆，也被用来隐藏给喷泉供水的水池。

待。大厅两侧的侧厅都有不少于四间房间。

无忧宫氛围怡人，平和安宁，每年的 4 月到 10 月，腓特烈都喜欢待在这里：长距离散步，招待老约翰·塞巴斯蒂安·巴赫（Johann Sebastian Bach）和伏尔泰（Voltaire）等客人。他还邀请法国启蒙运动领袖伏尔泰来管理美丽的、装饰有镀金雕像的雪松木图书馆。伏尔泰接受了

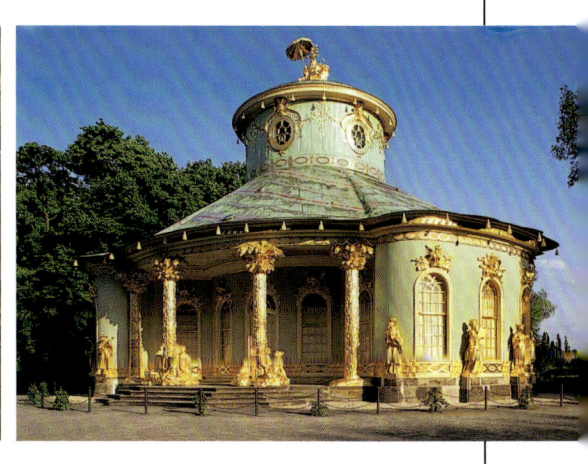

腓特烈二世的盛情款待，1750年至1753年一直住在无忧宫。在此期间，他在图书馆里摆满了法文原著和法文译本，共2200卷，以此支持日渐专制和偏执的君主政治。

新的建筑、石窟、人造废墟、凉亭和中国茶馆都相继在此地落成。1763年，无忧宫画廊（Bildergalerie）建成。画廊最初是在诺贝尔斯多夫的指导下完成的，后来，约翰·戈特弗里德·本灵（Johann Gottfried Büring）为它带来了124幅佛兰芒、意大利和荷兰大师的画作，其中包括范戴克（Van Dyck）、鲁宾斯（Rubens）和卡拉瓦乔（Caravaggio）的作品。

显然，腓特烈对此很满意，于是他又委托本灵建造一个新的、更正式的皇家住所，取名新宫（Neuen Palais）。1769年，它被归入无忧宫公园（现在已经扩展到了30公顷）。新宫是最后一座德国巴洛克风格的代表性建筑，引人注目，极具纪念意义。它共有三层，长220米，顶部是一个巨大的鼓形圆顶，周围有428座大型雕塑装饰着。宫殿里面有200多个大房间，一个富丽堂皇的柱廊庭院，以及用大理石和其他石头装饰的官方接待室。面向新宫的两幢建筑包含了工作人员的住处、厨房和其他功能用房。

1786年8月17日，统治46年之久的腓特烈大帝在无忧宫逝世。尽管其继任者的建筑品位各不相同，但这些普鲁士王国的遗产还是安全地保存了下来。他的侄子腓特烈·威廉二世也希望在波茨坦原址留下个人印记，因此他在1787年至1797年间在海利希湖（Heiliger See）畔建造了华丽的新花园（Neuen Garten）和典雅的大理石宫（Marble Palace）。他还从妻子所喜爱的浪漫主义中得到了启发，在孔雀岛（Pfaueninsel / Peacock Island）上建造了一座颓废主义风格的宫殿，后来被他的继任者腓特烈·威廉三世改造成英式花园。

现在，我们已经可以清楚地看到当时流行的怀旧建筑风格，19世纪普鲁士的建筑显然受到了这种趋势的影响。1824年，查尔斯王子买下了冯·哈登伯格伯爵（Counts von Hardenberg）的古宅格列尼克宫（Glienicke Castle），并将其改造成

▍第73页（左上）其中一根棕榈状柱子的细节图，这些柱子支撑着中国茶馆的拱顶。它们整体的线条都是以镀金铜勾勒的，底座和柱顶上装饰着具有异国情调的仙女雕像。

▍第73页（右上）约翰·戈特弗里德·本灵设计中国茶馆的灵感来自吕内维尔城堡（Lunéville Castle），一座类似的东方风格的亭子。

▍第73页（下）无忧宫画廊1763年由约翰·戈特弗里德·本灵所设计。它有华丽的镀金灰泥点缀，里面存放着腓特烈二世个人珍藏的124幅绘画作品，它们由佛兰芒、法国和意大利的艺术家所作。双色的大理石地板增强了其美感。

■ 第74页（左上）新宫的贝壳厅（Grotto Room）装饰方式奇特，选用了矿物、贝壳和珊瑚枝。

■ 第74页（右上）新宫200个房间中，大理石厅可能是最引人注目的。墙壁上镶嵌着18世纪法国画派艺术家们绘制的珍贵嵌板。

■ 第74页（中）大理石宫由腓特烈·威廉二世于1787年至1797年间建成，是一座规模适中的典雅建筑，从那里可以看到海利希湖。

■ 第74—75页 新宫长220米，高三层楼，顶部是巨大的鼓式圆形屋顶，非常宏伟，是德国巴洛克风格的杰作，气势恢宏是此建筑风格的主要特征。

意大利新古典主义风格，墙壁上镶嵌着古代文物的碎片。两年后，为安顿沙皇亚历山大一世派往柏林宫廷的唱诗班成员，腓特烈·威廉三世在波茨坦市建立了一个新区，即俄罗斯侨民区亚历山德罗夫斯克（Alexandrovska）。

1840年腓特烈·威廉四世即位，他对这座波茨坦极乐花园进行了大规模的改造，才有了其现在的模样。这位具有浪漫主义色彩的国王计划将1825年前一直是乡村地带的夏洛滕霍夫（Charlottenhof）地产与无忧宫公园合并。在申克尔（Schinkel）、柏修斯（Persius）和莱内（Lenné）等建筑师的帮助下，腓特烈·威廉四世将主楼改造成毕德迈雅（Biedermeyer）风格的小宫殿，内部装饰的灵感来自庞贝（Pompeii）镇的镶嵌图案。他重建了橘园，把它改造成了一座具有纪念意义的古典浪漫主义建筑。但最重要的是，他彻底改变了农场景观，将其打造成了一个英式花园：宽阔的露台上分布着草坪、小池塘和灌木林，他还建造了非常优雅的罗马式浴池，装饰有雕像、拼花图样和壁画。

腓特烈·威廉四世统治期间，波茨坦兴建了很多宗教建筑。第一座落成的就是和平教堂（Friedenskirche），

它是一座长方形基督教堂，上面有一座早期基督教风格的钟楼。与此风格类似的还有萨克洛夫救赎者教堂（Church of the Redeemer of Sacrov），矗立在新花园和孔雀岛之间的哈维尔湖畔。

19世纪30年代中叶，腓特烈·威廉二世的小儿子，即未来的国王威廉一世也做出了自己的贡献。腓特烈·威廉四世犹豫了很久，最终把波茨坦附近巴伯斯贝格（Babelsberg）的地产送给了他。

在妻子萨克斯－魏玛奥古丝塔的建议下，威廉一世于1833年开始建造一座都铎风格的新哥特式住宅，设计师申克尔（Schinkel）非常不情愿，因为他不喜欢中世纪风格。申克尔和苛刻的王后相互妥协，最终修建了一座装饰简单、线条清晰的建筑，从这里向外看，可以俯瞰乡村。后来，公园再次由莱内以典型的浪漫主义风格进行设计，里面有很多蜿蜒曲折的小径，通向矗立着各种与众不同建筑的空地。其中一栋建筑是掌管皇家船只者的住所马特罗森豪斯（Matrosenhaus），另一个是石制茶室盖里克斯劳古比（Gerichtslaube），取材于古柏林市政厅。

除了凯瑟巴恩霍夫（Kaiserbahnhof）和1905年至1908年新宫附近所建的帝国火车站，20世纪波茨坦唯一的变化便是兴建了采琪莲霍夫宫（Cecilienhof）。为满足国王威廉二世的愿望，宫殿建在新宫，朴实无华，类似英国的乡村住宅，1916年国王退位前不久才完工，因此王室从未在这里居住过。然而，1945年8月2日，它因被选为波茨坦会议召开地而载入史册。当时丘吉尔、杜鲁门和斯大林决定制裁战败国德国，终结强大而稳固的德意志帝国。要知道，这个大帝国是两个世纪前在腓特烈·威廉一世娴熟的政治和军事策略影响下发展起来的。

亚琛大教堂

德国 | 莱茵兰-威斯特伐利亚（Rhineland-Westphalia）
入选年份：1978
遴选标准：C（Ⅰ）（Ⅱ）（Ⅳ）（Ⅵ）

亚琛大教堂（Aachen Cathedral）入口两侧分别有母狼和松果的青铜像。前者明显是罗马建立的标志，后者是宗教力量的象征，暗指查理大帝（Charlemagne）想要把亚琛打造成神圣罗马帝国的第二个首都。事实上，亚琛教堂设计的初衷是使每一处建筑和装饰都具有丰富的象征意义。正因如此，786年，查理大帝并没有让当时最优秀的建筑师梅斯的奥多（Odo of Metz）完全控制这个建筑工程，还请了为他写传记的学问渊博的作家艾因哈德（Eginhard）协助奥多完成工作。

这座概念上从罗马传下来的遗迹，最先将纪念凯尔特健康神（这座城市的拉丁名"Acquae Granni"便取自此处）格兰努斯（Grannus）的异教徒神庙建在了早期基督教教堂所在地。后来，矮子丕平（Pepin the Short）又在那里建了一座纪念圣玛丽的宫廷礼拜堂。教堂最初的建造灵感来自拉韦纳（Ravenna）的圣维塔尔大教堂（Basilica of San Vitale）和拜占庭（Byzantium）的圣索菲亚大教堂（Hagia Sophia）。这座圆拱顶的八角形教堂有两层。八角形形状代表圆和正方形的交汇点。圆表示神的形成无始无终，正方形代表世界有四个基本方向。故此，教堂应该象征神圣罗马帝国概念本身，扎根地球，但灵感源于上天。数字12在教堂的各种尺寸和比例中反复出现，这是因为耶稣使徒数量为12个，以色列支派也有12个。在数位的象征意义上，12乘以12得到的结果为144，人们认为这是个完美的数字。第一座礼拜堂的周长是144英尺（约44米，加洛林王朝时期1英尺等于13英寸）。

805年，这座大教堂被教皇利奥三世奉为神圣之地。五年前，他在罗马圣彼得大教堂为查理加冕，使其成为"古罗马帝国皇帝"，并资助他做基督教的保护者。尽管在后来的几个世纪里，教堂经历了许多修整，但是它仍然完整地保留了加洛林艺术魅力。其众多杰作中，有一座白色大理石王座。公元936年到1531年，德国30位国王和皇帝（以

▌第76页（左上、右上）教堂入口两侧门厅里的母狼和松果很明显具有象征意义：前者是在公元2世纪制作的，标志罗马的建立；后者在1000年前后用青铜铸造，可能是喷泉的一部分，是一个宗教象征，暗示着查理大帝想把亚琛打造成第二个罗马。

▌第76—77页 亚琛大教堂的南侧正对大教堂广场（Münsterplatz）。教堂旨在献给圣母，其中心部分是8世纪晚期由梅斯的奥多在查理大帝的帮助下设计而成，是一处非同寻常的历史遗迹。

▌第77页（下）大教堂俯瞰视角的亚琛历史中心。现在，从外面已经看不见最初的八角形建筑了，因为在过去的几个世纪里，这里添加了许多小礼拜堂。最近添加的一处是1767年由朱塞佩·莫雷蒂（Giuseppe Moretti）设计的巴洛克式匈牙利教堂。

及神圣罗马皇帝）都在上面完成了加冕。查理大帝于814年在亚琛去世，享年72岁，他的遗体被安葬于此，但具体地点至今仍无人知晓。

1165年12月29日，腓特烈一世巴巴罗萨举行了一场盛大的典礼，将查理大帝追封为基督教的圣人。他之所以千方百计为前辈赢得这一称号，是因为如果帝国建立者是位圣人，那么其继任者的权力就会得到巩固。在此基础上，腓特烈大帝向大教堂捐赠了一个象征圣地耶路撒冷的巨大枝形吊灯。吊灯直径4.27米，由镀金铜制成，呈皇冠状，有16个小塔，每个吊灯上有48个蜡烛底座。

为了突出此教堂的独特性，799年，查理大帝将许多重要的圣物放在里面，包括他从耶路撒冷运来的捆绑耶稣的带子、耶稣降世当天圣母穿的衣服、施洗约翰斩首那天穿的长袍。随着时间的推移，这些重要的圣物使亚琛大教堂成为欧洲最重要的朝圣地之一，前来朝圣的人数不断增加。1355年，人们决定扩建大教堂。于是，当时最著名的建筑师受邀前来建造亚琛的"玻璃圣物柜"。受巴黎圣徒礼拜堂的启发，建筑师建造了一个超过929平方米玻璃建成的唱诗班席位，14根直冲天花板的细长圆柱将玻璃相继隔开，非常气派，造就了晚期哥特式风格的完美高度。1729年，玻璃窗全部

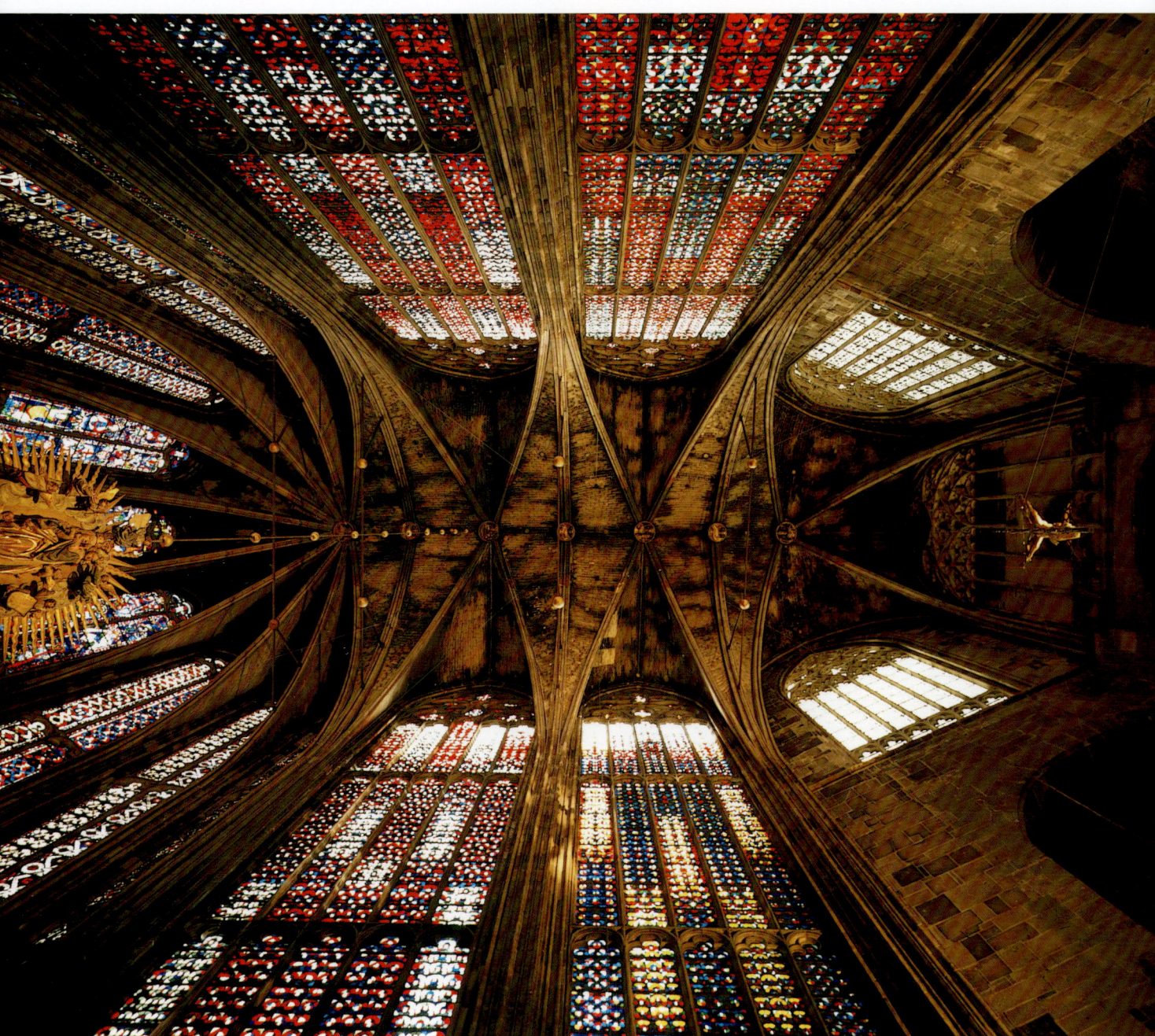

被毁，第二次世界大战后才安装上新的玻璃窗。

今天，这座加洛林王朝建筑的八角形设计从外面已经无从辨别。因为几个世纪以来，尤其是在哥特式风格流行的时代，教堂主体部分加盖了很多小礼拜堂，许多都装饰为巴洛克风格。亚琛还收藏了一些青铜、大理石雕塑和黄金作品，这些作品都可以在大教堂及其附近的建筑中看到。

▎第78—79页 从哥特式唱诗班大厅仰视的画面。这处恢宏的大厅始建于1355年，历时60年才完工。它由929平方米的玻璃构成，14根柱子将其分隔开来。这些窗格玻璃18世纪早期被毁，第二次世界大战后替换上新的玻璃窗。

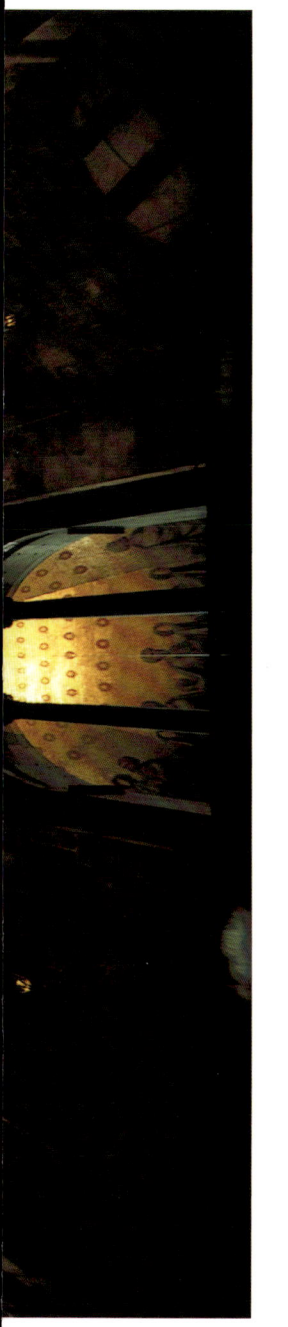

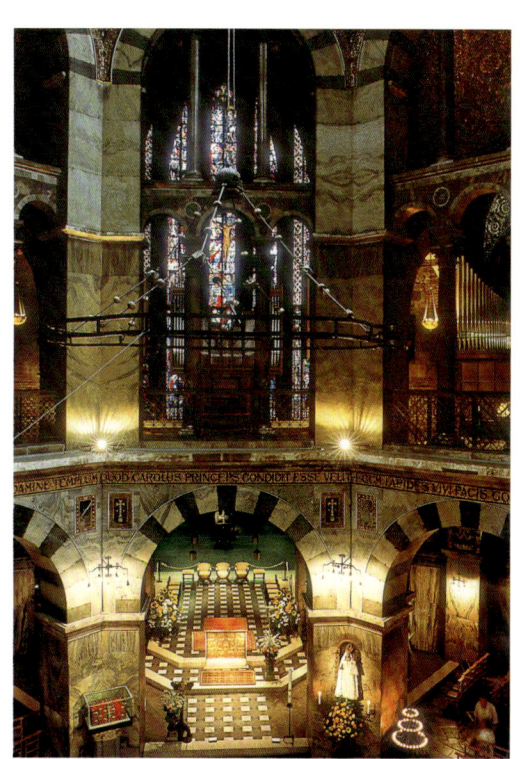

▎第79页（上） 教堂前厅墙上有许多精美的青铜装饰，这是其中的一处。中世纪时，查理大帝的坟墓就在这个厅堂里。查理现在仍被葬在大教堂里，但确切的位置不详。

▎第79页（左中） 加洛林帕拉丁礼拜堂（Palatine Chapel）的内部。它的八角形设计基于耶路撒冷的圣墓教堂（Holy Sepulcher）而来，建于公元796年到805年之间。

▎第79页（右中） 查理大帝的半身像已经成为一个圣物，上面镶嵌着宝石，是14世纪金匠艺术的杰作。12世纪和13世纪，人们对这位圣徒帝王的崇拜达到了顶峰。据这一时期的编年史记载，圣查尔斯节（St. Charles' Day）当天，有多达145000名朝圣者抵达亚琛。

▎第79页（下） 从936年奥托一世到1531年费迪南德一世，共有30位统治者在亚琛的大理石御座上加冕。宝座设在一个六层高台上，与巴比伦塔（Tower of Babylo）的层数相同。

维尔茨堡宫

德国 | 巴伐利亚下弗兰肯行政区（Lower Franconia, Bavaria）
入选年份：1981
遴选标准：C（I）（IV）

17世纪，整个德国风云变幻，充满了腥风血雨。三十年战争让德国民众饱受饥饿，国家岌岌可危。《威斯特伐利亚和约》（Peace of Westphalia）的签署让神圣罗马帝国名存实亡，权力从此便转移到其他地方。然而，18世纪之初刮来了乐观主义之风。普鲁士逐渐占据整个地区的主导地位；自卢瑟（Luther）以来引发的仇恨和特殊主义的宗教冲突，最终找到了和平的解决办法。

巴伐利亚就是新时代的一个楷模。慕尼黑大公（Grand Dukes of Munich）、修道士和大主教签署了一项协议，推动各自恢复昔日的辉煌。这项协定的具体成就体现在：18世纪初，许多非宗教和宗教建筑受委托兴建。当时巴洛克风格处于鼎盛时期，德国巴洛克建筑风格完美反映了与彼时乐观主义紧密相关的民众热情。

在维尔茨堡，大主教约翰·菲利普·弗朗兹·冯·舍恩博尔恩（Johann Philipp Franz von Schönborn）邀请德国最著名的建筑师约翰·巴尔萨泽·诺伊曼（Johann Balthasar Neumann）为他设计一座宏伟的新官邸。除了舍恩博尔恩，似乎任何等级的人都无法做到非诺依曼设计的建筑不住。诺伊曼接过了这项任务，并开始着手这项为期20年的工程。同他一起的还有维也纳的宫廷建筑师卢卡斯·冯·希尔德布兰特（Lucas von Hildebrandt）、巴黎的罗伯特·德科特（Robert de Cotte）和美因茨选帝侯（Elector of Mainz）的建筑师马克西米利安·冯·韦尔施（Maximilian von Welsch），他们齐心协力，共同发挥才智，助力此建筑的落成。

最终，一座被视为德国巴洛克风格的建筑杰作诞生了。这种风格又引出了后来更加充满活力和欢乐的洛可可风格。维尔茨堡面向一处宽阔的广场，由三部分组成：一个主庭院，两处侧楼，这就自然形成了维尔茨堡的第三部分——内部庭院。建筑的后面正对着一个巨大的花园，里面的花坛装饰着华丽的雕像。诺依曼设计的结构突出直线和曲线交错，并通过放入栏杆和雕像，在填充空间和制造留白之间不断转换，避免了单调。但是建筑师的想

▌第80页（左）维尔茨堡的背面正对着一处巨大的公园。维尔茨堡堪称德国巴洛克风格的杰作，其建筑工期长达20年。建筑的设计和指导工作都交给了18世纪德国最著名的建筑师约翰·巴尔萨泽·诺伊曼。

▌第80—81页 此面朝向主庭院。诺伊曼的住宅设计突出直线和曲线交错，尽管建筑规模巨大，他通过放入栏杆和雕像，在填充空间和制造留白之间不断转换，设法避免了建筑的单调。

■ 第81页（上）这是花园花坛里众多美丽的雕像之一。

■ 第81页（下）花园和住宅侧面的图景。第二次世界大战期间，这座建筑遭到毁灭性的火灾破坏，这是唯一免受火灾的部分。

■ 第81页（右中）有些房间有乔凡尼·巴蒂斯塔·提也波洛所绘的壁画。这幅壁画描绘的是巴巴罗萨的婚礼。

81

象力在室内受到了很大的限制。

主楼梯这件巨石杰作将创造力和工程技术完美结合在了一起。宫殿入口很暗，天花板很低，这是诺伊曼设计的一种效果，这样，游客看到主楼梯就会更加惊喜。

建设的最后阶段，诺伊曼需要装潢师设计，突出建筑特征，营造令人惊讶的感觉。诺伊曼最终选择了人称创作灰泥作品大师、瑞士艺术家安东尼奥·博西（Antonio Bossi）。1746年，建设工程竣工，

■ 第82页（上）主楼梯就在入口里面，堪称巨作，完美结合了想象力和工程技术。楼梯上面巨大的拱顶仅由侧壁支撑。天花板上乔凡尼·巴蒂斯塔·提也波洛所绘的壁画代表了大主教历史上访问过的四大洲。

■ 第82页（左下）维尔茨堡大主教小礼拜堂里华丽的巴洛克装饰，由创作灰泥作品大师、瑞士艺术家安东尼奥·博西设计，最终演变成洛可可风格。

■ 第82页（右下）花园大厅（Gartensaal）的壮观美景。高大且有光泽的侧柱廊扩展了它的规模，调和了大厅及其对面的公园。提也波洛选用了阿卡迪亚的场景装饰天花板，其中糅合了基督教和异教徒的元素。

■ 第82—83页 皇帝大厅（Kaisersaal）是维尔茨堡宫中最华丽的房间，用于正式接待。天花板也是由提也波洛绘制的，描绘了腓特烈·巴巴罗萨与勃艮第的比阿特丽斯的婚姻，他们的婚礼于1156年在维尔茨堡宫内举行。

但4年后威尼斯艺术家的到来，才使得维尔茨堡成为德国最令人钦羡的宫殿。在两个儿子吉安多梅尼科和洛伦佐的陪伴下，乔凡尼·巴蒂斯塔·提也波洛（Giovan Battista Tiepolo）连续三个冬天绘制天花板上的壁画，上面配有精美的插图，叙述着统治者的功绩和该城的历史故事。

提也波洛还在主楼梯上方的拱顶上精心策划了一则寓言，里面涉及上百位神话人物、天使和动物，歌颂舍恩博尔恩主教在其家族历史辉煌时期游历过四大洲的经历。他还在皇帝大厅（接待室）天花板中央的圆形浮雕上，刻画了腓特烈一世巴巴罗萨与勃艮第的比阿特丽斯1156年在维尔茨堡举行的婚礼，以示庆祝，维尔茨堡也因此升格为主教辖区。壁画中，阿波罗（Apollo）领着新娘来到国王的身边，此时，阳光穿过云层，整片天空蓝晶晶的。

花园大厅由柱廊支撑，空间看起来更宽敞，也打开了大厅通向其对面花园的小路。提也波洛在大厅的天花板上，画了一幅田园牧歌式的场景，里面涉及森林之神、水神、猎人和牧羊人。

1945年3月16日，一次空袭彻底摧毁了这座城市百分之八十的建筑。炸弹引发的大火蔓延到了皇家官邸，幸好采取行动迅速，才保住了壁画和主楼梯。接下来的年月里，人们精心重建宫殿，建筑才得以重拾巴洛克时期的辉煌。

83

弗尔克林根钢铁厂

德国 | 萨尔州（Saarland），萨尔布吕肯（Saarbrücken）以西约9英里
入选年份：1994
遴选标准：C（Ⅱ）（Ⅳ）

第84页（上）弗尔克林根钢铁厂巨大的汽轮机20世纪早期开始投入使用。这些机器占地大约6000平方米，利用高炉产生的气体作为驱动力。

第84页（下）弗尔克林根钢铁厂于1881年由劳士领兄弟建立。半个多世纪以来，它一直属于钢铁行业高端技术中心。但第二次世界大战后，其机器过时，产量开始下降。

1945年3月17日晚，盟军越过萨尔河（Saar）的齐格菲防线（Siegfried Line），占领了德国矿区多个城镇。其中一个是以钢铁工业著称的弗尔克林根（Völklingen），它一直为德意志帝国生产原材料，战争的紧要关头也从未停止过。第二年5月，工厂恢复生产，经公民投票表决后，1957年1月1日，萨尔产区才重新归入联邦德国。

1873年，工程师朱利叶斯·伯奇（Julius Boch）在弗尔克林根建造了一处钢铁厂，但他很快发现订单太少，所以不得已关闭了工厂。1881年8月27日，劳士领（Röchling）兄弟买下了这家工厂，建立了劳士领·弗尔克林根钢铁厂。当时，德意志帝国工业正快速增长，金属需求异常旺盛。1883年，钢铁厂员工人数从450人激增到了1150人，工厂利润可观，于是建造了当地第一座冶炼高炉。

弗尔克林根钢铁厂发展一日千里。1890年，它已然成为全国最大的钢铁生产商，冶炼量达7.7万吨。1891年，一家托马斯工厂开始生产，它发明了一种新方法，直接从富含磷的褐铁矿中生产出钢。1893年，当地又建造了4座冶炼高炉，产品开始多样化，其中也包括半成品。四年后，一家焦炭厂兴建起来。焦炭是铁矿石炼出生铁的主要还原剂，它的提炼需要对煤进行复杂处理，但由于靠近冶炼高炉，这一过程可就地完成。

20世纪初，涌现了许多新技术。1900年，高炉的第一个排气口开始建造。在此之前，都是由蒸汽机提供动力。与之相比，利用高炉产生的气体可以让整个生产流程更加经济。仅仅14年时间，就在超过6000平方米的区域安置了6个汽轮机。1907年至1908年，第一个电力劳士领-罗登豪泽（Röchling-Rodenhauser）熔炉开始投入钢铁生产。

第一次世界大战期间，很多工厂转而生产武器设备。弗尔克林根钢铁厂生产炮弹、手榴弹、棘铁丝以及用于保护人和车辆的金属装甲板。战争结束时，这些工业建筑纳入国际联盟（League of Nation）监管之下，但占领国法国的军队直到1935年才撤走。

虽然负有战债，但钢铁厂仍持续扩建。1927年，混凝土生产厂建

第84—85页 此前，蒸汽机一直为冶炼高炉提供动力。19世纪末，它们被大型内燃机技术所取代。

了起来，以生产废料作为原料加工。战后，各行业竞争激烈，必须探索新的出路。1928年，第一家烧结厂建成。其工艺为：在远低于熔点的温度下压缩、再加热金属粉末，以此生产工件。

1935年3月，萨尔产区回归德国管辖，但希特勒的独裁政策引发了供应问题，人们开发了新技术处理劣质铁矿。然而，随着第二次世界大战即将爆发，1939年9月1日，工人撤离了此地，工厂不得不关闭。同年12月，它重新开工，专门生产战争用品。战争以德国战败告终，但弗尔克林根钢铁厂不像萨尔地区其他工业那样损失惨重。战后，该地区的生产由法国和德国联合政府管理，并归入欧洲煤钢共同体（European Community of Coal and Steel）管辖之下。20世纪70年代，金属和钢铁行业危机席卷整个萨尔地区，弗尔克林根钢铁厂被时代无情淘汰，取而代之的是拥有更高效新型生产技术的企业。

1986年7月4日，冶炼高炉和焦炭厂永久关闭，但弗尔克林根钢铁厂成了独一无二的工业纪念遗址。它可以完美阐释焦炭炼钢的生产过程，清晰呈现与重工业相关的活动，在全世界绝无仅有。

▌第85页（下）萨尔弗尔克林根钢铁厂的图景。弗尔克林根钢铁厂位于德国钢铁工业中心，1986年工厂关闭，1992年德国当局宣布其为国家纪念物。

毛尔布龙修道院

德国

巴登-符腾堡州萨尔察赫河谷（Salzach Valley, Baden-Württemberg）
入选年份：1993
遴选标准：C（Ⅱ）（Ⅳ）

1137年，一群来自阿尔萨斯（Alsatia）的西多会（Cistercia）修道士来到德国传播西多会的圣律。经过10年漂泊，他们来到萨尔察赫河谷。在那里，他们依靠主教冈瑟·冯·斯派尔的慷慨捐赠，建造了一座长方形教堂，教堂有三个中殿，属于简单的罗马风格，外加一堵围墙。修道士们工作神速，1156年，他们已经拥有了11个农场，这吸引了国王腓特烈·巴巴罗萨的注意。于是，巴巴罗萨将这座修道院置于其直接保护之中。

农场保证了修道士的温饱，在此之上，他们准备重整修道院结构，让它变得更加坚固耐住，以取代他们暂住的木屋。一项历时390年之久的工程开始了，这就是我们今天看到的毛尔布龙（Maulbronn）修道院。修道院被围墙包围，还有当时他们增建的许多建筑，其风格对之后德国哥特式风格有着深远的影响。13世纪上半叶，一位来自勃艮第的建筑师（他的名字在漫长的岁月中没能流传至今）受命建造一处门廊以扩大教堂，这个门廊又被称为"伊甸园"（Paradies）。最初罗马式建筑的承重结构被一排排柱子取代，每根柱子上部都呈散开状，将拱顶分成六部分。柱头雕刻着树木和树叶的图案。

同期，教堂南部背风处充当阅读室的侧楼、参与工程建设的凡人修士专用餐厅和修道士专用餐厅也在修建。其中最后一个修道士餐厅被认为是这座修道院最重要的部分，它由两个中殿组成，右侧是火炕（独具匠心的地下供暖系统），左侧是厨房。

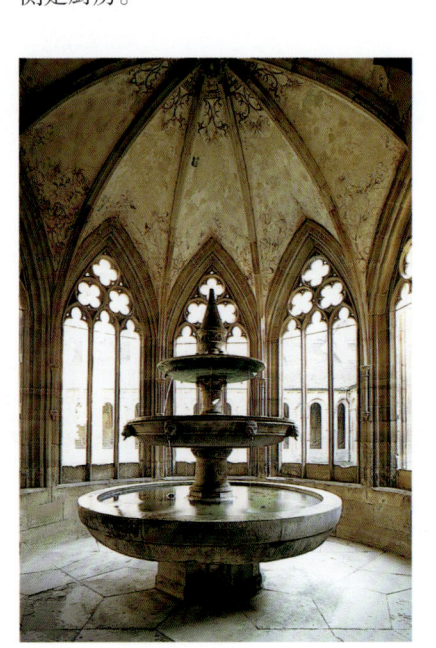

■ 第86页（上）毛尔布龙修道院的全景。它是阿尔卑斯山脉北部保存最完好的中世纪修道院建筑群，也是建设、保存最早最完好的德国哥特式建筑典范之一。

■ 第86页（中）教堂的中殿为简单罗马风格，有灵巧的哥特式拱顶和墙上的壁画作为装饰。注意看耳堂甬道中巨大的石十字架。

■ 第86页（下）建筑群内的喷泉。西多会修道士展现了非凡的工程技术。15世纪，他们为修道院和农场提供了灌溉系统和水槽。

毛尔布龙繁荣发展的两个世纪内，它持续向周围扩建。当时欧洲的宗教建筑盛行哥特式风格，萨尔察赫西多会修道士赋予了这处建筑群独特的形式和外观，并流传至今。

教堂内部，中殿正中和右边增加了哥特式拱顶，墙壁上绘有装饰性的壁画。

大型石制耶稣受难像放置在隔墙里。唱诗班处装饰有圣母像，席位布置华丽。修道士们扩建围墙，以便容纳新修道院和一系列格子架支撑的建筑。他们还展示了非凡的工程技术，14世纪曾设计并建造了灌溉渠道和水槽网络系统，放眼整个中世纪欧洲，绝无仅有。

1440年，毛尔布龙修道院有130名修道士和凡人修士。但1504年，符腾堡的乌尔里克公爵征服了该地区，修道院脱离了国王的保护，开始走向衰落。1535年，公爵领地上进行了宗教改革，修道士们被迫放弃了他们的地产。

20年后，开创德国义务教育传统的符腾堡家族，将修道院改造成了一所新教徒神学院，并为贫困学生设立奖学金。这使毛尔布龙进入了一个新的繁荣时期，该校培养的很多学生，其中一些后来成为重要的艺术家和科学家。天文学家约翰尼斯·开普勒（Johannes Kepler）1586年至1589年间经常来神学院，他是第一批获得巨大成功的学生之一。18世纪末，诗人兼作家弗里德里克·贺德林（Friedrich Hölderlin）就住在毛尔布龙修道院学生宿舍里。100年后，赫尔曼·赫西（Hermann Hesse）在那里求学，但是，这位未来的诺贝尔奖获得者在那里经历了人生中第一次磨难，最后不得已退学了。

如今，毛尔布龙修道院是阿尔卑斯山北部保存最完好的中世纪修道院建筑群。正因如此，它才被选为根据安伯托·艾可（Umberto Eco）小说改编的电影《玫瑰的名字》（*The Name of the Rose*）的取景地。

第86—87页 牧师会（Chapter Room）正对着被称为"伊甸园"的门廊。伊甸园可能是13世纪初由一位勃艮第的建筑师建造的，它的承重结构是由一排排的柱子，将拱顶分为六部分。

克拉科夫历史中心

波兰

入选年份：1978
遴选标准：C(Ⅳ)

每到整点，一个号兵就会爬上市场广场圣玛丽教堂的塔顶，吹奏圣母玛利亚圣歌。曾经有一段时间，城市大门打开或关闭时都会吹奏这首歌，但音乐总在同一个音符上突然中断。这是为了纪念一位号手。1240年鞑靼（Tatar）入侵，当时城市号手最先发现敌人军队，于是他吹响号角，提醒全城居民兵临城下。最终他首当其冲，被箭刺中身亡。

这个不寻常的传统象征着克拉科夫与其历史的联系。关于克拉科夫最早的文字记载源于科尔多瓦（Cordoba）的犹太商人亚伯拉罕·本·雅各布（Ibrahim ibn Jakub），公元965年，他把克拉科夫描述为瓦维尔（Vavel）山下一个重要的贸易中心。公元1000年，该城成为大主教辖区，这座山上建起了城堡、大教堂和各种罗马式教堂。

克拉科夫，从11世纪起便是皮亚斯特王朝（Piast Dynasty）统治下波兰小王国的首都，一直繁荣发展，直到后来遭到鞑靼人的洗劫和摧毁。1257年，城市按照新规划进行布局和重建，一直沿用至今。欧洲最大的集市广场——中央集市广场（Rynek）落成，新的防御系统、塔楼和大门也建起来了，这些在后来都得到了扩建。

皮亚斯最后一代君王卡齐米尔大帝（Casimir the Great，1333—1370年）统治期间，克拉科夫迎来了一个历史转折点。卡齐米尔支持艺术和科学发展，建立了位于中央集市广场中心的纺织会馆、圣玛丽教堂以及两个

■ 第88页（上）引人注目的哥特式大教堂及其三座塔楼，其中一座里面放置了1520年铸造的齐格蒙特钟（Sigismund Bell）。

■ 第88—89页 这是从瓦维尔的维斯瓦（Vistula）看到的景色。克拉科夫第一个中世纪定居点便建在了这座山上。公元1000年前后，大教堂和坚固的宫殿在这里落成。1038年起，这座宫殿成为波兰国王的住所。

■ 第89页（左上）市场广场上的圣玛丽教堂是晚期哥特式建筑的杰作。

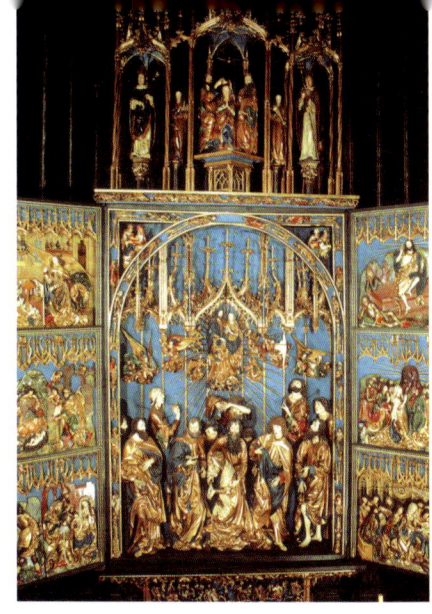

■ 第89页（右上）圣玛丽教堂内存放着价值连城的艺术作品，包括德国木雕家维特·斯托斯（Veit Stoss）的《圣母之死》（1477—1489年）。

■ 第89页（中）瓦维尔山上的皇家宫殿的焦点是一个很大的回廊，大部分的官方房间都面对着它。

■ 第89页（右下）皇家宫殿现在是一处博物馆，收藏着王冠和世界上最重要的藏品之一——佛兰芒挂毯。

第90—91页 欧洲最大的集市广场——中央集市广场的俯瞰图。文艺复兴风格的纺织会馆（Cloth Palace）耸立于广场上，一层有商店，还有国家博物馆专门展示波兰绘画区。

第90页（下）巴比肯（Barbican）是欧洲最大的堡垒。防御城墙建于1498年，当时这座城市正处于鼎盛时期，还是波兰的首都。现在，这座城市是著名人文主义者和科学家碰面的地方。

200年之久。

从16世纪中叶开始，克拉科夫进入了一段极其辉煌的时期。在雅盖隆国王的开明统治下，克拉科夫兴建了欧洲最大的防御堡垒巴比肯，城市变得更加安全，吸引了众多著名的人文主义者、艺术家和科学家。尼古拉斯·哥白尼（Nicholas Copernicus）在去意大利之前就在那里求学，木雕大师维特·施托斯（Veit Stoss）1477年从纽伦堡（Nuremberg）来到这座城市，花了12年时间，用圣玛丽教堂圣坛上的椴木雕刻了巨大的装饰作品《圣母之死》（Death of the Virgin）。三年后，建材换成大理石，施托斯在大教堂内雕刻了卡齐米尔四世雅盖隆的陵墓，开启了克拉科夫建造宏伟皇家陵墓的传统。

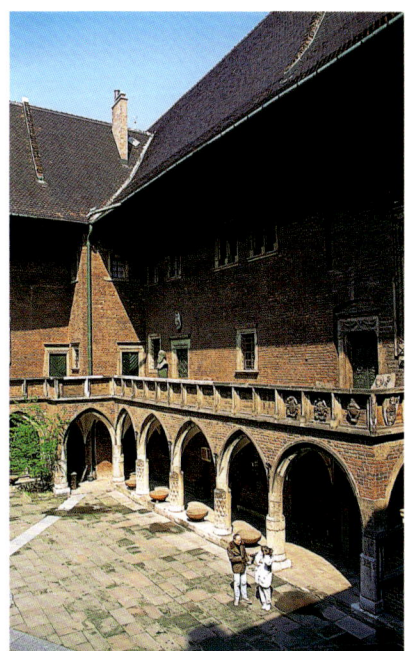

施托斯返回家乡后，图斯卡尼（Tuscan）雕塑家弗朗西斯科·菲奥伦蒂诺（Francesco Fiorentino）和巴尔托洛梅奥·贝尔莱西（Bartolomeo Berrecci）受召进城。在大教堂里，他们创作了一些意大利之外异常出色的文艺复兴风格雕塑。同期，瓦维尔山上的城堡也重建了，还装饰了从弗兰德斯订购的系列挂毯。但是，克拉科夫马上走入了迟暮之年：16世纪末，波兰首都迁至华沙（Warsaw）。虽然克拉科夫还是人才辈出，但是它逐渐成为一个以小商业中心为特征的配角城市。

然而，另一颗珠宝增添了这座城市的美丽。18世纪末，恰尔托雷斯基亲王（Prince Czartorysky）从意大利旅行归来，带来了一件独特的物品——列奥纳多·达·芬奇（Leonardo da Vinci）的画作《抱银鼠的女人》（The Lady with an Ermine），现收藏于恰尔托雷斯基博物馆，供人欣赏。这幅杰作在第二次世界大战中奇迹般地幸存了下来，与克拉科夫这座美丽的城市相得益彰。

▌第91页（左）克拉科夫大学院（Collegium Maius）回廊是克拉科夫大学最古老的建筑之一。始建于1364年，克拉科夫大学由皮亚斯最后一代君王卡齐米尔大帝创建，后更名为雅盖隆大学。

▌第91页（右中）克拉科夫大学院的大厅中收藏了许多旧家具和油画。

▌第91页（右下）中央集市广场的另一处景色。1899年，人们为纪念波兰最受喜爱的诗人亚当·米茨凯维奇（Adam Mickiewicz），在纺织会馆前建了一座纪念碑。

新中心卡齐米日（Kazimierz）和克莱帕兹（Kleparz），如今它们是克拉科夫的两个区。但最重要的是，他创建了克拉科夫大学（Krakow Academy），后来发展为雅盖隆大学（Jagellonica University），成为波兰最著名的学习中心。二十年后，卡齐米尔将他的女儿嫁给立陶宛大公爵（Lithuanian Grand Duke）拉迪斯劳·雅盖隆（Ladislau Jagellone）。雅盖隆后来成为波兰立陶宛联邦国王，建立了北欧最重要的皇家王朝，该王朝统治了约

布拉格历史中心

捷克共和国

入选年份：1992
遴选标准：C（Ⅱ）（Ⅳ）（Ⅵ）

1989年，柏林墙轰然坍塌，表明自由的回归，民众振奋不已，布拉格（Prague）市民高呼"哈韦尔，进城堡"。于是，瓦茨拉夫·哈韦尔（Vaclav Havel）成为独立后的捷克斯洛伐克（1993年捷克与斯洛伐克和平分离，变成捷克共和国）的第一任总统，并入住了赫拉德卡尼（Hradcany）豪华宫殿。赫拉德卡尼占地26公顷，里面包含一座大教堂、一座长方形会堂、一座修道院、一座皇宫，以及各种塔楼和庭院。它属于城中之城，一千多年来一直是布拉格的象征。同时，它还有迷宫似的设计，为世界上最著名的布拉格作家弗朗兹·卡夫卡（Franz Kafka）提供了文学创作灵感。

11世纪，博日沃伊王子（Prince Borivoi）在摩尔多瓦河（Moldava）左岸的一座小山上建了赫拉德卡尼堡（这座山附近，有另外一座较为古老的维谢赫拉德城堡Vysehrad），此后，它迎来了40位主人的入住、又目送他们离开，还见证了30次袭击和火灾。

哈布斯堡王朝的皇帝、当时的国王鲁道夫二世曾在此居住，1583年他将布拉格定为其帝国的首都。鲁道夫二世沉溺于点石成金之术，人称"炼金迷国王"。他在城堡的塔楼里建了一个实验室，用于欢迎诸如米兰艺术家乔瓦尼·阿西姆博尔迪（Giovanni Arcimboldi）这样充满想象力、能够点石成金的人。后来，1618年，简·胡斯（Jan huus）仍然持续十多年的事业，劝说同胞推翻罗马教会，就在这段时期，三名天主教大使被扔出了城堡的窗户。这一"布拉格抛窗事件"（Defenestration of Prague）被载入历史，标志着三十年战争的开始。

今天我们所看到的赫拉德卡尼是奥地利玛丽亚·特雷莎女皇对其进行巴洛克式修建的结果。后来，20世纪初，斯洛伐克建筑师约瑟普·普列赤涅克（Josip Plecnik）将内部很多地方进行了重修，包括美丽的黄金屋。然而，这个建筑群中最吸引人的还是一些更古老的建筑，比如宫殿里那处气派的晚期哥特式房间，建于1493年至1502年间，长63米，高13米；还有建于1344年

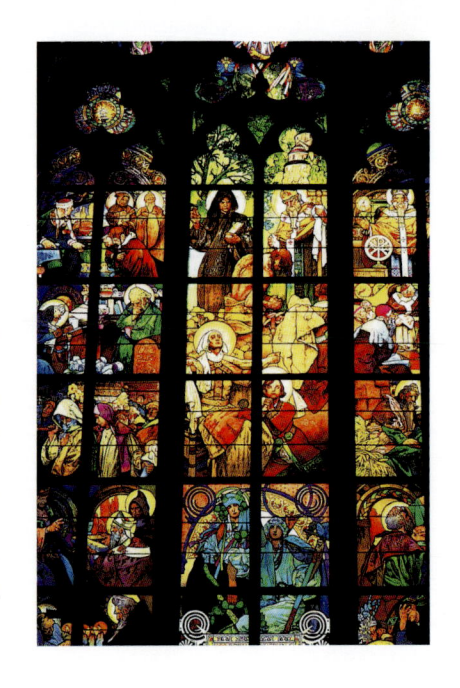

▌**第92页（上）** 这是斯特拉霍夫修道院图书馆（Strahov Monastic Library）中的一个房间。此图书馆藏书100万卷，这些书中最稀有、最珍贵的是最初16本捷克语书，其中7本全世界独一无二。最古老的一卷是以纯金的安色尔字体在羊皮纸上写成的《斯特拉霍夫福音》（Strahov Gospel）。

▌**第92页（左中）** 这是圣维塔斯大教堂里的皇家陵墓，波希米亚（Bohemia）历史上许多重要的人物都埋葬于此，包括查理四世、费迪南德一世、鲁道夫二世和圣乔瓦尼·内波穆塞诺（St. Giovanni Nepomuceno）。

▌**第92页（右下）** 圣维塔斯大教堂阿尔丰斯·慕夏设计的新艺术风格大窗户。

▌**第93页（上）** 赫拉德卡尼（城堡山）一景。这座占地26公顷的建筑群仍然是国家权力中心，属于城中之城。它的主要建筑是圣维塔斯大教堂、圣乔治大殿（St. George's Basilica）和皇宫（Royal Palace）。

第 93 页（下）
皇宫的瓦德斯拉斯厅（Vladeslas Room）。大厅长 63 米，高 13 米，建于 1493 年至 1502 年，是贝内迪克特·里德（Benedikt Ried）的杰作。在这里曾举行赛马比赛。

布拉格

由阿拉斯的马修（Matthieu d'Arras）设计的圣维塔斯大教堂（Cathedral of St. Vitus），教堂坐落于一座罗马长方形教堂的旧址，1929年这座新哥特式建筑的西面加盖了两座80米高的尖顶，就此，教堂建筑工作才竣工。内部不同的风格也反映了建筑工期跨度较大。这座富丽堂皇的哥特式教堂旁边，装饰着宝石和次宝石，供奉着圣瓦茨拉夫（St. Wenceslas）。人们在这里可以欣赏到阿尔丰斯·慕夏（Alfons Mucha）设计的迷人的新艺术风格窗户。

商业扩张的影响之一是从11世纪开始，一个包括许多犹太家庭在内的新社区在摩尔多瓦河右岸崛起，摩尔多瓦靠近原来布拉格维谢赫拉德城堡和赫拉德卡尼地区，即"旧城"。1170年，布拉格第一座石桥朱迪斯桥（Judith Bridge）在此地建成，这里便成为行政区，有建造围墙和防御工事的权利。旧城中心是旧城广场斯塔尔·麦斯托（Starometske Namesti），广场中心矗立着建于1364年的市政厅及其塔楼。14世纪的泰恩教堂（church of Teyn）被建筑右侧的房屋半掩着，里面有丹麦天文学家第谷·布拉赫（Tycho Brahe）的坟墓。广场对面是圣尼古拉斯教堂（St. Nicholas' Church），由基利恩·伊格纳茨·丁岑霍费尔（Kilian Ignaz Dientzenhofer）设计的一座巴洛克式的杰作。直到第二次世界大战时，旧城仍有12000名犹太人，还有许多犹太教会堂以及欧洲最古老的犹太人公墓。

1257年，一个叫作马拉·斯特拉纳（Malá Strana）（一小部分）的新区开始在赫拉德卡尼下面发展起来。这个地区在1503年的一场大火中严重受损，如今这个地区按照华丽的巴洛克风格建成的那些有柱廊房屋，将哥特式和文艺复兴式的宗教建筑以及非宗教建筑和谐地结合在了一起。另外，那里的小径、建筑物后面的浪漫花园以及古老的啤酒屋，让它成为城市最吸引人的地方，也是过去一百年里城内波希米亚人最喜爱的地方。马拉·斯特拉纳新区最美丽的街道之一是石砌的聂鲁达街（Nerudova Ulice），沿街都是装饰华丽的建筑。沃尔夫冈·阿马迪厄斯·莫扎特（Wolfgang Amadeus Mozart）曾居住于此。

第94页 俯瞰老城广场宫殿典雅的正面。这座迷人的广场位于古城中心，上面有几座布拉格的名胜遗迹，已有500年的历史。

第95页（上） 宏伟的占星钟于14世纪末被置在市政厅塔楼。占星钟楼是老城广场最引人注目的建筑。

第95页（左中）泰恩教堂尖塔正对着老城广场。它于1380年在彼得·帕勒（Peter Parler）的工作室开始建造，16世纪中叶完工。里面存放着布拉格最古老的洗礼盘（1414年）、天文学家第谷·布拉赫的坟墓，以及卡雷尔·斯克雷塔（Karel Skreta）的一系列巴洛克绘画。

布拉格成为神圣罗马帝国一部分后，仍然持续繁荣。1346年到1378年，波希米亚皇帝查理四世当政，计划进一步促进布拉格物质文化和精神文化的发展。1348年，他创立了中欧第一所大学，并开始建设新城、圣维塔斯大教堂以及以其名字命名的查理大桥（Charles Bridge）。查理大桥建于1357年，长520米，宽10米，由16根砂石拱柱支撑，代替了被洪水冲垮的朱迪斯桥。据说，为使查理大桥免受恶劣天气的影响，皇帝曾下令将成千上万的葡萄混入建筑的灰泥之中。

1393年，一位名叫乔瓦尼·内波穆塞诺（Giovanni Nepomuceno）的牧师因拒绝向查理四世的继任者国王瓦茨拉夫（King Wenceslas）透露其妻子忏悔的秘密，遭受酷刑，之后，国王又命人将其从这座桥上扔进河里。1729年，这位牧师被封为圣徒，成为波希米亚最受崇拜的圣人。在此之前，1683年，由简·布鲁科夫（Jan Brokof）雕刻的乔瓦尼·内波穆塞诺雕像放置在查理大桥上。这推动了众多布拉格杰出市民和耶稣会士的出现，他们大力支持开办大学，并竞相出资在桥上建造其他烈士雕像，包括著名的捷克人、意大利人和西班牙人的雕像，将罗马的圣天使桥（Ponte Sant'Angelo）视为他们学习的榜样。

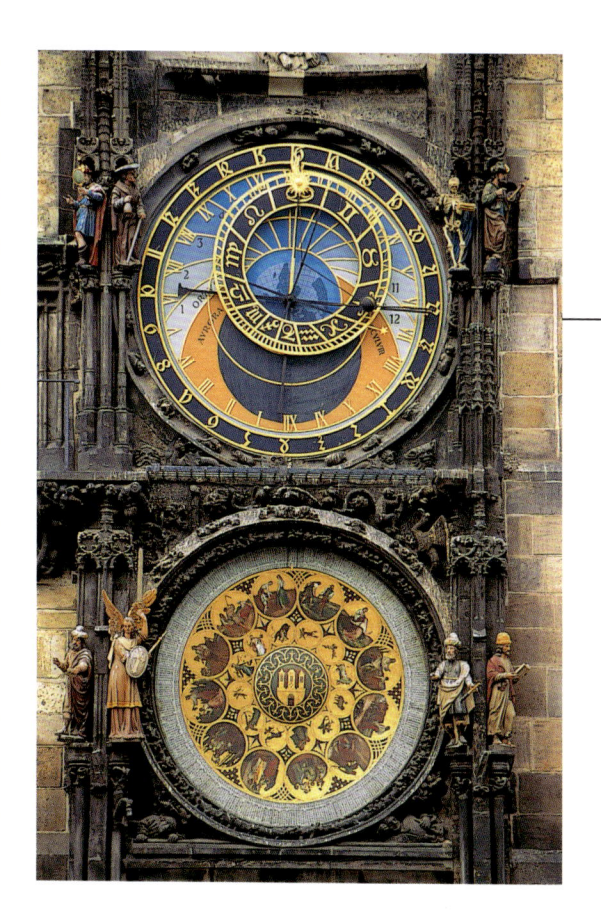

第95页（右中）广场的另一边矗立着圣尼古拉斯教堂。它是由基利恩·伊格纳茨·丁岑霍费尔于1732年以巴洛克风格建造的，是一座反宗教改革运动的堡垒。

第95页（下）聂鲁达街的景象。聂鲁达街是为纪念《布拉格小城传奇故事》（Tales of Malá Strana）的作者、布拉格作家简·聂鲁达（Jan Neruda）而建。城市中最古老的一些啤酒屋都在这条街上。

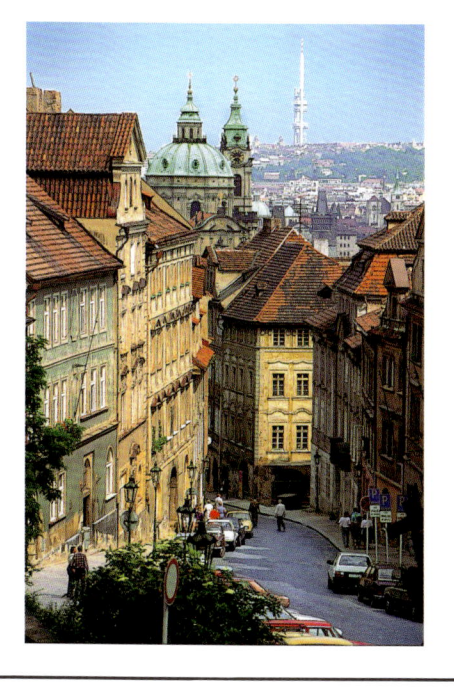

■ 第96页（上）摩尔多瓦河流经市中心，这座桥横跨河流，景色迷人。背景是著名的查理大桥，建于1357年，长520米。1840年前，它一直是连接两河岸的唯一桥梁。

■ 第96页（左下）国家守护神圣瓦茨拉夫的骑马雕像耸立在同名广场上。这是新城区中心，也是天鹅绒革命游行示威的地点。

■ 第96页（右下）国家博物馆新文艺复兴风格的中庭，非常宏伟。这座巨大的建筑由约瑟夫·舒尔茨（Josef Schulz）于1893年设计，占据了圣瓦茨拉夫广场的上方空间。

■ 第97页（上）查理大桥及其精致的哥特式塔。这座宏伟的建筑是波希米亚皇帝查理四世统治期间建造的，参考了罗马圣天使桥的设计。随着时间的推移，桥两边形成了一个陈列有基督、圣母和各种圣徒雕像的画廊，非同寻常。

新城区和整个现代布拉格中心是圣瓦茨拉夫广场（St. Wenceslas' Square）。这个广场是在一个马市原址上兴建起来的，所以它看起来不像广场，更像一条宽阔的街道（实际上它有750米长，但只有61米宽），并且有一点坡度。耸立于广场上的大部分建筑都兴建于20世纪初布拉格新艺术风格风靡时期。其中有特殊影响的是12号建筑，即现在国家博物馆所在地卡萨·彼得卡（Casa Peterka），还有25号建筑欧罗巴大酒店（Hotel Europa）。1968年，反对苏联统治的起义"布拉格之春"在此广场爆发。一年后，为反对华沙条约组织军队入侵该城，简·帕拉赫（Jan Palach）就此自杀。

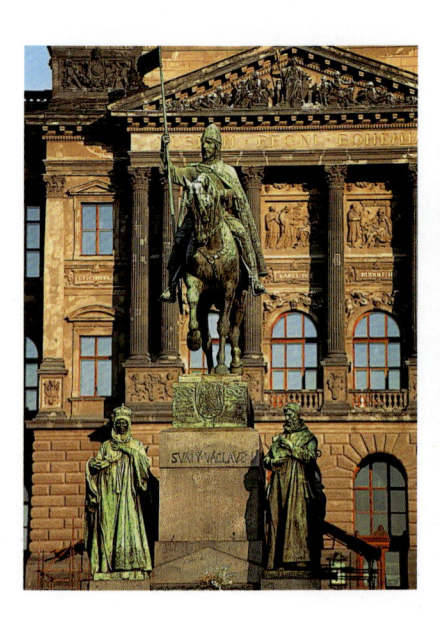

大学的中心是卡罗莱姆学院（Carolinum），其建筑为巴洛克风格，还装有华丽的哥特式弓形窗。16世纪末，这座重要的文化中心并入了世界上第三大耶稣会学校克莱门特学院，克莱门特学院是仅次于赫拉德卡尼堡的第二大建筑遗迹。为了建造它，需要拆除32座房子、圣克莱门特教堂（St. Clement's Church）、两处花园，并征用七处农场所有土地。建造这座巴洛克式杰出建筑的是乔瓦尼·多梅尼科·奥尔西（Giovanni Domenico Orsi）。据那个时代的编年史记载，1696年，克莱门特学院有1500名学生，其中七分之一来自贫困家庭，学校会免除他们的学费和食宿费。为存放卷宗、书籍以及查理四世捐赠给附近大学的手稿，1777年又兴建了一座皇家图书馆。如今，克莱门特学院藏有近600万卷书籍、1200篇莎草纸记录、6000份中世纪手稿以及3000份古籍。除了这座图书馆，还有一个17世纪斯特拉霍夫修道院图书馆，其藏书室堪称是世界上最壮观的。

布拉格一直都是一座文化城市，莫扎特就是于此创作了他最著名的两首交响曲，还有许多布拉格人也为世界文化繁荣做出了巨大贡献。贝德李奇·斯美塔那（Bedrich Smetana）和安东尼·德沃夏克（Antonin Dvorak）在音乐界做出了重要贡献，弗朗茨·卡夫卡（Franz Kafka）、雷纳·玛利亚·里尔克（Rainer Maria Rilke）、博胡米尔·赫拉巴尔（Bohumil Hrabal）则是文学界杰出的人物。

■ 第97页（左下）以国家博物馆为背景的圣瓦茨拉夫广场夜景。广场是在一个马市原址上兴建起来的，所以它看起来更像一条宽阔的街道，并且有一点坡度。

■ 第97页（右下）圣瓦茨拉夫广场上欧罗巴大酒店的正面。20世纪早期的新艺术主义或实用主义风格的建筑排列在整个广场上。

98

■ 第98页（左上、右上）约200平方千米的莱德尼采－瓦尔季采（Lednice-Valtice）文化景观形成了一幅广阔的建筑全景。左边是巨大的浪漫主义风格的科林斯式柱廊，里面陈列着希腊花瓶；右边是罗马凯旋门。列支敦士登公国领地的园林里有几十座建筑。

■ 第98—99页 列支敦士登的卡洛·尤西比奥一时兴起，下令建造莱德尼采巴洛克式住宅。它由约翰·伯恩哈德·费舍尔·冯·埃尔拉赫于17世纪建造，周围是一个公园，装饰有雕塑和喷泉。

■ 第99页（左上）瓦尔季采城堡（Valtice Castle）入口处的两座巴洛克雕像之一。

莱德尼采－瓦尔季采文化景观

捷克 | 摩拉维亚（Moravia）南部，布热茨拉夫（Breclav）区
入选年份：1996
遴选标准：C(I)(II)(IV)

布尔诺（Brno）以南48千米的摩拉维亚丘陵地带区域，矗立着一座新古典主义式尖塔，带有半圆形拱廊、一个罗马凯旋门、一座科林斯式柱廊和装有希腊花瓶的壁龛。这些建筑之间显然毫无关联可言，它们和其他建筑并称为莱德尼采－瓦尔季采的"怪异建筑"，占地77平方英里，是欧洲最大的景观区。

该地区18世纪中叶开始改造，当时列支敦士登家族占据了莱德尼采村周围的土地，并在那里建造了一座堡垒。当时此地多沼泽，且因靠近迪耶河（Dyje），经常遭遇洪灾。七百年后，第二次世界大战结束之际，列支敦士登被迫退居奥地利和瑞士边境的一个小公国，留下了一座点缀着建筑宝石且湖泊、河流和运河交织而成的独特园林。这个地区曾赢得"伊甸园"的美称。

列支敦士登是一个奥地利贵族家庭，他们外交技巧娴熟，持有的土地不断增加，这在1654年表现得尤其明显。当时三十年战争已然结束，他们从新教贵族手中没收了瓦尔季采（Valtice，那里有一座城堡）和布热茨拉夫（Breclav）附近的领土地。

16世纪，中世纪的莱德尼采要塞被改造成一座文艺复兴式城堡，周围有花园环绕。一个世纪后，在热情的艺术支持者卡洛·尤西比奥·利克滕斯坦（Carlo Eusebio Liechtenstein）的领导下，列支敦士登家族的财富达到了鼎盛时期。卡洛·尤西比奥热爱旅行，是《论建筑风格》（*A Treatise on Architecture*）的作者，他委托约翰·伯恩哈德·费希尔·冯·埃尔拉赫（Johann Bernhard Fischer von Erlach）在莱德尼采建造了一座巴洛克风格的离宫，周围环绕园林，园林按照当时的审美标准建造，由六个部分组成，

■ 第99页（右上）
莱德尼采－瓦尔季采园林里不寻常的柱廊建筑群中心，矗立着一座雕塑，名为"美惠三女神"。这个半圆形建筑的所有壁龛里，都有新古典主义风格的雕像。

■ 第99页（右下）
18世纪后期，尖塔进一步美化了莱德尼采－瓦尔季采。这座塔是伊斯兰世界以外的最高尖塔。

第 100 页（上）
19 世纪初以新古典主义风格建成的狩猎行宫，坐落在一个大湖畔。

第 100 页（下）
为卡洛·尤西比奥公爵建造的瓦尔季采城堡是巴洛克式建筑的典范。始建于 17 世纪上半叶，18 世纪初才完工，建筑上方重点突出了巴洛克风格。

还装饰着露台和喷泉。

重建瓦尔季采时，他任命托斯卡纳（Tuscan）建筑师多梅尼科·马蒂内利（Domenico Martinelli）与费希尔合作，但此项目最终没有完成。

1715 年，一条宽阔的大道将这两处房产连接了起来，大道有 6.5 千米长，两旁栽满了树。列支敦士登家族代代相接，致力于美化周围的乡村。18 世纪末，他们增建了一个土耳其庙和戴安娜的庙宇，以及一个生产马草料的农场，因此，它成了一个名副其实的休闲场所。

浪漫主义风格的公园环绕着一个人工湖，湖中有 15 个岛屿，栖息着珍稀鸟类，这进一步增强了该地区的观赏性。植物学家范德尔·斯科特（Van Der Scott）在原有 118 种当地针叶树和 465 种落叶树的基础上，又增加了 36000 种外来植物。不

其风格的尖塔，有将近 60 米高，是伊斯兰世界以外最高的尖塔。他们还建造了一座方尖碑，纪念拿破仑和查理·哈布斯堡大公（Archduke Charles Hapsburg）在 1797 年实现和解。另外又仿建了一座已毁的名为雅努夫·赫拉德（Januv Hrad）的中世纪城堡。

19 世纪，莱德尼采－瓦尔季采又相继建造了一座新古典主义狩猎行宫、一座在树林里祭祀圣休伯特（狩猎守护神）的礼拜堂、阿波罗神

久之后，捷克共和国唯一的橘园和温室建成，莱德尼采城堡的内部装饰也采用了新哥特式风格。

随着摩尔多瓦的第一个生物基地在湖边落成，1926 年，最后的建筑工作竣工。

今天，莱德尼采－瓦尔季采地区拥有 2400 名人口。人们仍持续确保建筑留存和环境保护，这些建筑及其环境因为美丽而成为捷克最受欢迎的景点之一。

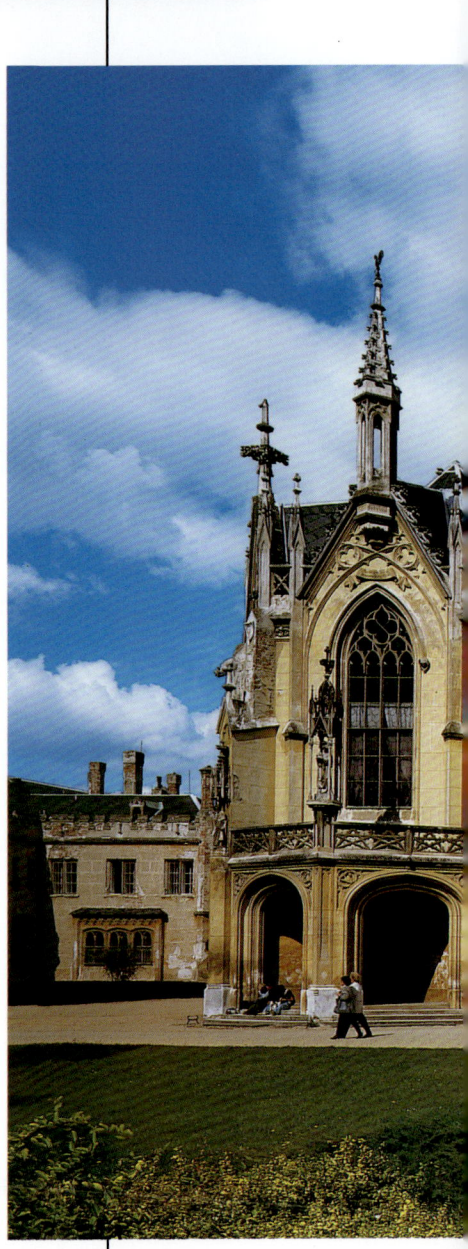

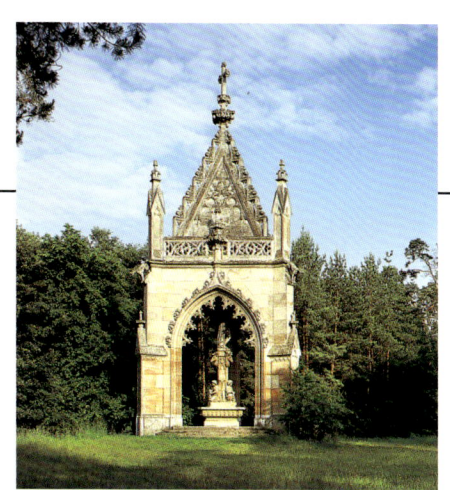

■ 第 100—101 页
莱德尼采城堡的正面视图。近 700 年来,它一直归属于列支敦士登家族,此图展示了许多对原来的巴洛克设计的修改和增补。

■ 第 101 页（左上）
为纪念狩猎者的保护圣徒圣休伯特而建的小礼拜堂,独自矗立在树林中。

■ 第 101 页（右上）
已毁的雅努夫·赫拉德中世纪城堡仿建品,建于 19 世纪,为莱德尼采－瓦尔季采增添了一种异国情调。

申布伦宫殿和花园

奥地利　维也纳（Vienna）
入选年份：1996
遴选标准：C（I）（IV）

申布伦（Schönbrunn）宫殿接待的最后一批重要的客人是约翰·菲茨杰拉德·肯尼迪（John Fitzgerald Kennedy）和尼基塔·赫鲁晓夫（Nikita Khrushchev）。1961年，他们在哈布斯堡府邸的大艺术馆会面，试图缓和西方与苏联僵持的关系。除此以外，过去的几个世纪里，还有很多重大历史事件也发生于此，例如1815年的维也纳会议，当时击败拿破仑的各国代表聚集在一起，重新划定了欧洲的边界。

哈布斯堡王朝的领地从1560年开始发展，其属地卡特尔堡最初仅供农用，只有一处小住宅和一个附属农场。马赛厄斯（Matthias）皇帝在一次狩猎时停下休息，喝了这里的甘泉，这个地方由此得名。然而，这里的第一座夏宫是为费迪南德二世的妻子埃莉奥诺拉·贡扎加建造的。

直到17世纪末，申布伦宫殿才成为哈布斯堡王朝权力的象征。当时皇帝利奥波德一世为了庆祝维也纳受围后仍击败了土耳其人，邀请建筑师约翰·伯恩哈德·费希尔·冯·埃尔拉赫设计一座比凡尔赛宫还要富丽堂皇的宫殿。埃尔拉赫从帕拉第奥（Palladio）设计的别墅中得到启发，向皇帝呈报了他的设计方案，但由于成本太高，利奥波德不得不降低了标准。他希望申布伦宫殿既具家庭氛围，又要集权力中心和豪华壮观于一体，但不能过分张扬。法国巴洛克风格的庭院是由琼·特雷（Jean Trehet）设计的。

然而，申布伦宫殿的感人之处在于女皇玛丽亚·特雷莎在履行其政治职责的同时，还抚养了16个孩子长大成人。她的母性光辉甚至胜过了宫廷礼节。比如有一次，6岁的莫扎特在镜厅完成（Mirror Room）第一次皇家演出后，女皇便把他抱在怀里。

■ 第102页（左上）
申布伦宫殿和花园的外观为法国巴洛克风格。在玛丽亚·特雷莎（1740—1780年）统治时期，景观艺术家尼古劳斯·雅多（Nicolaus Jadot）和阿德里安·范斯特克霍芬（Adrian van Steckhofen）受邀重新设计花园。

■ 第102页（左下）
从空中看宫殿。它坐落在维也纳河谷，位于维也纳东部的迈德灵（Meidling）和西部的席津（Hietzing）两个地区之间。该地区原本是一个狩猎保护区，但1540年由哈布斯堡家族接管。

■ 第103页（左下）富丽堂皇的海神喷泉（Neptune fountain），以群山和凯旋门（Gloriette）为背景。凯旋门由费迪南德·赫岑多夫·冯·霍恩伯格（Ferdinand Hetzendorf von Hohenberg）设计，可以说是申布伦公园里的建筑桂冠。它建于1775年，中心部分和两个展厅由11个拱顶构成，这些拱顶由很多具有多立克风格的圆柱支撑着，整个建筑的顶部有哈布斯堡王朝的象征：一只站在地球上的鹰。

■ 第103页（右下）申布伦宫殿花园。哈布斯堡家族热爱大自然和野生动物，喜欢收集奇异的植物。1752年，公园里建成了世界上第一个动物园。1881年，又建造了一个热带植物温室，用来种植棕榈树。

维也纳

■ 第102—103页 这座宏伟的宫殿是由约翰·伯恩哈德·费希尔根据帕拉第奥新古典主义建筑风格设计的。主庭院（如图所示）中央有一个大喷泉和水池。水是申布伦宫殿的主要元素，这一点可以从它源自"甘泉"的名字中得到证明。

■ 第 104 页（上）这间房间位于宫殿一层，1769 年至 1777 年间约翰·伯格尔（Johann Bergl）以自然为主题，对其进行了装饰。图中树状的镀金的陶瓷炉是一件艺术品。

■ 第 104 页（下）房间里摆放着由木材雕刻且上过漆的豪华家具。但由于玛丽亚·特雷莎喜欢频繁更换家具，她把很多 18 世纪的家具送给了她的下属，所以今天我们难以看到大部分曾经的摆设，有点遗憾。

■ 第 104—105 页 大艺术馆长 40 米，宽 10 米，用于举行接见仪式。这是一个典型的洛可可风格建筑，拥有大窗户、镜子、白色和金色的墙壁。天花板壁画由格雷戈里奥·古列尔米（Gregorio Guglielmi）创作。玛利亚·特雷莎和她的丈夫——洛林王朝的弗朗西斯一世位于壁画中央，周围记录了他们的功绩。

　　玛丽亚·特雷莎委托意大利建筑师尼古劳斯·帕卡西（Nicolaus Pacassi）为总负责人，将室内重新装修成奢华的洛可可风格，选用了大量的镜子、镀金、壁画和细木护壁板。还邀请了尼古劳斯·雅多和阿德里安·范斯特克霍芬重新布置花园，建造凯旋门。这座柱廊式建筑位于花园的最高处，从它的阶梯上可以欣赏到维也纳的全景。此外，特雷莎还提出修建海神喷泉和装饰有新古典主义雕像且引人注目的仿罗马遗迹建筑。此外，她的丈夫——洛林王朝的弗朗西斯一世，在这里建立了世界上第一个动物园，称为"早膳亭"（Früstückspavillon），关有野兽和禽鸟的笼子在其周围整齐排列。

　　玛丽亚·特雷莎习惯将旧家具拿去拍卖或赠予宫中随从人员，因此，现在房间已基本不再有 18 世纪的陈设品。但壮丽的黄厅（Yellow Room）是个例外，它具有洛洛克特色，里面藏有年轻瑞士画家利奥塔（Liotard）创作的中产阶级孩童油画。

　　同样很有创意的是弗朗兹·约瑟夫（Franz Josef）使用了几十年的斯巴达折叠床。1916 年，他在这张床上与世长辞，时年 88 岁。他性格刚毅，每天早上四点半起床，洗个冷水澡，然后像其他狂热的天主教徒一样进行祈祷。他本可以住在紫檀木装饰且蓝白相间的豪华新房里，和美丽的皇后巴伐利亚伊丽莎白相依而睡，但他更想把那份奢华留给妻子。伊丽莎白因传说中的茜茜公主这一身份而广为人知，与她相关的许多极具艺术特色的物品都流传了下来，比如她用来做美容的精致

华丽式闺房。

也许弗朗兹·约瑟夫当时已经意识到了帝国正走向衰落，但最终是其继任者卡尔一世于1918年11月11日，在蓝色的中国宫（Chinese Room）被迫签署了放弃国事的文件。第二天，奥地利共和国宣告成立，申布伦宫殿作为帝国居住地的历史篇章也就此结束。

第105页（下）
宫里的一些房间装饰有描绘田园和狩猎场景的巨幅壁画，它们是玛丽亚·特雷莎委托画家创作的。皇后要求庆典大厅（Ceremonial Room）里的壁画能够真实地再现哈布斯堡王朝历史上的重要时刻。

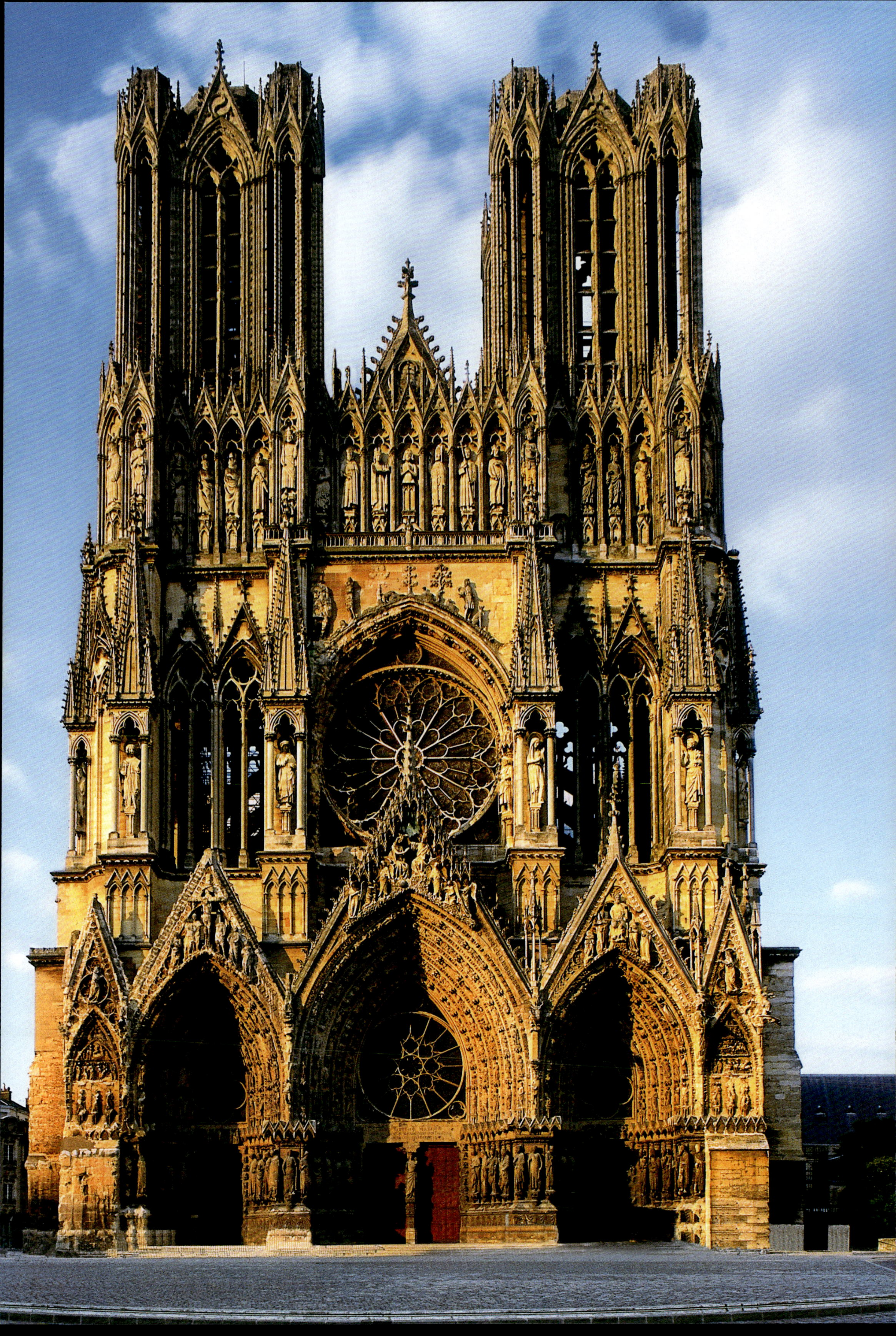

兰斯的圣母大教堂、原圣勒弥修道院与塔乌宫

法国 | 马恩省（Marne）兰斯市（Reims）
入选年份：1991
遴选标准：C（Ⅰ）（Ⅱ）（Ⅵ）

1429年夏天，法国北部被英王亨利四世的军队占领，当时他与法国皇太子、合法继承人查理争夺王位。圣女贞德（Joan of Arc）受神谕的启发，说服查理派她率领军队出征，后来她的队伍打败了英国军队。她在前进的过程中，没有直奔巴黎，而是在7月16日穿过了兰斯，这个城市对法国君主来说具有重要的象征意义。第二天，查理在教堂被加冕为查理七世，后来就形成了一个不变的传统，历代法国国王，除了亨利四世和拿破仑，都在兰斯大教堂完成加冕礼。

第一座大教堂是献给圣母的，受主教尼卡修斯之命而建，地点选在了5世纪早期公共澡堂区域。496年，主教雷米吉乌斯为法兰克国王克洛维斯施洗，标志着法兰西王国的建立。然而，正式的加冕仪式在816年举行。在加洛林王朝国王路易一世的统治下，法国悠久的加冕礼传统在兰斯开始了。在这一世纪里，大教堂得以重建和扩大，以体现它在教会和君主制之间的关键作用。1210年，一场大火为奥布里·德亨伯特（Aubry de Humbert）大主教创造了一个机会，他开始按照巴黎和沙特尔现有教堂的样子，在旧教堂的废墟上建造一座新哥特式大教堂。此工程最终交给了泥瓦匠大师琼·欧尔贝（Jean d'Orbais），1211年举行奠基仪式，正式开始建造。欧尔贝一直致力于建设唱诗班。直到1228年，琼·卢普（Jean le Loup）继任，他完成了中殿和正面的建造。高奇尔·德兰斯（Gaucher de Reims）负责雕像和大门里的雕刻。伯纳德·索伊松（Bernard de Soissons）设计了著名的玫瑰窗，窗上绘制了四周由门徒和演奏音乐的天使围绕的圣母，他还完成了中殿拱顶的建造。到1285年，圣母大教堂的内部建造马上竣工，虽然有多位泥瓦匠大师参与建造，但其建筑风格仍然高度统一。

这座庞大的建筑长138米，顶部穹顶高38米，外部还有2300多尊雕像。它的正面和巴黎圣母大教堂类似，高度相近，有两座15世纪的塔楼，但它优雅的线条和垂直鼓状尖顶使它独一无二。中殿和两条通道各有一个入口，左边的大门上有特殊的垂直感。中殿高38米，有尖拱顶，很多柱子和半柱，柱头装饰着自然主义图案。

▌第106页 圣母大教堂的西面。尽管整个13世纪，多位泥瓦匠大师参与建造大教堂，但其建筑风格仍然高度统一。两座81米高的塔楼是15世纪修建的。

▌第107页（上）大教堂内部给人一种特殊的垂直感。中殿高38米，有尖拱顶，很多柱子和半柱，柱头装饰着自然主义图案。

▌第107页（下）"微笑天使"或称"天使报喜"雕像可能是大教堂正面2000多尊雕像中最著名的一个。

■ 第108页（上）
圣勒弥修道院的外观朴素，属于简朴的罗马式风格。1049年10月1日，教皇利奥九世为它举行献堂礼。它被公认为兰斯最古老的教堂，建于加洛林王朝的旧址上。

■ 第108页（左下）教堂旁边的塔乌宫（Palais de Tau）。1690年，由曼萨特（Mansart）和罗伯特·德科特（Robert de Cotte）建成，宫内有一座哥特式礼拜堂和15世纪举行皇家加冕宴会的塔乌沙龙。今天的塔乌宫已经成为一个博物馆。

■ 第108页（右下）圣勒弥修道院一个哥特式窗户的细节图，上面显示的是《新约圣经》（New Testament）中的一个场景。

■ 第108—109页 精心制作的陵墓位于圣勒弥修道院内部最显眼的位置，里面存放了珍贵的圣酒瓶，法国国王曾用其献祭。

著名的"微笑天使"（Smiling Angel）雕像，形象庄严，与那个时代通常刻板的神圣形象相呼应。内部庄严且明亮，引人注目。中殿狭窄细长，强调了竖式建筑特点。每根圆柱都由四个半柱包围，顶部有自然主义主题的柱头装饰，比如早期的版本中的蕨类叶片和葡萄，近期的有常青藤、浆果和当地的植物。唱诗班只占中殿两个柱间的宽度，但预留给做礼拜的区域占到了三个多宽度。

这是因为加冕仪式和重要牧师会议需要大小适当的区域。

第一次世界大战期间，天气恶劣再加上德国人蓄意轰炸教堂，几尊雕像被迫转移到邻近的塔乌宫（Palais de Tau），那里曾经是大主教宫，现在则是一所收藏皇家物品的博物馆，里面保存有重要的雕塑和壁挂。塔乌宫名字源于希腊单词"tau"（即罗马字母"T"），和主教辖区第一个十字架形状一样。这

座宫殿由曼萨特（Mansart）和罗伯特·德科特（Robert de Cotte）于1690年建造，包含一个哥特式小礼拜堂和塔乌沙龙，加冕典礼后的宴会通常在那里举行。圣雷米教堂的本笃会修道院（Benedictine abbey of Saint-Rémi）建于加洛林王朝时期，用来保存曾给克洛维斯施洗的圣徒遗骸，所以在兰斯举行加冕仪式的传统就此开始。

它混合了多种建筑风格，外观是罗马式风格，唱诗班部分是哥特式风格，某些成分有哥特式的火焰状装饰，还有一些地方有文艺复兴风格点缀。圣雷米教堂的坟墓是法国各地信徒的朝圣之地，它至今还存放着法国国王用来祭祀的圣酒瓶。

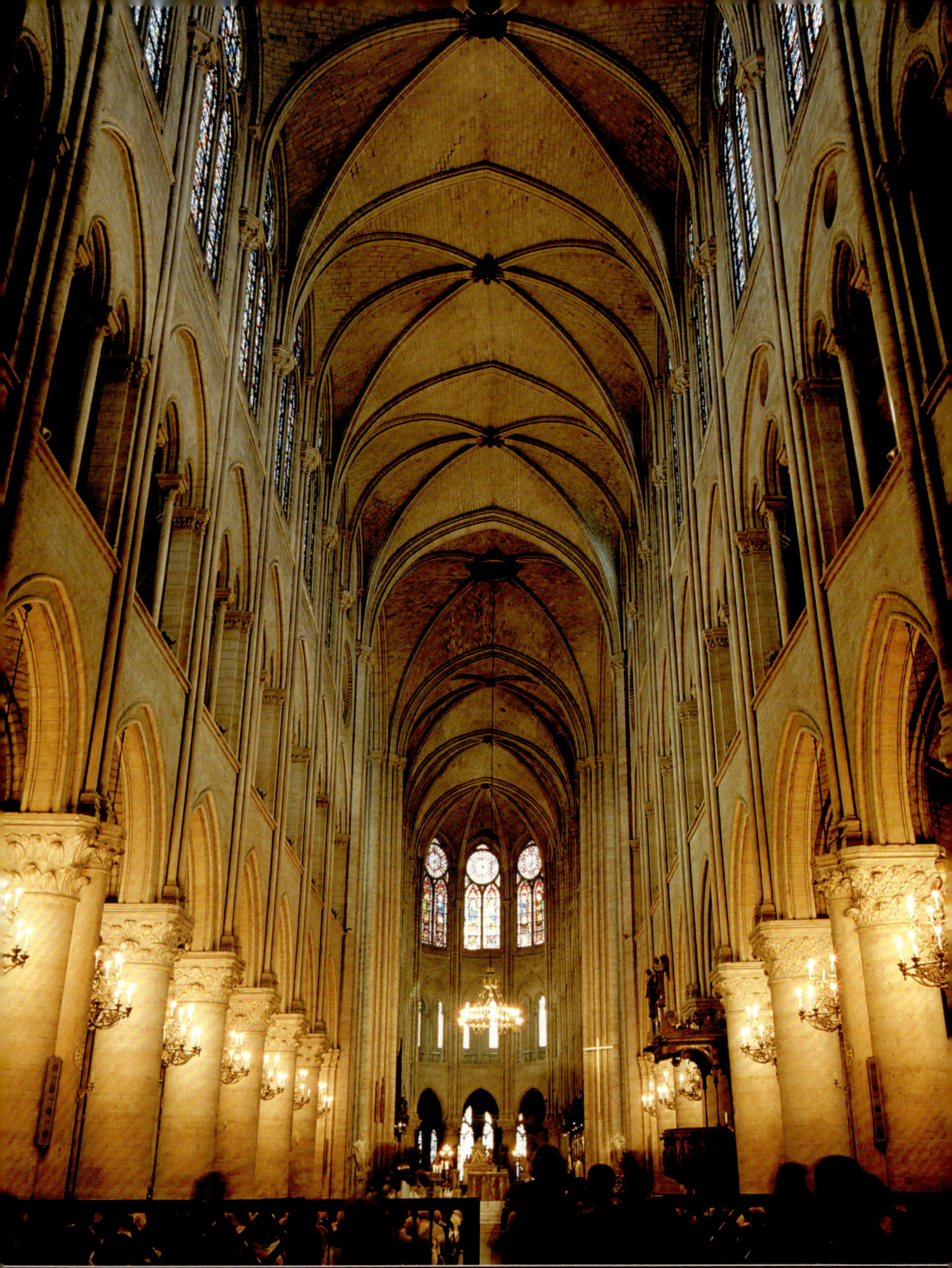

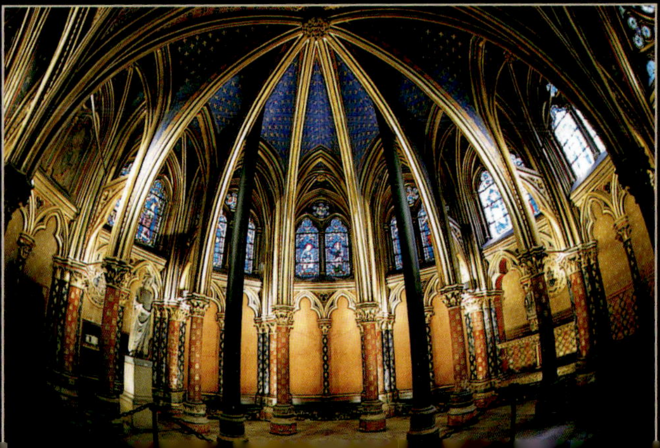

巴黎塞纳河畔

法国
入选年份：1991
遴选标准：C（Ⅰ）（Ⅱ）（Ⅳ）

第一次来到巴黎，你可能会有这样一种感觉：仿佛正在看一幅独一无二、永垂不朽的城市规划方案。从凯旋门经过香榭丽舍大道和杜伊勒里宫到卢浮宫，直到塞纳河畔的埃菲尔铁塔和整个西堤岛，似乎都是通过一种独特且兼收并蓄的思想创造出来的。实际上，当今的巴黎是经过七个世纪翻新、扩建和重组得来的结果。不过，在这种文化统一的理念背后确实有一个人：乔治斯·豪斯曼（Georges Haussmann）。豪斯曼1809年出生于一个普通家庭，后来成为拿破仑三世聘用的城市规划师。作为塞纳地区长官，1853年到1870年，他把法国首都改造成了享有盛名的"灯城"。

公元前1世纪，帕里西（Parisii）凯尔特人部落就生活在塞纳河畔，但是直到公元前52年后，那里才建了第一座城市，即当时西泽（Caesar）建立的罗马城市卢泰西亚（Lutetia）。公元360年，朱利安二世（叛教者）加冕为皇帝，城市在早期居民命名的基础上改名为巴黎。罗马帝国衰落后，它遭到了北欧海盗和蛮族的入侵，大量居民死于瘟疫，城市受到洗劫。为了在西堤岛周围建造一座可供居民避难的防御壁垒，早期罗马建筑也被拆毁了。

12世纪，菲利普·奥古斯塔斯（Philip Augustus）统治期间，巴黎开始繁荣。巴黎中心的小岛西堤岛坐落在塞纳河两岸之间，拥有那个时代两个特别的标志，巴黎圣母院（Nôtre-Dame）和圣礼拜堂（Sainte Chapelle），二者都是哥特式艺术的杰作。1163年，教皇亚历山大三世为巴黎圣母院举行奠基仪式，由此开启了历时170年的建造工作。教堂长130米，由飞拱支撑，山形墙两侧有两座近70米高的塔。宽大的耳堂（顶上是90米高的尖顶）后面，有一个18世纪的木雕唱诗班高坛，周围是400年前由琼·拉维（Jean Ravy）设计的石制教堂围屏，目的是使虔诚的宗教仪式免受噪声干扰。教堂内部由一个中殿和两个侧堂构成，以各个时代的油画和雕塑进行装饰。一旁的礼拜堂里存放着许多17—18世纪巴黎市政机构委托像查尔斯·勒布龙（Charles Le Brun）这样的大师创作的油画。巴黎圣母院奉为神圣象征的圣母子雕像就在耳

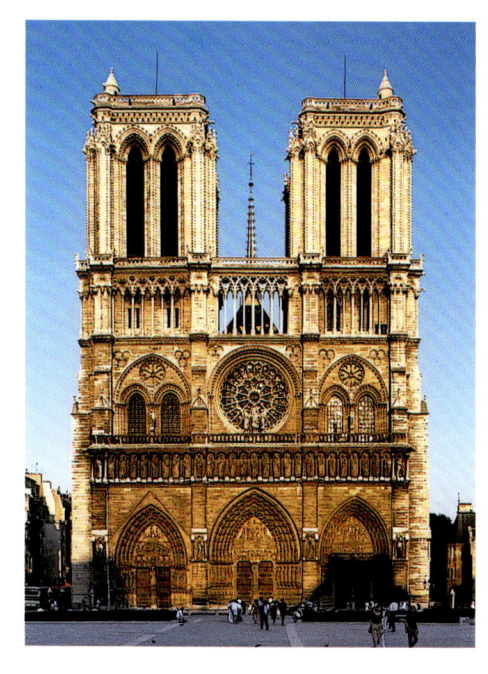

■ 第111页（上）
巴黎圣母院西面三个有雕刻装饰的入口，中间是为纪念圣母而建的玫瑰窗，还有两座塔楼。右边的塔楼里存放着著名的艾曼组（Emmanuel）钟。

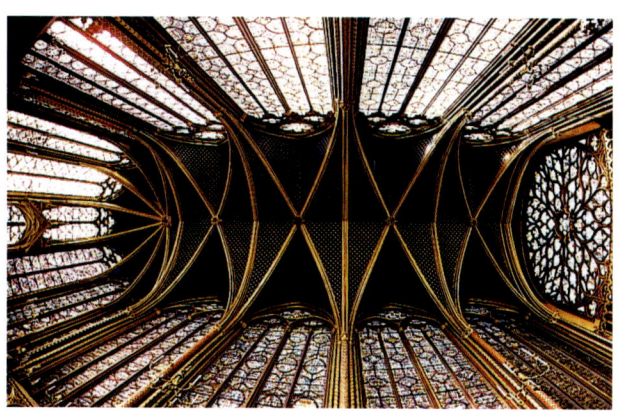

■ 第111页（下）
圣礼拜堂里较大礼拜堂中以星星图案点缀的天花板。这座礼拜堂最初为皇室保留，墙上有15扇与众不同的窗户，15米高的细长圆柱隔开将之隔开，上面描绘了大约1000个宗教场景和主题。

■ 第110页（上）圣母大教堂的中殿在12世纪末建造完成。尽管后来进行了多次改造，但中殿的原始风格一直保留着，特别是六面体的拱顶和弓形圆柱群。

■ 第110页（下）圣礼拜堂里的小礼拜堂。这座教堂是西方建筑史最伟大的作品之一，1248年路易九世下令建造，用于存放耶稣的荆棘王冠、十字架碎片以及其他珍贵的纪念物。

堂旁边。

1248 年，路易九世在巴黎圣母院附近建造了圣礼拜堂，用于存放耶稣圣物，其中包括他从拜占庭皇帝那里购买的荆棘王冠。教堂高耸入云，礼拜堂上层有 15 个华丽的彩绘玻璃窗，上面描绘了《圣经》和福音书中的场景；还有巨大的玫瑰窗以及为该教堂赢得"天堂之门"称号的木制使徒雕像。

多年来，巴黎一直被法国君主忽视，直到弗朗西斯一世决定建造一座与首都相匹配的宫殿。于是，1546 年卢浮宫开始建造，这项建筑工程纵跨三个多世纪，历经七个君主的统治。弗朗西斯一世把这项工作交给皮埃尔·莱斯科（Pierre Lescot）之后，凯瑟琳·美第奇（Catherine de Medici）王后让人建造了杜伊勒里宫（Tuileries Palace）。随后，亨利四世、路易十二、路易十四（将王室住所迁至凡尔赛宫）、拿破仑一世、拿破仑三世也都为此做了贡献。虽然路易十四很喜欢凡尔赛宫（Versailles），但他对卢浮宫的建造或许产生了最大影响。他意识到宫殿建筑风格不协调的问题，于是邀请意大利善于创新且名声在外的建筑师吉安·洛伦佐·贝尼尼（Gian Lorenzo Bernini）前往巴黎，对宫殿作出重大改造。贝尼尼决定重建宫殿外观，但他提出的方案并不令人信服。奠基仪式之后，贝尼尼被送回罗马，他的设计也彻底被改变了。这项工作后来交给了克劳德·佩罗（Claude Perrault），他设计了包围现有建筑的柱廊，让卢浮宫看起来既华丽又协调。

17 世纪，巴黎迎来了它的黄金时代。1671 年至 1676 年，路易十四在塞纳河另一侧岸边修建了荣军院

▌第 112 页（左上）卢浮宫二楼一处宏伟的画廊，专门展出 1400 年至 1900 年间的欧洲绘画。当然，几乎一半的无价珍品都是法国艺术家的杰作。

▌第 112 页（右上）卢浮宫大厅陈列着艺术品、家具、珠宝、钟表、壁挂、武器、盔甲、瓷器等，共计 8000 件物品。这幅画展示的是一个陈列着 18 世纪法国家具的房间。

▎第112—113页 拿破仑中庭卢浮宫的主要庭院，周围是路易十三（1610—1654年）统治时期的建筑。重建工作始于1981年，由弗朗索瓦·密特朗（François Mitterand）主持，1989年完成。新入口上方著名的玻璃金字塔是由美籍华人建筑师贝聿铭（I.M. Pei）设计的。

▎第113页（上）卢浮宫的罗马部分展示了半身像和高质量的雕刻群像。

▎第113页（左下）圆顶教堂气势宏伟，由"太阳王"路易十四于1676年建造。教堂原用于保存皇室遗物，但路易十四去世后，这个计划便被搁置一旁。如今，这座建筑成为波旁王朝光辉史纪念馆。

▎第113页（右下）圆顶教堂的圆顶内部。它卜面是一个地窖，1861年，拿破仑的坟墓被放置于此。应路易 - 菲利浦（Louis Philippe）的要求，这位独裁者的遗体从圣海伦娜（St. Helena）运回了法国。

113

第 115 页 从空中俯瞰塞纳河，左下方为国家凯布朗利博物馆（Musée du Quai Branly）。它由琼·努维尔（Jean Nouvel）设计，位于一片野的自然区域：坐落在河边，被长 198 米、高 12 米的植物带分隔开来。

第 114 页（上）香榭丽舍大道以及其后面的凯旋门。1806 年拿破仑建造了纪念馆，以此纪念 1805 年奥斯特利茨战役取得胜利。这条大道是从中衍生出来的最为著名的 12 条大街之一。

第 114 页（下）协和广场的另一处景观。象征法国最重要城市的八座雕像之一矗立在最显眼的位置。19 世纪，有 3200 年历史的卢克索方尖碑（Luxor Obelisk）坐落在广场中心。后面是埃菲尔铁塔。

（Hôtel des Invalides），供年老和伤残的退伍军人居住。在此之前不久，马萨林（Mazarin）建造了四国学院（Collège des Quatre-Nations），即现在法兰西学会（Institut de France）和国家学院的总部所在地。多菲内路（Rue Dauphine）和太子广场（Place Dauphine）也是这个时期建造的。另外，为了将西堤岛东南的圣路易岛（Île de Saint-Louis）改造成一个住宅区，大约进行了 1650 项工作。

18 世纪中叶，路易十五命令雅克-安格·加布里埃尔（Jacques-Ange Gabriel）建造协和广场（Place de la Concorde）和军事学校（Military School）。对面是一片宽阔的战神广场（Champs de Mars），一直延伸到塞纳河，后来成为法国举行重要政治庆典的场所。法国大革命迫使巴黎发展计划暂停，但拿破仑很快就命令继续进行前任君主留下的项目。

当时，码头（塞纳河两岸）上零零散散分布着船只、仓库和风力磨坊，风景如画。国王规范河上交通，建造石码头，但这只是其城市规划的开始。拿破仑还建造了玛德琳教堂（Madeleine），与对岸一座相同的教堂遥遥相对。他请人重新设计了协和广场，规划了里沃利街（Rue de Rivoli），这样就可以沿着塞纳河从象征着大革命的巴士底狱一直通到戴高乐广场（Place de l'Etoile）。

1805 年，在奥斯特利茨战役胜利后，巴黎最著名的地标之一凯旋门开始建造。为了更好地连接河两岸，又在新桥（Pont Neuf）旁建造了横跨塞纳河的奥斯特利茨桥（Pont d'Austerlitz）和耶拿桥（Pont d'Iena）。

拿破仑给这个拥有 50 万人口的大都市留下了深远的影响。不过，真正赋予巴黎不朽魅力的是拿破仑三世，他在 19 世纪中叶下令进行了城市规划革命。做出这一决定的原因之一是，他担心人口增多会再次导致大规模起义，反抗君主领导。这时，如果城市拥有大广场和宽阔大道，可以让他集结军队保卫君主统治。豪斯曼构思并监督了这个新规划，开创了一条新道。

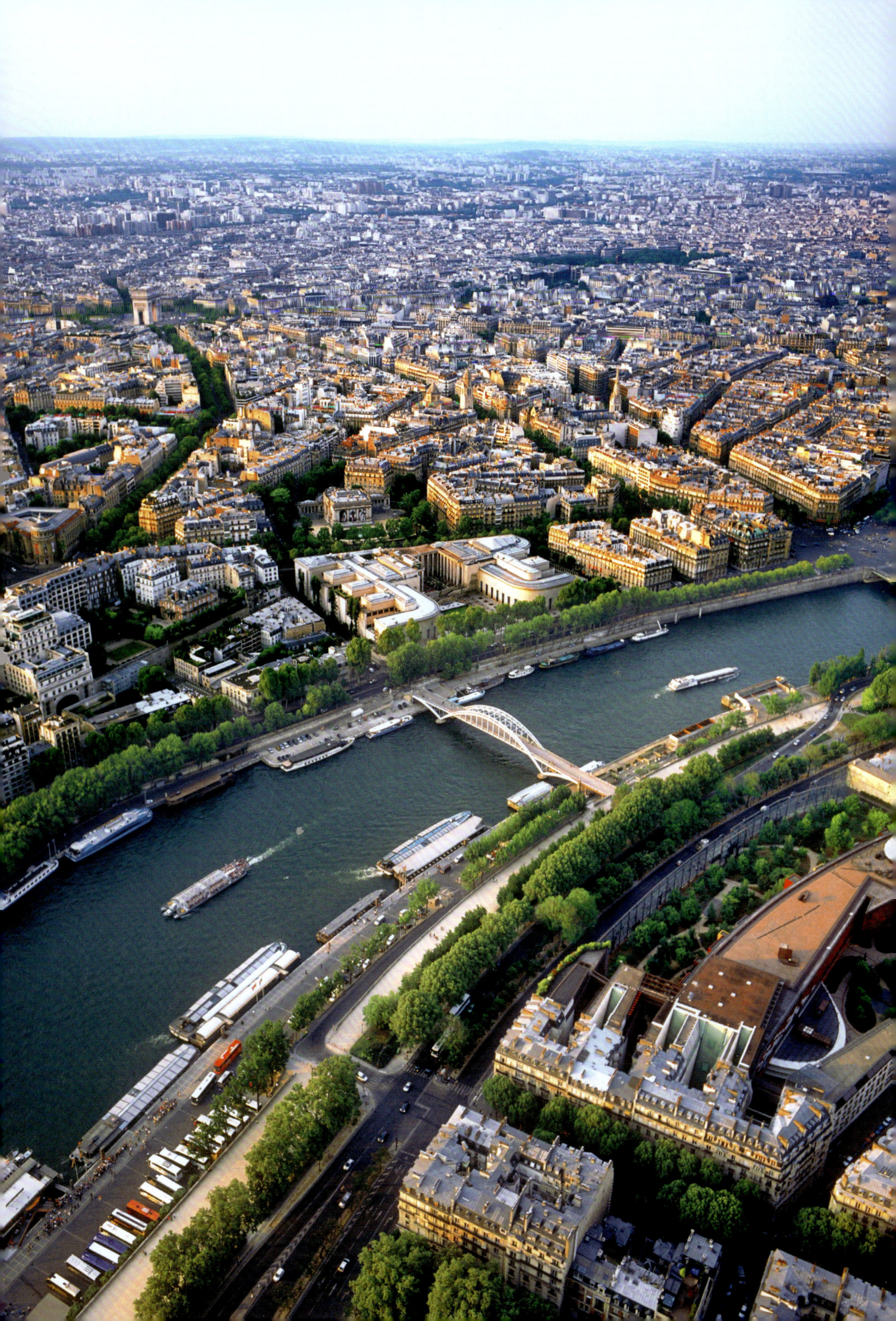

凡尔赛宫及其园林

法国
伊夫林省（Yvelines）
入选年份：1979
遴选标准：C（I）（II）（VI）

▌第116页（左上）凡尔赛宫花园（Versailles Park）一处喷水花圃中拿破仑雕像细节图。

▌第116页（左下）大特里亚农宫（The Grand Trianon）建于1687年，是路易十四的寝宫。花园设计师路易十六的妻子玛丽-安托瓦妮特也很喜欢这里宁静的氛围。

1789年10月6日，王后玛丽-安托瓦妮特（Marie-Antoinette）借助一个连接王后和国王住所的密道，成功躲开了愤怒的暴徒。但是，她仅仅躲避了一夜，第二天一早，路易十六和他的妻子便被逮捕，四年之后，他们被处死。

因此，凡尔赛宫成了法国君主制悲惨终结的发生地，尽管这只是暂时的。后期，路易十五留给年幼无力统治的儿子巨额债务，让路易十六不堪重负。事实上，路易十六登基时已经20岁，而他最为杰出的祖先路易十四即位时也才5岁，而且还建造了这座宏伟的宫殿。此外，出色的外交官马萨林去世时，"太阳王"才23岁，他当时便决定依靠他信任的谋士琼·巴普蒂斯特·科尔伯特（Jean-Baptiste Colbert）帮助他治理国家。

凡尔赛宫的历史始于17世纪初，当时年轻的王位继承人路易十三经常在凡尔赛宫地区村庄周围的树林和田野里狩猎。他成为国王后，仍把那里当作摆脱宫廷无聊礼节的出口，最终于1623年4月8日买下了整片凡尔赛领地，还在那里建造了一个小型狩猎行宫。这座用石头、砖和石板建造的建筑现在已被围在宏伟的宫殿之中，被称为古城堡（Old Castle）。

但是，路易十三没有享受多久的凡尔赛的和平，便于1632年英年早逝，将王位传给了他年幼的儿子，也就是后来的"太阳王"路易。迎娶西班牙公主玛丽亚·特雷莎为妻后，"太阳王"路易巩固了自己的王国，1660年开始扩建父亲的宫殿。在建筑师路易斯·勒沃（Louis Le Vau）的指挥下，在现存的宫殿前建造了两座平行的建筑，内部进行了装饰，也兴建了花园。然而这些改建不足以满足国王的雄心壮志，所以1668年，他决定进行第二次扩建。他再次委托勒沃进行设计，勒沃想要拆除旧建筑，但国王表示反对，同时要求在旧建筑周围建造新宫殿，形成"封套"结构。国家大殿（State apartments）就是在此次扩建期间建立起来的。1670年勒沃去世后，露台设计交给了弗朗索瓦·多尔贝（François d'Orbay），人们可以从此处俯瞰花园，其设计灵感来自意大利巴洛克别墅建筑。

- 第116—117页 1682年5月6日，凡尔赛宫取代卢浮宫成为法国国王的官邸。凡尔赛宫坐拥700个房间和美丽的花园，是世界上最著名的建筑之一。

- 第117页（上）阿波罗池（Apollo Pool）是凡尔赛宫花园中最大的喷水池之一，坐落在通往宫殿的主干道上，呈八边形。它上面装饰着一个站在战车上的太阳神雕塑，雕塑由琼·巴普蒂斯特·图比（Jean Baptiste Tuby）雕刻而成。

- 第117页（下）拉托娜池（Latona's Pool）是凡尔赛宫另一处非凡的喷泉，可以通过一段大台阶进入此地。欣赏喷泉流水是路易十四最喜欢的娱乐活动。

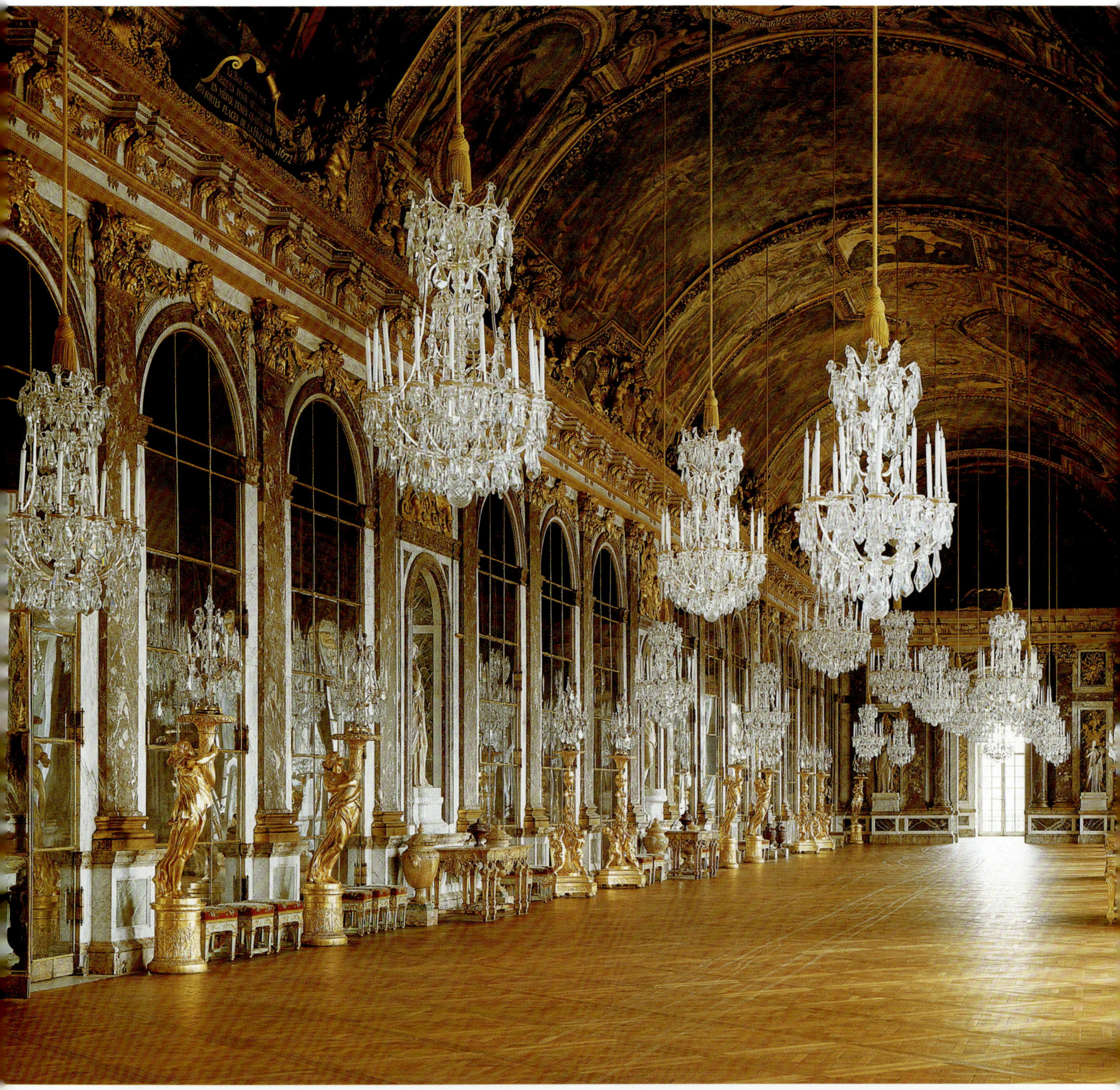

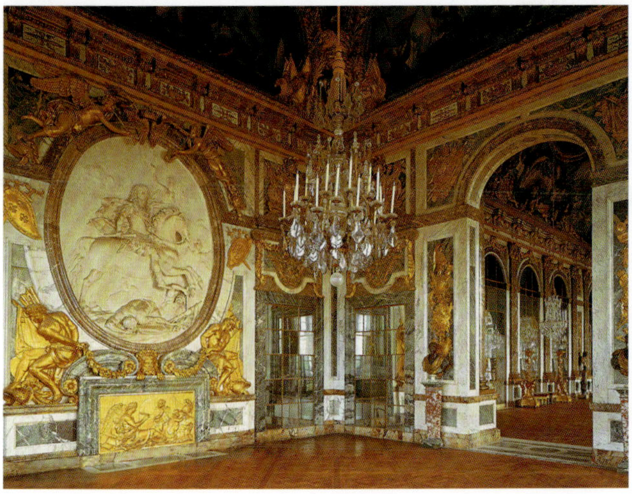

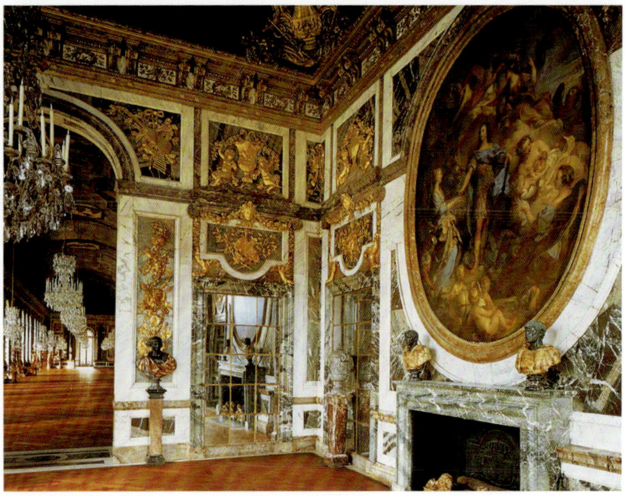

1678年,"太阳王"决定将凡尔赛宫打造成法国王权的象征。他委托了一位新建筑师朱尔斯·哈杜安·孟萨尔(Jules Ardouin-Mansart),这位建筑师用6年时间建造了宫殿南北两侧巨大的两翼建筑、橘园、马厩和巨大的职员楼。

然而,他最重要的贡献是将露台改造成著名的镜厅(Hall of Mirrors),后来成为君主绝对权力的象征。大厅有73米长,10.5米宽,12米高,气势恢宏。一端是和平厅(Salon de la Paix),另一端是战争厅(Salon de la Guerre)。17扇巨大的窗户正对着花园,与窗户相对的是同等数量的镜子,它们都是在巴黎的作坊里制造的,科尔伯特特意建造这些作坊,只为和威尼斯的同行进行竞争。拱顶架在大理石柱子上,柱顶以青铜制成,上面装饰着法国的象征——公鸡和鸢尾花。查尔斯·勒布龙(Charles Le Brun)负责宫殿装饰工作,并亲自为天花板作画,30幅用灰泥裱起来的画通过神话典故和援引军事和外交上的丰功伟绩来强调"太阳王"的伟大。

1682年5月6日,凡尔赛取代了卢浮宫和圣日耳曼昂莱(Saint-Germainen-Laye),成为法国朝廷的正式宫殿。整个工程使用了3.6万名工人,宫殿完工后,可以容纳5000名宾客,另有1.4万名侍卫和仆人住在附属于凡尔赛宫的地方。花园由景观园丁安德烈·勒诺特尔(André Le Nôtre)布置。在他的指导下,约8平方千米的土地被夷为平地,用于安置露台、林荫道、植物、1400个喷泉和400座雕塑。

镜厅旁的花园绝美无比,难以

▌第118—119页 镜厅是法国君主制绝对权力的象征。73米长,其天花板上的壁画歌颂了路易十四的伟大。大厅的一边有17面巨大的镜子,另一边有17扇可以俯瞰公园的大窗户。

▌第118页(左下)战争厅中安托万·柯塞沃克(Antoine Coysevox)雕刻的大奖章庆祝"太阳王"取得军事胜利。

▌第118页(右下)和平厅是以路易十四的画作命名的。国王要求弗朗索瓦·勒穆瓦纳(François Lemoyne)把他描绘成给欧洲带来和平的人。

▌第119页(右)1789年10月6日,革命者闯入宫殿时,玛丽·安托瓦妮特正在女王的卧房里。这个房间修复得很好,是皇室家族装饰富丽堂皇的完美范例。

▎第 120—121 页 两个花坛装饰着华丽的青铜雕像，位于宫殿中央部分的正前方。游泳池主要用于装饰，池中凡尔赛宫的美丽倒影，创造了一种高度戏剧性的效果。

名状。在这片土地上，勒诺特尔创造了许多景致不一的自然景观，它们通过通往宫殿的皇家大道相互连通。宫殿后面是花坛，两个平行的水池通向拉托娜池和它的花坛。园林北部的右侧，是巨大的瑞典池塘。离开宫殿的时候，你会看到阿波罗喷水池以及紧随其后的大运河（Grand Canal）。大运河是一片占地23公顷、周长超过4.8千米的水域，路易十四统治时期于此庆祝水节。

公园里有一些较小的建筑，比如曼萨特在1685年设计的圆形大理石柱，勒诺特尔和曼萨特设计的壮观的海神喷泉（Neptune fountain），以及小特里亚农宫和大特里亚农宫（Petit and Grand Trianons）。小特里亚农宫建造于1762年，是路易十五频繁幽会的场所，后来被玛丽-安托瓦妮特私用。大特里亚农宫是路易十四在1687年建造的，用于与他最爱的德曼特农夫人的公开会面。

"太阳王"每天的生活从8点30分准时开始，上午10点第一个预约好的会晤在镜厅举行。在那里，他会见了打算向他递交请愿书的议员。11点，他转到皇家小教堂（Chapelle Royale）做礼拜，该教堂于1710年由罗伯特·德科特主持建成。这个祭祀圣路易的礼拜堂有一个凸出的楼座，国王坐在那里，中殿站满了朝臣和贵妇，它们分布在旁边的楼座周围。礼拜堂既有哥特式风格，也有巴洛克风格，内部是白色大理石制成的，涂有镀金的灰泥，装有

法国大革命和封建君主复辟后，路易·菲利普（Louis Philippe）在1837年做出了最后一项伟大的创新。凡尔赛宫南侧的侧翼被改造成法国历史博物馆（Museum of French History），占地18000平方米，用于庆祝"法兰西荣耀"。为了完成这项巨大的工程，国王委托当时最伟大的画家创作了3000多幅画作，比如艺术家尤金·德拉克洛瓦（Eugène Delacroix）的作品就在其中。当你在这些房间里漫步时，你会看到法国从卡佩王朝（Capetian）直到19世纪中期的历史，在你眼前一一展开。

■ 第121页（上）皇家小教堂由朱尔斯·哈杜安·孟萨尔设计，融合了哥特式和巴洛克式的建筑特色，由罗伯特·德科特（Robert de Cotte）于1710年完成。

■ 第121页（下）宫廷剧院是在路易十五统治期间由雅克-安格·加布里埃尔建造的。一个复杂的机械系统将礼堂提升到舞台的高度，使得剧院也可以用作接待室。

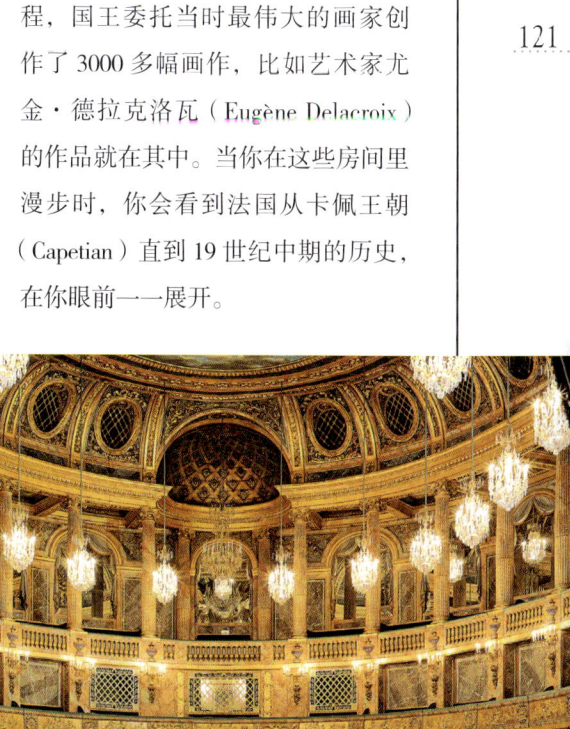

精致的窗户。里面雕花的柱子、画着壁画的拱顶和马赛克地板，都具有18世纪早期的典型特征。聚会结束后，国王回到私人住所，在那里召开国家内阁每日会议。在和一群朝臣简单地共进午餐后，国王会在公园里散步，并于下午6点准时回来。因为接着是在晚餐和睡觉前进行沙龙谈话和会面的时间。

1715年路易十四去世后，凡尔赛宫就没再进行过大规模的改建了。在路易十五统治末期，雅克-安杰·加布里埃尔（Jacques-Ange Gabriel）在北侧侧翼建筑的尽头建造了宏伟的宫廷剧院，即歌剧院。全木制礼堂可容纳700名观众，提供了完美的音响效果。其镀金装饰与绿色和粉红色的大理石和谐地融合在一起。复杂的机械装置能够让整个观众席上升到舞台的高度，用来举行盛大的宴会。剧院的运营成本很高，一个晚会要用1万支蜡烛，所以它很少被使用，不过1770年路易十六和玛丽·安托瓦妮特曾于此举办婚宴。

凡尔赛宫如今是法国昔日辉煌的象征，对它的维护需要付出巨大的努力。11名管理者和3名建筑师管理着700个房间、67个楼梯和2153扇窗户。48位园丁要打理好整个花园，每年种植21万株新花，照料好20万棵树。5人照料喷泉；18名修复者修复了6000幅画作、1500幅素描、1.5万幅铜版画、2100件雕塑和5000件家具；还有363名守卫来保护这个每年迎来600万游客的巨大艺术遗产。

圣米歇尔山及其海湾

法国 芒什省（Manche），伊勒-维莱纳省（Ille-et-Vilaine），下诺曼底和布列塔尼（Lower Normandy and Brittany）
入选年份：1979
遴选标准：C（I）(III)(VI)

份10世纪的手稿告诉了人们圣米歇尔的圣徒是如何来到布列塔尼和诺曼底边界海湾的。据《圣米歇尔传道启示录》（Revelatio ecclesiae sancti Michaelis），708年，大天使米歇尔出现在阿夫朗什（Avranches）主教奥伯特的梦里，用手指触摸他的前额，命令其在耸立于希西（Scissy）森林中的墓石山（Mont-Tombe）上修建祈祷室。这一时期出现了陆地下沉，海水上涨的地质现象，从而形成了圣米歇尔山（Mont-Saint-Michel）和小潮汐岛（Tombelain）两个岛屿。

两个世纪后，诺曼底公爵理查德一世指控来自圣旺德里耶（Saint-Wandrille）的12名本笃会修士在奥伯特建造圣母教堂（Nôtre-Dame-sous-Terre）的地方建立了一座修道院。1023年，修道院的中殿开始建造，耳堂位于岛屿最高处，本笃会的修女们创造了一个与众不同的社区。这座山既不属于陆地也不属于海洋，同时受到自然力量的威胁和保护，因此，它对任何能够到达它的人来说都是完美避难所。岛上气氛宁静，有利于人们冥思神的奥秘。

1204年，修道院的一部分被大火烧毁，后来被著名的建筑梅韦勒耶（La Merveille，意为"奇迹"）取代。它有三层，分为相邻的两部分，教堂的北面面朝大海。三层楼中最低层是专门为朝圣者准备食品的地方和餐厅。二楼是为贵客准备的餐厅和写字间（后称为骑士厅），僧侣们在那里创作有启发性的律条。顶层的修道士的餐厅与回廊相连，它们形成了一个空中花园，周围的拱廊由以花卉图案装饰的圆柱支撑。建筑图式的象征意义明确。这三层代表着人的三个层次：最低层代表物质层面，中层代表学识和理性科学，最高层代表与上帝的交流。

人们认为圣米歇尔山是天堂耶路撒冷在世俗中的代表，所以中世纪晚期它成为朝圣之地，经常有君主前来进行虔诚的祈祷，后来它成为法国国家统一的象征。1346年，百年战争期间，英国人占领了附近的小潮汐岛。短暂的休战带来了和平，但1417年，英国人又威胁法国大陆。1426年，他们加强了对修道院的围攻，当时修道院只有119名骑士在路易·德埃斯托特维尔（Louis d'Estouteville）的领导下进行防卫。在修道士们的帮助下，这个要塞一直坚守到1450年英国人放弃小潮汐岛，诺曼底获得解放。百年战争结束时，法国国王路易十一世建立了圣米歇尔骑士勋章，大天使米歇尔成为法国的守护神。在漫长的围攻过程中，教堂的唱诗班高坛倒塌了，最后重新恢复和平时，人们用火焰哥特式风格将其重建。这次重建，让修道院成为中世纪建筑风格的典范。

整个18世纪，圣米歇尔山一直被国王用作囚禁政治犯的监狱。1790年，修道士们离开了这里。20年后，这座山正式归监狱权力管辖，用于关押普通罪犯。修道院的命运多舛，但它得到了维克多·雨果（Victor Hugo）等著名知识分子的坚决保卫。

然而，直到1863年拿破仑三世颁布法令取缔这座监狱，这座山才摆脱监狱的身份。

1874年，圣米歇尔山正式登册，成为法国历史遗迹，并经历了大规模的修复过程，包括在修道院脚下发展起来的中世纪村落木屋。三年后，一座连接修道院和大坝的堤道落成。这样现代朝圣者来到岛屿更加便利了，但它们改变了修道院与世隔绝的特点。事实上，它成为联合国教科文组织（UNESCO）世界遗产后，一项旨在恢复其原状的工程就开始了，这一工程堪称欧洲最具原创性的文化活动之一。2016年，拆除大坝和堤道后，当地在库埃农河（Couesnon River）上重建了一座规模更大的新大坝，修建了一座架空桥。涨潮时，桥会被水淹没，游客会有一种水上行走的感觉，这又复原了修道院超凡脱俗的神秘感。

▌第122页 经过十年的建设，2016年新桥通车，圣米歇尔山和迷人的海湾再次寻回了它们的本真。现在，涨潮的时候，小山就会变成一个岛屿。因此，小岛这种与世隔绝的感觉得到了重现，这推动中世纪本笃会修士建造了后来成为欧洲宗教建筑中最非凡的建筑之一。

▌第123页（上）修道院的餐厅位于教堂右边，面向回廊，靠高窗采光。

▌第123页（中）梅韦勒耶回廊里有优雅的粉红色花岗岩柱子，非常华丽，堪称13世纪盎格鲁-诺曼（Anglo-Norman）哥特式的杰作。

▌第123页（下）修道院周围有一个始建于13世纪的宏伟村庄，供来自欧洲各地的朝圣者居住。在那里，我们还可以看到圣皮埃尔（St. Pierre）教堂，欣赏圣米歇尔的银盘雕像，参观历史博物馆（Musée Historique），它讲述了1300年历史的圣城，作家维克多·雨果将其描述为"海上金字塔"。

沙特尔圣母大教堂

法国

厄尔－卢瓦省（Eure-et-Loir）
入选年份：1979
遴选标准：C（I）（II）（IV）

第124页 沙特尔圣母大教堂（Cathedral of Nôtre-Dame in Chartres）。沙特尔圣母大教堂耸立在1194年被大火烧毁的一座罗马式教堂的旧址上，在数百人的捐助下，历时25年才建成。其建筑设计自1260年以来几乎没有改变过，开启了非凡的哥特式时代，有"石刻圣经"之美名。

第124—125页 西侧的国王入口（Kings' Portal）彰显了威严的基督，周围是来自《旧约圣经》（Old Testament）的细长雕像。大教堂大约有4000件雕塑，这些是其中最特别的几个。

雕刻家奥古斯特·罗丁（Auguste Rodin）称沙特尔（Chartres）圣母大教堂为"法国雅典卫城"（Acropolis of France）。法国大革命之后，大教堂逐渐淡出民众的记忆。1912年，诗人查尔斯·佩吉（Charles Péguy）去那里朝圣后，写了一首诗，重燃同胞们心中对大教堂的喜爱。沙特尔大教堂一直都是中世纪欧洲最重要的宗教建筑之一，其历史跨度长达17个世纪。

关于大教堂的起源，有很多传说。据说，教堂于公元4世纪初罗马皇帝康斯坦丁（Constantine）统治时期建在德鲁伊人（Druids）敬奉的一个被称为"圣徒堡之泉"（well of Saints Forts）奇迹泉水旁。可以肯定的是，加洛林王朝时期，这里修建了一座罗马式大教堂，但很快就被一连串的大火烧毁了。

1020年，著名的神学家、法庭顾问、主教富尔伯特（Fulbert）开始重建大教堂，并于17年后完成。新建筑包括一个巨大的地下室（法国最大的），两座塔楼，和一个105米长、34米宽的中殿，没有十字形翼部。随着十字军东征的到来，该建筑成为基督教界主要朝圣场所之

一。这可能与其藏有一件珍贵的圣物——圣母面纱有关。这件圣物是从拜占庭带来呈给查理曼的，876年，圣母面纱由查理曼的继任者秃头查理二世捐赠给了大教堂，现在它保存在玛丽圣心小礼拜堂（Saint-Cœur de Marie）。

但这个宏伟的建筑也好景不长，1194年6月10日，沙特尔镇遭遇了另一场灾难性大火，除了西边部分，大教堂其他建筑都毁于一旦。这一灾难引发了全法国的支援：人们纷纷捐赠资金和贵重物品，为那些无偿重建大教堂的工人提供食物。

据文字记载，25年时间，一座新的、更引人注目的大教堂从罗马式大教堂的灰烬中崛起。教堂内部装饰又持续了40年，直到1260年10月17日，被封为"圣路易"（Saint Louis）的教皇路易九世步行到大教堂，出席竣工典礼，标志着大教堂全部工作完成。

建筑师的名字我们无从得知，但他卓越的才能对新建筑风格——哥特式的发展起到了推动作用。罗马式大教堂墙壁从以往的坚固笨重，转而变为直冲天际的轻盈建筑形式。教堂西部正面有两座塔楼（"南侧钟楼"和"北侧钟楼"）高耸入云，都建于12世纪，后来建成了一个火焰哥特式脊形屋顶做了进一步完善，这也为未来火焰哥特式风格的发展奠定了基础。同样位于教堂西部正面的"皇家之门"得名于装饰它的加冕雕像，它们是沙特尔大教堂里大约4000尊人物雕像中受赞赏最多的几座。

早期的礼拜场所，内部黑暗，只有几缕充满神秘色彩的光线从小窗户透进来，但沙特尔大教堂的内部装饰第一次与整个建筑本身完美地融为了一体。

圆形、方形和多边形柱子像丛林一样散布在拱顶上，创造了一种和谐的自然效果。白天，光影不断变幻，进一步强调了这种自然效果。

不过，这种光效是通过1200多扇窗户创造出来的，它们是1205年到1240年法国建造的最壮观的窗户。彩绘玻璃窗上的图案再现了圣徒传记、圣经以及中世纪日常生活场景。木匠、磨坊主、铁匠、商人、音乐家、盛装游行的贵族、牧师和朝圣

者构建了一幅艺术价值无与伦比的背景图，提供了关于中世纪社会的宝贵信息。此外，这些场景之所以栩栩如生，是因为其中描绘的人物就是那些曾致力于重建大教堂的建设者。

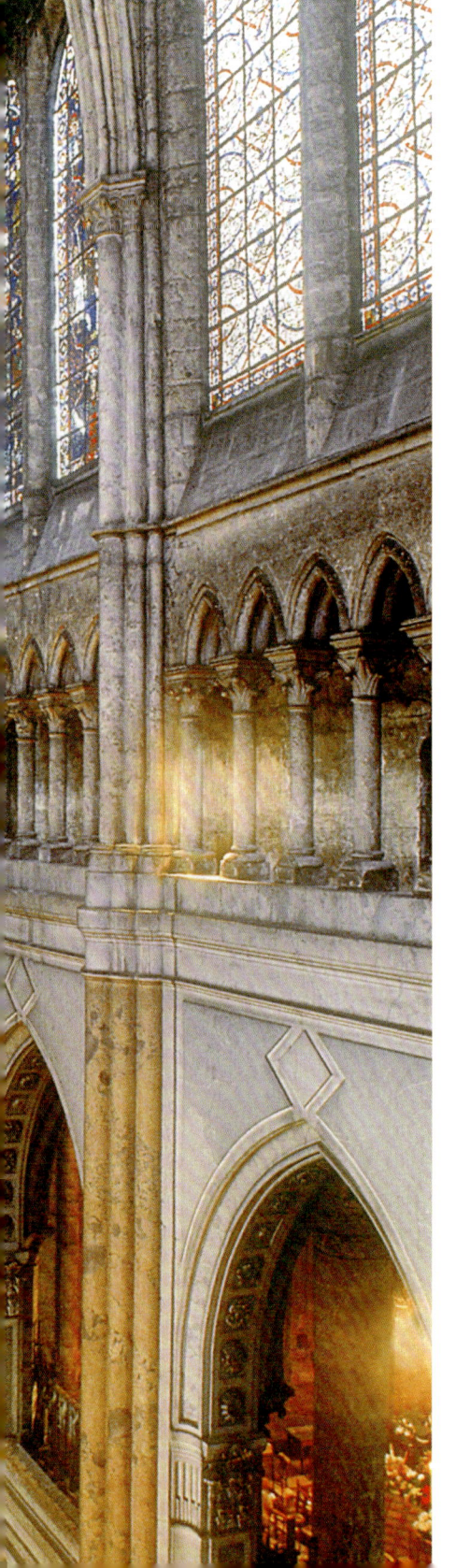

▎第 126—127 页
圣母大教堂的中央中殿高 36.88 米。在这里，内部装饰第一次与整个建筑本身完美地融为了一体。无数柱子与拱顶交错，形成了一种自然主义效果，通过 150 扇彩绘窗户射进来的光线更加突出了这种观感。

▎第 127 页（上）
唱诗班墙上的一个细节图，上面装饰着基督和圣母的雕像。

▎第 127 页（下）这扇窗户位于中殿，展示了圣母宝座（Virgin Enthroned）。圣母大教堂的窗户总面积为 1997 平方米。

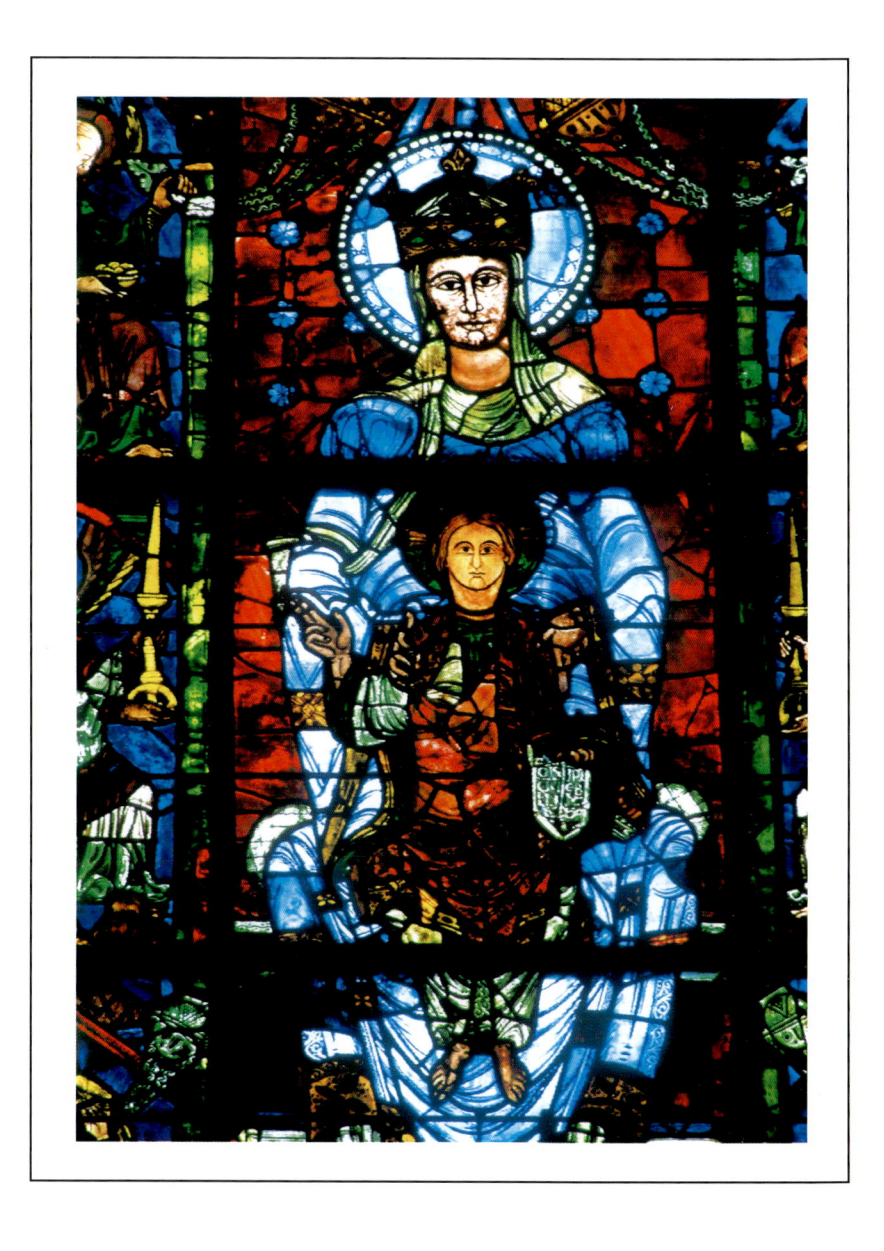

卢瓦尔河谷城堡群

法国 中央大区（Région du Centre）和卢瓦尔河谷大区（Pays de la Loire）的卢瓦雷省（Loiret）、卢瓦－谢尔省（Loir-et-Cher）、安德尔－卢瓦尔省（Indre-et-Loire）与曼恩－卢瓦尔省（Maine-et-Loir）
入选年份：2000（包括1981年入选的香波尔城堡）
遴选标准：C（Ⅰ）（Ⅱ）（Ⅳ）

列奥纳多·达·芬奇（Lonardo da Vinci）是文艺复兴时期艺术和科学领域前所未有的天才。1519年6月2日，他在克劳斯（Cloux）的小住宅中去世，享年67岁。1517年，达·芬奇应法国国王瓦卢瓦王朝（Valois）弗朗西斯一世的邀请，来到了皇家城堡所在地昂布瓦斯（Amboise）。当时意大利被封建领主的对抗和阴谋搞得四分五裂，他之所以有此举，是为了能够逃离意大利，在一个发展高度繁荣的国家找到安宁。他的旅居生活是在法国中心地区卢瓦尔河谷（Loire Valley）区域度过的，那里是彼时法国历史上的文化、政治和经济中心。

卢瓦尔河（Loire）长达998千米，是法国最长的河流。河谷有新石器时代定居点的遗迹，可以追溯到公元前3000年。随着朱利叶斯·西泽（Julius Caesar）征服高卢，该地区被罗马人控制。后来，基督教传入此地，该地主要城市，包括昂热（Angers）、布尔日

■ 第128页和129页（左上）1519年尚博尔城堡的设计出自达·芬奇之手。这座城堡是卢瓦尔河畔规模最大的一个，历时18年才建成，还经历了数个世纪的改造，终于在1685年形成了它最终的形态。屋顶上的尖顶、塔楼和圆顶使得城堡的轮廓清晰可见。

■ 第129页（中）尚博尔城堡440个房间中，路易十四的卧室最秀丽，"太阳王"的住处最大。

■ 第129页（右上）城堡主楼里的一幅图。皇家住宅气势宏伟，内部装饰着华丽的灰泥和意大利大理石。

■ 第129页（下）弗勒里修道院建于1067年至1108年，是法国最典型的罗马式教堂之一，其中殿后来按照哥特式风格进行了重建。

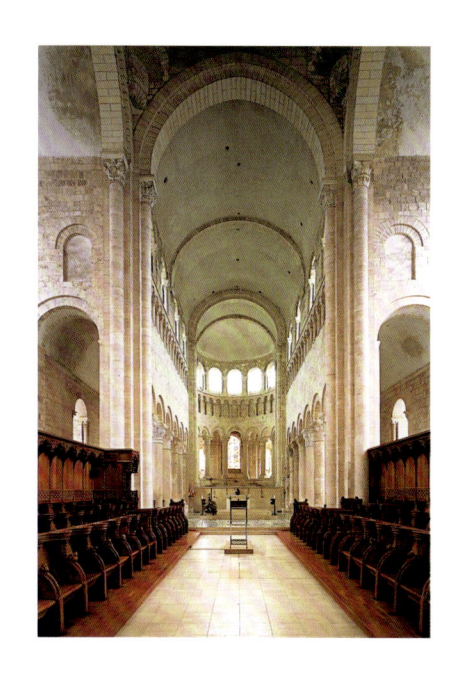

（Bourges）、沙特尔（Chartres）、奥尔良（Orléans）、图尔（Tours）都发展成了重要的宗教中心。

卢瓦尔河地区一直都是各方争夺的焦点。公元814年查理大帝逝世后，按照这位皇帝的遗愿，安茹（Anjou）和布卢瓦（Blois）公国创立了起来。1154年，在法国与英格兰长期无休止的战争中，中世纪早期阶段结束了。在这场战争中，安茹伯爵、诺曼底和阿基坦公爵，即金雀花王朝（Plantagenet）的亨利继承了英格兰王位。13世纪，路易九世成功将安茹归入自己麾下，但战争断断续续地持续到1453年。1428年，英格兰占领了奥尔良城，但后来圣女贞德带领法国军队打败了敌人，将王储查理七世从希农（Chinon）的藏匿地解救了出来，并带他去兰斯加冕为法国国王（查理七世）。即使卢瓦尔河区域天主教徒和胡格诺派教徒之间宗教战争残酷，但在接下来的两个世纪里，这里仍然是法国政治中心。17世纪中叶，路易十四把法国宫廷迁到了巴黎，但在内战期间（此次内战是由1793年旺代战争引起的），卢瓦尔河这片动荡的地区仍然处于重要地位。

卢瓦尔河流经一个广阔且肥沃的河谷，两侧美丽的群山上，零星分布着葡萄园、向日葵田和树林。沿着卢瓦尔河以及卢瓦尔河畔叙利（Sully-sur-Loire）（世界遗产的起点）支流顺流而下，第一个重要的建筑和历史遗迹是弗勒里修道院（Abbey of St-Benoît-sur-Loire），它是法国最有趣的罗马式教堂之一，建于1067年至1108年，外观朴素，内部紧密排列着一系列柱子，将中殿和走廊隔开。在意大利卡西诺山（Monte Cassino）修道院被盗后，圣本尼狄克（Saint Benedict）的遗骸就被埋在了弗勒里修道院地下室里，修道士在此建立了以他名字命名的宗教团体。

沿着这条河，就会来到法国中世纪的首都奥尔良，那里有一个相当古朴的奥尔良主教座堂（Ste.-Croix）以及翻修过的圣女贞德故所。卢瓦尔河最东端最大的城堡是尚博尔（Chambord）城堡。这座16世纪初建造的宏伟国家宫殿，最初是弗朗西斯一世的狩猎行宫。国王喜欢组织法国和意大利贵族一起长段狩猎，但当他成功说服意大利人达·芬奇来到宫廷后，他又要求人家为他设计一座新宫殿。

1519年至1537年，1800名工人在卢瓦尔河的支流科松（Cloisson）河畔建造尚博尔城堡。城堡中心部分每个角上都有一个圆形塔楼，这部分是弗朗西斯一世自己及其继任者扩建的，1685年路易十四在位期间，尚博尔城堡建设规划完全定型。它规模宏大，有440间客房，尚博尔走廊十分宽阔，令人印象深刻。从外部看，很多不同的建筑高度的尖顶、窗户、尖塔和开放的画廊共同搭成了城堡的轮廓。该建筑的最特别之处便是中央巨大的螺旋楼梯，用意大利大理石制成，将一楼与皇家公寓连接了起来。其设计（出自达·芬奇之手）的创新之处在于：它有两段阶梯不相交，一段用于上行，另一段用于下行。城堡里的原始家具，只有弗朗西斯一世和路易十四提供的那些经过1789年的革命掠夺后幸存了下来，另外还有一间用来存放玩具的房间。

经过12世纪以来的封建要塞布卢瓦，人们就进入了河谷最美丽的部分。1498年，路易十二在这里建造了自己的宫廷，为布卢瓦伯爵住宅增加了侧翼建筑，并重建了圣加来礼拜堂（Chapelle de St.-Calais）。弗朗西斯一世的中央楼梯位于宫廷中央，王室成员可以在这里观看宫廷表演。

沿着卢瓦尔河继续往下走，会出现一系列不凡的建筑，比如卢瓦尔肖蒙城堡（chateau of Chaumont-sur-Loire）就位于山顶童话般的环境中的，它是16世纪末昂布瓦斯查理二世的府邸。然后是昂布瓦斯城堡（chateau of Amboise），至今仍为巴黎伯爵所有，巴黎伯爵是法国最后皇室家族的直系后裔。查理八世和弗朗西斯一世时期这里还进行了重建。其最独特之处在于圣于贝尔礼拜堂（Chapelle de St.-Hubert），它是晚期哥特式风格建筑，上面装饰着华丽的尖塔，据说达·芬奇埋葬于此。

通往图尔一带的河谷变得开阔起来，图尔有一座图尔主教座堂（St.-Gatien），始建于13世纪初，但在350年后才完工。要想看到最壮观的卢瓦尔城堡（Loire chateaux），就必须到舍农索城堡（Chenonceaux）所在的谢尔河（river Cher）去一趟。1512年，诺曼底财政大臣托马斯·博伊尔（Thomas Bohier）买下了一座中世纪的庄园，并委托他的妻子凯瑟琳·布里索内（Catherine Briçonnet）对其进行重建。从那一刻起，舍农索城堡的历史就是一部关于女性的历史。1547年，黛安娜·德普瓦捷（Diane de Poitiers）从她的情人亨利二世那里得到了舍农索城堡，她在里面建了一座花园，并在河上架了一座桥。但国王去世后，国王的合法妻子凯瑟琳·美第奇（Catherine de' Medici）将这座桥收回为自己所有。她在这座桥上覆盖了跳棋盘形状的地板，形成了一个宽阔而浪漫的大画廊（Grande Galerie），地板上有棋盘图案。多亏路易丝·杜宾（Louise Dupin）在那里建立了一个学术团体，在起义军中享有很高的声誉，舍农索才得以在革命期间免遭劫掠。它于19世纪经过修复，后来被梅尼埃家族收

■ 第130页（右上）
布卢瓦的总参谋室是用来举行集会和皇家招待会的。这个房间是最初13世纪住宅的一部分，当时布卢瓦是一个独立的封建堡垒，不受法国王室的统治。

■ 第130页（中）
舍农索位于谢尔河两岸之间。1512年由诺曼底财政大臣托马斯·博伊尔和他的妻子凯瑟琳·布里索内主持重建工作，它后来成为皇室的财产。

■ 第130页（下）
舍农索城堡的大画廊让它成为卢瓦尔河谷最具吸引力的城堡。它是为亨利二世的妻子凯瑟琳·美第奇建造的。

■ 第130—131页 笼罩在薄雾中的肖蒙城堡，仿佛来自一个童话故事。它建于12世纪，1481年昂布瓦斯查理二世继承了这个城堡，并把它变成了第一批法国文艺复兴式建筑之一。

■ 第131页（下）
昂布瓦斯镇的鸟瞰图。较高的位置上有一座城堡城。这座城堡仍然是王室直系后裔巴黎伯爵的财产。

购。在众多装饰华丽的房间中,凯瑟琳·美第奇的书房因朴素简单显得"引人注目":它不过是一间拥有天鹅绒般光滑绿色墙壁的普通阁楼,从那里可以俯瞰卢瓦尔河。与之格调完全不同的是明亮的小礼拜堂,它有拱形天花板和刻着叶子、贝壳形状装饰的雕花柱子。

过了图尔,属于卡尔瓦洛家族文艺复兴式的维朗德里城堡(Villandry)也值得一提,特别是其巨大精致的花园,其中8名园丁照料着6万种蔬菜和4.5万株植物。

再往前走,就到了阿宰勒里多(Azay-le-Rideau),这就是奥诺雷·巴尔扎克(Honoré de Balzac)所说的"一颗镶嵌在安德尔河(Indre)上雕琢精美的钻石"。该堡是吉勒

第132—133页 从文艺复兴晚期开始,维朗德里城堡由三个主要部分组成,一个主楼和一个主庭院。它的名声来自壮观的文艺复兴式花园,西班牙卡尔瓦洛家族在20世纪初购买了这处房产,并根据16世纪的原始设计重建了它。

第132页(左下) 1518年,弗朗西斯一世的宠臣吉勒斯·贝托莱在阿宰勒里多建造了这座城堡。虽然它没有尚博尔城堡那样令人印象深刻,也没有舍农索城堡那样具有优越的地理位置,但这座典雅的文艺复兴式宅邸是卢瓦尔河上最秀丽的宅邸之一,以致仅仅十年后,国王就根据顾问的建议予以征用。

第132页(右下) 朗热城堡的线条很像封建时期的堡垒。它是路易十一世于1465年至1490年建筑的,与该地区其他城堡不同的是,它保留了当时的家具和摆设。

斯·贝托莱（Gilles Bertholet）于1518年建造的,10年后被弗朗西斯一世征用。然后就是具有16世纪建筑特征的朗热城堡（Langeais Chateau）以及希农堡（Chinon）。希农堡所在地靠近维埃纳河一个倾泻而下的瀑布。在世界遗产的旅程快要结束时,人们似乎要追溯到更为久远的时代：丰特夫罗（Fontevraud/Fontevrault）修道院是1101年由隐士罗伯特·达布里塞尔（Robert d'Arbrissel）建筑的,它不同于前面的文艺复兴式建筑风格,又有些回归中世纪时期的宗教建筑风格。另外,昂热堡（Angers）防御墙,1220年至1240年建于曼恩（Maine）河上,是典型的中世纪防御工事,上面有17座圆形塔起到加固作用。

卢瓦尔河谷拥有令人惊叹的城堡、教堂和井然有序的乡村,它强烈地提醒着人们曾经住在这里的国王和王储们的丰功伟绩。这是一个童话般的世界,17世纪,于塞（Ussé）城堡无数高耸的塔楼激发了查尔斯·佩罗（Charles Perrault）创作《睡美人》（The Sleeping Beauty）的灵感。

第133页(上) 希农堡的三个独特要塞坐落在维埃纳河（river Vienne）的悬崖上,周围是防御墙。正是在这里,圣女贞德解救了查理七世,并将他带到兰斯,加冕为法国国王。

第133页(中) 于塞城堡由琼·德比埃伊（Jean de Bueil）于1462年在一座中世纪城堡的基础上建造。1485年,它被埃斯皮奈家族购买,并以文艺复兴式风格加以装饰。这些尖塔装饰着城垛,让人联想连篇,给了查尔斯·佩罗创作《睡美人》的灵感。

第133页(下) 阿宰勒里多的舞厅有一个巨大的壁炉和华丽的佛兰芒壁挂。

阿尔克-塞南皇家盐场

法国

弗朗什-孔泰大区社省（Département of Doubs, Franche-Comté）
入选年份：1982
遴选标准：C(Ⅰ)(Ⅱ)(Ⅳ)

> 第134页（上）
> 车间墙上的一个装饰细节：一个椭圆形的小窗，像罐子的口部，石刻的水柱代表盐水从中流出。

> 第134页（下）
> 庞大的盐矿管理人员的住宅坐落于盐场建筑群前方，是一个周柱式庭院，环绕着许多柱子，柱顶上交错装饰着圆柱体和立方体的鼓状饰物。

出于在路易十六宫廷有关系的缘故，1771年，克劳德·尼古拉斯·勒杜（Claude Nicolas Ledoux）得以在弗朗什-孔泰（FrancheComté）、洛林大区（Lorraine）和特鲁瓦-埃沃舍斯（Trois-Evêchés）的盐矿任职。该职位所承担的责任并非可有可无，因为开采盐矿可充实国库。然而，在法国的旧体制下，该职位并不被看好。

1736年，勒杜在多尔芒（Dormans）出生，曾在雅克·弗朗索瓦·勃朗德尔（Jacques Francois Blondel）的一所巴黎知名私人学校学习建筑学。他的老师们虽重视法国的传统巴洛克建筑风格，却也没有忽视英国建筑风格的教学。勒杜完成学业之际，已经成为皇家桥梁设计师。

他在盐矿入职后第一件事就是去参观萨兰莱班（Salins-les-Bains）村，该村子位于侏罗省（Jura），其为人所知的唯一特点就是有大量盐矿，因此得名"白金之城"。他发现这个地方交通不便，更糟糕的是，部分地区的森林已被砍光。鉴于提炼盐需要燃烧大量木材，勒杜提议将炼盐车间转移至肖克斯森林，其占地49400公顷，是法国境内最大的森林之一。根据他的逻辑，将盐水运到森林里要比把木材从森林运出更加容易。

阿尔克-塞南皇家盐场的建造工作从1775年开始，不到四年，一条长约19.3千米、以树干制成的倾斜渠道便完工了，该渠道可将盐水运至历史上第一个一体化工业基地。勒杜设计的这个工程由11座建筑组合而成，富有远见的同时也展现了极权主义。盐场管理人员的住所前有五座呈半圆形排列的亭子，其侧面矗立着两座庞大的建筑，这两座建筑里存放着提炼盐的干燥炉。在这座弧形建筑群的中心，入口的亭子前有一座多利安式的长廊，该长廊通向一个风格奇异的门，看上去似是山洞的入口；车间的天花板上悬挂着钟乳石，仿真白色岩石块即是盐的象征。甚至连车间里也不时出现一些小孔，这些小孔中伸出石头雕刻的水柱，代表流出的盐水。

海峡对岸的新帕拉第奥（Neo-Palladian）式建筑风格以及皮拉内西（Piranesi）版画表现的罗马艺术给

> 第134—135页 阿尔克-塞南皇家盐场的全景。该建筑由尼古拉斯·勒杜于1775年至1778年为路易十六国王设计。该建筑群由11座建筑组成，其中5座呈半圆状排列。盐水可流经一条长约19.3千米的渠道运至加工车间，阿尔克-塞南皇家盐场也因此被认为是史上第一个一体化工业基地。

予了勒杜灵感，他由此设计出一种实用的建筑样式，并在其中运用了早期的后现代古典主义元素。对于盐场管理人员的住宅，他设计了一座大规模的建筑，该建筑呈周柱式，其六根柱子上刻有圆柱体和立方体的鼓状饰物，相互交错。

这个皇家盐场虽然存在于一个尚未工业化的时代，但依然为当时的社会秩序做出了一定的贡献。它反映了启蒙运动的概况，即试图使同个社区的人们回到同一地方。阿尔克－塞南村里住着400个工人及其家人。盐矿管理人员的任务不仅仅是监督生产，还要关注工人们是否遵纪守法讲道德，关注他们的业余生活。管理区域是执行刑罚以及做弥撒的地方。唯一不受管理人员监管的地方是围墙和建筑大楼之间的花园，在这里，工人们可以照料他们的菜园，享受片刻自由。

在恐怖时期，勒杜被逮捕，并被指控为贵族政治论者。他在监狱里的两年间，精心设计了每一个细节，完成了肖克斯工程的设计，意在将盐矿扩建成一座同心圆城市。然而，这座乌托邦式永恒且完美的城市蓝图并没能得见天日。不过盐场一直运作到1895年，由于投入了煤的使用，可以在开采地就地对盐矿石进行加工。

废弃多年的阿尔克－塞南皇家盐场时至今日终于被完整重建起来了。连菜地也被改造成了与众不同的花园。"懒人花园"里的植物已经长到了一人高，"第二花园"里充满着茴香的芬芳，旁边有一座绿色菜园，在这里的灌木和莴苣丛中可以窥见盛开的鲜花。总而言之，这个理想厨房式花园是为理想城市而设计的。

▎第135页（右）
皇家盐场入口处的亭子，在盐场管理者住所对面。该亭子的灵感源于帕拉第奥式建筑风格，门前的多利亚式柱廊看上去似是通往一个山洞。

阿维尼翁历史中心

法国 | 普罗旺斯地区（Département of Vaucluse）
沃克吕兹省（Provence）
入选年份：1995
遴选标准：C（Ⅰ）（Ⅱ）（Ⅳ）

■ 第136页（右上）
13世纪建造的小皇宫博物馆正面图。这里曾是阿维尼翁主教的居住地，现在则是博物馆。该博物馆里收藏有罗马式和哥特式石刻，以及大量法国和拉丁学派的画作，包括波提切利（Botticelli）和卡拉瓦乔（Caravaggio）的部分作品。

■ 第136页（左下）
阿维尼翁坚固的城墙。由于14世纪欧洲政治和宗教局势紧张，该城被设为军事据点，而非宗教中心。

■ 第136—137页
阿维尼翁的主要建筑是不朽的教皇宫，其周围围绕着10座塔，十分坚固，难以攻破，该教皇宫占地14957平方米。

14世纪初，罗马不再是教皇城市，而位于罗讷河左岸的教廷封地阿维尼翁（Avignon）则成为天主教的宗教、政治和文化中心。

1296年，为了满足国家日益增长的经济需求，法国国王腓力四世"公平者"对神职人员征收其收入的十分之一作为赋税（什一税），遭到教皇卜尼法斯八世的反对。然而，这个时期教皇的权力正在逐渐削减。

1303年9月7日，国王毫不犹豫地将教皇囚禁起来。不堪此种侮辱，教皇卜尼法斯八世不到一个月便与世长辞。

经过一年多的秘密教皇选举会议，卜尼法斯的职位由波尔多大主教伯特兰·德戈特（Bertrand de Got）接任，称克莱门特五世。1309年，由于不堪忍受法国国王施加的压力，克莱门特五世选择放弃罗马，将教皇任职地改为阿维尼翁。起初，这只是一个合理的流放，但很快"巴比伦之囚"就变成了一场权力的阴谋。在此后，七位教皇均是法国人，他们的统治一直持续到1377年。只有两位反教皇克莱门特七世和本笃十二世例外，他们在普罗旺斯与他们的罗马对手对抗了25年。法国君主制的影响是如此巨大，以至于在这一时期任命的134位红衣主教中，有111位是法国人。

尽管克莱门特五世对于住在多米尼加修道院感到十分满意，但他的继任者阿维尼翁前主教约翰二十二世还是倾向于改造圣公会宫殿，使其符合教廷要求。然而，是本尼狄克十二世委托建筑大师皮埃尔·布瓦松（Pierre Boisson）建造了一座呈西多会修道士的斯巴达风格的宫殿。该工程于1335年始于天使塔，由设防的围墙和附近的私人公寓环绕四周。1338年至1342年，修建了宫殿的两翼，环绕着回廊，并由两座坚固的塔楼作为防卫。这座大教堂与现存的罗马式多姆大教堂难分伯仲，其壁画由锡耶纳（Sienese）画家西蒙内·马蒂尼（Simone Martini）于1340年绘制。

第 137 页（上）
教皇本尼狄克十二世（1334—1342 年在位）在教皇宫殿中修建的回廊的一角。该图为从本尼狄克教堂和为客人和工作人员保留的房间的俯瞰图。背景的朴素钟楼同样引人注目。

■ 第 138 页（上）
大会客厅的天花板。
1343 年，克莱门特六世开始担任教皇，他是一位热爱奢华的贵族，因此对宫殿进行了扩建，使其更加雄伟、舒适。该宫殿的建筑师是琼·德卢夫尔，由维特堡（Viterbo）的马泰奥·乔瓦内蒂（Matteo Giovannetti）和一批来自欧洲各地的艺术家合作进行设计装潢。

■ 第 138 页（下）
教皇宫殿的内景之一，装饰有哥特式风格的葬礼雕塑。不幸的是，许多 14 世纪的华丽家具在法国大革命期间被毁。

克莱门特六世出身贵族，追求奢侈的生活。在他看来，这座住宅过于简陋，因此他邀请建筑师琼·德卢夫尔（Jean de Louvres）在旧宫殿旁边建造一座布局更为完善的新宫殿，在这座新宫殿中还增建了圣衣塔和巨大的会客厅。宽阔的拱形餐厅（以点缀着金色星星的蓝色丝绸作为装饰）可作为宴请重要宾客的场所。这座大教堂以哥特式风格进行了大幅扩建和重新设计，用于集会。前三个拱形区域是祭坛，教皇宝座和红衣主教的长椅；其他四个则是教堂正厅。

▌第139页（上）大堂是红衣主教举行秘密会议选举新教皇的宴会厅。墙上悬挂着17—18世纪法兰西学派风格的挂毯作为装饰。

▌第139页（左下）大会客厅壁画的细节。这些壁画和圣衣塔、圣马夏尔、圣约翰教堂里的壁画一样，显示了阿维尼翁学派的特点，同时也生动地向人们展现了教皇宫廷奢侈浮华的生活。

▌第139页（右下）天使塔主楼的教皇房间，是在克莱门特六世教廷时期装修的，蓝色背景衬托着藤蔓、橡树叶、鸟类和其他小动物的绘画。

1348年，克莱门特的雄心壮志促使他从那不勒斯女王圣女贞德手中买下了整个阿维尼翁城，并用4000米长的锯齿墙将其包围起来。他还建造了哥特式十字拱顶，为精雕细刻的墙壁腾出空间，使城墙的正面和内部显得不那么呆板。此外，他委托马泰奥·乔瓦内蒂（Matteo Giovannetti）装修了圣衣塔、圣马夏尔和圣约翰的小教堂以及巨大的会客厅。阿维尼翁教堂凭借这些作品成为人文主义新时代的先驱，正如树林和花园中描绘的生活场景所显示的那样。

教皇宫殿、大教堂、小皇宫（13世纪红衣主教的住所）和圣贝内泽桥共同构成了这座城市的中心，在14世纪的欧洲起着决定性的战略作用。但是"巴比伦之囚"并没有持续多久。一旦教皇返回罗马，阿维尼翁仍然是罗马教廷的财产，教皇的宫殿仍然是教皇使节的住所。直到1791年法国大革命，这块教皇的保留地才被强行归还法国，教皇的财产也被侵占了。

19世纪，中世纪风格又重新流行起来，伟大的建筑师尤金·维奥利特·勒达克（Eugène Viollet le Duc）对住宅进行修缮，使其重现辉煌。他的插手明显是在拙劣地模仿前人作品，但在阿维尼翁，这种拙劣的模仿却引人入胜，比比皆是。

圣玛丽亚感恩教堂和多明戈会修道院建筑群

圣玛丽亚感恩教堂和多明戈会修道院建筑群以及列奥纳多·达·芬奇的《最后的晚餐》

意大利

米兰（Milan）
入选年份：1980
遴选标准：C（Ⅰ）（Ⅱ）

▎第140页（上）圣玛丽亚感恩教堂棚屋形状的正面，由索拉尼（Guniforte Solari）设计。这座教堂建于1463年，但直到1490年才完工。

▎第140页（左下）圣玛丽亚感恩教堂内宏伟的中殿。具有15世纪建筑风格的最重要特征：旁边的礼拜堂的设计遵循整体原则，系统地构成侧廊的一部分。

经过长达20年的修复工作，1999年5月28日，米兰圣玛利亚感恩教堂的餐厅终于重新向公众开放。沉寂了几个世纪之后，这幅世界上最著名的壁画再次向世人展示了其辉煌的一面。

15世纪中叶，圣依斯托吉奥（Sant'Eustorgio）的多明戈神父为了抵制教会改革，决定修建一座新教堂。这项工程委托给了朱尼福特·索拉尼（Giuniforte Solari），并于1463年正式动工。到1490年，这座晚期哥特式建筑和邻近的修道院已经完工，但两年后，摩尔人卢多维科决定对其进行一些修改，以便用来安葬他的妻子比阿特丽斯·埃斯特。他要求多纳托·布拉曼特（Donato Bramante）拆除司祭席和后堂，建造一座华丽的文艺复兴式后殿，以城市领主斯福尔扎家族的盾徽和圣徒的大理石徽章作为装饰。

达·芬奇可能接到了布拉曼特的邀请，前往餐厅绘制后墙壁画。巨大的餐厅有一个拱顶和若干伞形顶部的窗台。达·芬奇大师于1494至1495年开始创作这幅壁画，并于1498年完成。尽管《最后的晚餐》这种题材的绘画在修道院餐厅中很常见，但在达·芬奇的描绘下，这幅作品还是成为意大利文艺复兴时期绘画的代表作。画作中，耶稣坐在中间，形单影只，而使徒们三三两两地正在讨论耶稣刚刚告诉他们的坏消息：他们中的一个人将背叛耶稣。桌子上摆着他们简朴的饭菜，房间里悬挂着装饰毯，正如圣经《马可福音》中记载的那样。在画中人物的背后，宏大的中央透视效果似乎将餐厅的实际空间扩大了一些。

这一戏剧性的场景不仅激发了提香（Titian）等伦巴第画派画家的

■ 第140页（右下）
圣玛利亚感恩教堂的圆顶是由来自乌尔比诺的多纳托·德安杰洛·拉扎里（Donato d'Angelo Lazzari，又名布拉曼特Bramante）建造的。从外面看不到它的半球形结构，看起来像是伦巴第建筑典型的十六面体的十字塔楼。

■ 第140—141页
工程尚未完成时，布拉曼特就对圣玛利亚感恩教堂的风格做出了较大改动，以便将摩尔人卢多维科的妻子比阿特丽斯·德埃斯特安葬在内。布拉曼特拆除了索拉里教堂的耳堂和后堂，取而代之的是一座非凡的文艺复兴式后殿。

■ 第141页（下）
布拉曼特设计的后殿局部。这座十六面体建筑的表面环绕着一排科林斯柱。

米兰

罗马

创作灵感，对乔治（Giorgione）、鲁宾斯（Rubens）和伦勃朗（Rembrandt）的创作也产生了一定影响。许多画家临摹了"塞纳克罗（Cenacolo）"（此壁画的意大利名）；1503年，布拉曼蒂诺（Bramantino）为一位私人客户绘制了一幅摹本，随后是乔万·彼得罗·达切莫（Giovan Pietro da Cemmo）、安德烈亚·索拉尼奥（Andrea Solario）和马可·德奥吉奥诺·伊尔詹皮特里诺（Marco d'Oggiono il Giampietrino），他们在画布上临摹这幅壁画，也极大地增加了这幅壁画的名气。

然而，很快这幅作品的状况就开始出现问题了。达·芬奇在创作过程中犯了一个意想不到的错误，他把蛋彩画和油画颜料直接在颜料盘里混合，然后将之直接涂在石壁上。而传统的做法是，先在墙上涂一层灰膏，在没有完全干燥时，将颜料迅速涂上去，这样一来画出来的作品就能保存更久。达·芬奇更喜欢前一种方法，因为这样做可以使其画作更具细节表现力。但事实证明，创作地的潮湿空气却为画作的保存埋下隐患。早在1517年，人们就发现了该画作的这一缺陷，一个世纪后，红衣主教费德里科·博罗密欧（Federico Borromeo）委托维斯皮诺（Vespino）对这幅壁画进行了完美的复制，以期为后人保留该作品的原貌。

在随后的几个世纪里，修复《最后的晚餐》成为米兰文化界最受关注的主题，但这种尝试往往沦为城市管理者和艺术馆长们扬名的手段。例如，1770年，朱塞佩·马扎应卡洛·迪菲尔米安伯爵的请求，对该画作进行了拙劣的修复，而后者则是应着掌管米兰城的奥地利总督的要求。20世纪初也发生了类似滑稽的事，路易吉·卡夫纳（Luigi Cavenaghi）试图用硬树脂保护壁画表面，而不是重新给油画上色。到了第二次世界大战时期，《最后的晚餐》状况已经非常糟糕，但幸好在1943年8月的餐厅爆炸案中它被救了出来。然而，墙壁和天花板大面积坍塌，产生了大量灰尘和湿气，导致这幅名画岌岌可危。20世纪50

年代，这幅画上的油漆一度大量脱离墙体。最近一次修复始于1977年，而这样徒劳无功，甚至还具有破坏性的修复尝试至少进行了10次。最后，终于采纳了一个大胆的方案，即清除历代修复者在原画上覆盖的图层，使达·芬奇的原画作重见天日。

■ 第142页 在达·芬奇《最后的晚餐》对面的餐厅墙上，有一幅1495年多纳托·蒙托法诺（Donato Montorfano）所作的《十字架上的基督》。相比之下，蒙托法诺的作品保存得更好，因为他使用了传统的湿壁画技法。

■ 第142—143页《最后的晚餐》绘于1494年至1498年，是达·芬奇为摩尔人卢多维科所作。卢多维科的徽章出现在壁画上方中央的半圆形图案上，中央透视法的使用使得这幅画呈现出戏剧般的效果，看上去餐厅的真实空间似乎一直延伸到壁画中。

热那亚的新街和罗利宫殿体系

意大利 | 热那亚（Genoa）
入选年份：2006
遴选标准：(Ⅱ)(Ⅳ)

每当有外国绅士或外交代表团碰巧经过热那亚时，城中势力最大的家族就会主动招待他们，他们视为荣誉和义务。1576年，参议院颁布了《款待名册》，其中列出了160多个有能力担此重任的家庭，大约40个最豪华的住宅被列在一个特别的名单中，这些家庭可接待来访的教皇、君主和皇帝。每当有贵宾来访时，都要按照所谓的名册法的规定来接待，所选宫殿的主人们有幸款待上宾，并可借机结交权贵。

令人惊讶的是，这样一个靠投机诸如"名册"而立足的体制，却是由1528年建立的寡头政治控制的共和国开明政府创立的，热那亚由此成为欧洲重要的政治和经济中心。随后大约一百年里，由于这类活动利润丰厚，当地贵族的财富激增，使这座港口城市成为与西班牙王室所有经济活动相关联以及征服新大陆的必经之路。

即使在今天，这一时期仍被称为热那亚时期的西格罗·德洛斯吉诺维斯，这是一个黄金时代，让热那亚拥有最非凡的建筑珍宝而享誉世界。2006年7月，文艺复兴晚期和巴洛克时期的城市中心，即所谓的新街（Strade Nuove）被列入《世界遗产目录》。

■ 第144页（上）多利亚图尔西宫（左）和红宫（右）是热那亚贵族建筑最重要的作品。前者是市政厅，由多梅尼科（Domenico）和乔瓦尼·庞塞洛（Giovanni Ponsello）建造，后者是博物馆。

■ 第144页（左下）这幅壁画以想象中的废墟为特色，用以装饰红宫的一个凉廊入口。这座宫殿自17世纪末以来一直是一座美术馆。凉廊由保罗·杰拉莫·皮奥拉（Paolo Gerolamo Piola）和尼科尔·科达齐（Nicolò Codazzi）共同装饰。

■ 第144页（右下）加里波第大道（Via Garibaldi）曾被称为斯特拉达诺瓦街（Strada Nuova），这里有一些高贵的宫殿，用于招待访问热那亚共和国的贵宾，这是1576年的《款待名册》中的重要部分。

■ 第145页 白宫建于1530年至1540年，为卢卡·格里马尔迪（Luca Grimaldi）修建，但1712年由建筑师贾科莫·维亚诺（Giacomo Viano）为布里格诺尔·塞尔（Brignole Sale）家族重建。这座建筑与多利亚图尔西宫中间有一座花园。

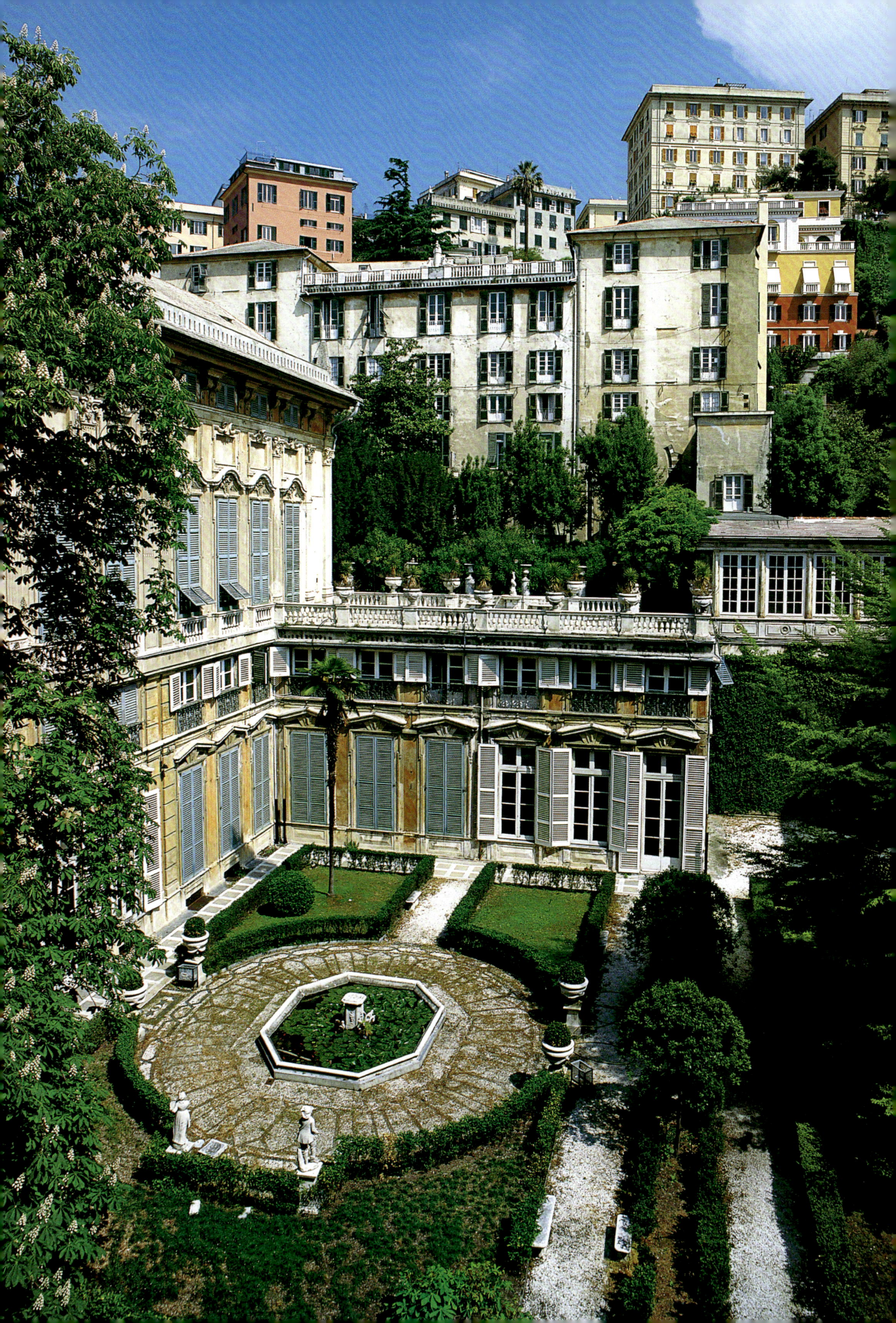

联合国教科文组织更想强调的是该地区作为一个整体的价值，它是现代欧洲结构化城市规划的第一个实例。事实上，与"名册法"非常相似，住宅区的建设将依据统治阶级的审美，由法律决定。

1550年，沿着斯特拉达诺瓦（现在改名为加里波第街）的整个建筑区的规划最负盛名，这里将成为新城市规划的主轴线。由于《款待名册》中那些建筑看上去都十分相似，使得这一规划十分和谐，画家保罗·鲁宾斯（Peter Paul Rubens）对此大肆赞扬，并于1622年出版了名为《热那亚宫殿》（The Palaces of Genoa）的蚀版画作品集，描绘的便是斯特拉达诺瓦沿线房屋的正面视图。这些房屋都是四层建筑，它们之间没有明显不同之处，细微差别只体现在颜色、大门的巴洛克风格装饰、雕像、凉廊或随处可见的装饰性壁柱上，所有这些都符合热那亚大家族的一个特点，即都不愿炫耀财富和权势。另外，这些建筑的内部隐藏着壮观的楼梯、满是湿壁画和灰泥装饰的房间以及可以看到美妙海景的屋顶花园。众多神秘景观尚不为世人所知，因为时至今日，名册上的许多房屋仍然为私人所有。其中也有对世人开放的壮观遗迹，即多利亚图尔西宫（Palazzo Doria Tursi）——热那亚贵族最富丽堂皇的住宅，已用作市政厅。红宫（Palazzo Rosso）和白宫（Palazzo Bianco）现在则都是博物馆。在红宫的许多珍品中就有卡拉瓦乔的杰作《戴荆冕的耶稣像》（Ecce Homo）。

■ 第146页（上）多利亚图尔西宫的内部庭院很长，建于1565年以后，周围有一个门廊，门廊上方有一个凉廊。

■ 第146页（左中）18世纪时，佩利切里亚斯宾诺拉宫（Palazzo Spinola di Pellicceria）二楼的斯佩奇美术馆（Galleria degli Specchi）由洛伦佐·德法拉利（Lorenzo De Ferrari）进行装饰。

■ 第146页（右中）多利亚图尔西宫主楼的凉廊环绕着建筑的中央庭院。

■ 第146页（下）《款待名册》上许多住宅拥有美丽的空中花园，比如这座，可以从多利亚宫进入。

■ 第147页 卡雷加-卡塔尔迪宫（Palazzo Carrega-Cataldi）的多拉塔广场（金色画廊）由洛伦佐·德法拉利设计，并用镀金的洛可可灰泥、镜子和壁画进行装饰。装饰大厅的圆形布面油画上描绘了《埃涅阿斯纪》里的神话情节。

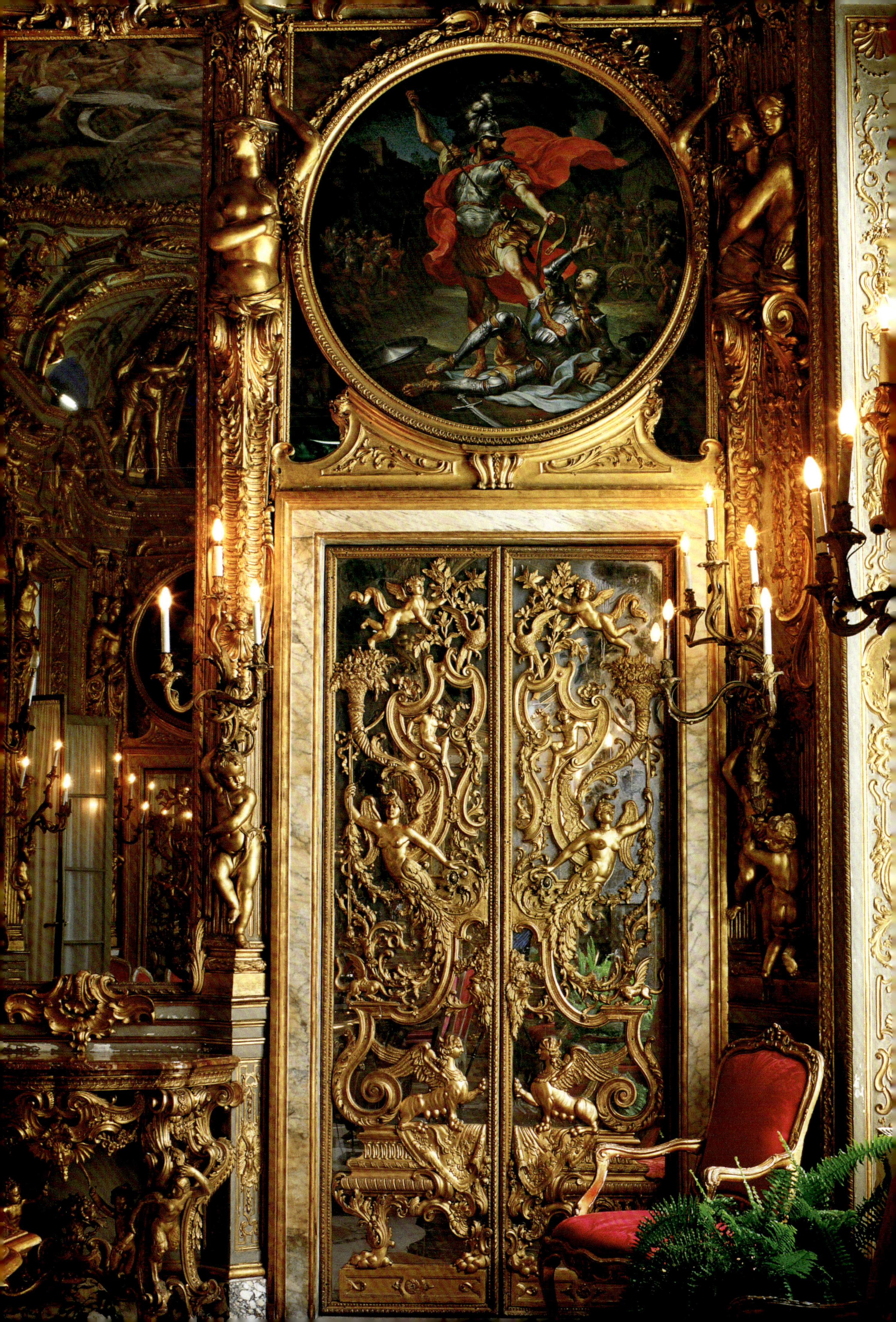

威尼斯及其潟湖

意大利

威尼托区（Veneto）
入选年份：1987
遴选标准：C（Ⅰ）（Ⅱ）（Ⅲ）（Ⅳ）（Ⅴ）（Ⅵ）

■ 第148页（上）
作为威尼斯的象征，圣马可教堂（St. Mark's Basilica）是圣徒马可安葬之处，于1094年祝圣。作为中世纪艺术历史中别具一格的古迹，里面布满了拜占庭式、罗马式、哥特式和文艺复兴式的艺术品。1807年，主教座堂从圣彼得罗迪卡斯泰洛教堂（Cathedral of San Pietro di Castello）迁往圣马可教堂，此后一直为主教座堂。

■ 第148页（下）
圣马可教堂的四匹青铜马来源不详，原本藏于拜占庭君士坦丁堡，后于1204年遭掳掠，并被带到了威尼斯。

威尼斯设计了一系列大型防洪闸，锚定在基奥贾（Chioggia）、利多（Lido）和马拉莫科（Malamocco）入口处底部。当亚得里亚海的水位超过一定限度时，水闸将会升高以防止海水涌入潟湖，这就是摩西工程。摩西工程尽管目标远大但也饱受争议，计划于 2022 年完成，同时也将采取其他措施以保护威尼斯。当下，威尼斯大概每年平均会发生 40 次的涨潮，以上一系列措施可以防止这座城市及其潟湖因涨潮而被淹没。

全球变暖使得海平面上升，如若上升幅度正如预期，则到 21 世纪中叶，这种高水位现象可能预计每年发生 100 次，威尼斯彼时将处于水深火热之中。威尼斯独一无二，价值不可估量。联合国教科文组织在将整个城市定义为世界遗产时强调，构成威尼斯的 118 个岛屿是一件非凡的建筑杰作，即使最小的宫殿里也可以发现乔尔乔内（Giorgione）、提香（Titian）、丁托列托（Tintoretto）和维罗内塞（Veronese）等大师的作品。

有资料显示早期关于威尼斯的记录始于公元 421 年 3 月 25 日，但这一假设缺少文献支持。可以肯定的是，在 5 世纪中叶，随着罗马帝国的瓦解，阿提拉领导下的匈奴人迫使许多威尼托地区的居民逃往亚得里亚海沿岸的潟湖地区避难。湖区居民仍处于东罗马帝国势力范围内，并于公元 697 年获得了很大程度的独立：他们选举出了第一任总督鲍卢西奥·阿纳菲斯托（Paoluccio Anafesto），以代替拜占庭帝国指派而来的海上护民官。

公元 811 年，决定性的时刻到来了。在总督阿涅洛·帕拉科（Doge Agnello Particiaco）的领导下，该地区的行政中心从马拉莫科转移到了潟湖中心的里沃·阿尔托——现称里亚尔托岛（Rialto）。大家公认这是威尼斯历史的开端。几年后，两名水手将传教士圣马可的遗体从埃及的亚历山大港偷运到了里亚尔托岛。据传说，圣马可在遭遇海难后曾在里亚尔托岛避难。他的遗体安葬于总督礼拜堂，即后来建造圣马可大教堂之处，教堂内有两处地方专门安葬圣马可遗体。1094 年，圣马可大教堂在此祝圣。

9 世纪时，威尼斯水手已频繁往来黎凡特城（Levant）。尽管威尼斯是个年轻的国家，它已开始对亚得里亚海的竞争港口发动了一系列军事行动。在十字军东征早期，威尼斯人掠夺被征服地区，积累了大量财富，同时控制了地中海大片地区的贸易，这也是其财富的主要来源。在第四次十字军东征期间，威尼斯迅速崛起。1204 年，拜占庭陷落，东罗马帝国失去了大部分领土，威尼斯这个以水手为主的小城市，开始统治爱琴海（Aegean Sea）和爱奥尼亚海（Ionian Sea）的岛屿、港口和城市。威尼斯将拜占庭洗劫一空，极大地提高了其政治和经济力量，同时也掠夺了青铜驷马（Quadriga），并将其矗立在圣马可教堂上方，掠

▎第 149 页（上）
行政长官官邸坐落在圣马可广场两侧，圣马可教堂九名行政长官在此办公。旁边是建于 1493 年的钟楼，钟楼的顶部有两位铜制摩尔人敲钟。之所以称之为摩尔人是因为修建后因为金属上形成了黑色铜绿。

▎第 149 页（下）
总督宫（Ducal Palace）是历任总督的住所，也是行政机构所在地。总督宫在 14—15 世纪经过多次重建。左侧的圣马可钟楼是 1902 年 7 月 14 日倒塌后重建的。

■ 第150页（上）著名的黄金装饰屏（Pala d'Oro）装饰着圣马可圣坛，在14世纪中叶安放在这一镀金的哥特式框架中。这些金瓷砖是珐琅的，大概率是10世纪到12世纪产于拜占庭。

■ 第150页（左下）圣马可教堂圣坛顶部雕像是由雅克贝罗（Jacobello）和皮尔·保罗·达勒·马塞涅（Pier Paolo Dalle Masegne）在14世纪后期雕刻而成的，被公认为是哥特式威尼斯雕塑的代表作。

■ 第150页（右下）圣马可教堂的穹顶。这五个圆顶模仿了古代的君士坦丁堡教堂，装饰它们的壁画代表了基督的生平和人类救赎之路。

■ 第151页 圣马可大教堂内部。除却非凡的雕塑作品，教堂还拥有一个宝库，由283件黄金、白银、玻璃和其他贵重金属组成，这些大部分是第四次十字军东征洗劫君士坦丁堡时劫掠而来。

夺物品还包括圣马可教堂里的金坛（Golden Altar）和许多大教堂正面的大理石雕像装饰。

热那亚，另一个地中海海上强国，很快就使得威尼斯黯然失色。这两个临海国家之间的第一次小规模冲突发生在泰罗（Tiro）。随之而来的是长达一个多世纪的战争，甚至有一次，热那亚人在基奥贾附近登陆后，威尼斯人撤退到了潟湖地区。

14世纪中叶，鼠疫肆虐，大量人口死亡，威尼斯濒临灭亡，但它最终成功地存活了下来，随后便开始在大陆上寻找盟友，它将目光聚焦到了米兰大公吉安·加莱亚佐·维斯孔蒂（Gian Galeazzo Visconti）身上。15世纪初，该国取名为"Serenissima"（最宁静的共和国），并征服了威尼托地区，最西至布雷西亚（Brescia）和贝加莫（Bergamo）。威尼斯商业发达，带来巨大财富，这些财富流入了贵族的金库，使得他们拥有赞助威尼托新艺术流派的资本。在这段高度繁荣的时期里，涌现出了维托雷·卡尔帕乔、乔尔乔内以及后来的保罗·维罗内塞、提香和丁托列托等画家，全威尼斯的教堂和私人住宅都可见到他们作品的踪迹。

这段时期艺术活力高度迸发，而威尼斯开始失去其统治地位。截至1453年，土耳其人重新控制了拜占庭，15世纪末，法国人入侵了意大利西北部的大部分地区。美洲的发现开辟了新的航线，

土耳其和西班牙等国家的舰队占据了上风。即使全力运转，威尼斯兵船厂也无法追赶上这些精心组织的新兴海上力量。

1570年，土耳其人在达达尼尔海峡（Dardanelles）和博斯普鲁斯海峡（Bosporus）扣押了威尼斯船只，

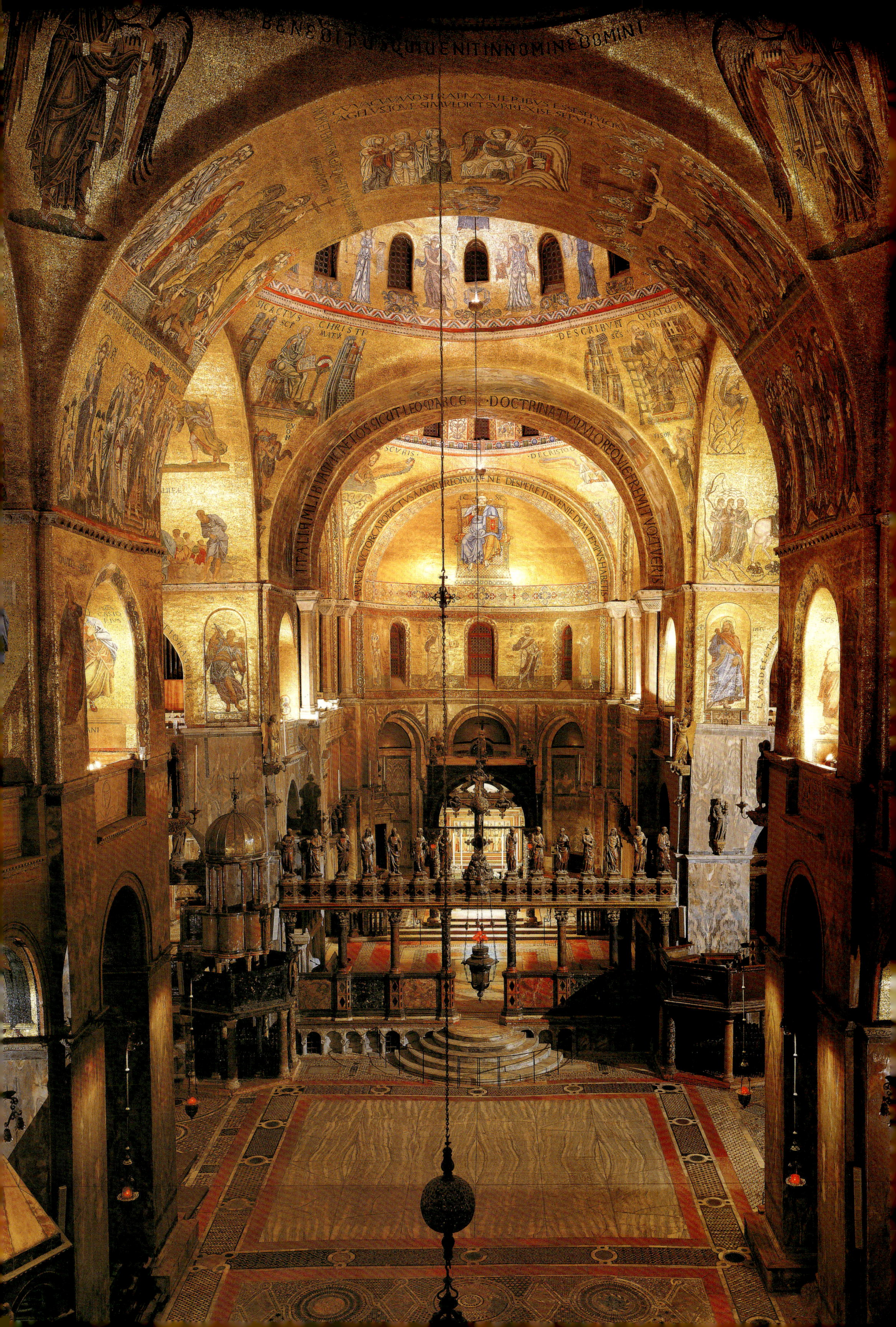

▌**第 152 页（上）**
安康圣母教堂（Santa Maria della Salute）坐落在大运河口，始建于 1631 年，以庆祝黑死病的结束。1677 年，朱塞佩·贝诺尼（Giuseppe Benoni）开始在前部建造海关大楼（Customs House）。

▌**第 152 页（左下）**
总督宫面向斯基亚沃尼河和圣乔治·马焦雷岛（San Giorgio Maggiore），一直是威尼斯政治生活的中心，直到 1797 年拿破仑入侵导致共和国垮台。

随后攻击了塞浦路斯（Cyprus）。一年后，威尼斯在勒班陀（Lepanto）战役大胜，洗雪前耻，但其命运冥冥之中便已注定。17 世纪末，威尼斯又失去了克里特岛（Crete）。不久，威尼斯成功地占领了伯罗奔尼撒半岛（Peloponnese），但 1714 年它又重回土耳其之手。

此时，威尼斯势单力薄。外国船只穿过亚得里亚海时无须向其缴纳过路费，它先前过于关注地中海区域而忽略了全球贸易新航线的开辟。世界商业重心转移到了大西洋和印度洋，威尼斯的商业随着其军事力量的衰落而衰落。然而，尽管威尼斯政治和商业不断衰落，艺术却迎来黄金时期。乔瓦尼·巴蒂斯塔·提也波洛（Giovanni Battista Tiepolo）的宏伟壁画装饰着威尼斯的宫殿；新古典主义雕塑在安东尼奥·卡诺瓦（Antonio Canova）的画室中初现风采；剧院里充斥着卡洛·哥尔多尼（Carlo Goldoni）的讽刺剧和贝内代托·马尔切洛（Benedetto Marcello）的乐章。与此同时，无数富裕游客来到威尼斯，赞助弗朗西斯科·瓜迪（Francesco Guardi）和卡纳莱托（Canaletto）等威尼斯景观艺术家创作作品。

威尼斯沉醉于觥筹交错，而此时拿破仑军队开始横扫欧洲。威尼斯再次打出外交牌，决定不支持波河平原城市的叛乱，但拿破仑仍旧对其提出了苛刻的条件。威尼斯总督一心担心失去大陆上的财产，于 1797 年 5 月 12 日接受了法国的条款。几天后，拿破仑率领军队攻占威尼斯并将其洗劫一空。这标志着威尼斯共和国的灭亡。

威尼斯对海洋和贸易进行了长达八个世纪的统治，这无疑使其独树一帜。很难判别威尼斯哪一处的景色更美，但毫无疑问，4000 米长的大运河两侧是威尼斯的标志。首先是圣马可广场的教堂，它因风格混搭而出名，以及于 1902 年 7 月 14 日倒塌后又迅速重建的钟楼。钟楼上的标志记载着涨潮时期的最高水位。

1797 年之前，历任总督都居住在威尼斯总督宫（Ducal Palace），著名的叹息桥（Bridge of Sighs）将其与市监狱分隔开来。行政长官的官邸是围绕着广场的带门廊建筑，里面是九名行政长官的办公室，行政长官在威尼斯是地位仅次于总督的政

■ 第152页（右下）总督及其心腹在总督宫内的委员会厅（Sala del Collegio）会面。其天顶上的雕刻是彼得罗·隆吉（Pietro Longhi）、维罗内塞和丁托列托的著名画作。

■ 第152—153页 总督宫内的元老院厅（Sala del Senato）装饰着丁托列托和雅各布·小帕尔马（Jacopo Palma the Younger）的画作。可容纳60位议员的议会厅也被称为"孔西列里一代-普雷加迪奥"或"孔西利乌姆一罗加托乌姆"。

■ 第153页（下）圣乔治·马焦雷教堂矗立在其同名岛屿上，由安德烈亚·帕拉第奥设计，教堂由一座14世纪的建筑改建而成，于1565年至1610年得以重建。此前，老教堂有一个中殿和两条侧廊，一端由旧建筑包围。

■ 第 154 页（上）福斯卡里宫（Gothic Ca' Foscari）的正面，在二层和三层有两个壮观的八拱敞廊。建于 14 世纪末，它本为朱斯蒂尼安家族财产，后于 1453 年为总督弗朗西斯科·福斯卡里（Francesco Foscari）所有。市政府购买并予以修建后，现在它属于威尼斯大学的一部分。

要。广场毗邻里瓦－戴德利－斯基亚沃尼大道（Riva Degli Schiavoni），对面是圣乔治·马焦雷岛（San Giorgio Maggiore），那里矗立着帕拉蒂奥（Palladio）设计的同名教堂。

就在运河的入口处，有安康圣母教堂（Santa Maria della Salute）、学会美术馆（Accademia）、贝洛尼·巴塔利亚宫（Palazzo BelloniBattaglia）、马尔切洛宫（Palazzo Marcello）（作曲家马尔切洛的出生地）、文德拉明·卡莱尔宫（Palazzo Vendramin Calergi，理查·瓦格纳去世的地方）、威尼斯大学主校区、达里奥宫（Ca' Dario）、黄金宫、格拉西宫（Palazzo Grassi，这座城市著名的会展中心）。

沿着大运河往下走，矗立着圣母之光教堂（Santa Maria Gloriosa dei Frari），一座巨大的大理石围墙环绕着 124 个唱诗班座席，中殿的两侧排列着令人叹为观止的绘画和雕塑。

再往前是里亚托桥（Rialto Bridge）以及一系列商店。始建于 9 世纪，它原本是一座浮桥，于 1591 年用石头重建，很快就成为市中心的地标。

即使是在最偏远的地区，威尼斯仍以其艺术和建筑瑰宝而令人惊叹。如今，游客蜂拥而入，不断上升的水位也使其岌岌可危，但随着时间的推移，人们越发了解威尼斯所面临的危险，世界各地建立了数百个组织，旨在保护威尼斯文化遗产。

■ 第 154 页（中）尽管在里亚托桥后面，黄金宫仍是大运河上最著名的宫殿之一。它由马泰奥·拉维蒂（Matteo Raverti）、乔瓦尼（Giovanni）和巴尔托洛梅奥·布昂（Bartolomeo Buon）在 15 世纪上半叶建造，它得名于金叶、朱红和天蓝色的装饰。

■ 第 154 页（右下）达里奥宫是大运河上另一个非凡之处。建筑师乔瓦尼·达里奥（Giovanni Dario）于 1487 年设计了该建筑，并因此得名。

■ 第 154—155 页里亚托桥建于 1588 年至 1591 年，桥上有很多店铺，以前是一座浮桥，后来改建为石桥。人们花了 70 年的时间才决定如何建造里亚托桥，最终花费的成本简直是个天文数字——25 万达克特金币。

■ 第 155 页（下）这是一幅华丽的多联画，由巴尔托洛梅奥·维瓦里尼（Bartolomeo Vivarini）于 16 世纪下半叶创作而成，是圣母之光教堂中无数艺术品中的一幅。

拉韦纳的早期基督教遗迹和镶嵌画

意大利 | 艾米利亚（Emilia），罗马涅区（Romagna）
入选年份：1996
遴选标准：C（Ⅰ）（Ⅱ）（Ⅲ）（Ⅳ）

■ 第156页（上）
尼安洗礼堂（Neonian Baptistery）的内景。尼安洗礼堂始建于4世纪末5世纪初，是拉韦纳最古老的古迹。受希腊和罗马艺术影响，教堂大量使用镶嵌图案作为装饰，中心有一个由希腊大理石和斑岩制成的八角形圣水池，圣水池于1500年重建并合并了原有的一部分。

水与拉韦纳的命运紧密相连。这座城市第一次为人所知是在公元前1000年初，当时它还是一个翁布里人（Umbri）部落居住的吊脚楼村庄。专家们对它的名字由来意见不一，它可能起源于埃特鲁斯坎语（Etruscan），另一些人声称它的名字是"Navenna"，取自"naves（中殿）"，而其他人认为其词源为"rhein"，意思是"充满水的地方"。

不论其名何许，拉韦纳因水而载入史册。罗马皇帝屋大维·奥古斯都（Octavian Augustus）在拉韦纳建造了军港克拉西斯（Classis），可容纳250艘船只，以他之名保卫亚得里亚海。罗马最重要的古迹之一——图拉真大帝（Trajan）建造的高架渠也与水相关。拉韦纳临海，优越的地理位置使其因此称都：402年，霍诺里厄斯（Honorius）将西罗马帝国的首都迁至此处。423年，霍诺里厄斯去世后，拜占庭的一支军队护送他的妹妹加拉·普拉西迪亚（Galla Placidia）登上王位。

实际上，她六岁的儿子瓦伦蒂尼安（Valentinian）手握皇帝实权，但这位坚强而忠诚的女人开启了拉韦纳的黄金时代。奥多里克（Odoric）领导西哥特人洗劫罗马时，加拉·普拉西迪亚被绑架，但她成

■ 第156页（中）
加拉·普拉西迪亚陵墓（Mausoleum of Galla Placidia）半圆壁上的镶嵌画以及《好羊倌图》。镶嵌图案装饰中主题大多是生命战胜死亡，也符合殡葬功能。

■ 第156页（下）
加拉·普拉西迪亚陵墓建于386年至452年，是一个拉丁十字架形状的小型建筑。镶嵌画（有些是拉韦纳历史最悠久的）几乎覆盖了所有内壁。

■ 第156—157页
加拉·普拉西迪亚陵墓的穹顶上覆盖着一个神圣的十字架和永恒救赎之星，体现着自然主义，基督和圣徒在一旁俯瞰众生。

■ 第157页（上）
加拉·普拉西狄亚陵墓。虽然在结构上与异教建筑相似——紧凑的平面布局，单一入口，屋顶上有一个圆锥体，但其装饰具有强烈的基督教象征意义。

功地使他们皈依基督教，并使他们成为自己的盟友。

尽管加拉·普拉西迪亚陵墓与异教庙宇颇为相似，但其中的镶嵌画完美地融合了早期基督教象征意义和对永生的颂扬。水再次用来传达这一概念：白鸽饮用不朽之泉，鹿饮河水。使徒、福音书作者和洛伦佐（模仿基督殉道的罗马圣人）的形象与花朵和刺叶图案一起展示，代表着生命之水所滋养的茂密植被。

尼安洗礼堂的镶嵌画以主教尼安（Neon）命名，可追溯至加拉·普拉西迪亚时代晚期。尽管20世纪的修复工作很糟糕，这个拱顶覆盖的八角形结构有三幅镶嵌画，代表的大多是水与永生结合的象征意义。

476年，奥多亚塞（Odoacer）将军废黜了西罗马皇帝罗米拉斯·奥古

第158页（左上）圣维塔尔教堂（Basilica of San Vitale）是一座八角形的教堂，也是早期基督教艺术中最重要的古迹之一。

第158页（右上）西奥多里克陵（Mausoleum of Theodoric）全部由产于伊斯特拉半岛（Istrian）的石头建造，这座十面体建筑分为两层，顶部是一块直径10米、重330吨的岩石。

第158页（下）圣维塔尔教堂半圆壁龛左部的镶嵌图案刻画的是查士丁尼大帝和马西米安大主教（Archbishop Massimian）。风格统一且精致，与象征意义相结合，歌颂当权者的宗教热情和政治权力。

斯都（Romulus Augustolus），罗马帝国的历史终结于拉韦纳。

493年，东哥特人（Ostrogoths）征服意大利，西奥多里克（Theodoric）登上王位。这位野心勃勃的君主信奉阿里乌主义，否定基督的神性。他坚定地忠于阿里乌主义，希望在拉韦纳建造纪念碑，展现阿里乌主义凌驾于东正教堂之上，使加拉·普拉西迪亚的建筑物黯然失色。他修建了阿里乌洗礼堂和西奥多里克陵，参与了整个宫殿地区的布局设计，并开始修建阿里乌礼堂。70年后拜占庭帝国将阿里乌洗礼堂变为了东正教教堂，得名圣阿波利纳尔教堂（Sant'Apollinare Nuovo）。

第159页（下）
阿里乌洗礼堂圆顶上的镶嵌图案可追溯至5世纪至6世纪，阐明了基督教洗礼神学。

第159页（中）
圣维塔尔的这幅华丽的镶嵌图案画描绘了西奥多拉皇后被朝臣簇拥的景象。

　　从其结构和装饰上看，它标志着拉韦纳历史上另一个重要时刻：526年西奥多里克去世后，哥特人和拜占庭人爆发了战争。拜占庭人取得胜利，查士丁尼一世登上了王位。国王及其妻子西奥多拉享有崇高的政治地位，且是狂热的东正教徒，造就了圣维塔尔大教堂最辉煌的时刻，也催生了早期基督教艺术中最伟大的镶嵌图案作品。

　　新帝登基，西奥多拉和皇室人员在两侧陪同，这与万能主宰者基督像（Christ Pantokrator）十分相似：基督坐于金色球体之上，左手握持可以统治世界的智慧之书。

　　该处其他装饰的风格受到了东

160

方肖像学的强大影响。在随后的两个世纪里，这种风格成为主导，现存的建筑上纷纷增添这种镶嵌画元素，而新建筑也采取这种风格，圣阿波利纳尔教堂就是一个例子。在半圆壁龛的镶嵌画上描绘着基督戴着复活十字架。这幅艺术作品是拉韦纳教堂的荣耀，在古代，拉韦纳教会地位仅次于罗马教会。

▎第160页（上）
东方三博士向圣母和圣子赠送礼物，这件作品金光闪闪，位于圣阿波利纳尔教堂左壁上。

▎第160—161页
圣阿波利纳尔教堂里神圣而辉煌的镶嵌图案，刻画的是基督和36个圣徒和殉道者。

▎第161页（上）
除了建筑本身和镶嵌画外，圣阿波利纳尔教堂还以排列在侧廊上的大主教大理石石棺而闻名。

▎第161页（中）
圣阿波利纳尔教堂里一段自然主义的柱头，十分精致。

▎第161页（下）
6世纪上半叶，大主教乌尔西努斯（Archbishop Ursicinus）令朱利阿诺斯·阿金塔里乌斯（Julianus Argentarius）修建了圣阿波利纳尔教堂，它是拉韦纳最著名的宗教建筑。

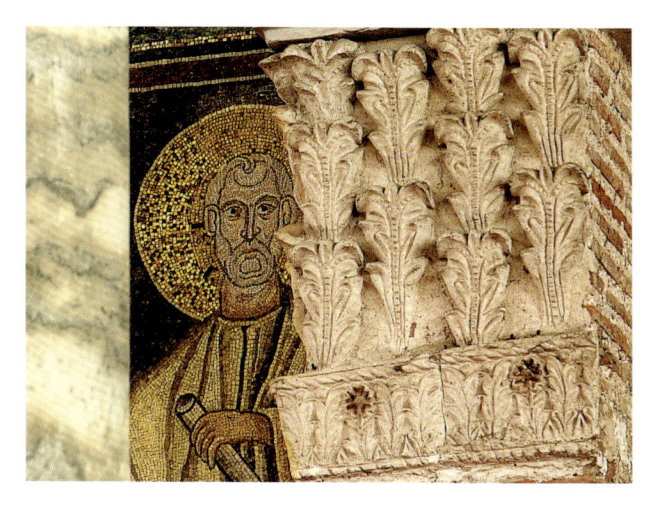

比萨大教堂广场

| 意大利 | 托斯卡纳区（Tuscany）
入选年份：1987
遴选标准：C（Ⅰ）(Ⅱ)(Ⅳ)(Ⅵ) |

■ 第162页（左上）朱塞佩·瓦卡（Giuseppe Vaccà）设计的喷泉的局部，它位于比萨大教堂（Piazza del Duomo）入口处，三个丘比特小天使举着比萨的市徽。

■ 第162—163页 大教堂和著名的钟楼（即比萨斜塔）。钟楼在扶正后于最近再度向公众开放，因其独特的建筑风格被认为是世界上最美丽的建筑之一。

1604年10月16日，伽利略·伽利雷（Galileo Galilei）给他的朋友保罗·萨尔皮（Paolo Sarpi）写了一封信，信中描述了物体运动定律。有人声称，这位40岁的数学教授通过在比萨斜塔上做自由落体实验而发现了这个定律。

事实上，伽利略没有足够精确的计时器来测量坠落的时间，更令人信服的说法是，他当时正在博杜瓦教书。然而可以肯定的是，这个故事的灵感来自斜塔。比萨斜塔早在建成之前就开始倾斜了。塔门上方的铭文证明了这一点，它是为了纪念建筑师博南诺·皮萨诺（Bonanno Pisano）在1173年8月9日铺设奠基石，但仅仅五年后，第四层还未竣工时，地面的下沉导致塔已向南倾斜了2.54厘米左右，他以为自己犯了一个设计错

■ 第163页（上）这个巨大的长方形建筑附近曾是墓地。它建于13世纪末，据传说，主教奥博多·德·兰弗兰基（Ubaldo de' Lanfranchi）就是在这个地方播撒从圣地各各他（Golgotha）船运而来的土壤。

■ 第163页（左下和右下）比萨大教堂和洗礼堂。后者是意大利同类建筑中最令人印象深刻的，周长达107米，高度达54米。

误，因此引咎辞职。

1275 年，在乔瓦尼·迪·西莫内的主持下，建筑工作得以恢复，他又精心设计加盖了三层，以平衡另一侧的倾斜度，然而只是徒劳。

1284 年，只差钟楼未完成，然而倾斜已超过 89 厘米，此时另一个噩耗传来：乔瓦尼·迪·西莫内在比萨与热那亚间爆发的梅洛里亚战役中牺牲了。1350 年至 1372 年，托马索·皮萨诺（Tommaso Pisano）完成了这项工作。这座塔高 56 米，底部直径达 15.5 米，重 16000 吨，207 尊白色大理石和砂岩柱子用作装饰，其中 15 根在底部，六层中每一层有 30 根，12 根围绕着钟楼。一段 294 级台阶的螺旋楼梯从入口处通往顶层，入口处有两个描绘怪兽和动物的浅浮雕，顶楼是敲钟处。

比萨斜塔是大教堂广场上最后竣工的建筑物。许多人称其为奇迹广场，因为它被视作一个奇迹：该市与宗教生活相关的所有建筑物都集中在一个区域。大教堂就矗立在斜塔的旁边，是罗马式建筑的杰作。在布斯切托 (Buscheto) 的指导下，圣母升天大教堂于 1063 年开始修建，并于 1118 年由教皇基拉西乌斯二世祝圣。尽管修建时间长，且古典、拜占庭、拉韦纳和阿拉伯风格元素相互叠加，但其外观仍达到了高度统一。平面布局为拉丁十字形，带有一个耳堂和椭圆拱顶。其正面、中殿前部延伸部分、双拱廊以及主要的半圆壁龛都建于 12 世纪下半叶。

最初，室内由大幅壁画装饰，但在 1595 年，它遭到大火的严重破坏。幸运的是，在大公费迪南多一世·德·美第奇（Grand Duke Ferdinando I de' Medici）的慷慨资助下，大教堂得以修复，耗费计 8.5 万斯库多金币，这在当时是一笔天文数字。三扇青铜门和沉箱天花板得以重建，墙上挂着大型油画，包括安东尼奥·索利亚尼（Antonio Sogliani，拉斐尔的学生）和安德烈亚·德尔·萨尔托（Andrea del Sarto，达·芬奇学派画家）的画作。1302 年至 1311 年，乔瓦尼·皮萨诺（Giovanni Pisano）雕刻的讲道坛因火灾而支离破碎。一部分收藏于比萨公墓（Camposanto），而其他部分散落于国外博物馆。1926 年 5 月，这座非凡的大理石古迹得以重新组装并重返大教堂。

洗礼堂位于大教堂前方，1153 年，迪奥提撒威（Deotisalvi）开始建造这个洗礼堂，于 14 世纪竣工。后来，这座宏伟的罗马式圆形建筑布满了哥特式装饰，墙壁内衬是白色大理石，还有一排排的蛇纹石。这座建筑是意大利同类建筑中最令人印象深刻的，周长 107 米，高 54 米，内径超过 35 米，内部是从厄尔巴岛（Elba）和撒丁岛（Sardinia）运来的四根柱子和八根柱子的列柱廊。尼古拉·皮萨诺 (Nicola Pisano) 修建的讲坛也是非凡的：它由不同颜色的大理石雕刻而成，呈六角形，由六根外柱支撑，其中三根柱立在狮子上，中心柱上刻画着人物和动物形象。

比萨公墓位于广场的北面，由乔瓦尼·迪西蒙内在 13 世纪末修建而成。这些大型壁画始建于 1350 年左右，修建时间持续一个多世纪，其中许多在第二次世界大战中遭到破坏。最引人注目的是由无名艺术家创作的画作《死神的胜利》（Triumph of Death）和《末日审判》（Universal Judgement）。直到 18 世纪末比萨公墓一直都是这座城市的墓地。

在 20 世纪最后十年里，这个广场见证了另一个奇迹。1990 年 1 月 6 日，比萨斜塔斜度达到了 520 厘米，出于安全考虑，公众不得入内。三年后，进行了巩固工作，在地基上灌入了 950 吨铅，并在第一层安装了 18 根钢缆。在北侧抽离大量水和泥沙，阻止它继续向南倾斜。当斜塔被扶正 23 厘米后，比萨斜塔恢复对外开放。

▌第 164 页（左）尼古拉·皮萨诺 1260 年修建的罗马式布道坛是洗礼堂最突出的特点。

▌第 164 页（右）洗礼堂内部，柱子与四根大梁交替环绕。这个巨大的八角形圣洗池是由吉多·比加雷利·德·科莫（Guido Bigarelli da Como）在 1246 年雕刻的。16 世纪，柱顶增建了施洗者约翰（St. John the Baptist）雕像。

▌第 165 页 大教堂的半圆壁龛布满了不同时代的镶嵌图案和壁画，有一个巨大的救世主基督的镶嵌图案装饰，两侧是圣母和圣约翰，这是由契马布埃（Cimabue）在 1302 年完成的。

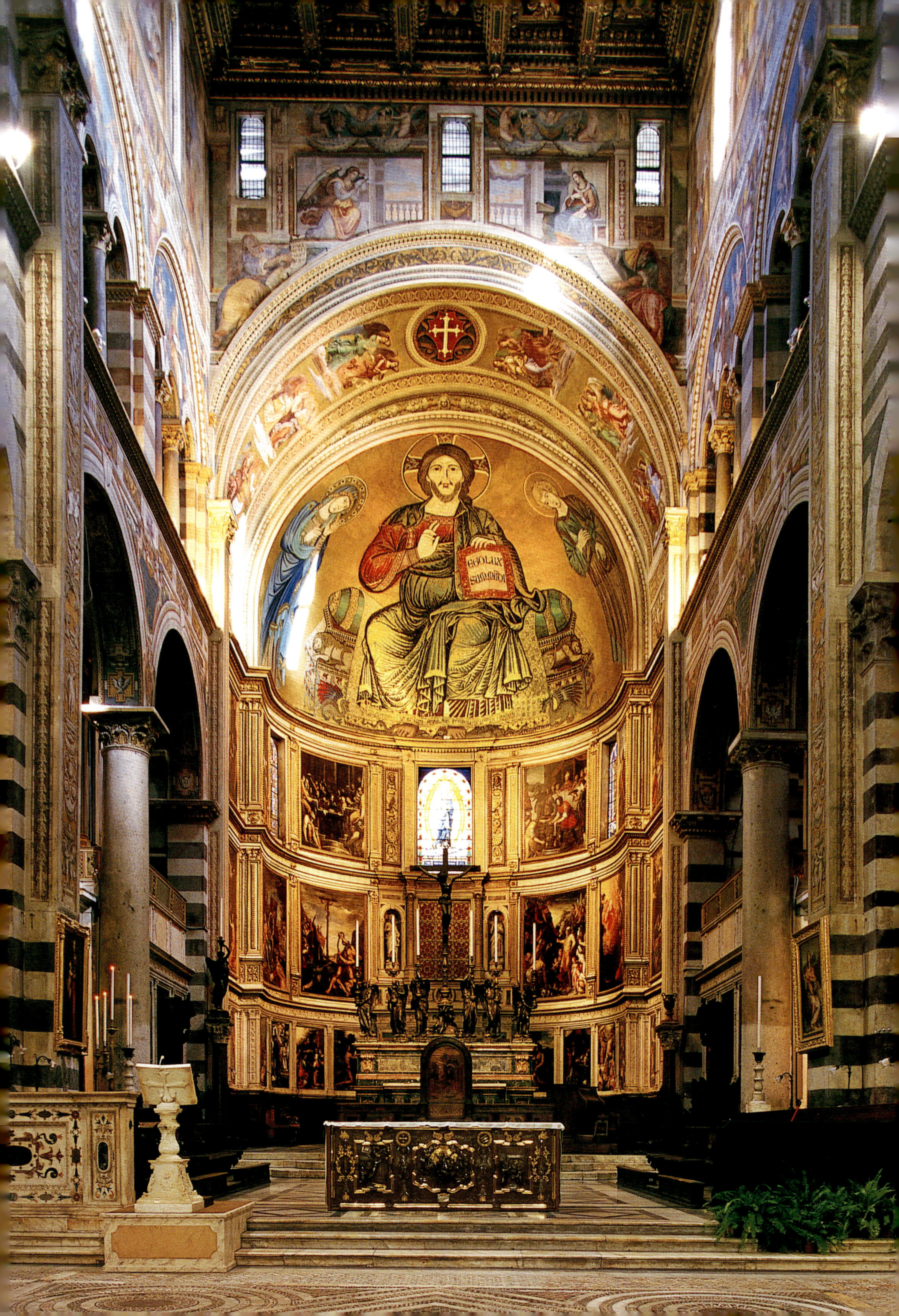
EGOLUX

佛罗伦萨历史中心

意大利

托斯卡纳区（Tuscany）
入选年份：1982
遴选标准：C（Ⅰ）（Ⅱ）（Ⅲ）（Ⅳ）（Ⅵ）

连续几天持续降雨后，意大利几近瘫痪。1966年11月4日，阿诺河（Arno）的洪水抵达佛罗伦萨。水位高出道路20英尺（约6米），泥浆洪流穿过佛罗伦萨，世界各地为其命运揪心不已。

意大利军队和各国志愿者迎难而上，在泥浆中挖了好几天，试图挽救困在建筑物下面的无数艺术品，所幸损失得以减轻。对全世界来说，佛罗伦萨是文艺复兴时期艺术的象征，这里是马萨乔（Masaccio）、皮耶罗·德拉·弗兰西斯科（Piero della Francesca）、波提切利（Botticelli）、达·芬奇、米开朗琪罗（Michelangelo）和拉斐尔（Raphael）画作的摇篮。在这里，多那太罗（Donatello）设计了美轮美奂的青铜雕塑，莱昂·巴蒂斯塔·阿尔贝特（Leon Battista Alberti）奠定了建筑的新方向，而菲利波·布鲁内莱斯基（Filippo Brunelleschi）沿袭了这一方向，在圣母百花大教堂（Santa Maria del Fiore）建造了举世闻名的穹顶。佛罗伦萨是意大利语文学之父但丁·阿利吉耶里（Dante Alighieri）的出生地，也是伽利略的故乡，我们熟知伽利略是科学方法的发明者和运动定律的奠基人。六百余年的创造力在佛罗伦萨留下了无与伦比的遗产。

这座城市起源于埃特鲁里亚人（Etruscans）时期，发源于阿诺河畔，由一个小定居点逐渐发展壮大。它的中心在菲耶索莱（Fiesole），这是一个建在山坡上的村庄，有着天然的防御优势。公元前59年，罗马人在菲耶索莱的遗址上建造了一座城堡，他们把这座城堡称为佛罗伦提亚（Florentia），以纪念花之女神芙罗拉（Flora）。罗马时期，它变得越来越大，同时积累了大量财富，因此遭受野蛮人侵扰。首先是东哥特人，其次是哥特人，最后是伦巴第人，他们在8世纪被查理大帝（Charlemagne）驱逐。神圣罗马帝国建立后，教会和皇帝之间就意大利的统治产生了暴力冲突。

1115年，卡诺莎的玛蒂尔德伯爵夫人去世，她是教会的坚定支持者。佛罗伦萨宣布自己取得自治权，由此开创了一段繁荣时期，尽管整个13世纪归尔菲派（Guelphs）和吉伯林派（Ghibellines）之间冲突不断。13世纪中叶，佛罗伦萨行会享有无与伦比的权力，这在一定程度上归功于阿拉伯数字的使用。比萨数学家洛伦佐·斐波那契（Lorenzo Fibonacci）引入阿拉伯数字来加快计算速度，并向建筑师们展现了几何之谜。商人和手艺人在督政官宫

▎第166页（上）1430年菲利波·布鲁内莱斯基设计了帕奇小堂（Cappella de' Pazzi）。它是圣十字教堂（Santa Croce Basilica）的一部分，是文艺复兴典型建筑之一。墙上的赤陶土浮雕是卢卡·德拉罗比亚（Luca della Robbia）设计的。

▎第166页（中）长老会议广场（Piazza della Signoria）鸟瞰图，自14世纪起便一直是佛罗伦萨的政治和社会生活中心。韦奇奥宫和钟楼是广场的主要建筑物，市民在此进行公众集会。海神喷泉是由巴尔托洛梅奥·阿曼蒂（Bartolomeo Ammannati）于1575年建造的，以展现美第奇家族对海上力量的渴望。

■ 第166页（下）圣十字教堂(Santa Croce)的巴龙切利礼拜堂(Baroncelli Chapel)内部有着精美的壁画。这是佛罗伦萨最著名的教堂之一，珍藏着许多精美的艺术作品，许多名人也安葬于此。

■ 第166—167页 韦奇奥宫（Palazzo Vecchio）美丽的会议大厅（Salone dei Cinquecento）于1495—1496年由安东尼奥·达圣加洛（Antonio da Sangallo）、克罗纳卡（Cronaca）和弗朗切斯科·迪多梅尼科（Francesco di Domenico）建造。天顶装饰是由乔治·瓦萨里（Giorgio Vasari）和他的学生们创作的，一些雕像出自米开朗琪罗之手。

■ 第167页（左下）圣十字教堂的十字架受难雕刻是多那太罗用彩色木材制作的。手臂是铰接的，这样基督就可以安放在坟墓里。

（Podestà）里选出两名人民顾问和一名市政官（首席行政官和警察局长只从主要行会中选出）。

与此同时，这个城市的艺术得以蓬勃发展。画家契马布埃、加多·加迪(Gaddo Gaddi)和雕塑家阿诺尔福·迪·坎比奥(Arnolfo di Cambio)走上了历史舞台，乔托（Giotto）和但

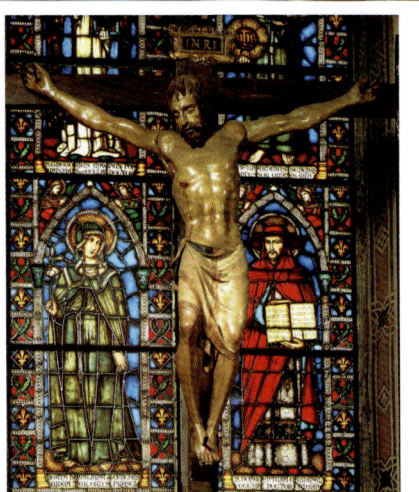

■ 第167页（右下）圣十字大教堂及其广场（始建于1294年）。1836年，英国人弗朗西斯·斯隆（Francis Sloane）进行了捐赠，因此这座壮丽的哥特式教堂正面得以内镶彩色大理石。

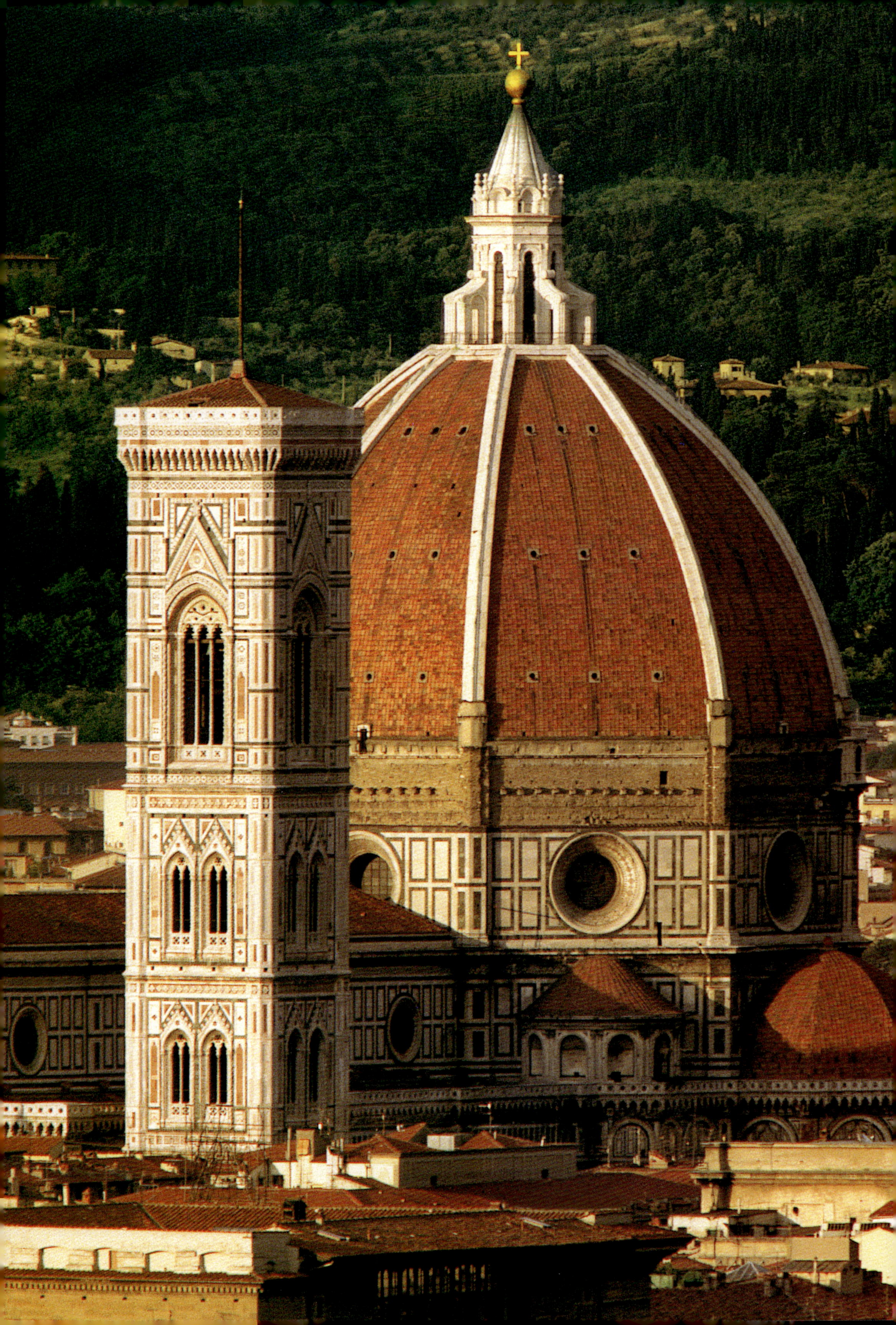

■ 第168页 为了建造圣母百花大教堂的巨大八角形穹顶，菲利波·布鲁内莱斯基使用了不同尺寸的自支撑砖，以鲱鱼骨的方式铺设，这种技术曾在建造罗马万神殿时使用过。大教堂旁边矗立着乔托设计的钟楼，由白色、绿色和粉色的大理石砌成。

■ 第169页（上）穹顶内部是巨型壁画《最后的审判》(1572—1579年)，由瓦萨里和他的继任者费代里科·祖卡里（Federico Zuccari）所绘。

■ 第169页（右中）米开罗佐·迪·巴尔托罗梅奥（Michelozzo di Bartolomeo）为老科西莫·德·美第奇设计了美第奇·里奇尔迪宫的庭院，于15世纪中叶修建完成。这座宫殿被视作是佛罗伦萨贵族住宅的原型，今天是辖区的所在地。

丁的才华也得到了认可。许多哥特式教堂纷纷建立，如圣玛丽亚诺韦拉教堂（Santa Maria Novella），城市政治和宗教中心也得以确定。

韦奇奥宫（Palazzo Vecchio）由阿诺尔福·迪坎比奥（Arnolfo di Cambio）设计，于1322年完工，整个14世纪它都是佛罗伦萨的行政中心，至今一直为市政厅。圣十字大教堂（Santa Croce）哥特式大殿建于1294年。室内宽敞开放，有乔托的壁画；菲利波·布鲁内莱斯基设计的帕奇小堂，这是文艺复兴的杰作；多那太罗创作的《耶稣受难记》；巴龙切利礼拜堂里由加多·加第创作的壁画。圣十字教堂是许多佛罗伦萨伟大天才的最后安息之地，包括伽利略（因被逐出教会，1737年才安葬此处）、马基雅维利（Machiavelli）、米开朗琪罗和人文主义者莱昂纳多·布鲁尼（Leonardo Bruni）。但丁在流放中死于拉韦纳，19世纪，他的崇拜者在那里为他建造了一座纪念碑。

佛罗伦萨的圣母百花大教堂始建于1296年，历时160年，汇集了最杰出的人才参与其中。它是第四大基督教古迹，阿诺尔福·迪坎比奥在早期的圣雷帕拉塔教堂（Santa Reparata）的旧址上建造了它，"人类力量所难以完成的、人类历史上从来没有过的宏伟壮丽的纪念碑"。然而，大教堂最重要的部分是由另外两位艺术家设计的。乔托于1334年设计了这座钟楼，但直到1356年才完工，当时乔托已逝世二十周年。塔高85米，是一座宏伟的哥特式建筑，底部是赤陶土镶板，装饰着安德烈亚·皮萨诺的浅浮雕以及两光棂和三光棂壁窗。建筑的其他部分是白色、绿色和粉红色的托斯卡纳大理石。教堂的圆顶于1436年由布鲁内莱斯基完成，比钟楼高6米。受罗马万神殿的启发，建筑师建造了一个肋拱骨架，没有使用传统的木材加固。16世纪，乔治·瓦萨里在穹顶内侧完成了一幅不朽的壁画《最后的审判》（The Last Judgment）。

14世纪初，佛罗伦萨是欧洲最富有的城市，但仅仅50年后，许多银行破产，瘟疫开始肆虐。1378年的经济危机导致了梳毛工起义（Ciompi Revolt），直到1434年出生于银行世家的柯西莫·德·美第奇

■ 第169页（左下）科西莫·罗塞利（Cosimo Rosselli）(1439—1507)绘制的《圣母、孩子和圣徒》(Madonna with Child and Saints)悬挂在斯特罗齐宫。科西莫·德·美第奇高度赞赏罗塞利，罗塞利也为西斯廷教堂壁画做出了巨大贡献。

（Cosimo de' Medici）掌权后，这里才重归和平。在科西莫的孙子洛伦佐所处的"伟大的洛伦佐"时期里，这座城市的经济和文化高度发展。文艺复兴时期的建筑师受邀为佛罗伦萨的富人设计住宅，包括美第奇·里卡尔迪宫（Palazzo Medici Riccardi，美第奇家族居住长达一个世纪的住宅）、斯特罗齐宫（Palazzo Strozzi）和鲁切拉宫（Palazzo Rucellai），这是银行家和商人居住的地方。然而，最宏伟的私

■ 第169页（右下）美第奇·里奇尔迪宫画廊的拱顶及系列作品《美第奇的寓言》(Allegory of The Medici)是卢卡·乔达诺（Luca Giordano）于1682年至1685年创作的。

廊的庭院，可以俯瞰意大利文艺复兴时期的波波里花园（Boboli），该花园由尼科洛·特利波里(Niccolò Tribolo)设计。入口处为一个圆形露天竞技场，原来是一处采石场，建造宫殿的石块就是从这里取出来的。花园里有各个时代和不同风格的雕塑群，比如16世纪的海神喷泉、酒神喷泉以及建于1776年的洛可可咖啡馆（Rococo Kaffeehaus Pavilion）。

在皮蒂宫内，帕拉蒂纳画廊（Palatine Gallery）因17世纪中叶彼得罗·达·科尔托纳(Pietro Da Cortona)的壁画而出名。同时也拥有美第奇家族的艺术收藏品，包括佩鲁吉诺（Perugino）、提香、安德烈·德尔·萨尔托、蓬托莫（Pontormo）、丁托列托、卡拉瓦乔（Caravaggio）、鲁本斯

■ 第170页（上）
乌菲齐宫正面面对着阿诺河。乌菲齐宫由瓦萨里设计，始建于1560年，是美第奇时期最具纪念意义的建筑物，是贵族专制主义的象征。

■ 第170页（中）
乌菲齐宫23号房间的天花板。始建于1588年，内部装饰精美，有五家商铺和奇形怪状的面孔。

■ 第170页（下）《维纳斯的诞生》在乌菲齐宫展出。这幅画是波提切利在1485年前后为美第奇家的皮艾弗朗切斯科所画，他是美第奇家族首领"伟大的洛伦佐"的表弟。

■ 第170—171页
皮蒂宫的伊利亚特室是以路易吉·萨巴特利（Luigi Sabatelli）绘制的荷马史诗中的壁画命名的。宫殿里的展品包括拉斐尔、吉兰达约（Ghirlandaio）和安德烈·德尔·萨尔托的作品。

■ 第171页（上）詹波隆那（Giambologna）雕刻的海神喷泉位于波波利花园广场的中心。广场是晚期风格主义，遍布雕像和高大的黄杨木树篱。

人住宅当属银行家卢西奥·皮蒂的居所，他于1458年委托布鲁内莱斯基建造该住宅，很大程度上是为了挑战美第奇家族。然而，由于银行破产，修建工作戛然而止，直到一个世纪后，美第奇家族将其纳入自己名下，由巴尔托洛梅奥·阿曼纳蒂完成。

原来建筑有巨大的窗户，是一个完美的立方体，由巨大的粗琢石块砌成，在此基础上增加了两翼和其他建筑。中央入口通向一个有门

（Rubens）和凡·戴克的作品。皇家公寓的 14 个房间也可以参观，这些房间按照美第奇家族和洛林公爵（Dukes of Lorraine）的品位精心布置。

在乌菲齐宫 (Palazzo Degli Uffizi) 可以一览美第奇家族三个世纪以来收集的最全、最有价值的艺术遗产。这座宫殿是瓦萨里（Vasari）建造的，作为大公科西莫一世统治时期其手下行政官的办公室。它紧邻韦奇奥宫，有一条著名的走廊与之相连。从 1581 年起，科西莫的继承人就用这座采光良好的建筑来珍藏他们的艺术藏品。家族藏品包括 12—16 世纪托斯卡纳艺术的杰出作品，包括乔托、波提切利、贝亚托·安吉利科（Beato Angelico）、达·芬奇、西蒙·马提尼（Simone Martini）和马萨乔的作品。在接下来的几年里，除了上述作品外，还增添了意大利画家提香、丁托列托和卡拉瓦乔的作品，以及欧洲画家阿尔布雷特·丢勒（Albrecht Dürer）、鲁本斯、伦勃朗（Rembrandt）和戈雅（Goya）的作品。

1737 年，佛罗伦萨被奥地利的洛林家族占领，18 世纪末被拿破仑的军队洗劫一空。1865 年，它成为意大利王国的临时首都，1871 年罗马成为首都。在托斯卡纳地区大公爵制被废除前，美第奇家族的最后一位成员安娜·玛丽亚·路易萨将乌菲齐宫捐赠给了佛罗伦萨人民。她为这座城市带来了现代欧洲最古老的博物馆，毫无疑问，也是意大利最伟大的文化遗产之一。

阿西西的圣方济各教堂和其他圣方济各遗址

意大利 | 翁布里亚（Umbria）
入选年份：2000
遴选标准：C（Ⅰ）（Ⅱ）（Ⅲ）（Ⅳ）（Ⅵ）

1997年9月6日上午11时42分，翁布里亚（Umbria）和马尔凯大区（Le Marche）遭受地震袭击，造成13人死亡，两万人流离失所。意大利悲痛不已，不仅因为大量人员伤亡，同时也因为阿西西圣方济各大教堂遭受了巨大破坏，这座教堂是中世纪建筑最重要的代表之一。教堂部分屋顶坍塌，四名方济会僧侣丧生，契马布耶绘制的壁画遭到不可挽回的破坏，圣公会修道院（Sacro Convento）的稳定性也受到严重损害。两年后，多亏了大量志愿者，修复工作得以迅速推进，大教堂重新向公众开放，阿西西也能延续其历史：自13世纪以来它便一直是一处基督教圣地。

方济各1182年出生于阿西西的一个富裕家庭。1206年，当他在祈祷时，得到了上帝的传令，上帝要求他建立一个教会团体。仅仅两年之后，他就召集了第一批追随者，并和他们一起定居在宝尊堂（Porziuncola）教堂。在这里，方济各致力于治疗麻风病人，并建立自己的布道会。1233年，霍诺里厄斯三世颁布了教皇法令，批准建立方济会新修会并承认其教义。1226年，方济各因一场重病去世，享年44岁。

终其一生，他孜孜不倦贯彻禁欲主义，投身于慈善事业。对方济各来说，受难的耶稣是他模仿的典范，因此，他选择了靠近阿西西的"地狱之山"作为苦行之处，并埋葬于此。1228年，也就是方济各被封为圣徒的那一年，教皇格列高利九世下令在山上修建一座教堂，用来安放方济各的遗体，此举意在模仿耶路撒冷的圣墓教堂。方济各的遗体埋在罗马式教堂中心的高圣坛下面。随后，在此基础上又建了一座哥特式风格的教堂，这两座教堂都于1253年祝圣。

按照传统，最重要的宗教场所应用镶嵌图案装饰，然而为了致敬圣方济各推行的教规，该处壁画十分朴素。13—14世纪最伟大的艺术家恰好都在阿西西这片土地上进行创作，他们的作品开启了意大利绘画的新时期，是一场欧洲中世纪晚

■ 第172页（左上）
下大教堂的木质大门的细节，木门是16世纪下半叶雕刻的。

■ 第172页（下）下广场的门廊始建于1474年，旨在为朝圣者和小贩提供避难所，在1997年的地震中遭到严重损害。

■ 第172—173页
圣方济各教堂的上教堂。这座简单的法式哥特式建筑的平面分为三部分，顶部是三角形楣饰。另一侧的巨型四面钟楼是翁布里亚罗马式风格的。

■ 第173页（左上）
圣方济各教堂坐落在阿西西山丘上。这座宏伟的建筑于1253年祝圣，是基督教最重要的教堂之一。它由两座教堂组成，一座位于另一座上方。1226年，圣方济各在遗嘱中叮嘱教堂建造不应追求奢侈之风。

■ 第173页（右上）
从下广场瞻仰大教堂。它是为发挥宗教的社会功能而设计，模仿中世纪有门廊的修道院而建。

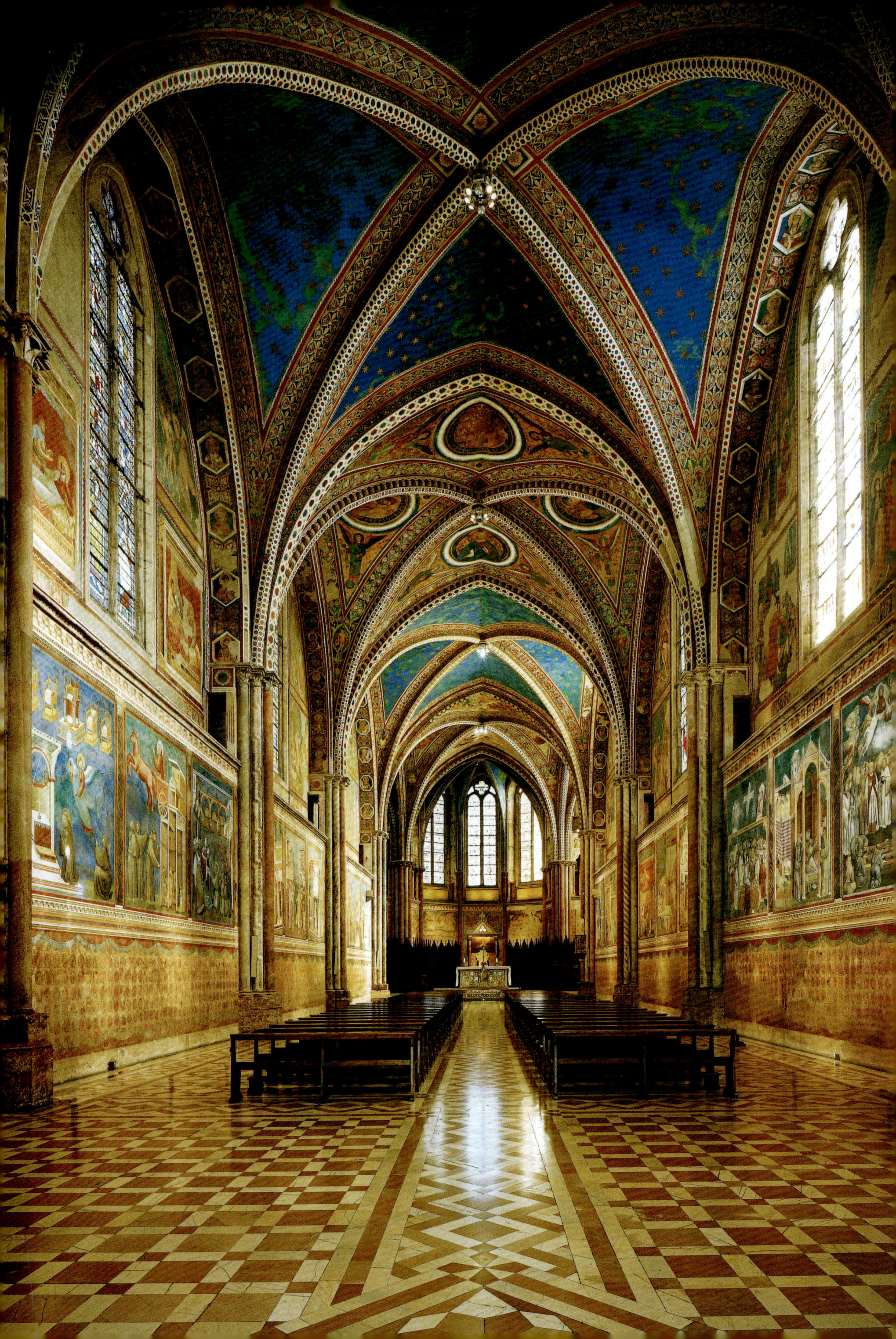

■ 第174页 上教堂内部有一个四跨中殿，一个耳堂和一个多角形后殿。室内壁画是圣方济各弟子圣博纳文图拉（Saint Bonaventura）诠释圣方济各的生平。

期的艺术革命。

在上教堂（Upper Basilica），佛罗伦萨画家契马布艾的作品随处可见，北部耳堂刻画了圣徒彼得和保罗的生平，半圆壁龛上描绘了圣母的生平，南部耳堂是《圣经》末世和耶稣受难的五幅场景，圣坛网纹十字架上描绘了四位福音作者。契马布艾在四位福音书作者后面的风景画中添加了阿西西的景色，以象征方济各在此传道。这些绘画的创新之处在于使用了三维空间透视画法，青年乔托发扬了这一特色，自1296年始，他在下中殿内刻画这位圣人的生活片段。在14世纪20年代，下教堂（Lower Basilica）中殿

■ 第175页（左上）上教堂半圆壁龛上的十字天顶由契马布艾（1240—1302年）绘制，上面有四位传福音者，每位都在天使的启示下书写着各自的福音书，他们面前是福音之地：马太代表的犹太城，约翰代表的亚细亚，路加代表的希腊，马可代表的意大利。

■ 第175页（右上）上教堂左部侧廊壁画《圣彼得救死扶伤》的细部。瓦萨里认为这些绘画出自契马布艾之手，但最近的研究表明，其中很多画作是在其逝世后才创作的。

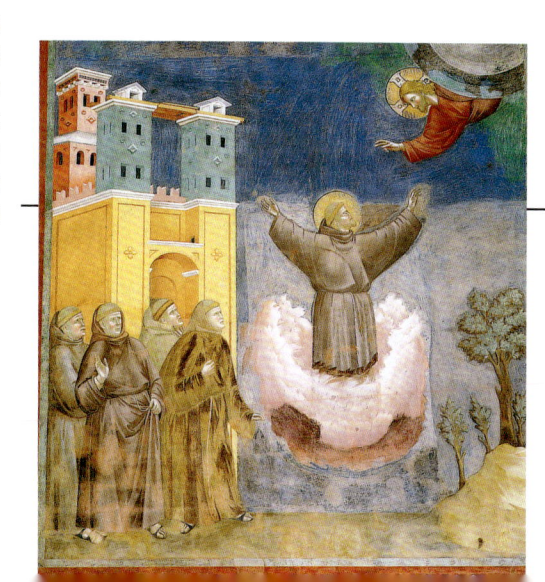

■ 第175页（下）这是28幅描述圣方济各生平的壁画的一部分，藏于上教堂长廊。瓦萨里认为，这些画是乔托于1296年至1300年所作。

第 176 页（上）右耳室壁画的细部，左侧乔托所绘的耶稣受难之景令人印象深刻。大家认为，剩下的壁画出自契马布艾、西莫内·马丁尼、乔托和彼埃特罗·洛伦采蒂的学生之手。

第 176 页（下）《圣方济各把其披肩给了一个穷人》，这是上教堂中乔托所绘圣人生平的一个掠影。该画作背景是从新城门（Porta Nuova）视角看到的阿西西，右侧是苏巴休山（Mount Subasio）上的圣本笃修道院（St. Benedict's Abbey）。

新建了许多礼拜堂，并由锡耶纳画派画家西莫内·马丁尼（Simone Martini）和彼得罗·洛伦采蒂（Pietro Lorenzetti）装饰。

在建造上大教堂的同时，教皇格列高利九世也促进了旁边修道院的建设。最初的方济会修士住在岩石修建的小禅房中，15 世纪中叶，建筑布局变得更井井有条。教皇西克斯图斯四世慷慨解囊，萨克罗修道院得以在 15 世纪末竣工。两个坚固的角堡加固了该建筑群落，修道院的上方也增添了一个开放的回廊。西克斯图斯四世还推动建造了巨大的拱廊，环绕着下大教堂前方的草坪。

在这样一个掠夺成风的时代，考虑到圣人遗物的安全，西克斯图斯四世下令将墓室甬道用墙堵死。尽管如此，这些几个世纪以来由信徒捐赠而积累起来的财宝还是遭到了几次盗窃，其中最后一起是由拿破仑军队犯下的。如今存留的遗物存于寺庙住宅区的博物馆里。

第 176—177 页 下教堂耳室通往圣尼古拉礼拜堂。自 1292 年以来，这里一直安放着乔瓦尼·奥尔西尼（Giovanni Orsini）的遗骸，并由乔托学派的壁画装饰。

第 177 页（左下）下教堂的半圆壁龛、华丽的木制唱诗席、壁画《最后的审判》。该画作可追溯至 17 世纪，它取代了早期的《神圣荣誉》，瓦萨里认为后者出自斯特凡诺·费奥伦蒂诺（Stefano Fiorentino）之手。

第177页（右下）下教堂壁画的另一个细部。最早的《基督和圣方济各》（Stories of Christ and Saint Francis）绘制于 1253 年，即其祝圣之时，但大部分已被毁坏，我们所见只是 16 世纪的复制品。

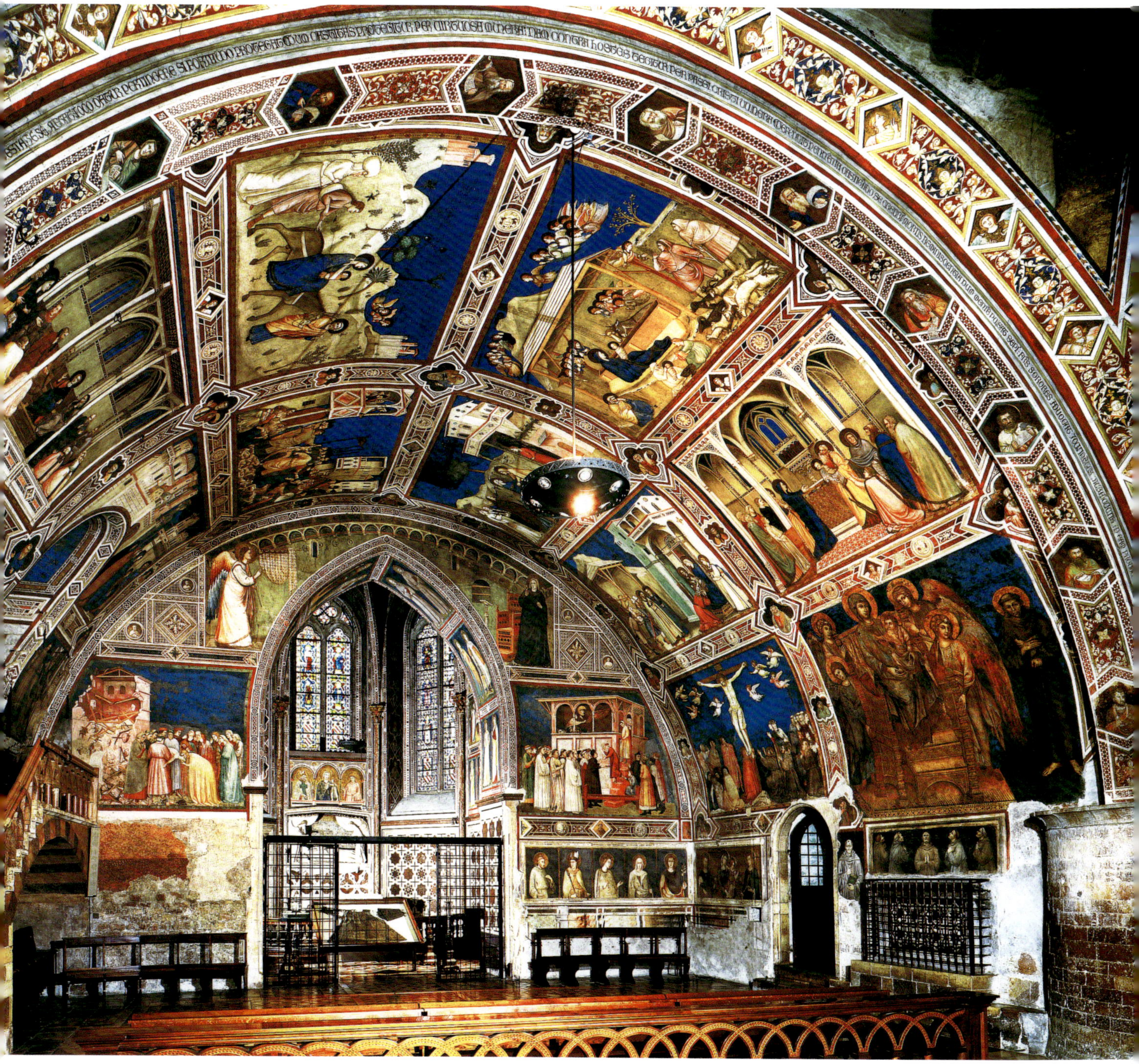

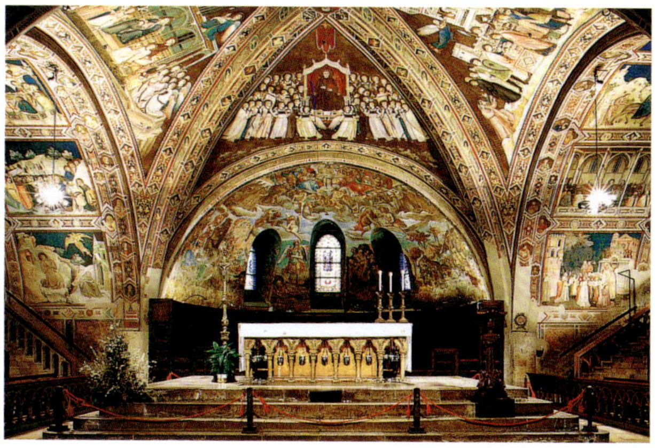

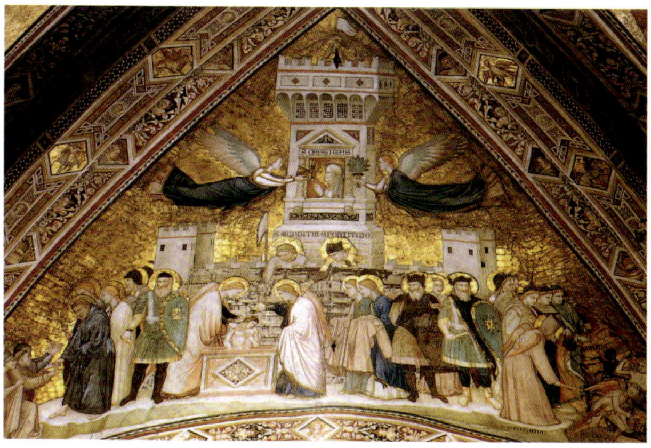

梵蒂冈城和圣保罗大教堂

意大利 | 罗马教廷（Holy See, Rome）
入选年份：1984
遴选标准：C（Ⅰ）（Ⅱ）（Ⅳ）（Ⅵ）

1929年2月11日，教皇庇护十一世和贝尼托·墨索里尼签署了《拉特兰条约》，承认了梵蒂冈城的主权国家地位，梵蒂冈自此由教皇统治且完全独立于意大利王国。该条约终结了始于1870年9月20日以来的争议，当时意大利国王维托里奥·伊曼纽尔二世进军罗马，终结了教皇国的独立地位。

在罗马建成的最初的几个世纪里，台伯河右岸和梵蒂冈山之间的圆形区域称为"梵蒂冈的田野"，北至米尔维乌斯桥（Milvius Bridge），南依贾尼科洛山（Gianicolo Hill）。约公元前1世纪，这一沼泽地区逐渐开发为住宅区，罗马达官显贵在此建造豪华住宅。在奥古斯都时期，阿里皮娜（Agrippina）花园坐落于此，当卡利古拉成为皇帝后，该处修建了一个露天圆形竞技场，在圣彼得教堂广场的柱廊里还可以看到它的部分遗迹。

梵蒂冈的历史在4世纪彻底改变了。公元313年，君士坦丁一世颁布了《米兰敕令》，宣布宗教宽容举措，并在传言圣彼得被埋葬的地方建造了一座教堂。公元42年，圣徒彼得和保罗一起来到罗马传道，但传言两人在67年殉道。

修建教堂工程量巨大，梵蒂冈山的斜坡被夷为平地，覆盖了墓地，大教堂半圆壁龛就建在圣彼得墓的正上方。这座巨大的教堂有一个中殿、四个侧廊、一个宽阔的耳堂和一个直到329年才完工的四面门廊的中庭。

大教堂很快成为城市生活的中心。周围开始修建公共建筑、教堂、修道院和朝圣者招待所。在南部，奥斯蒂安斯大道（Via Ostiense）上的圣保罗大教堂也是在4世纪建成的。像所有早期的基督教教堂一样，其平面布局为长方形，包含一个中殿和两条侧廊，每条侧廊的尽头都是一个半圆壁龛。尽管原来的教堂在1823年7月15日的一场大火中被毁，但重建后的建筑是对原建筑的忠实再现，尽管几乎没有保留原

▌第178页（上）
圣保罗教堂内的圣洛伦佐礼拜堂由卡洛·马德诺（Carlo Maderno）在1629年设计，也称为唱诗班礼拜堂。1928年，这些木制座席根据古列尔玛·卡尔代里尼（Guglielmo Calderini）的设计重新制作。

▌第178页（下）圣保罗教堂，即本笃会修道院，建于1世纪基督教教堂旧址之上。它毁于1823年7月15日晚的一场大火，重建历时长达一个多世纪，1931年中央铜门安装后，重建工作结束。

■ 第179页（左上）圣保罗大教堂建于1831年至1854年，有一个中殿和四条侧廊。重建工作由帕斯夸利·贝利(Pasquale Belli)负责，重建后的教堂与原教堂基本一致。天顶上装饰着教皇的徽章，他们曾为修复工作提供资金支持。

■ 第179页（右上）圣保罗大教堂内的圣餐礼拜堂（Most Holy Sacrament）建于1725年。它因12世纪和13世纪的圣母镶嵌图案装饰和13世纪彼得罗·卡瓦利尼（Pietro Cavallini）所绘《耶稣受难图》而出名，而他本人也埋葬于此。

■ 第178—179页
在12世纪和13世纪，圣保罗大教堂物质上和文化上高度发展。正是这一时期，来自威尼斯的顶尖镶嵌图案艺术家为半圆壁龛装饰了精美的镶嵌图案。

罗马和梵蒂冈城
罗马

来的结构。一幅5世纪的镶嵌图案画装饰着凯旋门的一侧,它将半圆壁龛和中殿分隔开来。半圆壁龛里的镶嵌图案刻画了基督与圣徒彼得、安德鲁、保罗和路加,出自13世纪威尼斯人之手。据说圣保罗下葬之处位于圣坛下方的殉道纪念间。

蛮族入侵实属一段黑暗时期,然而罗马人幸存了下来,与此同时,圣彼得大教堂周围出现了一处崭新社区。8世纪至9世纪,征得查理大帝同意后,教皇利奥三世决定在该处建造围墙,以保护这一地区,圣天使城堡(Castel Sant' Angelo)成为这座城市的唯一入口。然而,教皇一去世罗马人便推倒了城墙。公元846年,撒拉森人(Saracens)洗劫了这座城市。利奥四世建造新墙,再度保护了梵蒂冈,自此,该地区便获得了独立。尽管如此,几个世纪以来,教皇们仍然居住在罗马的拉特兰区。1277年,尼古拉斯三世成为第一位居住在梵蒂冈的教皇,他开始加固城墙。然而,在梵蒂冈成为教皇的永久住所之前,教会迁至阿维尼翁,教皇沦为了法国皇帝的"巴比伦之囚"。

14世纪,梵蒂冈变得破败不堪,15世纪时,君士坦丁的大教堂也成为一片废墟。1452年,尼古拉五世计划进行修复工作,半世纪后,朱利叶斯二世将此重任委托给了布拉曼特(Bramante)。1506年,新教堂终于开始动工。圣彼得大教堂在原教堂的废墟上拔地而起,旨在成为基督教的灯塔。这座巨大的长方形会堂是当时世界上最大的宗教建筑,中殿高186米,穹顶高136.5米,耗费一个多世纪才得以完成,并动员了意大利文艺复兴和巴洛克时期最伟大的建筑师参与其中。布拉曼特之后,拉斐尔、安东尼

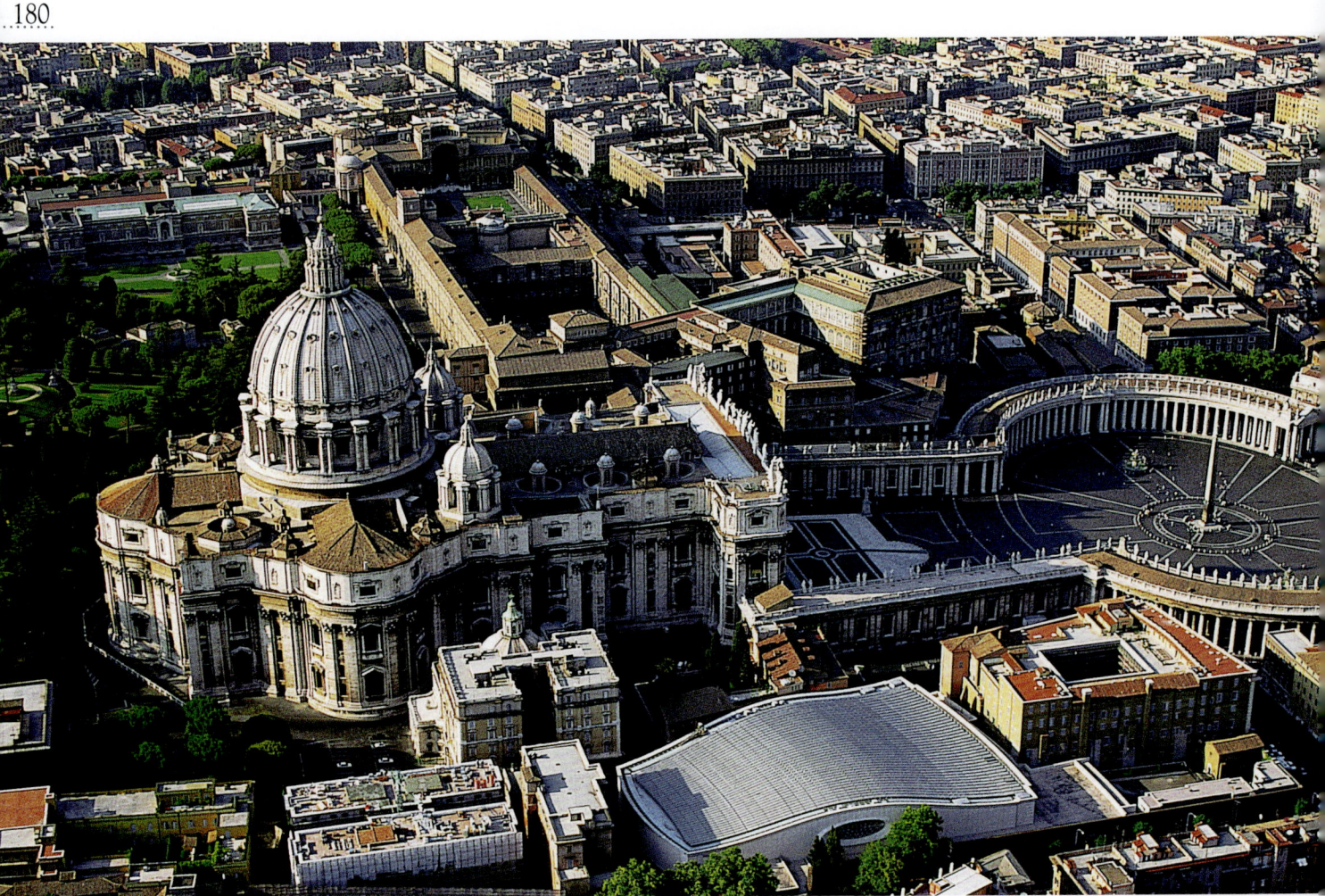

▌第180—181页
圣彼得大教堂及椭圆形柱廊包围的广场,这是由吉安·洛伦佐·贝尔尼尼(Gian Lorenzo Bernini)于17世纪中叶设计的。广场中心的方尖碑是罗马皇帝卡利古拉从埃及运来的,并于1586年9月10日竖立于此。

奥·达·小圣加诺（Antonio da Sangallo the Younger）、米开朗琪罗等艺术家呕心沥血，最终由卡洛·马代德诺于1614年完成了正面部分的建造。教堂内部有11个由大理石砌成的礼拜堂、5个圣坛和无数的艺术品，其中许多都是原来的教堂中流失后再度找寻回来的；其余的作品则是由16世纪和17世纪的艺术家受委托而完成的。

教堂内部是位于穹顶正下方的教皇圣坛，由米开朗琪罗设计，由尼法广场的一块大理石石板制成，该作品在16世纪末，即克莱门特八世担任教皇期间竣工，然而米开朗琪罗此时已经过世。圣坛上方华丽的镀金青铜华顶是由贝尔尼尼设计的，矗立在20米高的螺旋柱上，大教堂布满了精美的艺术品。最杰出的建筑物是米开朗琪罗25岁时设计

■ 第181页（上）这座由贝尔尼尼设计的青铜华盖建于1624年至1633年，重达37吨。它矗立在圣彼得大教堂圆顶下的教皇圣坛之上，是迄今为止最大的青铜遗址。

■ 第181页（下）《圣母怜子像》（The Pietà）是米开朗琪罗25岁时创作的作品，也是当今世界上最著名的雕塑之一。受法国国王查尔斯八世驻梵蒂冈大使委托，这座教堂在一年内完工，并置于圣彼得罗尼拉礼拜堂（St. Petronilla Chapel）内，即法国国王礼拜堂（Chapel of the French Kings）。

■ 第180页（下）324年至329年，君士坦丁在圣彼得的坟墓上建造了圣彼得大教堂，这本是卡利古拉和尼禄皇帝竞技场旧址，也是圣彼得被钉死的地方。当下我们所见的教堂由多纳托·布拉曼特设计，始建于1506年，即朱利叶斯二世担任教皇期间。

的白色大理石雕塑《圣母怜子图》，它矗立在圣门附近的礼拜堂里，落成于1499年。贝尔尼尼的其他作品包括大教堂半圆壁龛右侧的圣彼得主教座，以及献给教皇厄本八世和亚历山大七世的纪念碑，后者是他的最后一部作品，完成于1678年。贝尔尼尼还建造了大教堂前部的大型广场。该广场设计于1656年至1667年，一个弧状柱廊将其包围，1586年西克斯图斯五世搬至此处的埃及方尖碑位于广场中心。

梵蒂冈宫殿群在教堂旁边，是为历任教皇设计的住所。首个教皇宫殿是1198年为因诺森特三世建造的，在文艺复兴时期进行了装饰。

1473年，西斯图斯四世下令建造西斯廷教堂。因诺森特八世于15世纪末委托布拉曼特建造贝尔韦代里庭院，后来又进行了多次扩建，扩建集中在18世纪。这些宫殿珍藏着一系列艺术遗产：西斯廷教堂里收藏了波提切利、佩鲁吉诺、吉兰达约和米开朗琪罗的壁画，尤其是米开朗琪罗1541年在圣坛后方绘制的《最后的审判》。1508年至1512年的四年时间里，他主攻天顶壁画，刻画了《创世纪》《旧约》以及其他章节中的300多个人物。在同一时期，教皇尤利乌斯二世希望将他的前任及对手亚历山大六世曾居住过的房间重新装修，于是委托拉斐尔翻新

▎第182—183页
1508年，朱利叶斯二世委托米开朗琪罗为西斯廷教堂的天顶作画。短短四年内，他创作了举世闻名的壁画，再现《创世纪》和《旧约》等经典情节。

▎第183页（中）、183页（上）西斯廷教堂天顶上的两处细部，是《创世纪》中的情节，上面是《创造亚当》，中间是《逐出伊甸园》。

183

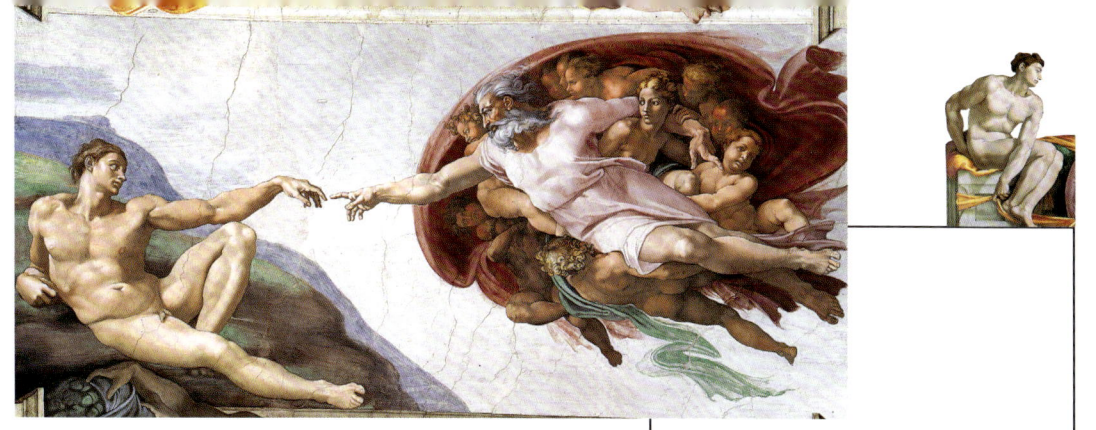

其私人套房的四个房间。耗时16年，拉斐尔没能等到它竣工之日。

18世纪中叶，随着神圣博物馆（Sacred Museum）和异教文物博物馆（Museum of Pagan Antiquities）的建立，教皇们向公众展示他们收集的神圣珍宝。首先展出的是希腊和罗马文物，自1837年始，埃及、亚述和伊特鲁里亚艺术作品也纷纷亮相。尽管梵蒂冈博物馆里大部分都是希腊和罗马艺术作品，但文艺复兴时期，教皇们曾委托拉斐尔、贝亚托·安杰利科（Beato Angelico）和平图里基奥（Pinturicchio）等艺术家来装饰墙壁，这些壁画无疑是杰出的展品。

画廊里的画作少而精，包括达·芬奇、拉斐尔、提香、多梅尼基诺和卡拉瓦乔等人的作品。1973年，保罗六世开始收藏现代艺术品，其中包括乔治·布拉克（Georges Braque）、保罗·克利（Paul Klee）和爱德华·蒙克（Edvard Munch）的作品，以及巴勃罗·毕加索（Pablo Picasso）的陶瓷作品。

梵蒂冈图书馆位于贝尔韦代雷和皮尼亚（Pigna）两座巨大庭院之间，古代和现代印刷品逾160万本，古籍善本超8300卷（其中65卷羊皮书），15万份手稿和档案文件，以及10万份图片。除此之外，图书馆还收藏大量秘密档案，包括信件、遗嘱和与天主教会历史相关的宣言。

▌第184页 拉斐尔在梵蒂冈亲自指导创作，收藏了系列壁画《博尔戈的火灾》（Fire in the Borgo）的房间是其在梵蒂冈指导的最后一件作品，他亲自绘制了房间弧形窗上罗马失火的场景，此处展现的拱顶壁画由佩鲁吉诺于1508年完成。

▌第184—185页 萨拉·雷贾厅（Sala Regia）建成于1527年罗马之劫后，装饰着乔治·瓦萨里和其他风格主义作家创作的大型壁画。顶部的灰泥浮雕出自佩里·德尔瓦加（Perin Del Vaga）之手，完成于1549年，即教皇保罗三世在位期间。

▌第185页（左上）木雕《基督受鞭》（Flagellation）置于明暗室（Chiaroscuri）内，由拉斐尔的学生们装饰，教皇将其作为自己的卧室。

▌第185页（右上）松球庭院以楼梯上方壁龛中的大型青铜松球造型命名。松球来自阿格里帕（Agrippa）浴室，用来装饰喷泉。庭院中央伫立着阿诺德·普莫德罗（Arnaldo Pomodoro）的青铜艺术品《浴池》（Sfera con sfera）。

▌第185页（下）地图画廊（Map Gallery）里天顶上有大量壁画，其名源自40幅展示了意大利的各区和教会领地的地图。

185

卡塞塔王宫、万维泰利水渠和圣莱乌奇奥建筑群

意大利 | 坎帕尼亚（Campania）
入选年份：1997
遴选标准：C（Ⅰ）(Ⅱ)(Ⅲ)(Ⅳ)

1860年9月20日，在一张巨大的巴洛克式办公桌前，朱塞佩·加里波第（Giuseppe Garibaldi）签署了一封文件，将自己至高无上的权力与意大利波旁王朝最耀眼的象征移交给萨伏依王室的维托里奥·伊曼纽尔二世。仅一个世纪前，查尔斯·波旁（Charles Bourbon）曾在这座府邸的奠基石上篆刻下这样一句话："愿此宫此门与波旁家族与此石同在。"

当时是1752年1月20日，在之后的22年里，为了修建这一与凡尔赛宫相媲美的宫殿，雇用了数以千计的工人，花费超过600万达克特金币。路易吉·万维泰利（Luigi Vanvitelli）出任工程总设计师，弗朗切斯科·科莱奇尼（Francesco Collecini）负责水利工程设计，帕多·帕尔西科（Paolo Persico）和彼得罗·索拉里（Pietro Solari）负责雕刻喷泉，巴黎设计师马塞尔·比安（Marcel Biancour）负责规划公园，英国植物学家约翰·安德鲁·格雷费尔（John Andrew Graefer）负责设计英式花园，他曾培育出欧洲第一株山茶树。

这座宫殿是非凡的。在启蒙运动倡导的理性指引之下，路易吉·万维泰利以及其子卡洛（后期从他父亲那里接手了这个项目）将巴洛克风格、新文艺复兴风格融于一体。宫殿高36米，由砖块和产自圣洛里奥（San Iorio）地区的石灰华岩砌成，而装饰则是在意大利南部和卡拉拉的大理石上雕刻而成。总计五层楼、1200个房间、34个楼梯通道和约2000扇窗户。华丽的中庭面朝主楼楼梯间，往里走可以看到从庞培（Pompeii）和赫库兰尼姆（Herculaneum）出土的雕像，在这儿有一个小宫廷剧院，曾上演帕西谢洛（Paisiello）和契马

▮ 第186页（左）通过华丽的主楼梯，可以从下层前厅前往皇家套房。注意这两只白色大理石狮子，它们出自彼得罗·索拉里和帕多·帕尔西科之手。楼梯有一个双椭圆拱顶，每逢重要场合，音乐家们在这里演奏，以欢迎国王和其他重要客人。

▮ 第186页（右）宝座厅（Throne Room）天顶上绘制了真纳罗·马尔达雷利（Gennaro Maldarelli）的壁画《卡塞塔王宫开工仪式》（Laying of the Palace's first stone）。这个房间长15米，宽13米，落成于1854年，是宫殿里最大的也是最后一个房间（最初总共有1200个房间）。

■ 第 186—187 页

卡塞塔宫的鸟瞰图。这座宏伟的建筑是长方形的，长 247 米，宽 184 米，有四个很大的内部庭院，高达五层楼。建筑师路易吉·万维泰利在回忆录中记载道，他只是把查尔斯·波旁三世的想法变为了现实，即模仿凡尔赛宫和马德里的布恩雷蒂罗(Buen Retiro)来设计卡塞塔宫。

罗萨（Cimarosa）的歌剧，也可以看到圣诞马槽，里面有 1200 多座 18 世纪的牧羊人和动物雕像，它们出自那不勒斯的顶尖大师之手。此外，王室套房内收藏了大量 18 世纪末和 19 世纪初的绘画、家具和室内陈设品。

这个巨大的公园占地 120 公顷，囊括草地、树篱、花园和树林，两

■ 第 187 页（上）

新套房内的马尔斯房间（Mars Room）是安东尼奥·德·西蒙（Antonio de Simone）于 1810 年建造的，颇具皇家风格，有 12 个大理石浅浮雕，由瓦莱里奥·维拉里尔（Valerio Villareale）、克劳迪奥·蒙蒂（Claudio Monti）和多梅尼科·马苏奇（Domenico Masuci）绘制，描绘的是《伊利亚特》(The Iliad) 的情节。

■ 第 187 页（下）

镀金和灰泥粉饰的宝座厅。宫殿里还有其他重要的房间，包括艺术馆的十个展厅，以及一楼的宫廷剧院，它是 18 世纪剧院建筑的典范之一。

条大约 3.2 千米长的大道蜿蜒其中。十二个瀑布和水池将维纳斯喷泉和阿多尼斯喷泉（Adonis）与宫殿相连。宫殿后方是 78 米高的大瀑布，卡洛琳水渠（Caroline Aqueduct）将水流输送至此。卡洛琳水渠也是由万维泰利设计的，将山泉的水流输送至 40 千米之外的此处。最壮观的部分是蓬蒂·德拉瓦莱（Ponti della Valle）高架桥，长 529 米，高 56 米，是一个三层拱门式建筑。

1759 年，查尔斯·波旁调任为西班牙王位继承人，未能居住于此辉煌建筑之中。其子费迪南接任了他的位置，年方八岁。起初，他以费迪南四世的身份担任那不勒斯的国王。自 1816 年起，他以费迪南一世的身份成为西西里的国王。他是个开明的统治者，喜欢举办宴会和打猎，他是卡塞塔的生命和灵魂，卡塞塔很快成为当时知识分子云集之处。

受加埃塔诺·菲兰杰里（Gaetano Filangieri）乌托邦主义的启发，国王在附近的圣莱乌奇奥村（San Leucio）建立了一个"快乐之城"，即费迪南多城（Ferdinandopolis）。为了确保经济独立，村子里建立了丝绸和纺织厂，村庄的法律基于平等和相互扶持。然而，波旁家族的财产被萨伏依家族没收，工厂也被私人收购，村庄的繁荣戛然而止。从费迪南一世统治时期起，这里就保留了科莱奇尼设

■ 第 188 页（上）大瀑布水池（Great Cascade），也称为戴安娜喷泉（Fountain of Diana）。此处的雕像再现了狩猎女神的神话传说，图中女神正将亚克托安变成一只牡鹿。

■ 第 188 页（下）戴安娜和亚克托安位于大瀑布水池中央。这组作品由安杰罗·布鲁内洛（Angelo Brunello）和彼特罗·索拉里共同完成。

■ 第 188—189 页 公园占地 120 公顷，喷泉和阶梯瀑布是其特色。在这幅画中展现的是丘比特、仙女和狗的雕像群，他们围绕着加埃塔诺·萨洛莫内（Gaetano Salomone）设计的维纳斯喷泉，描绘的是女神恳求阿多尼斯不要去打猎。

■ 第 189 页（左上）路易吉·万维泰利设计的蓬蒂·德拉瓦莱是卡洛琳水渠中最重要的一部分，始建于 1752 年，长 40 千米，于 1769 年 6 月 27 日通水。

■ 第 189 页（右上）从大瀑布顶端俯瞰公园的阶梯瀑布，高架桥引来的水流飞奔而下形成瀑布，落差达 78 米。

计的极富吸引力的城市布局，可以欣赏贝尔韦代雷（Belvedere）皇家别墅中由费迪南·菲亚斯凯蒂(Fedele Fiaschetti)绘制的天顶壁画，一览卡塞塔宫殿和公园的壮丽景色。今天，在圣卢西奥仍有很多生产高质量织物的丝绸工厂。

▌第190页（左上）

18世纪落成的赫拉克勒斯喷泉(Fontana di Ercole)位于圣多梅尼科教堂前的一个小花园里，是诺托(Noto)典型的巴洛克建筑。罗萨里奥·加格里亚蒂(Rosario Gagliardi)于1737年设计了它，窄柱装饰着它凸圆形的正面。

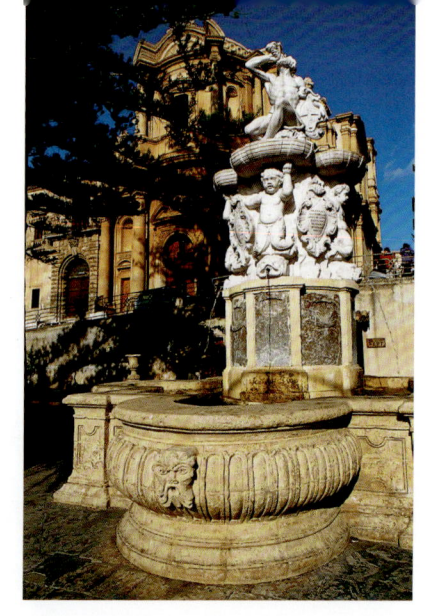

▌第190页（右上）

尼可拉齐宫(Palazzo Nicolaci di Villadorata)是18世纪早期贵族住宅的典范，以阳台上的精美装饰而闻名。细部处为一个托梁，刻画了一头暴虐的狮子。

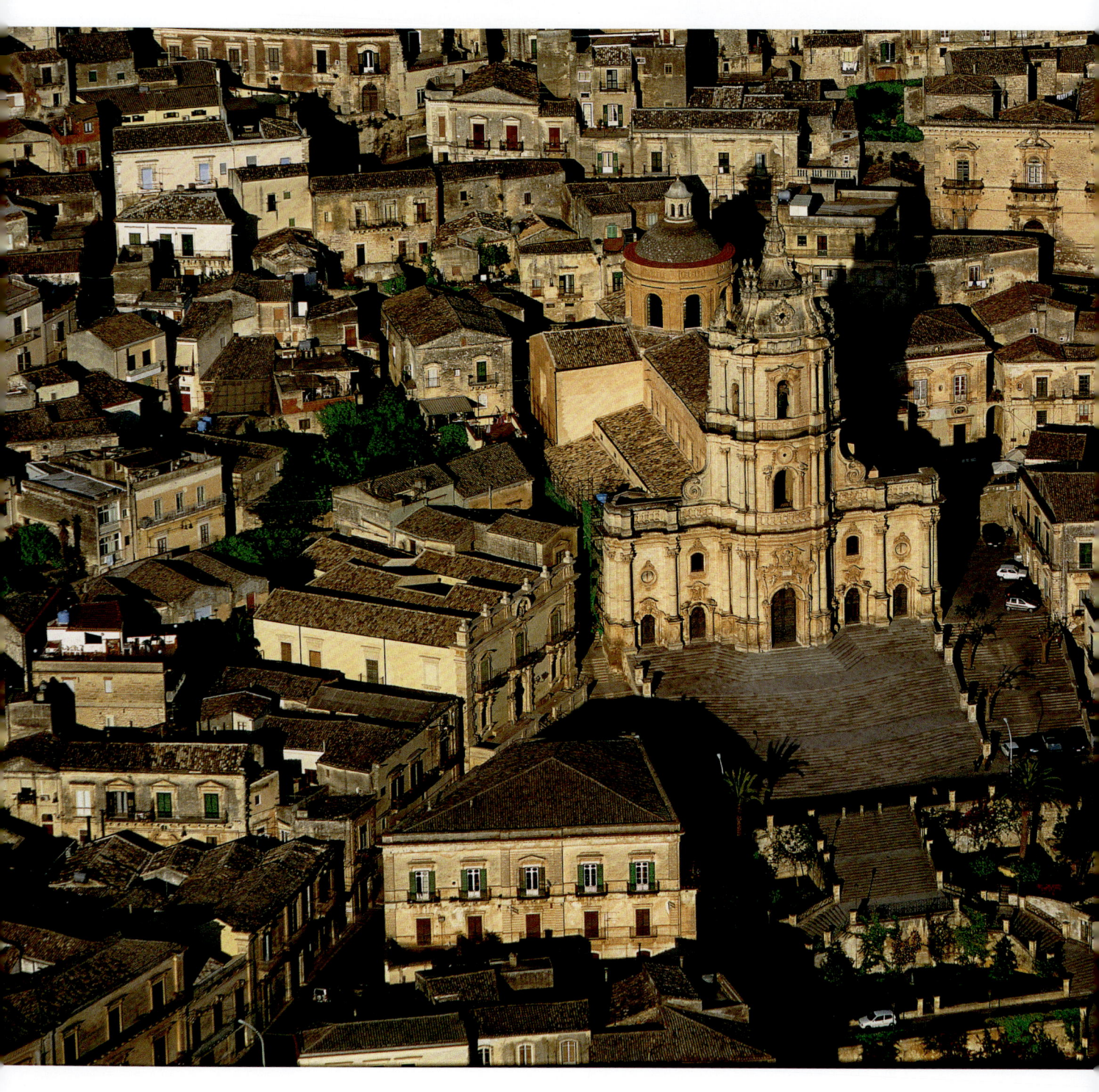

第190—191页 圣乔治大教堂（Cathedral of St. George）位于莫迪卡中心（Modica），坐落于一座建于19世纪的台阶上，风景优美。1693年地震后，便开始了教堂的重建工作，1848年，当教堂的正面完工后，重建工作才告一段落。

诺托谷地的晚期巴洛克风格城镇

意大利 | 卡塔尼亚省（Catania）、拉古萨省（Ragusa）、锡拉库萨省（Siracusa）
入选年份：2002
遴选标准：（Ⅰ）（Ⅱ）（Ⅳ）（Ⅴ）

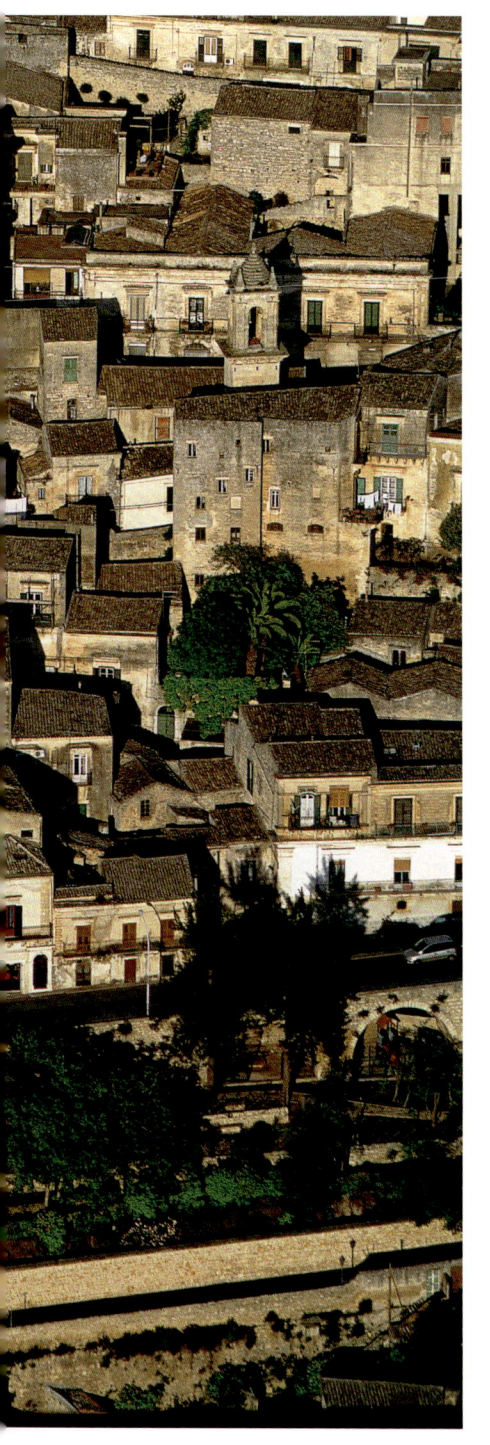

根据19世纪阿伯特·弗朗西斯科·费拉拉（Francesco Ferrara）的记载，地震发生在1693年1月11日。两天前和那个星期天的早上人们就已感受到了首次强烈的震动，夜幕降临后，地震袭击了西西里岛东部，后根据麦加利地震分级，这场地震为11级。地面出现裂缝，海水退去而又回流，导致海啸席卷海岸。最终，六万人因此丧生。仅在卡塔尼亚，就有三分之二的人失去了生命，整个城镇都被夷为平地，仅五所房屋幸免于难。诺托山谷的几十个城镇和村庄一瞬间在地图上消失。

1693年的这场地震与1908年的墨西拿（Messina）地震被列为意大利历史上最严重的自然灾害，无数预言、传说以及凄惨的故事萦绕其中。但对于西西里岛人民而言，这开启了一个非凡的时代。他们在废墟中开始重建家园，在城市规划和设计上勇于拓新，达到了欧洲巴洛克式建筑的顶峰。18世纪和19世纪的重建工作实现了高度的艺术和谐。因此，2002年，卡尔塔吉罗内（Caltagirone）、米利特洛·瓦勒·迪·卡塔尼亚（Militello in the valley of Catania）、卡塔尼亚、莫迪卡、诺托（Noto）、帕拉佐洛（Palazzolo）、拉古萨和希克利（Scicli）八座城市被列为世界文化遗产。

如此多重建的城市中，卡塔尼亚和诺托十分具有代表性。道路宽阔笔直，城市呈网格化布局，宫殿和教堂风格统一，处处装潢精美，统一使用黑色熔岩和浅色石灰岩，大教堂广场（Piazza del Duomo）中布满富丽堂皇的装饰，这些都使得它成为该地区最重要的城市。它的设计也史无前例——城市围绕着埃特纳火山（Etna Volcano）而建；除此之外，市民勤劳肯干，本笃会的历史学家维托·阿米哥（Vito Amico）曾写道："市民们争相投入重建之中。"

大家之所以如此士气高昂，功臣是卡马斯特拉市镇（Camastra）的朱塞佩·兰扎（Giuseppe Lanza）公爵。地震后，他火速上任，担任王国的

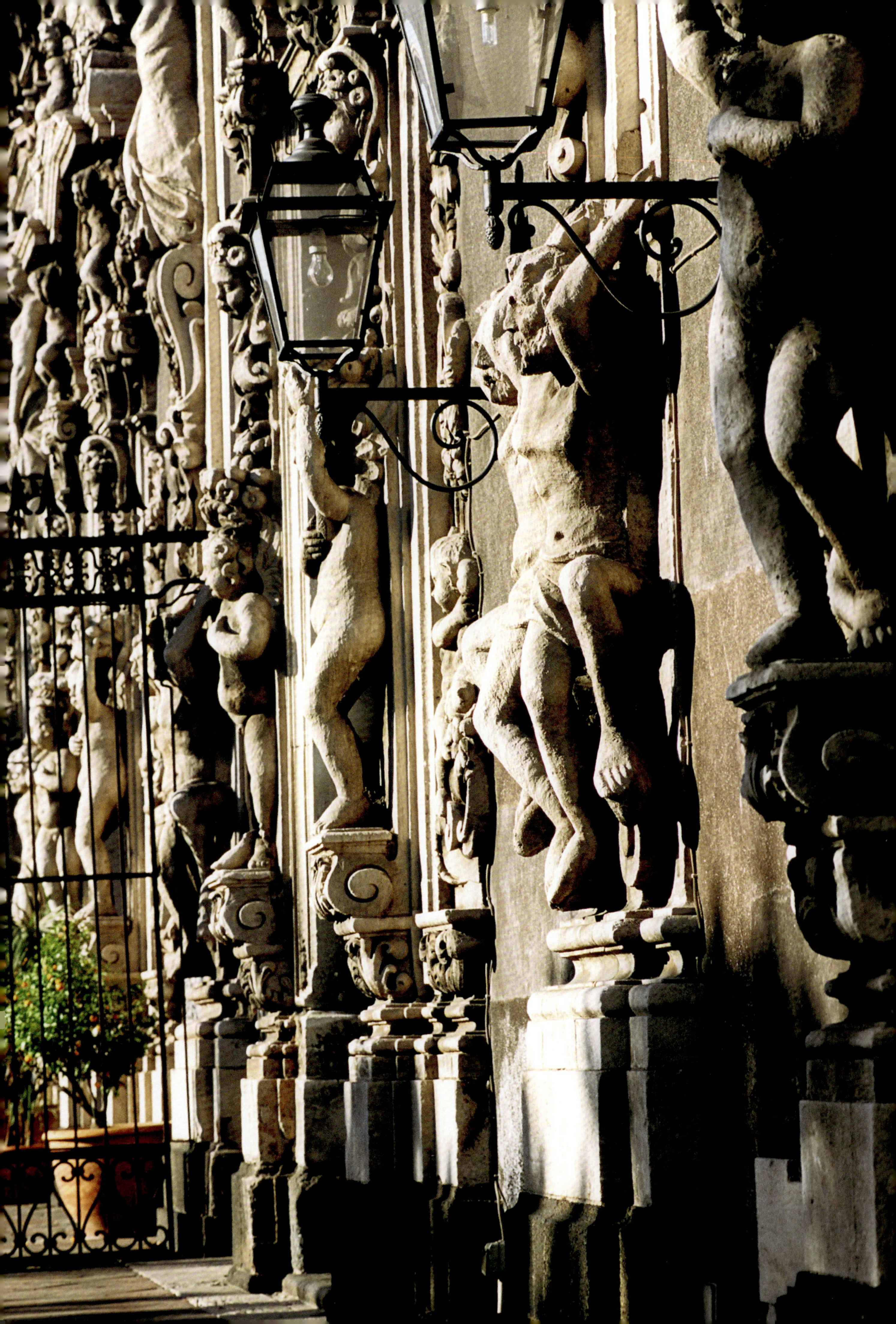

■ 第192页 卡塔尼亚的比斯卡里宫（Biscari Palazzo）的正立面，其特点是装饰着巴洛克花朵的壁柱、灰泥柱和男像柱，该宫建于1693年地震后。

■ 第193页（上）拉古萨的圣巴托洛梅奥教堂（Church of San Bartolomeo），内部仅有一个用灰泥和金箔装饰的中殿，是晚期巴洛克和洛可可风格的代表作。

■ 第193页（左下）阿西西的圣方济各教堂（Church of San Francesco d'Assisi all'Immacolata）坐落在卡塔尼亚市中心的圣方济各广场上，正立面是晚期巴洛克风格，有两根立柱，两侧有两个钟楼。

■ 第193页（右下）位于卡塔尼亚，朝向比斯卡里宫（Palazzo Biscari）露天阳台的窗户，其丰富的巴洛克风格装饰展现了繁荣富饶。

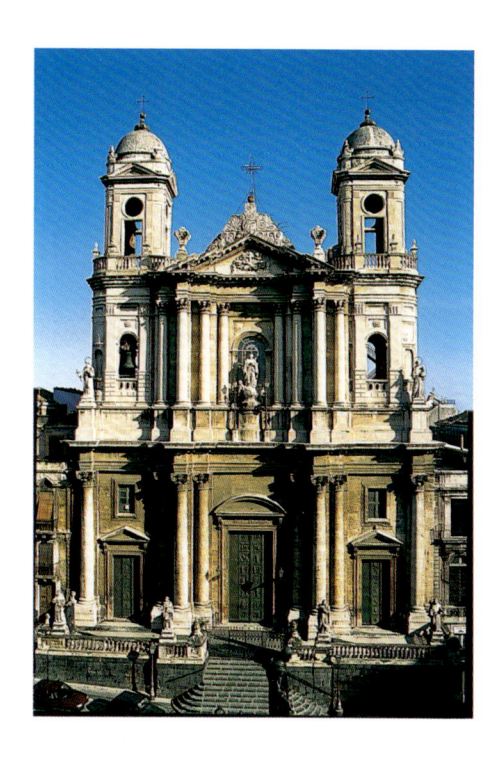

代理主教，负责诺托壁垒（Val di Noto）的重建工作。上任仅一年，他便推出了新的城市设计方案。

几十年来，卡塔尼亚一直处于修建中，吸引了大批来自西西里岛和欧洲大陆的建筑师。大教堂得以重建，一系列杰作，如牧师宫殿（Palazzo dei Chierici）、市政厅、大学、学院大教堂、救济圣母教堂（Basilica Collegiata）等，第一个重建的是圣德梅特里奥宫殿（Palazzo San Demetrio），大量白色石头点缀其中。

然而只有在诺托，尤其是其宫殿、教堂、修道院、广场和喷泉，我们才能最强烈地感受到巴洛克风格。建筑师朱塞佩·福门蒂（Giuseppe Formenti）于1699年开始设计修建新的诺托城，尽管早至1693年，这座城市最宏伟的建筑——大教堂，原名圣尼古拉斯大教堂（Cathedral Church of St. Nicholas）就已经开始重建，直到1770年前后才完工。其正立面华丽壮观，宽达40米，受文艺复兴主题的影响，彰显着巴洛克风格。内部有三个廊道，使人联想到伟大的罗马长方形教堂。随后的几个世纪，大教堂历经兴衰变迁：1780年和1848年两度发生地震，穹顶倒塌，后一次地震再次发生在1月11日，与1693年的地震是同一天。最近一次地震发生在1990年。1996年3月13日，穹顶、中部中殿和东部中殿倒塌。此后历时十一年，修复工作得以完成，2007年5月26日重新对外开放，它再次成为诺托壁垒重生的象征。

巴塞罗那的古埃尔公园、古埃尔宫和米拉公寓

西班牙　加泰罗尼亚自治区（Catalonia）巴塞罗那（Barcelona）
入选年份：1984
遴选标准：C（Ⅰ）（Ⅱ）（Ⅳ）

冬天临近，纺织业富商欧塞比·古埃尔·巴西加卢皮前往巴塞罗那的帕西格·德格拉西亚（Passeig de Gracia）大街，准备购买一副手套，他爱好狩猎，喜欢瓦格纳（Wagner）的歌剧。到达商店后，他被橱窗所吸引，于是走进商店，询问如此富有想象力的橱窗展示出自何人之手。橱窗设计师叫安东尼·高迪·科尔内特（Antoni Gaudí y Cornet），刚从巴塞罗那大学毕业，来自塔拉戈纳省（Tarragona）附近的雷乌斯（Reus）。自然而然地，古埃尔忘记了购买手套，但他做出了另一个重要的决定：他决定赞助高迪进行艺术创作。这是建筑史上的一个转折点，这段关系将成为历史上最为成功的创造性联盟。

完成了一些小型任务后，1886年，古埃尔委托高迪在市中心卡列诺德拉兰布拉（Calle Nou de la Rambla）的一小块土地上为自己设计居所。年仅34岁的高迪为古埃尔设计了自己的第一件杰作——古埃尔宫（Palau Güell）。古埃尔宫的核心是三层楼的接待大厅。受阿拉伯式建筑启发，宫殿有一个穹顶，穹顶上有小孔，由此产生夜空的效果。高迪满腔热情，凡事必定亲力亲为。

■ 第194页（上）
一处喷泉的细部，喷泉从龙口缓缓流出。高迪为古埃尔宫设计了一套水利系统，阀门和水龙头往往隐藏在最奇特之处。

■ 第194页（下）
古埃尔公园的入口处。实际上最初的设想只实现了一小部分，古埃尔希望此处成为一个坐拥六十个独立住宅的花园街区，屹立于巴塞罗那门户之处。

▍第 194—195 页
古埃尔公园的穹顶，斑斓的色彩是其最大特色。建筑上镶嵌的锡釉陶碎片大多来自陶瓷厂废料区。

▍第 195 页（右上）
公园的另一处建筑细部。高迪也为古埃尔设计了古埃尔宫，与公园一样同样富于想象力。

计津津乐道，高迪也凭此步入了一流设计师行列，接受大家的赞誉和委托。随着时间的推移，其风格日渐成熟，在此时期，他开始着手设计自己最著名的作品——圣家堂（Sagrada Familia），然而一个世纪后仍未竣工。1900 年，古埃尔再次委托高迪，他希望在一座小山上的僻静之处建立古埃尔公园，使其成为一个巨大的街区花园，俯瞰整个巴塞罗那。这将是其创作生涯中最具

他弯曲熟铁以制作灯、栏杆和大门，设计了家具及屋顶，在屋顶上，有一个童话世界里才会出现的烟囱，上方有一个蘑菇状的陶瓷帽。

巴塞罗那的人们都对这个设

▍第 195 页（左下）
古埃尔公园里，植物郁郁葱葱，建筑富丽堂皇。高迪的奇思妙想来自大自然的启发。

▍第 195 页（右下）
古埃尔公园内有一段迷人的走廊，多利克式（Doric）圆柱是其特色。

- 第196页（上）米拉公寓也叫采石场，占地面积1000平方米，位于伊格萨姆普勒区（Eixample）中心德·格拉西亚大街（Passeig de Gracia）和普罗文萨大街（Calle Provenza）的街角。
- 第196页（中）古埃尔宫餐厅壁炉亦由高迪设计，沿袭其一贯的风格。
- 第196页（下）古埃尔宫的大型中央客厅有三层楼高，高迪在其穹顶内设计了很多小孔，使人仿若置身于夜空之下。
- 第197页 古埃尔宫的正面。凹凸起伏仿若沙丘，承重柱和阳台上装饰着铸铁镶嵌物，弯曲成奇异的形状，与加泰罗尼亚现代主义的联系已逐渐淡化。

原创性的作品。

该区划分为了六十个小区，每一个小区都是一个独立的家庭住宅。尽管住宅区建设从未付诸现实，但高迪设计了五个元素构成的街道：一个主街、一条大道、一座广场、若干车道和人行道。入口处有一个希腊式庙宇，里面有多利克式圆柱和从天花板上垂吊而下的陶瓷玫瑰。整个公园充满了奇妙的造型和五颜六色的瓷片，陶瓷工厂废弃的小陶瓷片在高迪这里却另有用处，他用小瓷片装饰这里的一切。环绕大型露台的波浪栏杆和长凳是其风格的最佳体现。

在德·格拉西亚大街和普罗文萨大街的街角，加泰罗尼亚富商佩雷·米拉·坎普斯（Pere Milá Camps）拥有一块占地约1022平方米的土地，1906年，他委托高迪在此建造一处公寓。高迪的才华和创造力得到充分发挥：他用石头雕刻成波浪状的房屋，似乎与生命共扩张同收缩。承重结构由锻铁大梁，以及采用砖与金属框架支撑的拱顶组成。建筑正立面的建设中规中矩：高迪先画出草图，然后现场切割和塑形石块，并将其放到合适的位置上。此时，他会根据自己的灵感调整曲线和形状。对路人来说，这条街越来越像一个采石场，这也确实成为米拉公寓（Casa Milá）在巴塞罗那的别名。屋顶上的烟囱就像蒙面战士，烟囱的落成宣告公寓的竣工。

建筑师充分发挥其想象力，导致公寓建造持续了四年。当它完成后，佩雷·米拉兴致勃勃地入住公寓第一层，其妻罗萨里奥并不欣赏高迪的想象力，不得不假装很喜欢这栋建筑。米拉公寓是高迪建设的最后一个非宗教建筑，从那时起直至1926年去世，他一心扑到修建神圣家族大教堂上。高迪逝世后，罗萨里奥将米拉公寓的一楼改造成一个优雅但平庸的路易十六风格的公寓。

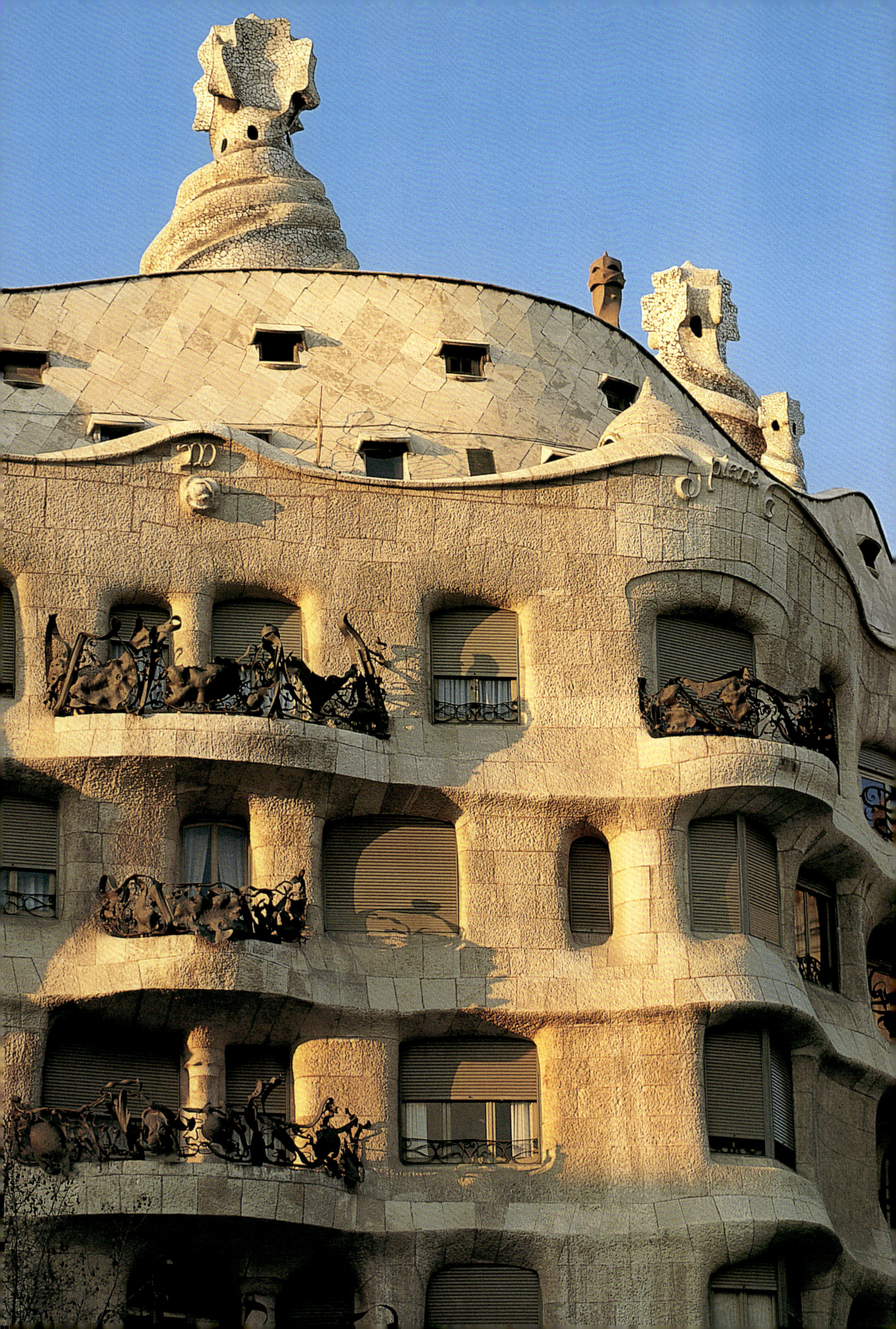

埃纳雷斯堡的大学城及历史区

西班牙 | 马德里自治区（Autonomous Community of Madrid）
入选年份：1998
遴选标准：C（Ⅱ）（Ⅳ）（Ⅵ）

在每年4月23日举行的庄严仪式上，西班牙国王会颁发该国最负盛名的文学荣誉——塞万提斯奖（Cervantes Prize）。典礼于傍晚时分在帕拉宁福厅（Paraninfo）举行，其前身是阿尔卡拉大学（University of Alcalá de Henares）的大礼堂。该礼堂是穆德哈尔式艺术的杰作，屋顶装饰着红色、蓝色和金色的几何图案，地上则铺着讲究的彩釉瓷砖，其所在的建筑建于1516—1520年。但埃纳雷斯堡（Alcalá de Henares）除了美丽的大厅外，其本身也是极具象征意义的。一方面，西班牙文学之父、《堂吉诃德》的作者米格尔·德·塞万提斯·萨维德拉（Miguel de Cervantes Saavedra）于1547年出生于此；另一方面，它也是历史上第一座大学城。

阿尔卡拉大学由红衣大主教弗朗西斯科·希门尼斯·德·西斯内罗斯（Francisco Jiménez de Cisneros）建立，而后教皇亚历山大六世于1499年4月13日颁布教皇诏书使之地位得以巩固，可以说，它是文艺复兴时期文化的首次大型展现。尽管位于巴黎和萨拉曼卡等处的大学拥有更悠久的历史，但阿尔卡拉大学的独特之处在于，它不是一个被禁锢在修道院墙中、只为学习而存在的场所，在这里，文化与社会首次互动。此外，还有明文规定文化是行使权力的基本要求。

在这一时期，现代国家开始在欧洲成型，同时，天主教西班牙开始向美洲扩张，迫切需要教会中能履行政治职能的人。西斯内罗斯完美地理解和诠释了这一历史时刻。他认识到有必要通过革新教会精英的知识教育和教义文本来调整神学原则。他设想他的大学城应是一所"上帝之城"，布局合理且配备有良好的基础设施。

埃纳雷斯堡的核心是献给圣伊尔德丰索（San Ildefonso）的马约尔学院（Colegio Mayor）。马约尔学院既是神学研究中心，也是校长的住所。校长按年委任，在学术、司法和经济上享有广泛权力。西斯内罗斯罗在马约尔学院附近建立了五所规模稍小的学院：研究亚里士多德物理学的圣卡塔利娜学院（Santa Catalina），研究语法的圣欧亨尼奥学院（San Eugenio），研究逻辑的圣巴尔比纳学院（Santa Balbina），研究希腊语的圣伊西多罗学院（San Isidoro），以及研究医学的马德雷德迪奥斯学院（Madre de Dios）。

当埃纳雷斯堡的大学增加到33所

▎第198页（左）
银匠式风格的圣伊尔德丰索马约尔学院，为校长驻地。1553年，罗德里戈·吉尔·德·亨塔南（Rodrigo Gil de Hontañon）用来自瓜达拉哈拉省（Guadalajara）塔马洪（Tamajón）的金色石头建造而成。注意窗户上精美的雕塑和查理五世的盾徽。

▎第198页（右下）
帕拉宁福厅的长凳和穆德哈尔式的装饰。每年的4月23日，西班牙国王会颁发以米格尔·德·塞万提斯命名的著名文学奖。

时，圣伊格纳西奥·迪·洛约拉（Sant Ignacio di Loyola）、洛佩·德·维加（Lope de Vega）、弗朗西斯科·德·克维多（Francisco de Quevedo）、蒂尔索·德·莫利纳（Tirso de Molina）和考尔德伦·德·拉·巴卡（Calderón de la Barca）都曾在此求学。18世纪时，阿尔卡拉大学开始缓慢衰落，直到1836年，校长之职转到首都马德里，埃纳雷斯堡这座城市的居民也越来越少。然而，该大学在1977年又重新开放。时至今日，它都是一所前卫的学府，其人文学科融合了从安特萨纳医院（Hospital de Antezana）继承而来的各种实验科学。该医院是西班牙最古老的卫生机构，于1483年成立于埃纳雷斯堡。

1380年，应托莱多大主教佩德罗·特诺里奥（Pedro Tenorio）之愿，许多极具价值的建筑周围都修筑了围墙，同时还兴建了一些矩形塔楼。位于帕拉宁福厅旁的圣伊尔德丰索教堂（Capilla de San Ildefonso，建于1510年）由多梅尼科·凡切利（Domenico Fancelli）和巴托洛梅·奥多内斯（Bartolomé Odoñez）共同设计，以大理石雕塑作为装饰，因其穆德哈尔式的装潢以及西斯内罗斯的墓地而闻名。最值得密切关注的大学学院是马约尔学院，圣佩德罗和圣巴勃罗学院（Colegio de San Pedro y Pablo），以及马拉加学院（Colegio de Malaga）。其中，马约尔学院建筑的正面是西班牙银匠式风格，装饰以雕像（1553年），华丽万分。同样值得一提的还有圣伯纳多修道院（Convento de San Bernardo）以及圣费利佩纳利教堂（Oratorio de San Felipe Neri）。前者拥有出自安杰洛·纳迪（Angelo Nardi）之手的壁画，后者建于1694年，拥有精美的木雕。

大教堂也是应西斯内罗斯之愿建造的，属于晚期哥特式风格。因其教士都是大学教职员工，所以它只与比利时的洛瓦尼奥（Lovanio）教堂共享教师教堂（16世纪教皇的尊称）的头衔。不幸的是，由于内战时的一场大火，这座教堂内的高大圣坛和众多礼堂几乎被完全烧毁。

在内战时期遭到严重损毁的还有由五个回廊组成的中世纪建筑大主教宫（Archbishop's Palace）。大主教宫内有一间萨拉·德·拉·恩特维斯塔厅（Sala de la Entrevista），因克里斯托弗·哥伦布（Christopher Columbus）和卡斯提尔王国伊莎贝拉女王（Queen Isabella of Castile）在此进行第一次决定性会面而得此名，这也是埃纳雷斯堡在西班牙历史上扮演重要角色的又一例证。

▎第198—199页 马约尔学院的主庭院及其三层长廊。这个大型开放区域由戈麦斯·德·莫拉（Gómez de Mora）设计，献给圣托马斯·德·维拉努埃瓦（San Tomás de Vilanueva），于1662年完工。

▎第199页下 位于塞万提斯广场的埃纳雷斯堡市政厅。《堂吉诃德》的作者于1547年在此出生，后成为西班牙最古老的卫生机构——安特萨纳医院的医生。

格拉纳达的阿尔罕布拉宫、赫内拉利菲宫和阿尔拜辛区

西班牙

格拉纳达（Granada），安达卢西亚（Andalusia）
入选年份：1984，1994*
遴选标准：C(Ⅰ)(Ⅲ)(Ⅳ)

* 为包括阿尔拜辛地区在内，入选年份延至1994

1492年1月2日，纳斯利德王朝的最后一位统治者阿布·阿卜杜拉被迫撤离他心爱的格拉纳达（Granada），他停下来向阿尔罕布拉宫做最后的告别，据说他当时泪流满面，母亲责备他道："因为你不能像个男人一样捍卫你的王国，所以只能像个女人一样哭哭啼啼。"如今，一个无名的加油站矗立在这个地方，但西班牙人仍延续此地的旧称"摩尔人的叹息"，以纪念这位失落的落败统治者。

以穆罕默德·伊本·纳斯尔（Muhammad ibn Nasr）命名的王朝在军事上默默无闻，但得益于其有力的外交手段，它成功地在基督教对西班牙的重新征服中生存了两个世纪之久，存在的时间比安达卢西亚的所有其他穆斯林属地都要长。

纳斯利德王朝（Nasrid）始于1245年，当时伊本·纳斯尔被卡斯提尔王国费迪南德三世的军队赶出了他的家乡哈恩，于是他把首都迁至格拉纳达以避难。纳斯利德王朝坐拥从格拉纳达到地中海、从塔里法（Tarifa）到阿尔梅里亚（Almería）的领土。但它生存艰难，既受到日益强大的基督教国家的威胁，还要遭受摩洛哥马林王朝（Marinid Dynasty）的攻击。为缓解西班牙的压力，伊本·纳斯尔很快被迫与费迪南德三世签署和平条约，每年向他进贡并同意在发生战争时协助他。条约的条款使这位穆斯林领袖处在了艰难的境地，在1248年塞维利亚被费迪南德三世围攻时，他不得不派兵前往，这使伊本·纳斯尔在他的穆斯林兄弟面前形象扫地。当他和他的儿子穆罕默德二世被迫向马林家族请求援助以抵抗卡斯提尔王室的无理要求时，这一点就更加明显了。

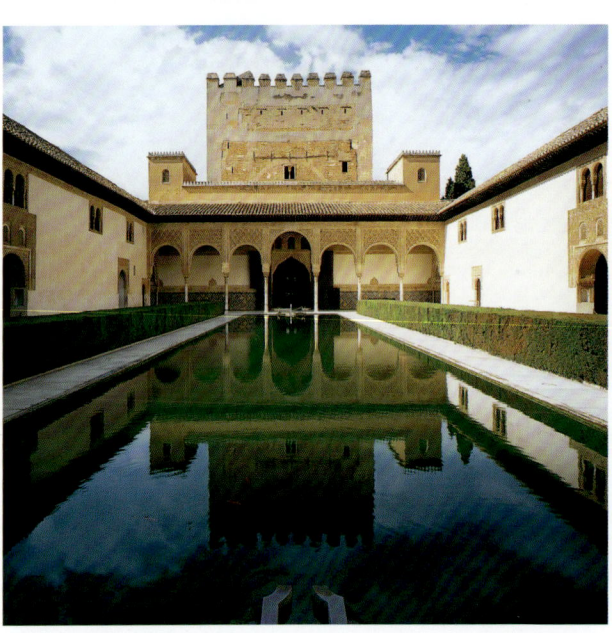

这种不相称的联盟本应引发西班牙的军事行动，但西班牙人无暇顾及内华达山坡上的小块领土，而是更加重视从摩尔人手中夺回的穆斯林领土。因此，格拉纳达成为一个历史、宗教和政治上的悖论：它的15万居民都是穆斯林或犹太人，但却不得不承认周遭的基督徒的权威。在城内，纳斯利德王朝的座右铭"胜者追随真主"随处可见，还遍布在阿尔罕布拉宫的墙壁上。

> 第202页（左上）
> 背驮着华丽喷泉的12只大理石石狮象征着黄道十二宫，阿尔罕布拉宫的里昂庭院（Patio de los Leones）也因此得名。

尽管格拉纳达的命运好坏参半，但在 14 世纪时它的艺术和科学都十分繁荣，拥有众多学校、医院和公共浴室。它与意大利的丝绸贸易带来了可观的收入，农民生产的大量丰富食品被送往马拉加港口出口到国外。

1238 年，当纳斯利德宫廷仍在哈恩时，穆罕默德·伊本·纳斯尔就着手在山顶上建造宫殿，那里是柏柏尔人的堡垒阿尔卡萨巴（Berber fort Alcazaba）的旧址。他雄心勃勃，想要将军事前哨的废墟变成《古兰经》中描绘的陆地天堂，拥有一个由溪流浇灌的茂盛花园。他的工程师改变了顺内华达山脉而下的溪流的走向，为水渠、储水池和喷泉提供水源，并灌溉花园。穆罕默德的计划止步于此，而后他的继任者优素福一世（1333—1354 年）和穆罕默德五世（1354—1391 年）完成了西方最非凡的伊斯兰建筑：阿尔罕

▎第 200 页（下）
桃金娘庭院位于阿尔罕布拉宫的建筑群中部。庭中有一个大鱼池，周围环绕着桃金娘树篱和拱廊。水池的风光绝佳，还能将光线反射到周围的房间里。

▎第 200—201 页
阿尔罕布拉宫建筑群的鸟瞰图。1526 年，查理五世将文艺复兴风格的建筑加入这个建筑群中（即图中央的宏伟建筑）。

▎第 201 页（右上）
纳斯利德王朝的统治者将阿尔罕布拉宫设计为伊斯兰教的人间天堂，对空间、光线和水的巧妙运用是该建筑群的典型特征。这张照片捕捉到了狮子庭院细长圆柱的光影。

▎第 201 页（右下）国王厅（Sala de los Reyes）的天花板上布满了 14 世纪的华丽皮革画，描绘了骑士和狩猎的场景。

布拉宫。阿尔罕布拉宫得名于阿拉伯语"红色的事物",因为建造宫墙用的是红黏土。

1348年建成的司法门(Puerta de la Justicia)是纳斯利德宫殿的入口。外拱门拱顶的拱心石刻有一只张开的手,五指分别象征着伊斯兰教的五大支柱:信仰、祈祷、斋戒、仁慈和麦加朝圣。然后进入桃金娘庭院(Patio de los Arrayanes),那里有一个大鱼池。使节厅(Salón de Embajadores)是阿尔罕布拉宫最大的房间,占据了整个庭院,它建于1334年至1354年,金银丝工艺的天花板象征着穆斯林宇宙观中的七重天。

桃金娘庭院的右侧是闺房(妇女的私人住所),可以看到狮子庭院(Patio de los Leones),狮子庭院得名于庭中央象征着黄道十二宫的十二座大理石狮子。狮子用背部托起喷泉,喷泉下方设有从四个方向引出的四条小渠用于供水,小渠代表着天堂中的河流,上方则设有雪花石盆用于聚水,水再从石狮口中泻出。庭院被一个由124根细长柱子组成的柱廊所包围,两侧则坐落着宫殿中最漂亮的两个房间:分别是两姊妹厅(Sala de Dos Hermanas)和阿本瑟拉赫斯厅(Sala de los Abencerrajes),前者得名于嵌入屋内地板的两块大理石板,后者则得名于一个敌对贵族家族,据说该家族在此厅的某次宴会上遭到屠杀。这两个房间的墙壁都用的是图案精致的锡釉瓷砖,而后者的灰泥天花板以钟乳石为饰,由此形成5000个壁龛,仿若一个蜂巢。

阿尔罕布拉宫的本质是官邸,这意味着需要另建一座夏宫以备纳斯利德统治者远离国事,养精蓄锐。因此,在建筑师阿文·瓦利德·伊斯梅尔(Aben Walid Ismail)的监督下,赫内拉里菲宫于1318年在阿尔罕布拉宫北部的山上建成。建筑的名字来自阿拉伯语"天国的花园"。时至今日,宫殿只残存了两座塔楼,隔着水渠庭院(Patio de la Acequia)遥相呼应。水渠庭院是一座东方花园,环抱着一座长条形的喷泉池,泉水呈弧线喷出。其他花园向四周延伸,最初用作果园或牧场,而最重要的用途是统治者和妃子幽会的理想地点。

1492年是重大的一年,阿拉贡国王费迪南德二世和他的皇后卡斯提尔女王伊莎贝拉占据了年久失修的阿尔罕布拉宫和赫内拉里菲宫。两位西班牙君主最初希望为这座城市增添天主教的气氛,但这个念头被他们对阿尔罕布拉宫的叹服打消了。他们不仅心甘情愿地接受了伊斯兰教的生活方式,还开始招募穆斯林工匠对宫殿进行修复,希望能使宫殿恢复以前的辉煌。他们只在附近修建了一座方济会修道院,并将宫殿的清真寺改为教堂。最明显的改动是查理五世的建筑师佩德洛·德·马丘卡(Pedro de Machuca)做出的,在16世纪初,他为了给皇家宫殿腾出空间而拆除了许多间房屋。

阿尔拜辛,是穆斯林时代的主居民区,要欣赏到阿尔罕布拉宫和赫内拉利菲宫所处山丘的最佳景色,需得在傍晚时分从此处眺望。费迪南德和伊莎贝拉为了不破坏阿拉伯建筑的和谐之美,只在这里建造了一个小修道院。虽然该区后来经历了大规模重建,但重建更是强调了其原有的特色,这也是联合国教科文组织在1994年决定将其列为世界遗产的原因之一,另一个原因则是

- 第202页（左上）查理五世宫殿的雄伟入口，有成对的多立克半柱和圆形徽章浮雕，建筑设计师是佩德罗·德·马丘卡。

- 第202页（右上）从查理五世宫殿的居室俯瞰带有柱廊的圆形庭院。

- 第202页（下）阿尔拜辛的景色，这个迷人的、最初是穆斯林的街区自1994年以来一直是世界文化遗产。

- 第203页（左）芳香四溢的东方花园，坐落在水渠庭院的两侧，长长的水池上方有弧形的水流。这是赫内拉利菲宫最秀丽的地方之一，它的名字来源于阿拉伯语"天国的花园"。

- 第203页（右）赫内拉利菲宫围墙详图。1318年在建筑师阿本·瓦利德·伊斯梅尔的监督下建成，是纳斯利德王朝统治者的住所。

阿尔拜辛区有两个更具代表性的摩尔时代的纪念碑。在该区众多的台阶、白墙和曲折的小巷中，仍有传统摩尔式房屋建筑、悬空花园、古清真寺、茶室和公共浴室。最近，随着移民的增加，伊斯兰教的神秘分支苏菲派的一个社区已经迁入这个地区，格拉纳达有人称为摩尔人的再次入侵。

科尔多瓦历史中心

西班牙

科尔多瓦（Cordoba），安达卢西亚（Andalusia）
入选年份：1984，1994*
遴选标准：C（Ⅰ）（Ⅱ）（Ⅲ）（Ⅳ）

*1984年，大清真寺被联合国教科文组织入选为世界遗产；十年后，认可范围扩展到了整个历史中心

科尔多瓦坐落于瓜达尔基维尔河（Guadalquivir）北岸，在公元1世纪的罗马时代，这座城市因其是塞尼卡（Seneca）和卢肯（Lucan）的出生地而闻名于世。当时它是贝提卡省（Betica）的首府，也是伊比利亚半岛规模最大的城市，但其最繁荣的时期却在许多世纪之后。

8世纪，当基督教欧洲仍然处在黑暗的中世纪时，科尔多瓦就在倭马亚王朝（Umayyad）的埃米尔（阿拉伯国家的国王，总督或酋长一类的头衔）阿布德·拉赫曼一世的领导下成为安达卢斯（今安达卢西亚）的首府。被阿巴斯王朝（Abbasids）赶出大马士革后，倭马亚王朝征服了西班牙，意欲建立一个足以与大马士革和巴格达相抗衡的经济和军事强国。

王朝的疆域迅速扩大，从直布罗陀拓展到比利牛斯山，而埃米尔的宽容精神则确保了他统治下的长期繁荣。圣温森特（St. Vincent）大教堂由基督徒和穆斯林共用，阿拉伯人、柏柏尔人、犹太人和西哥特人和平地生活在这座城市。科尔多瓦成为一个繁荣的农业中心，负责将橙子、杏子、水稻和茄子输往欧洲，还确立了其织物生产中心的地位。

785年，阿布德·拉赫曼一世为了感谢真主，决定建一座清真寺，这座清真寺将成为倭马亚帝国辉煌的象征。他从基督徒手中买了一座长方形基督教堂，并在其上建造了大清真寺

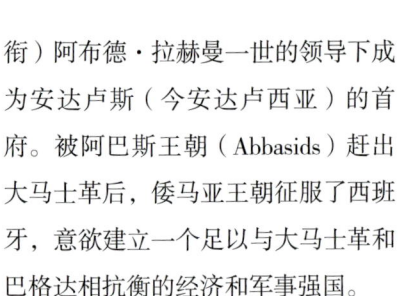

▌第204页（左上）
科尔多瓦大教堂唱诗班的木制座位是1758年由佩德罗·杜克·科尔内霍（Pedro Duque Cornejo）制作的，是精致的丘林格尔式风格。

■ 第204页（左中）
环绕着位于大清真寺北端的橘子庭院的优雅拱廊。穆斯林在这个由橘子树点缀的宽阔庭院中的四个10世纪的喷泉中进行沐浴仪式。

■ 第204页（右中）
清真寺内部有1293根花岗岩、碧玉石和大理石制成的柱子，排列成19条走廊。这些柱子支撑着马蹄形的拱门，拱门则由白色石头和砖块交替排成。

马德里
科尔多瓦

■ 第204（右下）大教堂穹顶的美丽内景，1523年由埃尔南·鲁伊斯家族的建筑师设计，以意大利文艺复兴时期的穹顶为蓝本。

■ 第204—205页
从上看，视野内是整个大清真寺的建筑群。倭马亚王朝的大部分建筑（占地面积为1.62公顷）都没有改变。16世纪时，清真寺的中心建筑被推倒，以便建造大教堂，而阿尔米纳尔塔则被放置到了尖塔曾经所在的南部。背景中是瓜达尔基维尔河上的罗马桥（Roman bridge）。

■ 第205页（右）
大教堂的中殿，晚期哥特式基督教元素与原倭马亚建筑相融合。

（Mezquita Mayor）的核心部分。这座清真寺以大马士革的清真寺为蓝本进行建造，但建成后的大清真寺富丽堂皇，远超前者。在历时两个多世纪的四个扩建阶段中，大清真寺逐渐达到全盛规模。哈拉姆（圣地）长180米，宽131米，占地近1.62公顷。大清真寺内，由1293根花岗岩、碧玉石和大理石制成的柱子排列成19条长廊。这些柱子取材于罗马和西班牙南部的西哥特建筑，支撑着由砖和白石交替制成的马蹄形拱门。在这个逐渐被美丽的镶嵌图案覆盖的巨大空间里，很难辨认出指示麦加方向的米哈拉布或壁龛。

大清真寺南面以瓜达尔基维尔河为界，被高高的带雉堞的围墙围住，北面则是橘子庭院（Patio de los

Naranjos），橘树间有四座建于10世纪的喷泉，是供信徒们进行沐浴仪式的场所。

11世纪和12世纪是科尔多瓦最繁荣的时期，那时这座城市有近100万居民、21个区，每个区都有自己的清真寺、市场和公共浴室。

那时的科尔多瓦是艺术和科学繁荣的中心。1126年，伊本·拉希德（ibn Rashid，拉丁名为Averroes阿威罗伊，伟大的阿拉伯哲学家）在这里出生，不到10年，以迈蒙尼德（Maimonides）之名为人所知的犹太医生兼神学家摩西·本·迈蒙（Moses Ben Maimòn）也诞生在这座城市。犹太商人是城市生活中的重要人物。今天，他们的街区，即大清真寺后面的犹太区，仍然保存完好。巷子两旁是白墙，墙后有华丽的城镇房屋、鲜花盛开的天井、锻打的铁门和制革厂，科尔多瓦就是因这些事物而闻名的。在基督教徒重新征服西班牙后，1236年，大清真寺被重新奉为基督教教堂，同时科尔多瓦城中还新建了防御用的宫殿，如国王城堡（Alcázar de los Reyes Cristianos）和卡拉欧拉之塔（Torre de la Calahorra）。然而，大清真寺的轮廓一直未曾变动，直到14世纪末，为了给赦罪之门（Puerta del Perdón）腾出空间而拆除了尖塔。赦罪之门是一个穆德哈尔式的雄伟入口，顶部是阿尔米纳尔塔（Torre del Alminar），一个93米高的钟楼，站在其上可以俯瞰整个城市。在同一时期，第一座基督教小教堂——比利亚维西奥萨小教堂（Capilla de Villaviciosa）也建在了大清真寺内。16世纪，神圣罗马帝国皇帝查理五世授权在大清真寺的中心位置建造一座大教堂。大教堂由埃尔南·鲁伊斯（Hernán Ruiz）家族的建筑师设计，其结构融合了晚期哥特式和

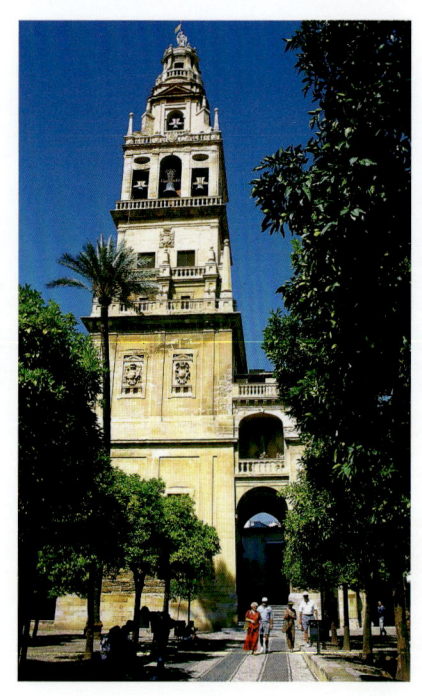

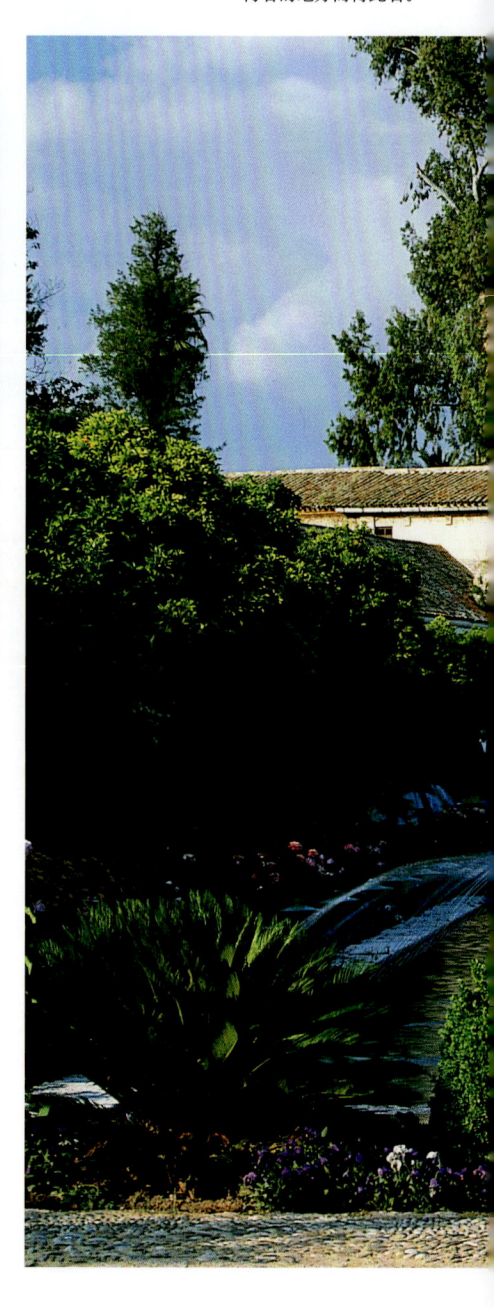

▎第206页（上）
在科尔多瓦的历史中心，贵族的宫殿大多是融合了伊斯兰和巴洛克元素的穆德哈尔风格。

▎第206页（左中）
犹太区众多鲜花盛开的庭院之一，该区最初由该市的犹太人居住。

▎第206页（右中）
穆德哈尔风格的阿尔米纳尔塔有93米高，位于赦罪之门的顶部，赦罪之门因是赦免忏悔者的地方而得此名。

| 第 206—207 页
科尔多瓦皇宫的花园，这是一座由阿方索十一世国王于 1328 年建造的宫殿式城堡。在将摩尔人逐出格兰达纳的运动中，费迪南德二世和卡斯提尔王国的伊莎贝拉女王曾在此居住。

| 第 207 页（上）
14 世纪时，出于防卫的目的，在罗曼诺大街（Puente Romano）的尽头建造了巨大的卡拉欧拉之塔（Calahorra Tower）。

文艺复兴时期的元素，在 19 世纪时又增加了一个复杂的木制唱诗席。

尽管科尔多瓦贵族也建造了如维也纳宫（Palacio de Viana）那样宏伟的宫殿，但这些都没有影响这座摩尔风格城市的内在精神。今天的科尔多瓦如一块丰碑，见证了三个伟大的一神教在文化和经济上和谐共存。

塞维利亚大教堂、城堡王宫和西印度群岛综合档案馆

西班牙　安达卢西亚（Andalusia），塞维利亚（Seville）
入选年份：1987
遴选标准：C（Ⅰ）（Ⅱ）（Ⅲ）（Ⅵ）

1248年11月23日，在两年锲而不舍的围困之后，卡斯蒂尔（Castile）费迪南德三世终于迫使摩尔人缴械投降，成功攻占了塞维利亚。信奉天主教的费迪南德三世把塞维利亚这座美丽的城市设为都城，这座城市的特色就是繁荣的安达卢西亚地区常见的伊斯兰建筑。基督教徒们也把基督教的宗教仪式带到了塞维利亚，但是当地没有基督教堂来举行基督教仪式，所以大主教就把50年前阿尔摩哈德王朝建立的清真寺用作基督教堂。

直到1401年才开始建造基督教堂，教堂建于清真寺原址，长116米，宽76米，有一个中殿，四个侧廊和25个小堂。塞维利亚大教堂是西班牙最大的教堂，世界第三大教堂，仅次于圣彼得大教堂。教堂结构耗时100年建造完成，内部装饰又耗时300多年。克里斯托弗·哥伦布（Christopher Columbus，他的遗体就埋葬在塞维利亚大教堂）发现新大陆后，富商名流纷纷涌入塞维利亚，出资为教堂装裱了豪华玻璃窗、祭坛和包括穆里洛（Murillo）、祖比兰（Zuburán）、佩德罗·德坎帕纳（Pedro de Campaña）、戈雅（Goya）在内的许多艺术家所画的壮丽画作。除众多名家画作外，大教堂还荟萃了许多其他艺术精品，如建于1482年的巨型祭坛，其精美繁复堪称西班牙之最，此外椭圆形的小堂也让人叹为观止。

教堂有9个门，正门在西侧，直面国王圣女广场，北门赎罪门（Puerta del Perdón）是典型的穆德哈尔风格，保留了原始阿尔摩哈德清真寺的元素。穆德哈尔是伊斯兰建筑和基督教建筑相融合的产物，该词来源于阿拉伯语"mudayyan"，意为"允许留下之人"，最初用来指西班牙复国运动（Reconquest）之后留在该国但并未改信天主教的穆斯林。赎罪门

■ 第208页（左）
宏伟壮丽的椭圆形小堂中由戈雅、穆里洛、祖比兰等艺术家绘制的精品画作。

■ 第208页（右）
1890年放置的哥伦布灵柩，石棺由代表西班牙四古国——卡斯蒂尔、莱昂（León）、阿拉贡（Aragon）、纳瓦拉（Navarre）的骑士抬起。

■ 第 208—209 页
这张塞维利亚历史中心的鸟瞰图囊括了联合国教科文组织保护下的三处宏大的建筑群。中间是大教堂及其著名的吉拉达塔（建于1198年的宣礼塔，后被改建为钟楼）；右侧是王宫（Alcázar）；背景中左侧是西印度群岛综合档案馆（Archives of the Indies）。

■ 第 209 页（左下）
装饰华丽的主礼拜堂（Capilla Mayor）的穹顶，圆柱顶立，前往小堂须经过一个雕刻繁复的大型栅栏，栅栏后面就是基督教世界最大的祭坛。

■ 第 209 页（右下）
这张图中是位于大教堂一旁的橘园。橘园同吉拉达塔一样，也是先前摩尔人的遗留建筑。橘园中心是一处喷泉，穆斯林在此进行沐浴仪式。

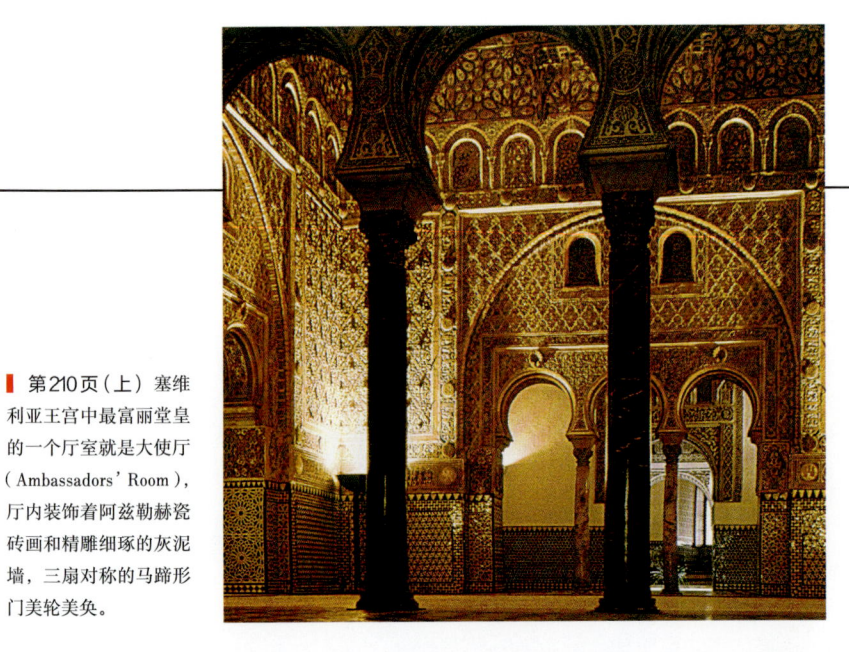

■ 第210页（上）塞维利亚王宫中最富丽堂皇的一个厅室就是大使厅（Ambassadors' Room），厅内装饰着阿兹勒赫瓷砖画和精雕细琢的灰泥墙，三扇对称的马蹄形门美轮美奂。

■ 第210页（中）这是王宫内的查理五世宫殿，装饰着富丽堂皇的16世纪阿兹勒赫瓷砖画和巨幅壁毯。

■ 第210页（左下）图中的院子通往16世纪上半叶查理五世在王宫中建造的金碧辉煌的宫殿。

■ 第210页（右下）图中是西印度群岛综合档案馆中的一间房屋，1778年由查理三世建造。这座房屋最初用作贸易行，是商人的交易场所，如今里边收藏着约40000件有关西班牙租地的文件，时间跨度从发现美洲新大陆到美洲一些州独立。

■ 第210—211页 从吉拉达塔上拍的王宫图。这里起初是为阿尔摩哈德王朝统治者建立的宫殿遗址。1346年，西班牙复国运动之后，佩德罗一世下令按他的喜好修复王宫，打造富丽堂皇的皇家住宅。

通往橘园（Patio de los Naranjos），园子按伊斯兰风格设计，里面有一处喷泉，用来行沐浴仪式。吉拉达塔（Giralda）是建于1172—1195年的宣礼塔，造型优雅，后被改建为钟楼，到16世纪末里边摆放着两座钟。

大教堂对面就是王宫。这座堡垒式的宫殿由阿尔摩拉维德王朝阿卜杜拉赫曼三世建于913年，1350年经"暴君"佩德罗一世改造为皇家宅邸。改造后的王宫成为塞维利亚穆德哈尔式建筑的典范。不过，除佩德罗外还有多人对王宫进行过改建，如今王宫融合了文艺复兴式、新古典主义式等多种风格。王宫内的花园也体现了不同建筑风格的融合。比如16世纪修建的查理五世阁楼将摩尔人的建筑元素和神话人物结合起来；喷水装置体现了意大利文艺复兴风格，诙谐有趣；建于18世纪的英式园林则体现了不列颠岛的风格。

起初，塞维利亚所有贸易都是在王宫前的广场上进行，从大教堂的台阶一直到橘园。1572年，大主教唐·克里斯托巴尔·德·罗哈斯·桑多瓦尔（Don Cristóbal de Rojas y Sandoval）对此颇为不满，遂写信给国王菲利普二世。菲利普二世立即下令开工建造面向该广场的商贸行。建造工程由胡安·德·赫雷拉（Juan de Herrera）负责，他曾主持过圣洛伦索-德埃尔埃斯科里亚尔（San Lorenzo de El Escorial）皇家修道院的修建工作。这个商贸行四四方方，正面有两种颜色，搭配上梁柱和拱顶显得十分柔美。

但是，还不到100年的时间，塞维利亚的商业就开始衰败。1660年，商贸行成为穆里洛画家流派的聚集场所，后来逐渐成为废墟。1778年，查理三世批准将商贸行用于储存所有跟西印度群岛有关的西班牙文件。1789年，商贸行的重建工作完成，并被重新命名为西印度群岛综合档案馆。如今，这里存放着约40000件档案，分藏于16个区域，其中包括克里斯托弗·哥伦布的亲笔书信、海陆地图，甚至还有米格尔·德·塞万提斯（Miguel de Cervantes）从西印度群岛发来的请求运送货物的信件。

托马尔的基督会院

葡萄牙 | 里巴特茹（Ribatejo），圣塔伦（Santarém）区
入选年份：1983
遴选标准：C（I）(VI)

1307年10月13日晚，法国国王菲利普四世在历史上第一次下令进行军事行动。在围捕中，圣墓教堂（Temple of the Holy Sepulcher）所有骑士团的骑士惨遭抓捕。

圣殿骑士团（Knights Templar）遍布整个中世纪的欧洲，在十字军东征（Crusades）和把摩尔人赶出西班牙和葡萄牙中起了重要作用。然而，外部危险一旦解除，圣殿骑士团的影响就对君主政治权利构成了威胁。因此，法国行动结束后，搜捕行动就蔓延至西班牙。1312年，教宗克莱门特五世镇压了骑士团，并下令没收其全部财产。最终，圣殿骑士团在葡萄牙迪尼什一世朝中得到庇护。1320年，迪尼什一世重组了骑士团，命名为"基督骑士团"（Order of Chris），并把圣殿骑士团在葡萄牙的所有财产转移至新组织中，首先从托马尔（Tomár）地区开始。

1162年，"基督骑士团"首任最高首领瓜尔迪姆·佩斯（Gualdim Pais）在俯瞰着托马尔村庄的山顶上建立了基督会院（Convent of Christ），以此作为宗教和军事中心。基督会院的核心建筑是沙罗拉回廊（Charola），也被称为圣殿骑士团半圆形小殿或圆形大厅，是一座有16面

■ 第 212—213 页
基督会院建筑群。这些堡垒是 12 世纪留存下来的少数遗迹之一。

■ 第 213 页（左下）
大回廊的扶手细节图，大回廊于 1557 年由若昂三世建造。

■ 第 213 页（右下）基督会院中心是罗马风格的卡罗拉寺庙，也被称为圣殿骑士团圆形大厅。该建筑模仿了耶路撒冷圣墓教堂的风格。

■ 第 213 页（上）
基督会院的入口很大，可能是为了方便大批骑在马背上的圣殿骑士团骑士通过，上方装饰着精美的雕像。

墙的教堂，中央摆放着高高的祭坛。与同时期其他宗教建筑一样，基督会院的形式是受耶路撒冷的圣墓教堂的影响，圣墓骑士团最初就是为了保卫圣墓教堂而组建的。这座罗马风格的建筑简洁朴素，从其规模便可看出是用于军事用途，方便骑士在马背上征战。

15—16 世纪，王朝和基督骑士团之间的联系体现了当时葡萄牙海外扩张的时代特征。1417—1460 年，航海家亨利王子为骑士团首领，承诺骑士在新领地上拥有宗教裁判权。因此，出海的轻快帆船上都会带有十字架的标志，因为十字架是基督骑士团的象征。亨利王子在托马尔建立了自己的宫殿，今天只剩一片废墟和两条回廊——公墓回廊（Claustro do Cemitério）和洗涤房回廊（Claustro do Lavagem）。基督会院最大的改变是亨利的继任者唐·曼努埃尔（Dom Manuel）带来的。曼努埃尔雇用建筑师迪奥戈·德阿尔梅达（Diogo de Almeida）在沙罗拉回廊西侧打造一

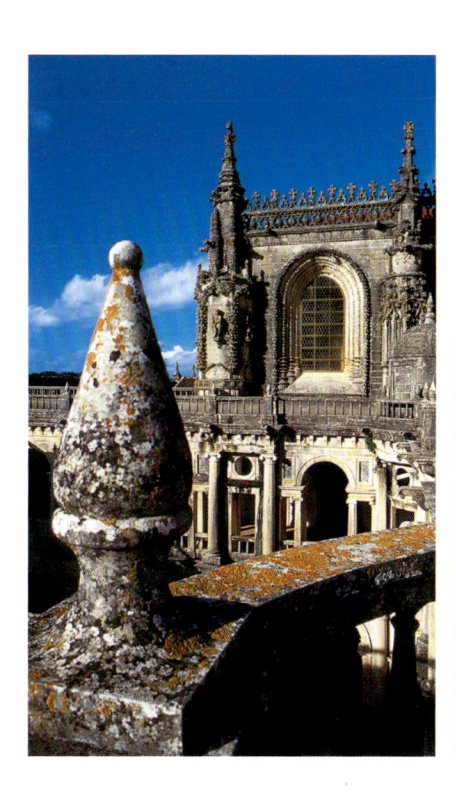

第214页（左）一扇巨大的窗户，上面装饰着树干、树根、莨苕叶、玫瑰果、洋蓟、海草和奇异图案，这些装饰用绳子和链条连接在一起。这种华丽繁复的装饰构成了以君主曼努埃尔的名字命名的曼努埃尔风格。

第214页（右）宏大庄严的牧师会所由迪奥戈·德阿尔梅达设计，于15世纪晚期至16世纪兴建。

个大型长廊，以容纳唱诗班和圣器室。如今，这条长廊被称作牧师会所（Chapter Room）。

改建后的基督会院里有众多雕像装饰和巨大的窗户，彰显着骑士的神秘和他们在那个时代进行海外扩张的使命。装饰图案寓意丰富，有树干、树根、莨苕叶、玫瑰果、洋蓟、海草和想象出来的动物形象，这些图案用带子、绳子、链条、火和波浪连接在一起，清楚地展示着生命的统一。这个雕刻作品可以说是那个时代葡萄牙曼努埃尔式建筑风格的样本。

1521年，若昂三世继承了唐·曼努埃尔的王位，他按照特伦特会议的规定，对骑士团进行了变革，改变了骑士团的章程，使其成为一个没有政治权力和军事职能的修道士团体。此次变革影响深远，从基督会院的建筑中便可见一斑。诺昂三世在会院中修建了宿舍、厨房以及装饰着圆柱的二层普通建筑，也就是大回廊（Great Cloisters）。这些建筑于1557年完工，清一色的意大利文艺复兴风格，诺昂三世可谓是该风格的鉴赏大师。最后一次改建是在菲利普王朝（1580—1640年）期间，这次改建是矫饰主义风格。

1789年，教宗派厄斯六世颁布诏书，允许玛丽一世改革基督骑士团。此后，成为圣殿骑士不再是一种特权，只是荣誉的象征。如今，葡萄牙总统作为骑士团首领，有权授予圣殿骑士称号。

第214—215页 大回廊景观。骑士团骑士已成为一种荣誉头衔，由葡萄牙总统授予。

第215页（左上）大回廊建筑的美在于其纯粹的意大利文艺复兴风格。基督会院的厨房和食堂可追溯至16世纪中叶。

第215页（右上）公墓回廊是为航海家及骑士团首领亨利国王而建，和洗涤房回廊同为基督会院中亨利时期所建的少数几处建筑之一。

215

辛特拉文化景观

葡萄牙　入选年份：1995　遴选标准：C(Ⅱ)(Ⅳ)(Ⅴ)

"这里层峦叠嶂，飞湍瀑流，群山掩映之中宫殿和花园景致交相辉映，寺院高耸入云，远远地可以眺望到大海和塔楼，西部高地的旷野风光和法国南部绿意盎然的景象在这里融为一体。"这是21岁的乔治·拜伦（George Byron）在一封写给母亲的信中对辛特拉（Sintra）美景的描述。虽然拜伦既没有去过西部高地，也没有去过法国南部的普罗旺斯（Provence），但是他的文字仍真实描绘出了这片依山傍水之地的景致。这里距里斯本不远，从欧洲最西端的卡罗角（Cabo da Roca）一眼望去便可看到大西洋。

1809年，拜伦隐居于此，开始写作长篇叙事诗《蔡尔德·哈罗德游记》，诗中描绘了辛特拉的美丽风光。辛特拉在浪漫主义时期被称为"欧洲伊甸园"，是各国名流富贾的夏季避暑胜地。不过，辛特拉的历史更久远。

辛特拉地理位置优越，从辛特拉的山上望去，风景如画，引起了摩尔人的兴趣，他们于8世纪和9世纪来到这里，修建了摩尔人城堡。1147年，阿方索一世占领了城堡，此后直至14世纪，这座城堡一直是葡萄牙王室的宅邸。后来被废弃，浪漫主义时期又重新修复。

当时，若昂一世下令在查奥·达奥立瓦（Chao da Oliva）建造一座宫殿，其所在地就是今天的辛特拉历史中心，可能还是一座更早时期的摩尔人建筑的旧址。葡萄牙的许多建筑都是哥特式风格，辛特拉地区的哥特式风格是另一位国王唐·曼努埃尔带来的，曼努埃尔风格就是以这位国王的名字命名的。

文艺复兴时期，辛特拉皇宫大兴土木，如今皇宫内随处可见豪华的建筑，例如耸立在厨房之上的两个圆锥形烟囱已经成为辛特拉的象征。皇宫吸引了大量艺术家和文人骚客。据说，葡萄牙诗人路易斯·德贾梅士（Luis de Camões）就是在这里首次公开朗读了他的诗《卢济塔尼亚人之歌》。

接下来的几个世纪里，辛特拉一直是葡萄牙王室"最爱的乡间住所"。

1747年，唐·佩德罗买下了卡斯特洛·罗德里戈侯爵的乡下地产，在那里建造了克卢什国家宫（Palácio Queluz）。这座宫殿高贵典雅，周边有一处装饰着洛可可雕像的公园，一条装饰着阿兹勒赫瓷砖画、可用于航行的运河，一座由法国建筑师简－巴普蒂斯特·罗比永（Jean-

第216页（上）
皇宫的风格主要是哥特式的，不过依然可以看到摩尔人的影响和奢侈的曼努埃尔风格。最典型的特征就是耸立在厨房上面的两个圆锥形烟囱。

■ 第217页（上）
图中是摩尔人城堡的城墙，这座城堡是该地区最早的建筑，由摩尔人建于8—9世纪。1147年，阿方索一世攻占了城堡，此后至16世纪，该城堡一直是葡萄牙王室的宅邸。

■ 第216—217页 盾徽厅（Sala das Armas）是皇宫中最引人注目的部分。墙壁上镶嵌着阿兹勒赫瓷砖画，拱形的天花板上装饰着72个葡萄牙皇室的盾徽。

■ 第217页（下）天鹅厅（Sala dos Cisnes）由天花板上装饰着的优雅的天鹅而得名。这是皇宫第一层最素雅的一间房间。

第218页（上） 克卢什国家宫里的御座厅（Sala do Trono）是由建筑师简-巴普蒂斯特·罗比永设计的。墙上悬挂的镜子使大厅看起来宽敞明亮，其金叶状的木质边框由西尔韦斯特雷·法西亚·洛博（Silvestre Faria Lobo）雕刻。

Baptiste Robillion）设计的阁楼以及多处喷泉，其中海王星喷泉（Fonte de Neptuno）是詹·洛伦佐·贝尼尼（Gian Lorenzo Bernini）设计的。

辛特拉最壮观的建筑可能就是佩纳宫（Palácio da Pena）了。佩纳宫矗立在岩石嶙峋的辛特拉山巅之上，坐落在16世纪为庆祝瓦斯科·达伽马（Vasco da Gama）的壮举而建的圣母佩纳（Nossa Señora da Pena）热罗尼米特修道院（Jeronymite monastery）的废墟之上。1839年，萨克森－科堡的费迪南德二世委托路德维希·冯·埃施韦格（Ludwig von Eschwege）为其妻子葡萄牙的玛丽亚二世王后而建的。埃施韦格将圆顶、城墙、通道和装饰完美地融合进佩纳宫，宫中装饰部分的灵感部分来源于巴伐利亚国王路德维希二世的王宫，部分受中欧申克尔（Schinkel）作品的启发。

除皇宫外，辛特拉还有很多教堂、修道院和名门望族的别墅。其中一处就是令人叹为观止的维多利亚风格的蒙塞拉特住宅。该住宅始建于1793年。当时白手起家的英国富豪威廉·贝克福德（William Beckford）租下这片房产，并按他高雅的个人品

■ 第218—219页 克卢什国家宫尽管规模较小，却经常被拿来和凡尔赛宫相提并论。宫殿里的花园是由简－巴普蒂斯特·罗比永和荷兰园艺家乔斯·范德尔科尔克（José Van der Kolk）设计的，花园里随处可见雕塑和喷泉，非常符合18世纪法国的品位。

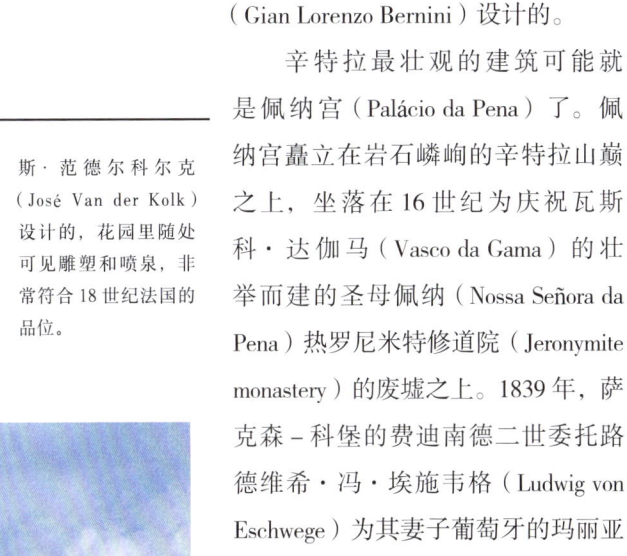

■ 第219页（上）克卢什国家宫花园里精致的斯芬克斯雕像细节图。这个花园是供皇室休闲娱乐之用，笼中有各种珍奇鸟类，池塘和喷泉边栖息着黑天鹅和白天鹅。

■ 第219（下）克卢什国家宫正门口前面就是海王星喷泉，喷泉里的雕像群惟妙惟肖，是意大利雕塑家詹·贝尼尼设计的。

219

■ 第220页（上）

加很非有居棕的画顶
层入口。这些非同凡
响的建筑都用描图多朝
摇裙裙布·冯·尼施
韦建于1839年为佩德
罗二世，哪的妻丽女样
面的山土重立一新
二世投身，哪的容只
纪念他的鹿骑死的水
坊骑士形象。

■ 第220页（下）

辛特拉宫——座
以海底深的地质之地
的雕像，其内各的尖
多装饰都是佩德罗王朝
风的。

■ 第220—221页

辛李特拉宫，画的装有着
真米都部都是一座来建中
的植被若，同时保利起此的
摇摇推着二世王下了整
一样，雕刻成就在了尖峰
样子，看到容屋尔尔描
园题行的的申亚东建筑
风格。

在对其内部和北面进行了装饰。五十年
后，塞蒂亚斯别墅成为另一位加州佛朗西
斯·库克（Francis Cook）的英国国王
买下，他以印度的贫瘠得到财富，对
园重行了的申亚东建筑。

1887年，电斯本和辛李特拉之间
开通铁路，人人都能来这一而旅
游。它虽是特拉较不而而但值道，但今
地的浪漫主义风情依旧日，令人神往。

■ 第221页（右上）

下部雕刻和各种植
种，使花园更加美
丽极致。

人片的蔓藤是一所
建的一处雕塑，雕塑
饰其中内部装饰基兼
折素义根据，这些都
的装饰最悠着主义和
摇天片（Salão Nobre）装
据

■ 第221页（右下）

塞蒂亚斯别墅是一幢
里奥塞多的住宅，其
会主和画了八名怪的人
物有关。第一位是莱源
图作家雕塑，并从
1799年住在这里，书
这里完成了世外桃源
般的描绘。第二位是
约50年后居住于此的
佛塞亚斯兄弟，
接着多利亚夫的出在
状况作出流行了重
建，并在花园里种植
稀的植物。

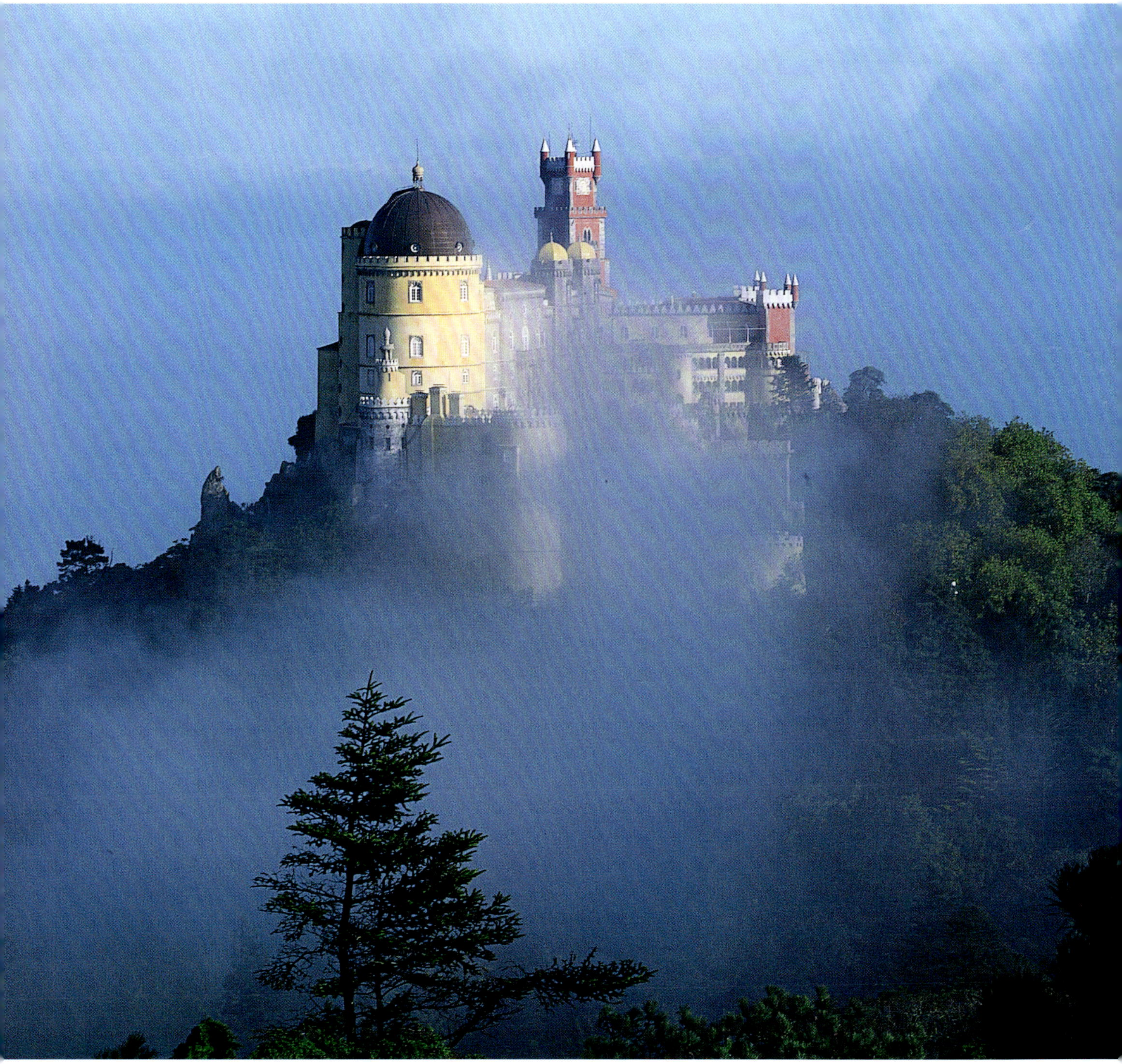

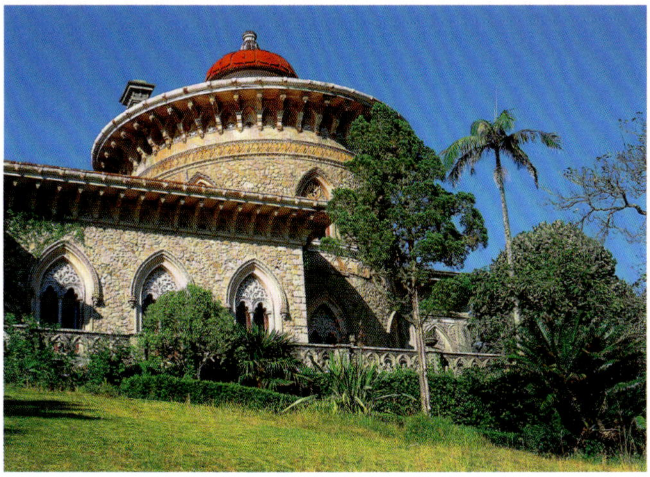

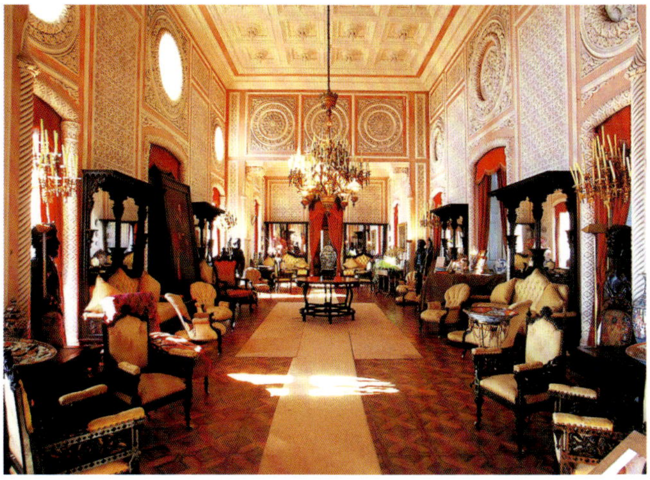

杜布罗夫尼克古城

克罗地亚 | 达尔马提亚（Dalmatia）
入选年份：1979
遴选标准：C（Ⅰ）（Ⅲ）（Ⅳ）

1991年11月至1992年5月，南斯拉夫人民军连续轰炸杜布罗夫尼克（Dubrovnik），当地人民生活在水深火热之中，这座城市约有70%的建筑惨遭摧毁。如今，在杜布罗夫尼克依稀可见当年可怕的包围战痕迹，不过在联合国教科文组织的方针指导下，这里进行了大规模的修复，城墙、教堂以及石灰岩建筑已经重现昔日光彩。

从这场导致南斯拉夫解体的战争伊始，克罗地亚人就低估了这座被称为"达尔马提亚明珠"城市的象征性价值，他们没有想到杜布罗夫尼克会成为战场。在这座城市悠久的历史中，它一直是自由、独立、市民宽容精神的典范，从未被迫诉诸武力。

614年，在一座小岛上，最初的杜布罗夫尼克城诞生了。后来，邻近地区埃皮道鲁（Epidaurus，今察

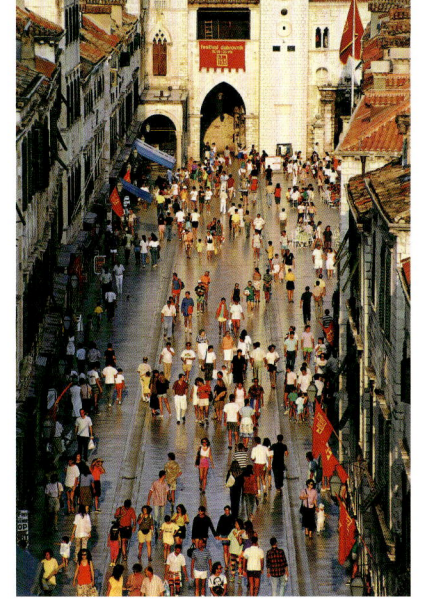

第222页（右上）是
赫赫著名的拉古斯
大主教座堂
（Cathedral of Santa Maria），
这座教堂始建于
1672年，后来被地震
摧毁，现在的建筑建
于1713年，是建于
一座一流的巴洛克建筑。

第222页（左下）
斯特拉敦街（Stradun）
上最繁华的地段，这
里到处都是人潮涌动，
古朴而优雅的街景在
其他地方是很难看到的。

第222—223页
这座城市生动的中心
广场，就像是一片红
瓦屋顶的海洋。

第223页（上）
城市生动的中心广场
就像是一片红瓦屋
顶的海洋，这张图中不
行了解图。16世纪时
城墙建于13世纪晚期，
是1667年地震后重建
和加固的。这座城市的
城墙至今仍然保存着。

第223页（下）
从空中俯瞰多布罗夫
尼克城，它就像一颗镶
嵌在蔚蓝海面上的宝
石。从图中可看到洛克
鲁姆岛（Island of Lokrum）。

7—12世纪，杜布罗夫尼克只是一座
重要的商业贸易城市，成为地中海地区一座重要
的贸易城市。1205年，杜布罗夫尼克
与威尼斯在经济上的联系十分密切，并从本
地区继承发展了城市。"杜
（Ragusa）。不久，这座城市便发展
了繁荣的历史进程。

1358年，杜布罗夫尼克共和国获得
独立，他虽然依然未受到威尼斯的势力
自由，便有向匈牙利缴纳贡金为代价的
国王们注重，来到水们的国内带动，且
杜布罗夫尼克已建立起自己有了富庶之后，拉
古斯便跻身了四五十米的城墙和城堡，
开始了一段较长的繁荣时期。到了
1667年，发生的强烈地震使城市几乎夷为平
地，导致5000人在地震中丧生，但是
难经有国王和居民的团结努力，到
17世纪，拉古斯已经在80个国家设
有领事馆，其繁荣富庶可以想知。拉
古斯共和国高度重视教育文化，是第一

电亚（Illyrian）行省，这座城市独立
年，每座名城杜布罗夫尼克成为独立的
也是美国承认的欧洲国家。然而1806
立以来其赫赫声名。

杜布罗夫尼克城的城墙有八个碉堡，
加固碉堡和塔中可以一致，城墙厚达
25米，有些地段高度可达6米。城
墙上还立着坚挺式的碉堡，城中还有众多

第223页（下）
城市生动的中心广场，
就是一片红瓦屋
行了解图。这张图中不
于上特拉敦街（位
广场（市门广场）。
的繁荣景象历历在目。

■ 第 224—225 页
贫穷修女会（Convent of the Poor Clares）始建于 13 世纪晚期，1667 年地震后得以重建，1432 年这里成为欧洲最早的孤儿院。

■ 第 224 页（下）
圣伯拉修教堂（Church of St. Biagio）的鸟瞰图。教堂是为这座城市的守护圣徒而建，1707—1717 年由马里诺·格罗佩利（Marino Groppelli）按照威尼斯式的巴洛克风格建造。高高的祭坛上矗立着圣伯拉修的雕像，这座雕像于 15 世纪打造，是当地金匠的杰作。

■ 第 225 页（上）
小喷泉矗立在卢扎河（Luza）的东侧。它可爱的浮雕装饰是由米兰雕塑家皮埃特罗·迪马丁纳（Pietro di Martina）创作的，5 世纪中叶他在杜布罗夫尼克工作。

在许多历史书籍中，很有方著名的是马拉·布拉卡（Mala Braca）修道院，每找一座已经完成几座的线条和风格。

一些历物的只装在这里建口能遮蔽雨水上。据说原来那个小巧古式的线条装是在1713年建于十一座哥特式线条的圣玛丽亚·马焦雷大教堂（Cathedral of Santa Maria Maggiore），也是巴洛克式风格的。片规而圆的曲线，精致着雕塑像，是我们遥远都市镇是出发开心的线条克风格。

的建筑是18世纪上半叶建造的，教堂是奉献给圣布拉吉奥（Church of St. Biagio）。教堂建在斯庞扎宫在这里建造完美地融雕塑像在一起，片米斯庞扎宫是一座被用作海关和铸币厂。

那座孔庙宫殿都是有比较像教堂克的建筑。哥特式风格向着特式风格转化这一座建于16世纪的斯庞扎宫（Sponza Palace），带着哥特式风格和文艺复兴式风格。斯庞扎宫面对着卢扎广场（Luza Square），卢扎广场风格的建筑。那些布局奇特的建筑群的右侧是一座建于14世纪的伦敦建的回廊，回廊周围基一圈弯曲的长廊的双柱，共有60组，每个柱子顶端都装饰雕镂。据说了几个不式风格向着特式风格转变。1317年，欧洲现存最古老的一家药店设在这里。而后，1460年建造的总督官（Rectors' Palace）也是一座著名建筑。

的建筑，它体现着外部装饰的门廊，门廊建在于前边头丝精雕镂之上，这里是很久之前曾作为城堡的入口——一直通着市博物馆现在博房的。就是还名之公爵罗城堡，这样是王之重库的住所，这样主之公爵曾每日被迫来往于住名之公上的行政城。该神秘兰的顾问国团，米然是让回这一上官即政府的若团。并非有如你闷的王之公爵有出来。别认为你闷的王之公爵有出来。因其这样有格的"囚徒"，被入仍然是被去了这个小的私人城国度的其且被观。

■ 第225页（中）
总督宫建于1460年，座落了平衡和对称之美，继承建筑装饰品。正面墙面是一个门廊，有六扇门，门柱的拱形精雕细琢。

■ 第225页（下）
图为杜布罗夫尼克布拉卡修道院药店，建于1317年开业，是欧洲现最古老的药店之一。

第226页（左上）布达城堡（Budavári Palota）入口。布达城堡现为四个博物馆所在地，其中最著名的是匈牙利国家美术馆和布达佩斯历史博物馆。

第226页（右上）布达山上一座中世纪堡垒的南墙。布达是多瑙河（Danube River）右岸一座超过60米高的山丘。

第226—227页 布达山上的城市风光。图片中前面是王宫，建于13世纪，在抵抗土耳其人入侵的血腥战争中惨遭摧毁，18世纪时扩建，1890年按新巴洛克风格翻修。

★布达佩斯

布达佩斯的多瑙河两岸
和布达城堡区

匈牙利
布达佩斯
入选年份：1987
遴选标准：(II)(IV)

19 世纪末，匈牙利帝国对于国际事务有着举足轻重的影响力，其艺术和文化领域一时风头无二。盖勒特山（Gellért Hills）上的音乐家一度颇负盛名，他们的作品流传至今。古斯塔夫·马勒（Gustav Mahler）和巴托克·贝拉（Bartók Béla）在这个大都会里都创造出自己的杰作。那时候匈牙利王国（Hungarian State）成立了千年纪念日活动。这座都会是一个文明。1896年，匈牙利建立起一套电力系统，城市的发展掀开了一个新篇明。地下铁路网络建设在居民区和郊区之间铺展开来，由于便用了电气，不会产生烟雾和污染，这是世界最早的地下铁路之一。

这里由凯尔特人建立，公元纪元1世纪时成为"水分充足的潘诺尼亚"（Pannonia Inferiore）的其省，取名为"阿昆库姆"，但当人被匈人入侵，匈牙利国分裂瓦解后，此地又经历着长期的变更。日耳曼人、阿瓦尔人，其他日耳曼人和中亚来的斯拉夫人相继入侵和取代。马札尔人（Magyars）最终在9世纪出现，他们的子孙延续至今。其政治与宗教首都（Esztergom），后来在公元13世纪末年迁移至佩斯（Pest）附近的欧布达布达对岸的古镇欧布达（Óbuda）——电流曾经穿过时候的罗马古城阿昆库姆（Aquincum）。佩斯曾是一个小渔村，且其后又和布达成为鉴民的发电电。

13世纪中叶，由于蒙古鞑靼人入侵......

作为匈牙利的政治、经济和文化中心，布达佩斯在15世纪末和16世纪初就已经繁盛起来。人们从欧洲各地纷至沓来到这里居住、经商。1473年，匈牙利的第一本书——《布达编年史》（Budai Krónika）出版。

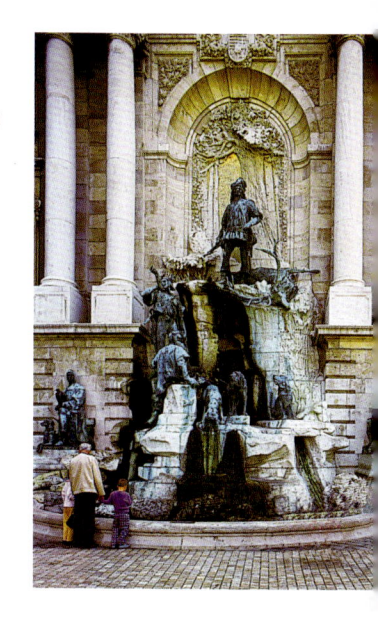

布达（Buda）居位于平原之上的哥特三连拱，围绕山上矮墙所环绕的城市，多瑙河右岸把布达和一座桥墩延伸开来在多瑙河右岸，此海拔约60米的山坡上栖身着许多历尽沧桑......

第227页（右上）
从渔人堡（Fishermen's Rampar）眺望人民......佛塔耸立华美。

第227页（下）
为纪念什么而建的一座殿的印象流传的礼仪，当你们一进来15世纪下半叶尔纪纪结构子的王侯，佛塔耸立华美，都很壮观壮丽。

入口。这是个多侧翼柱廊雕像围绕的庭院。雕塑家阿拉约什·斯特罗布尔（Alajos Stróbl）为长廊设计了圆柱雕刻的雕像，是匈牙利国王玛丽亚的肖像和作为匈牙利的一位贤明的君王......

228

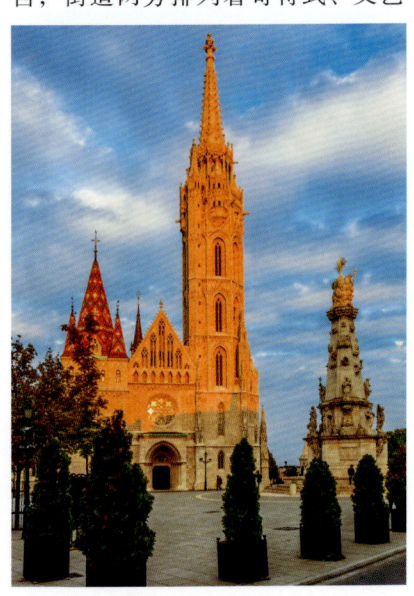

布拉佩斯最吸引人注目的建筑就是圣母教堂（Church of Our Blessed Lady）（Mathias Church），也称马什亚斯教堂了，因为教堂里曾供存着 1458 年至 1490 年在位国的国王马什亚斯一世的遗骸。教堂的历史和这座城市的历史几经沧桑。13 世纪，这里曾经是一座宗教建筑；15 世纪，一座哥特式的教堂取代了它，但这座教堂被有修建成一座宗教建筑；1686 年大围攻时，建筑的几乎毁坏。随着哈布斯堡王朝的崛起，教堂又几次被重建，重建时期加入了巴洛克元素，19 世纪，因为在建筑……

巴洛克式和哥特式风格的建筑，有着精致的中世纪尖顶和某些教的华丽，比如建于 1566—1570 年的靠近国王（Király）尖塔的广场，又带来了邻近城堡式区域的侧廓。

之后，北部的哥特式建筑区，侧廓主宰着，带着整齐排列的建筑样式。今天，北部的尖塔高耸云端，被许多尖尖的风亭。城市中重建的建筑使得它一直保持到 19 世纪中叶。

哈布斯堡帝国（Habsburg Empire）成为这座城市新的统治者之后，哈布斯堡帝国在布达城摧毁的城墙之上，建立了新的居民，在哈布斯堡王朝的领导中来，随着哈布斯堡几个天子所有的居民，新居民来到被摧毁的围攻之后。1686 年一次长时间围攻之后，哈布斯堡帝国最后成为城市的长期统治的开端。国（Ottoman）的统治开始受挫。

■ 第228页（中）
圣母教堂的北部图，四个匈牙利一世纪在位的时代，就是哈布斯堡凯旋门，由木制建造式加什亚斯教堂的，这座建筑建于 1260 年，当时钟楼式教堂。1873 年，教堂重建，建筑师弗雷斯·舒勒克（Freyes Schulek）重新打造。

布达佩斯另一分之二。

布达佩斯最吸引人注目的建筑是渔人堡（Fishermen's Rampart），这是一座新哥特式的和新罗曼式的建筑，墙体的建筑，从城上向下俯视着整座城市，被人看到的景象，犹如一座水晶宫殿般的美丽。另一个最受人们喜爱的景点是坐落在多瑙河水畔的水滨街区，那里，多瑙河两岸及其沿线建造起了许多现代化的大楼。

其后又人，我们可以·弗雷特莉几伯爵认为在河上造一座桥，是他件的事，他曾经因为住在远离水畔的远郊，都是坐船从远在河对岸彼岸力乘摆渡。于是，1848 年，著名的链桥（Széchenyi Lánchíd）竣工，多瑙河两岸从此紧紧连接在一起。

■ 第228页（上）
新哥特式风格的居民有了法国名人尖顶意味着精神，这座建筑曾为匈牙利国王的宫廷服务，随后几个世纪被王朝领导中来，现在尖利从立而建的，现存有 691 间房间。

■第228页（下）渔人堡建于19—20世纪，以砂石为建筑材料，呈新罗曼风格和新哥特风格。堡垒上装饰着中世纪时期各个英雄的雕像，塔顶状如头盔，象征马扎尔人部落。

■第228—229页 多瑙河和佩斯城风光。图片中间是塞切尼链桥，1839年，塞切尼·伊斯特凡下定决心，委托英国工程师亚当·克拉克（Adam Clark）建造。河左岸是高大宏伟的东方新哥特风格的国会大厦，19世纪末由建筑师斯坦德尔（Steindl）设计建造。

■第229页（左上）布达城一座老房子的细节图，房子上有一个供奉着玛丽亚和耶稣的神龛。

■第229页（右上）城堡山区一个新艺术运动风格的宫殿上想象力丰富的装饰。19世纪末20世纪初，这种折衷风格的建筑极为盛行。厄登·莱希纳（Ödön Lechner）是匈牙利最伟大的折衷风格建筑师。

伊万诺沃岩洞教堂

焦阿基诺（Gioacchino）出生于保加利亚一个显赫的家庭，厌倦了繁荣富贵的他一长大成年就隐居阿陀斯山（Mount Athos），在那里过上了修士生活，祷告、斋戒、守夜。完成对圣山的朝拜后，他返回家乡，隐居在多瑙河支流鲁塞洛姆河岸（Rusenski Lom）的一个洞穴里。不久，焦阿基诺有了三个信徒——狄俄墨得斯（Diomedes）、阿萨内修斯（Athanasius）和西奥多西修斯（Theodosios）。他们一起建立了一座岩石凿成的献给圣主变容节的小教堂。

焦阿基诺声名远扬，传遍了塞尔维亚和保加利亚，还传到了沙皇伊万·阿森二世的耳朵里。伊万·阿森二世是13世纪上半叶这一带的统治者。他对焦阿基诺很是好奇，怀着满腔宗教热情，前来看望这位苦行者，在那里体验了一段短暂的隐居生活后，他决定捐赠巨额黄金，来解决焦阿基诺信徒们的食宿问题，于是便有了大天使米迦勒修道院（Monastery of the Archangel Michael）。大天使米迦勒修道院建于1218—1235年，是一片凿于岩石间的神圣建筑群，其后四百年时间里，一座座礼拜堂、教堂和修士居住的房间相继在周围建成。

如今，这里已经成为东欧地区著名的东正教圣地。中世纪晚期，圣焦阿基诺建筑群荣升为宗主教区，并成为众多静修派文法家和学者的重要研习之地。静修兴起于拜占庭帝国晚期，其教义要求修士放弃七情六欲，追求人神一体的境界。

如今，在伊万诺沃（Ivanovo）村庄附近，鲁塞洛姆河沿岸约4.8千

第230—231页
大天使米迦勒修道院平整的院墙。天花板保存完好，但壁画已残破不堪，其中一幅壁画是资助建立修道院的沙皇伊万·阿森二世的肖像画。

保加利亚

鲁塞地区（Region of Ruse）
入选年份：1979
遴选标准：C（Ⅱ）（Ⅲ）

第232页上 伊万诺沃的岩石教堂的墙壁。教堂入口位于鲁塞洛姆河的河谷中,由于出入困难,修士可以潜心修炼和神学研究。

米长的山谷中,密布着约300座岩洞教堂,其中有40座教堂中的宗教壁画依然鲜艳夺目。据称至少有60座岩洞教堂中依然住着修士,但许多教堂因河水侵蚀以及奥斯曼统治时期的突袭而惨遭破坏。最古老的岩洞教堂分布在鲁塞洛姆河右岸,这些教堂加上七座礼拜堂构成了最初的大天使米迦勒修道院。这座被称为扎特鲁帕纳塔(Zatrupanata)教堂(有顶教堂)的建筑是这片宗教建筑群的中心(在东正教中称作"拉伏拉")。这座教堂占地约27.5平方米(长宽均约5米多),墙壁光滑平整。一面墙上绘有伊万·阿森二世的肖像,正因为这位虔诚的统治者慷慨捐赠才有了这座修道院。

伊万诺沃还有许多其他精彩的壁画,其中大多数源于13世纪。保存最完好的洗礼池教堂(Krasalnjata)坐落于扎特鲁帕纳塔教堂东部,教堂墙壁和天花板上装饰的绘画讲述的是《耶稣受难记》(Passion of Christ)里的情节,包括《进入耶路撒冷》《最后的晚餐》《犹大背叛和自缢》《彼得的拒绝》以及《彼拉特面前的耶稣》。这座教堂里有教堂建筑群另一位赞助人沙皇伊凡·亚历山大(Ivan Alexander,1331—1371年

在位）的肖像画。他和妻子将这座教堂的模型献给了圣母。萨伯莱纳塔（Saborenata）教堂（被毁坏的教堂）的墙壁上一组创作于14世纪的壁画，是教堂群壁画中距今年代最近的。在这组壁画中可看到西奥多拉皇后的肖像画，她是沙皇伊凡·亚历山大的第一任妻子，创建了众多修道院，最后成为一名修女。伊凡沃诺当地的壁画标志着保加利亚宗教绘画的顶峰。当时宗教教义表现出人性化倾向，受此影响，这些壁画展示了强烈的艺术特色，其特点是绘画中有很多富有表现力的元素，这些元素把宗教绘画与当时新出现的人文主义之美和伦理道德联系在一起。也许正是因为大天使米迦勒修道院在精神、艺术和文化方面展现出的强大生机，才使得鲁塞在16世纪和17世纪富甲一方。方济会修士彼得·巴斯克曾描绘过那个时代，他记述过一个贸易繁荣、文化交流频繁的小镇，这个小镇拥有3000座东正教教堂、200户土耳其人家和200户其他国籍的人口。许多年后，出生于保加利亚的犹太作家伊莱亚斯·卡内蒂（Elias Canetti）写道："我一生的见识都能在鲁塞得到见证。"

■ 第232—233页 洗礼池教堂是伊凡沃诺教堂建筑群中保存最完好的教堂。其墙上创作于13世纪的壁画描绘着《基督受难记》中的各种场景。 ■ 第233（右）伊凡沃诺距今年代最近的壁画，创作于14世纪，位于萨伯莱纳塔教堂内。伊凡沃诺的壁画代表了保加利亚的宗教艺术顶峰。

阿索斯山

希腊 | 恰尔基迪半岛（Chalcidian Peninsula）
入选年份：1988
遴选标准：C（I）（II）（IV）（V）（VI）；N（III）

1927年希腊宪法中，有一条关于阿索斯山的附加条款，规定了阿索斯山修士团体的独立地位及其与国家和教会之间的关系，并对修士团体内部的行政责任和等级关系作了说明。宪法还规定，阿索斯山在政治事务上受希腊外交部管辖，在宗教事务上则服从君士坦丁堡普世牧首。半岛半自治的性质由此确立，这种性质源于其历史上长期独立的传统。

在神话故事中，阿索斯是一位色雷斯大力士，他想向波塞冬抛巨石，但石头从他指间滑落，形成一座山，这座山便以他的名字命名为"阿索斯山"。在流传的另一种传说中，阿索斯山，也称为"圣山"，是耶稣赠予的礼物，耶稣曾在拜访朋友拉撒路期间，在这里遭遇海难。

在古典主义时期，阿索斯山就曾出现在荷马（Homer）、希罗多德（Herodotus）和斯特雷波（Strabo）的著作中，后来该地被罗马人统治。

宗教人士最早定居在这里的时间已不可考究，但有记录显示，自8世纪开始，就有修士和隐士居住在恰尔基迪半岛最东端的海角，海拔2039米的阿索斯山就雄踞在半道上。据了解，843年阿索斯山的修士代表团曾出席拜占庭帝国狄奥多拉皇后召开的大公会议。885年，巴西尔皇帝颁布法令，正式批准阿索斯山为专由修士和隐士管理的区域，这些隐士和修士在祷告和冥想中度过一生。

9世纪末，修道院社区已初具规

▎第234页 伊维龙修道院（Iviron Monastery）克索利肯教堂（Katholikon）中的壁画细节图。该壁画创作于16世纪，很可能是底比斯艺术家弗兰戈斯·卡特拉诺斯（Frangos Katelanos）的作品。

▎第234—235页 伊维龙修道院由来自如今所称的格鲁吉亚一地的隐士们建于10世纪晚期，屹立于眺望着大海的岩石嶙峋的岬角上。克索利肯教堂和其他16座礼拜堂面朝修道院的主庭院，其中一座礼拜堂中供奉着神圣的圣母玛利亚的肖像。

▎第235页（左上）伊维龙修道院中的壁画。这些壁画的画法和年代表明，受希腊艺术影响的克里特学派艺术家曾在此创作。

▎第235页（右上）为纪念耶稣诞生而修建的西蒙岩修道院（Simonopetra Monastery）以圣徒西蒙的名字命名。14世纪，圣徒西蒙曾居住在阿索斯山上。西蒙岩修道院共有七层，是当地最大的修道院。

235

■ 第236页（上）从大拉伏拉修道院（Great Lavra Monastery）上俯瞰的景色图。该修道院由圣阿萨纳西奥斯（Saint Athanasios）于963年在尼基弗鲁斯二世帮助下修建，是阿索斯山上最古老的修道院之一，也是唯一一座免遭火灾破坏的修道院。

■ 第236—237页 大拉伏拉教堂入口，墙壁上装饰着1535年克里特人塞奥法尼斯·斯特莱理查斯（Theophanis Strelitzas）创作的壁画。这位画家把希腊艺术形式和与东正教肖像画法完美结合在了一起。

第237页（上）
圣潘捷列伊蒙修道院（Agios Panteleimon）高大精致的穹顶。因1875年大批俄罗斯僧侣居住在此，故也称其为俄国修道院。

第237页（下）
伊维龙修道院的一幅壁画上描绘的一位圣徒的肖像。

模，修士们在简陋的棚屋里过着禁欲苦行的生活。除了872年建于耶里索斯（Lerissos）的科洛波修道院（Monastery of Kolobou）外，没有其他一般性组织。10世纪末，一位来自特拉比松帝国的僧侣改变了阿索斯山的命运，他就是阿萨纳西奥斯。阿萨纳西奥斯出身于一个富足家庭，但却喜欢过清贫的生活，他利用和尼基弗鲁斯二世的友好关系修建了大拉伏拉修道院，时至今日，该修道院依然是修道院社区的中心。处于修道院中央位置的克索里肯教堂里有几座为纪念圣尼古拉和四十位烈士而建的礼拜堂，该教堂至今仍是大拉伏拉修道院食堂、厨房和图书馆所在地。僧侣们的住所分布在修道院周围的四个耳房中。

阿萨纳西奥斯一生坎坷。隐士们更喜欢独自冥想，因此反对建立有组织的修道院团体。但是尼基弗鲁斯二世支持他，并于971年签发特拉戈斯诏令，规定了阿索斯山上的修士们必须遵从的第一批准则。随着东正教和天主教的和解，阿索斯山开始受到来自罗马教廷的压力，但是在拜占庭帝国的支持下，14世纪时，阿索斯山上至少修建了40座修道院。

至此，恰尔基迪半岛的繁荣已是日暮途穷。随着土耳其人攻陷君士坦丁堡，其后的400年，阿索斯山一直处于奥斯曼帝国统治下。土耳其国王并没有修改关于阿索斯山的法律，但是却对修道院征收越来越高的赋税，不仅导致僧侣的数量逐渐减少，而且他们不得不寻求俄罗斯人、瓦拉几亚人和摩尔达维亚人的帮助。19世纪，希腊独立后，欧洲各地尤其是俄国的僧侣纷纷来到阿索斯山。1875年，这些僧侣在规模宏大的阿吉欧·庞特尔雷蒙（Aghios Panteleimon）修道院站稳脚跟，这座大型修道院的典型特征就是洋葱状的穹顶，极具沙皇俄国东正教教堂风格。

如今，阿索斯山共有20座修道院，里边居住着1500名僧侣。自拜占庭时期开始，这些建筑就不断翻修扩建，形成了多种风格的混合体，样式奇特。每个修道院就像一座迷宫，里面的建筑一座挨着一座，礼拜堂鳞次栉比，它们都有各自独特的用途。但是这些建筑中最初的壁画却很少保存下来，大拉伏拉修道院的壁画创作于13世纪，瓦托派季乌修道院（Vatopedi Monastery）中残余的镶嵌图案源于11世纪。修道院食堂里圣彼得和圣保罗的肖像画的创作年代稍晚一些。每个修道院都有自己供奉的肖像，有的创作年代可追溯至拜占庭时期。图书馆中收藏着大量重要的希腊和斯拉夫文稿。

尽管修道院命运多舛，阿索斯山的自然风光依然吸引着欧洲各地的神秘主义者慕名而来。半岛的女性被禁止踏进阿索斯山，这条严格的禁令依然有效，以免僧侣们受世俗诱惑干扰。

迈泰奥拉修道院

希腊 | 塞萨利大区卡兰巴卡省特里卡拉州（Prefecture of Trikala, Province of Kalambaka, Thessaly）
入选年份：1988
遴选标准：C（Ⅰ）（Ⅱ）（Ⅳ）（Ⅴ）；N（Ⅲ）

14世纪初，拜占庭帝国已日暮途穷。由于缺少帝国有效的军事保护，阿索斯山的僧侣们开始不断遭受土耳其海盗的突袭，三名僧侣——阿萨纳西奥斯、格雷戈里和摩西决定离开伊维龙修道院到别处寻找一处安身之地。

遵循着古代传说的指引，三人前往塞萨利，一直走到卡兰巴卡山谷。这里皮尼奥斯（Pinios）河的河水把岩石冲刷成百米高的石笋。三人最后来到迈泰奥拉。在希腊语中，迈泰奥拉意为"悬在半空"，阿萨纳西奥斯和他的两个同伴爬到一处峰顶之上，建造了一间木屋。几年之后，1336年，共有14位僧侣住在这个高达623米的迈泰奥拉岩石之上，这里还建成了一座纪念圣母玛利亚的礼拜堂。

自11世纪开始，隐士们就一直住在迈泰奥拉的岩洞里，阿萨纳西奥斯来了之后才提出组建有组织且遵循清规戒律的苦行主义团体生活。女性被视为对人类的"惩罚"，故不得进入此地。

周围的环境自古以来充满了强烈的神秘色彩。修士们居住在巍峨的高山上，接受来自上帝的神谕，并在祷告中把上帝的旨意传达给人类。

1356年，迈泰奥拉修道院时来运转。当时，塞尔维亚国王西梅

第238页（左上）大迈泰奥拉修道院（变容修道院）是塞萨利特里卡拉宗教中心最大最重要的修道院，由圣徒阿萨纳西奥斯修建，他的遗体就埋葬在这里。修道院食堂中有一座反映当地宗教生活的博物馆。

▌第238页（下）
为纪念圣芭芭拉而建的鲁萨努（Rousánou）修道院坐落在陡峭的岩石之顶，是迈泰奥拉最宏伟壮丽的修道院。根据传统，女性不得进入修道院，但鲁萨努修道院中目前有一个修女团体。

▌第238—239页
石笋群全景。这片光秃秃的石笋群是在皮尼奥斯河冲刷下形成的。对于14世纪来到这里的修士而言，这些岩石尖顶具有强烈的宗教象征意义，也正因此，他们在神赐的天地中打造了"悬在空中"的宗教团体。

▌第239页（上）
献给至圣圣三而建的修道院目前仍然有修士居住，是当地出入最困难的修道院。

翁·乌罗什·帕莱奥洛格宣布自己为塞萨利的皇帝，将迈泰奥拉修道院置于自己保护之下，并为纪念耶稣变容建造了一座教堂（克索利肯教堂）。1373年，西梅翁的儿子约翰·乌罗什成为修道院的一名修士。十年后，阿萨纳西奥斯寿终正寝，约翰·乌罗什继承他的衣钵成为修饰团体的领导者。然而，修道院的好运转瞬即逝。仅仅40年后，乌罗什家族的塞尔维亚王朝在战争中被打败，塞萨利成为土耳其人和瓦拉

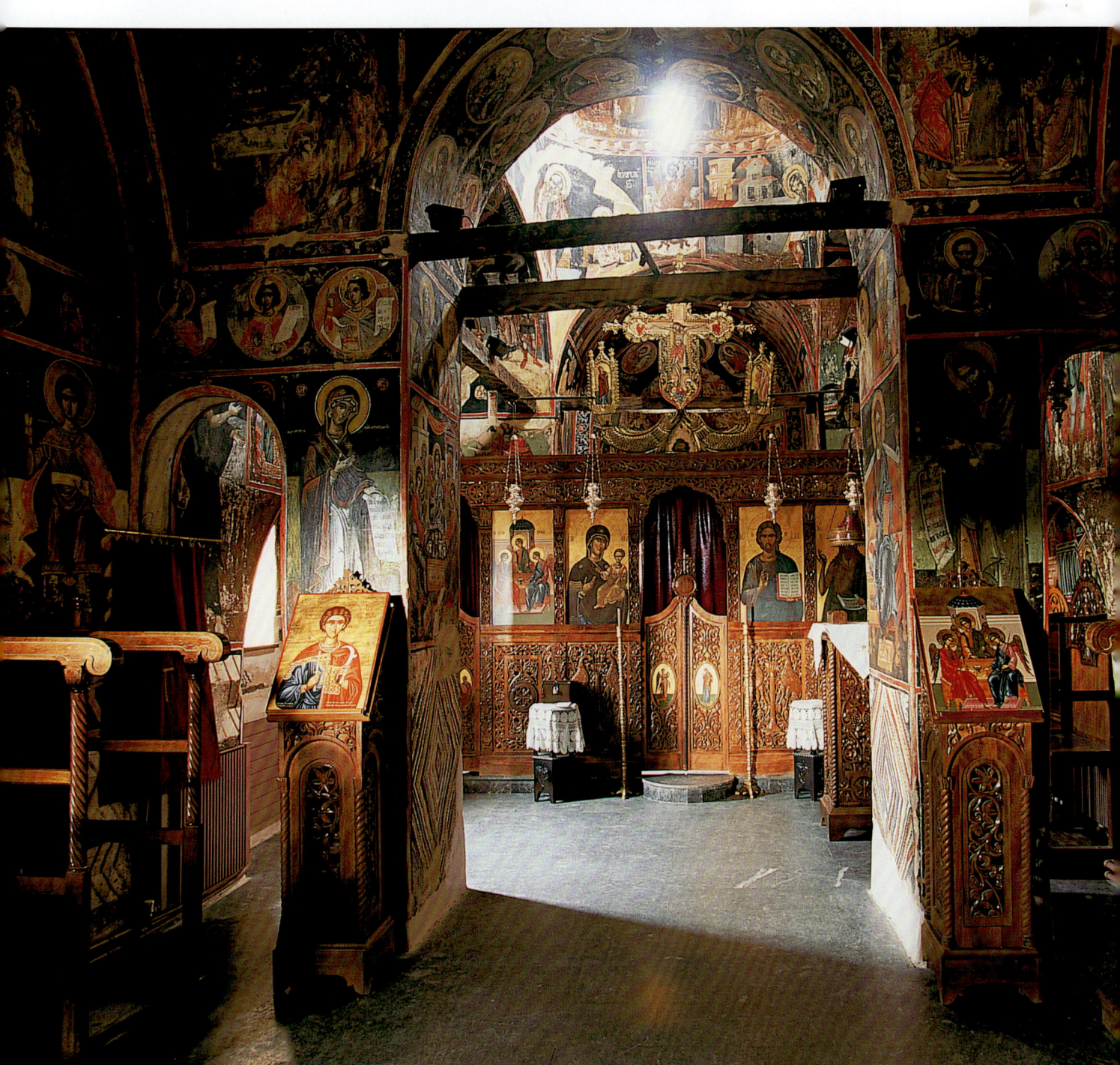

■ 第 240 页（上）
鲁萨努修道院通往圣主变容教堂的门厅，里面装饰着创作于 1560 年前后的克里特学派的壁画，引人注目。其中一些壁画描绘的是过去几个世纪发生在塞萨利地区的战争的残酷场景。

■ 第 240—241 页
位于至圣圣三修道院中的十字形的克索利肯教堂建于 1475—1476 年，里面有一个装饰精美繁复的圣像间壁。

几亚人的战场。

修士们不得不逃离修道院长达一个世纪之久，直到奥斯曼帝国统治时期才得以重返故土。基督教场所惨遭几代帝王的洗劫，好在苏莱曼一世英明神武，这些宗教建筑得以修复。到 16 世纪中叶，又有 23 座修道院建立在摇摇欲坠的山尖之上。克里特学院的艺术大师们应邀为这些修道院创作壁画和肖像画。正是在此地，塞奥法尼斯·斯特莱理查斯和他的两个儿子西米恩、尼奥皮托斯创作了希腊拜占庭艺术最杰出的作品。克里特学派将晚期哥特式风格、文艺复兴元素和东正教的元素结合在一起，创作了表情生动丰富的修行者形象，这些壁画色彩鲜艳，构图精妙。

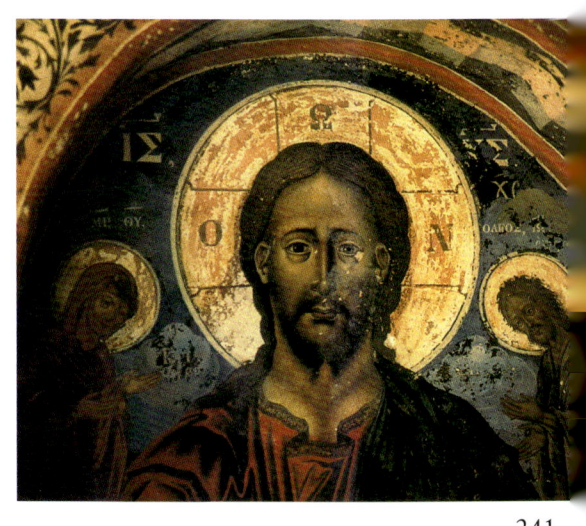

苏莱曼一世之后，尽管奥斯曼帝国对基督徒采取了严苛的政策，迈泰奥拉作为祈祷场所和学术中心一直繁荣到 18 世纪中期。这里的修道院出入困难，唯一进入通道就是把人装进藤篮里，运用复杂的绳索和滑车系统将其提上去，所以许多基督教平信徒来到这里躲避土耳其人的迫害。

岁月无情，这些建筑逐渐朽坏，许多修士离开这里回到阿索斯山。19 世纪，修道院为反抗土耳其统治、进行独立战争的希腊人提供了难得的庇护所。第二次世界大战期间，许多修道院建筑惨遭纳粹党和法西斯的洗劫，部分被毁。

如今 24 座修道院仅存 6 座，只有少数修士留守在这里，负责维护修道院内的壁画、肖像画以及从修道院建立之初收藏的珍贵手稿。

在教堂的烛光以及凿于岩石中的简陋居所中依稀可见这些建筑古已有之的美丽，但这里也有了很大的改善。由于开凿了石级，之前危险的滑车系统已被淘汰；宗教主阿萨纳西奥斯设立的"女性不得进入"的规则也被打破，鲁萨努和圣斯特·凡诺斯（Agios Stéfanos）两座修道院中已有修女居住。

■ 第 241 页（上）
壁画《基督圣容》局部图。这幅壁画由克里特学派艺术家弗拉库斯·卡特拉沃斯（Frágkos KateIávos）创作于 16 世纪，是拜占庭晚期艺术的杰出代表。该壁画所在的瓦拉姆修道院（Varlaám Monaster）里面有很多具有三维效果的壁画。

■ 第 241 页（中）
巨幅壁画《大审判》局部图。该壁画色彩鲜艳，绘于鲁萨努修道院中。

■ 第 241 页（下）
今天，在大迈泰奥拉修道院中，信徒们会把供品放在绘有救世基督像的壁龛中。

特罗多斯地区的彩绘教堂

塞浦路斯

尼科西亚（Nicosia）和利马索尔（Limassol）行政区，特罗多斯（Troodos）地区
入选年份：1985、2001
遴选标准：C（Ⅱ）（Ⅲ）（Ⅳ）

塞浦路斯距圣地仅一河之隔，注定会成为最早皈依基督教的地区之一，也因此成为受宗教迫害基督徒的避难所。圣像破坏运动期间，众多珍贵的艺术品也保存在这里。公元45年，圣保罗和圣巴纳巴斯曾环游塞浦路斯所在的岛进行传教。圣巴纳巴斯是塞浦路斯的犹太人，皈依基督教后被基督徒接纳，并替代加略人犹大的位置。传教途中，圣保罗建立了一座献给圣徒赫拉克利乌斯的教堂，因为是赫拉克利乌斯带领他跋山涉水一路来到特罗多斯。

特罗多斯雪松林茂密，阳光炙烤着山地，对于从海边来的游客而言，眼前是一片别样的自然风光。特罗多斯位于尼科西亚和利马索尔之间，在这片海拔高达1950米的山区，随处可见基督教传播的重要痕迹。特罗多斯地区的9座拜占庭风格的教堂——阿维亚斯马蒂十字架教堂（Stavros tou Ayiasmati），帕纳伊亚·阿拉卡教堂（Panayia tou Araka），圣十字佩兰德里教堂（Timiou Stavrou a Pelendri），屋顶的圣尼古拉斯教堂（Ayios Nikolaos tis Stegis），帕纳伊亚·波迪图教堂（Panayia Podithou），帕纳伊亚·阿西诺教堂（Panayia Asinou），阿伊奥斯·扬尼斯·兰帕迪斯提斯教堂（Ayios Ioannis Lampadistis），帕纳伊亚·穆图拉教堂（Panayia tou Moutoula），以及位于派祖拉斯（Pedhoulas）的大天使米迦勒教堂（Church of the Archangel Michael），都被联合国教科文组织列入《世界遗产名录》。2001年，帕莱霍里（Palaichori）地区的阿伊亚救世主教堂（Ayia Sotira tou Soteros）也被列入这一名录。

这些教堂建于1100年至15世纪末，周围环绕着静谧的乡村，教堂外墙看起来平平无奇，但里面却装饰着丰富多彩的壁画和肖像画。进入这些教堂通常需要找附近居民开门。其中最宏伟壮丽的可能要数帕

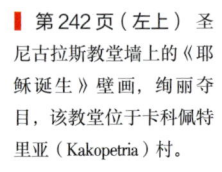

▎第242页（左上）圣尼古拉斯教堂墙上的《耶稣诞生》壁画，绚丽夺目，该教堂位于卡科佩特里亚（Kakopetria）村。

▎第242页（右下）阿西诺（Asinou）的帕纳伊亚·普罗比提萨教堂位于特罗多斯山的塞浦路斯地带，教堂中的壁画创作于12—16世纪，数量为当地教堂中最多。这幅壁画描绘的是基督在波浪上行走，周围围着天使的场景。

纳伊亚·弗彼奥提萨教堂（Church of Panayia Phorbiotissa）。教堂名字来源于公元前11世纪古代希腊城市阿斯因（Asine），这座城市位于尼基塔里（Nikitari）以南数千米之远。从碑铭判断，该教堂建于1099—1105年之间。

这座平瓦斜顶的建筑布局呈长方形，旁边有地下墓室和壁龛。其中至少三分之二的壁画保存了下来，从壁画中可以看出，阿西诺的教堂建立之初被用作尼斯弗洛斯·马吉斯特罗斯的家庭礼拜堂，尼斯弗洛斯·马吉斯特罗斯是拜占庭帝国的军事家，1115年去世。后来，该教堂归附近位于弗奥比亚（Phorbia）的修道院所有。教堂的装修工作一直持续到17世纪。

卡洛帕纳焦蒂斯（Kalopanagiotis）村因硫黄泉而闻名，是阿伊奥斯·扬尼斯－兰帕迪斯提斯修道院（Agios Ioannis Lampadistis）所在地。修道院里有两座教堂和一座礼拜堂，里边装饰着创作于13—15世纪的壁画，惹人注目。10月4日是圣约翰日，修道院在这天是特罗多斯地区最重要的一个宗教仪式的举办地。离修道院不到1.6千米是穆图拉村，村里有一座规模较小的帕纳伊亚教堂，它是最早的木顶拜占庭式礼拜堂之一，其壁画创作于1280年前后。沿着夹道种着樱桃树的山路继续前行，就来到了派祖拉斯村，大天使米迦勒教堂便耸立在这里。这座拜占庭风格的教堂建于1474年。附近的帕纳伊亚·波迪图教堂规模更大，修建年代更晚（1502年），曾经被并入一座修道院，教堂里的壁画融合了意大利式和拜占庭式两种风格，十分独特。

塞浦路斯较早皈依基督教，因此在东正教内部具有一定的自主权。其大主教如今依然享有15世纪芝诺（Zenon）皇帝授予的一些特权，比如可身穿紫色长袍、手持权杖而非曲柄杖、用红色墨水签名等。

近年来，由于土耳其人占领了塞浦路斯北部地区，导致岛上拜占庭遗产保护工作陷入停滞。正因保护力度不够，许多教堂遭到大规模洗劫，小贩们在黑市上肆无忌惮地买卖抢劫而来的艺术品。

▌第242—243页
阿拉卡圣母教堂穹顶上绚丽华焕的壁画，创作于12世纪，中央是伟大全能的基督主的圣容。

▌第243页（右下）阿西诺的帕纳伊亚·弗彼奥提萨教堂很可能建于1099—1105年间，布局呈矩形，两侧有地下墓室和壁龛，屋顶倾斜陡峭，铺着平瓦。

▌第243页（左下）坐落于卡洛帕纳焦蒂斯村的阿伊奥斯·扬尼斯·兰帕迪斯提斯修道院有两座教堂和一座礼拜堂。圣约翰日这天（10月4日），这里是特罗多斯地区一个最重要的宗教节日的庆祝场所。

伊斯坦布尔历史区

土耳其

伊斯坦布尔（Istanbul）省
入选年份：1985
遴选标准：C（I）（II）（III）（VI）

1453年，奥斯曼帝国征服了拜占庭帝国，导致基督教衰落，伊斯兰世界不断壮大。据说，穆罕默德二世因此被称为"征服者"，他为了感谢安拉真主引领他占领了君士坦丁堡，也就是他所称的"世界上最灿烂辉煌的城市"，举行了盛大的庆祝活动。此后每年5月29日，伊斯坦布尔都会举行周年庆典。

根据有关文字记述，围攻拜占庭之战激烈残酷、跌宕起伏，涌现出许多可歌可泣的英雄人物，充斥着阴谋、背叛和诡计。比如，有人建议陆路把奥斯曼战舰运到君士坦丁堡南部的海湾，突袭拜占庭人，拜占庭人为了从北面保护金角湾（逻辑上这是唯一可通往城市的路线），用一条铁链封锁了博斯普鲁斯海峡。攻陷君士坦丁堡的决胜因素在于"世界上最大的火炮"，连天炮火破坏了防御城墙。大炮是穆罕默德二世从一名匈牙利商人那里买入的，这个商人本是虔诚的基督教拥护者，到博斯普鲁斯海峡岸边打算把大炮提供给拜占庭人。但是，面对金钱的诱惑，他的信念动摇了，知道拜占庭人没有财力购买大炮后，便把它卖给了有钱的穆斯林。

当时，这座曾是世界上最宏伟壮丽、灿烂辉煌的城市非常荒凉，债台高筑，人口减少，满目疮痍。第四次十字军东征期间，遭本是同根生的基督教十字军战士占领之后，君士坦丁堡陷入全面衰败。这些十字军战士并没有继续东征，从异教徒手中夺取巴勒斯坦和叙利亚，而是就地洗劫一空，并在君士坦丁堡占据了长达半个多世纪。

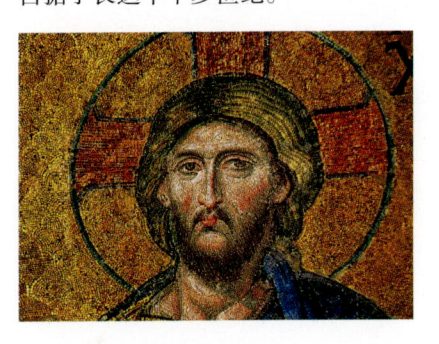

在对抵抗地区进行了三天洗劫之后（这是奥斯曼帝国的一贯做法），穆罕默德二世进入了圣索菲亚大教堂（Hagia Sophia）。据说，在进入教堂厚重的入口通道之前，他会在头上撒满灰烬，以示对这座当时基督教世界最大教堂的尊敬。然而，尊敬归尊敬，他还是把教堂改建成了清真寺，结束了它1000多年的传统。今天的圣索菲亚大教堂已不再具有宗教意义，成为了历史遗迹。尽管如此，人们只要一踏入教堂，仍会感受到这座宏伟壮丽的教堂之神圣和庄严。该教堂最初是查士丁尼一世为了赞美上帝的神圣和重现罗马帝国的荣光，于532—538年建造的。

圣索菲亚大教堂也被称为圣智教堂，坐落在一个更早的长方形教堂遗址上，这座长方形教堂建于狄奥多西一世统治时期，后在一次暴动中被毁。在长方形教堂之前，这里是希腊时期的卫城。

圣索菲亚大教堂由两名希腊建筑师——特拉勒斯的安提莫斯（Anthemius of Tralles）和米利都的伊西多尔（Isidore of Miletus）建造设计，两人构想的教堂综合了早期长方形基督教堂和皇家宫殿的风格。

当时，人们还没有完全掌握克服重力的办法，建造穹顶便成了一项挑战，他们从罗得岛（Rhodes）进口了质地疏松的黏土来制造中空的砖块。教堂内部的装饰材料华丽珍贵，查士丁尼一世订购了各种镶嵌图案瓷砖，却引发了基督教会和拜占庭帝国之间的争议。教会认为这些现实主义的肖像画金光闪闪是对上帝的大不敬，因此想改用禁欲风格的装饰材料。然而市民们围着教堂对这些镶嵌图案装饰大加赞美。在这些市民的支持下，帝国统治者

■ 第244页（上）
圣索菲亚大教堂东画廊中的基督圣容镶嵌图案。这些镶嵌图案在6世纪创作之时，因其大量使用黄金和珍贵材料而被拜占庭教会的代表认为是对上帝的大不敬。

■ 第244页（下）
圣索菲亚大教堂（也被称为"圣智教堂"）内部。图为其皇家风格的回廊和直径为32米的中央圆顶。

第245页 圣索菲亚大教堂的鸟瞰图，宏伟壮观。1453年，穆罕默德二世攻陷了君士坦丁堡，教堂被改为清真寺。直到1932年，土耳其政府撤销了其宗教地位，将其设为博物馆。

伊斯坦布尔

★ 安卡拉

■ 第 246 页（上）
托普卡帕宫（Topkapi Palace）建于 1459—1465 年，是拥有 400 年历史的奥斯曼帝国的象征。按照伊斯兰传统，宫殿里分布着众多庭院，每个庭院周围耸立着一座楼阁。

■ 第 246—247 页
远远地就能望见苏丹艾哈迈德清真寺的主体部分及其六个光塔。这座清真寺建于 1609 年，与附近的圣索菲亚大教堂同样壮观。

■ 第 247 页（上）
苏莱曼尼耶清真寺俯瞰着金角湾，它由建筑师希南设计，建造于 1550—1557 年。

在与教会意志的对抗中胜出。尽管这些镶嵌图案在这场争论中被保存了下来，但是许多却没能躲过穆斯林的圣像破坏运动。在幸存的镶嵌图案中（去除了土耳其人涂的一层石灰之后得以修复），最重要的是《迪西斯》（位于南画廊的一幅画，画上基督坐在圣母玛利亚和圣施洗约翰中间）、第三道门之上的万能主宰基督圣像，以及位于上层画廊中的圣徒画像，上层画廊本来是留出来放妇女画像的。

对奥斯曼帝国来说，圣菲索亚大教堂既是一个典范，也是一个挑战。从穆罕默德二世开始，建造一座与圣索菲亚大教堂同样气势恢宏的清真寺就被提上了日程。但是，穆斯林在这座城市统治了100年之后，这一目标才得以实现。苏莱曼苏丹委派其禁卫军及军事天才希南（Sinan）在金角湾要地为其建造一座清真寺。希南曾监督过圣索菲亚大教堂的加固和翻修工作，对这座教堂十分着迷。为了表明他有能力"超过希腊人"，1550—1557年间，他建造了一座宏大的穹顶建筑，即苏莱曼清真寺。这座清真寺极具几何美感，光影完美地搭配在一起，装饰优雅简约。这里后来成为奥斯曼帝国时期伊斯坦布尔的象征（希南因这座建筑还获得了"土耳其米开朗琪罗"的美誉），四座尖细的光塔高高地耸立着。

第二座可以和圣索菲亚大教堂相媲美的建筑就是位于其对面的苏丹艾哈迈德清真寺（Sultan Ahmed Camii）。这座清真寺建于17世纪初，被大众称为蓝色清真寺。这座穹顶建筑造型十分和谐。蓝色清真寺之名源于其墙面贴满的蓝色瓷砖，产于伊兹尼克城（Iznik）。

▎第247页（左中）
苏丹艾哈迈德清真寺的另一个名字——蓝色清真寺更广为人知。这个名字来源于贴满清真寺墙面的蓝色瓷砖，共2000块，产于伊兹尼克城。

▎第247页（右中）
托普卡帕宫后宫一间富丽堂皇的宫殿。几个世纪以来，许多西方国家游客被这个神秘的地方深深吸引。据说，穆罕默德二世统治时期，这里居住着688位妃姜。最有名的还是罗克塞拉娜，他是苏莱曼一世的皇后。

▎第247页（下）
苏丹艾哈迈德清真寺入口处。镀金的阿拉伯式花饰以及土耳其清真寺内典型的大型吊灯十分醒目。

伊斯坦布尔还有许多奥斯曼帝国时期的遗迹，其中最重要的就是托普卡帕宫（Topkapi Palace）、带有商队旅店的大集市（Great Bazaar）及市内众多清真寺。但是，联合国教科文组织更关注君士坦丁堡和拜占庭时期更古老的遗迹，这些地方需要大规模的修复。这些遗迹之所以重要，是因为它们彰显了一个城市的精神，在悠久的历史中，伴着城市见证了许多伟大文明的兴衰。

更重要的是，这座城市总能从废墟上崛起，城市名称几经变更，从君士坦丁堡到拜占庭再到伊斯坦布尔，每次都比之前更辉煌灿烂。

位于圣索菲亚大教堂和蓝色清真寺之间的古代竞技场是文明延续的典型象征，也为城市管理者敲响了警钟。如今，这里已成为一个广阔的广场，地下有许多著名的蓄水池，为城市在遭围攻时提供用水保障。古竞技场是在君士坦丁大帝的命令下修建的，竞技场上矗立着一根希腊圆柱，这根圆柱本来位于德尔菲阿波罗神庙前，330年，君士坦丁大帝将其运到了这座当时新兴起的城市。竞技场很快便成为这座城市的聚会场所，至今依然如此。在拜占庭时期，竞技场用于战车比赛，比赛经常引起政治暴动，并且会导致皇室陷入穷困。几个世纪之后，1826年，城市屡次爆发骚乱，奥斯曼帝国走向衰落，竞技场成为马哈茂德二世进行著名的禁卫军大屠杀的场所。

这座城市历史悠久、实力强大的另一个重要体现是其复杂的防御系统，5世纪时为抵御来自大陆的侵犯而修建。该防御系统包括96座塔楼、13个大门以及另外11个在警戒堡垒保护之下的大门。防御城墙曾被十字军推倒，后来又遭到穆罕默德二世威猛的匈牙利大炮轰击，但此后一直被完好保存。到19世纪，由于不再使用，这些城墙逐渐沦为废墟。1980年，城墙的修复工作开始，但因没有按其原始风貌修复，一度遭到了猛烈的批评。

过去几十年，伊斯坦布尔人口迅猛增长，如今已成为拥有几千万人口的大都市，城市发展一发不可收。许多古代建筑遗址周围分布着居民区，这些建筑遗址的保护工作迫在眉睫。例如，建于12世纪的万能主宰者基督修道院建筑群包括三座装饰着精美的镶嵌图案的教堂，是200多年中拜占庭帝国皇帝的休息场所。奥斯曼帝国征服拜占庭后，该建筑群变成一所古兰经学校，后来又改建为泽伊雷克（Zeyrek Camii）清真寺。如今这里依然是穆斯林的宗教场所，但它已被联合国教科文组织列为世界100处濒危遗迹之一。

▎第248页（左）竞技场中央矗立着一座埃及风格的方尖碑。竞技场现在是圣索菲亚大教堂和蓝色清真寺之间的一个广场。方尖碑原本有36米高，但在运输过程中断裂了。广场上还有一根来自德尔菲的阿波罗神庙的希腊圆柱。

▎第248页（右）地下水宫殿（Yerabatan Saray）很可能建于君士坦丁大帝统治时期，是这座城市规模最大的古代蓄水池。它靠336根科林斯石柱支撑着，可储存80000立方米的水。

▎第248—249页图为大集市中的一个主要走廊，地毯和其他商品琳琅满目，整个建筑群可容纳5000多间商铺。

▎第249页（左上）君士坦丁堡的城墙建于5世纪西奥多修斯二世统治时期，共长6650米，如今已成废墟，城墙修复工程备受争议。

▎第249页（右上）图为万能主宰者基督修道院。伊琳娜女皇在12世纪在该修道院内修建了教堂。

249

萨夫兰博卢城

土耳其

黑海（Black Sea）地区的安纳托利亚（Anatolia）中部
入选年份：1994
遴选标准：C（Ⅱ）（Ⅳ）（Ⅴ）

在推翻苏丹统治的起义中，萨夫兰博卢城里的鞋匠为支持穆斯塔法·凯末尔·阿塔图尔克（Mustafa Kemal Atatürk）的战士们制造鞋子。萨夫兰博卢城里有大约80家皮革厂，上等的皮革都用来制造战士们的鞋子。但是城里的居民几乎不上前线打仗，因为他们爱好和平，一心发展商业、手工业和农业。

这座城镇坐落在350米的高地上，约有25000名居民。其名字歌颂的是当地最珍贵的作物。萨夫兰博卢（Safranbolu）意为"藏红花之城"（后缀-bolu源于欧洲，从"有围墙的城"演化而来，意为城堡）。在九十月份，这种鸢尾科的花朵可被采集入药，用作纺织品染料或食物调料。生产1克藏红花粉大约需要110朵花。

有着"红色金子"之称的藏红花为萨夫兰博卢的财富奠定了基础，此外，当地的行业协会也为萨夫兰博卢的繁荣做出了贡献。在土耳其帝国时期，这些行业协会搭建的商

业网络一直延伸至欧洲和中东地区。萨夫兰博卢处于战略要地，早在13世纪就成为前往黑海沿岸途中的商队驿站。

萨夫兰博卢于公元前2000年前后建城，先后被赫梯人（Hittites）、波斯人（Persians）、吕底亚人（Lydian）、罗马人和拜占庭人占领，但是他们并没有在这座城镇留下任何痕迹。现存的最早建筑可追溯到14世纪初，为土耳其人统治时期留下的遗迹，先是坎达尔侯国（Çandaroglu Dynasty），从1354年开始，为奥斯曼帝国。

在土耳其人统治时期，这里开始修建第一座清真寺（即苏莱曼帕夏清真寺）和第一个公共澡堂，16—17世纪，这两处得以重建，当时萨夫兰博卢开始呈现现代风貌，其城市风貌奇迹般地延续至今。萨夫兰博卢有约2000座历史建筑、30座清真寺、150处喷泉和15座桥。其中最值得一提的清真寺要属建于1662年的巨大柯普吕律清真寺（Köprülü Camii）和18世纪末期开始修建的伊泽特帕夏清真寺（Izzet Pasha Camii）。

最引人夺目、令人难忘的建筑是辛西旅馆（Cinci Han）。这个商队旅馆建于1645年，为来萨夫兰博卢进行贸易的商人提供食宿，还有与该旅馆配套的辛西浴室（Cinci Hammami），宏伟壮观。辛西浴室是黄色的大理石建筑，穹顶上点缀着小小的窗户，属于典型的土耳其风格，至今仍是萨夫兰博卢最受欢迎的浴室。在这座浴室及旅馆建筑群内有一个集市，集市上最吸引人的地方就是古代的阿拉斯塔（arasta），鞋匠店铺就在这里。

萨夫兰博卢的大部分居民都有两处住宅：在辛西有一座冬季住宅，辛西是市中心，位于山谷中，可以抵挡来自安纳托利亚的冬季冷风；在附近的巴拉尔乡村有一座夏季住宅，这里气候凉爽，主要经济活动为农业和畜牧业。如今，巴拉尔地区工业扩张迅猛，大不如一百年以前那么宜人。

在辛西的庄园房屋依然可以领略到过去的传统。这些庄园大多建于18世纪和19世纪。这些庄园房屋的建筑设计有"五面房屋"之称。这些房屋由石头、砖块和木头建造而成，排列在一个广阔的正方形庭院周围，庭院中央有一处喷泉。这些建筑通常有三层，每层有6~8个房间，墙壁由一种多孔的石头砌成。一般而言，牲畜棚、储物区和厨房位于地面和第一层，起居室位于二、三层。最重要的是招待客人的房间，里边放置着沙发，墙壁和房顶用精雕细琢的木板装饰。

每栋房子都分为独立的男、女区域。为了避免客人看到女眷，房子主人还用了一些巧妙的方法，比如，用旋转的厨具把餐盘从厨房运送到餐厅。这样，男客人就只能猜测准备这些美味佳肴的女人长什么样子了。

251

▌第248—249页
萨夫兰博卢的市中心辛西的景观。这里有约2000座历史建筑和30座清真寺。其中最著名的清真寺要属建于1662年的柯普吕律清真寺和18世纪末期开始修建的伊泽特帕夏清真寺。

▌第249页（右中）
萨夫兰博卢城历史中心区的美丽一角。因其集中体现了土耳其统治时期的建筑风格，所以整个城市都受联合国教科文组织的保护。

▌第249页（右下）
巴拉尔郊区科塔拉尔府的局部图。第二层的设计风格独特，多孔砖块和木梁交互排列。

▌第250页（上）
考萨拉尔府，是萨夫兰博卢的富裕商人在巴拉尔乡村地区修建的最早的夏季住宅。

亚洲遗产地列表

1 阿拉伯叙利亚共和国：大马士革古城 254
2 以色列：耶路撒冷古城及其城墙 258
3 也门：萨那古城 266
4 伊朗：伊斯法罕王侯广场 271
5 乌兹别克斯坦：伊钦卡拉内城 274
5 乌兹别克斯坦：撒马尔罕古城 278
6 尼泊尔：加德满都谷地 282
7 巴基斯坦：拉合尔古堡和夏利玛尔公园 288
8 印度：德里的顾特卜塔及其古建筑 292
8 印度：泰姬陵 294
9 斯里兰卡：加勒老城及其城堡 298
10 中国：长城 300
10 中国：紫禁城 302
10 中国：北京颐和园 308
10 中国：泰山 312
10 中国：拉萨布达拉宫 314
11 韩国：海印寺木刻高丽大藏经版与版库 320
12 日本：古京都历史遗迹 322
12 日本：姬路城 326
12 日本：严岛神社 328
13 老挝：琅勃拉邦城镇 330
14 越南：顺化历史建筑群 334

亚洲

尽管在历史发展中地区间的交流逐渐增强，中国和小亚细亚地区更是自基督教时期以前就有贸易往来。但亚洲面积辽阔，自古便拥有丰富多样的文化，即便到了近代也是如此。其文化多样性从各地蓬勃发展的不同宗教便可见一斑，如波斯的祆教、中东地区的犹太教和基督教、阿拉伯半岛的伊斯兰教、印度的佛教和印度教，以及日本的神道教。另外，亚洲各地不同的语言文字也表明了其文化多样性，如阿拉伯语、梵文以及中国的象形文字。

此外，亚洲在历史发展中也形成了各种各样的建筑和艺术风格，这些不同的建筑和艺术风格一方面受到当地传统的自然影响，另一方面也受到了沿着"丝绸之路"错综复杂的贸易路线与货物、宗教一同传播而来的信息的影响。与欧洲一样，亚洲的建筑遗迹也受到了宗教传播与发展的深刻影响。

伊斯兰建筑在中东地区和阿拉伯半岛可谓登峰造极，但同样也分布于高加索山脉、伊朗、印度、巴基斯坦及土库曼斯坦、乌兹别克斯坦等地区。诸如大马士革这样的有上千年历史的城市见证了伊斯兰建筑的发展。伊斯法罕的王侯广场以及印度阿格拉的泰姬陵等珍贵奇特的建筑也是伊斯兰建筑的代表。再比如佛教，公元前6世纪左右诞生于印度北部，后来传遍了从朝鲜到越南的东亚地区。

亚洲的遗迹不仅限于宗教建筑。政治军事力量（而不是经济财富）也造就了一大批建筑奇迹。中国的古代王朝可以说是这方面最典型的代表，北京的紫禁城和规模浩大的工程奇迹——长城就是例证。日本、越南和印度的古代王朝也为人类文明留下了浓墨重彩的一笔。

最后，殖民地时期的建筑遗产也十分重要。典型代表是印度果阿地区的教堂、斯里兰卡的加勒城堡、印度支那的法式和中式建筑以及和谐统一、宏伟壮观的越南城市会安。

虽然欧洲的遗迹数量最多，但是亚洲面积辽阔，建筑风格纷繁复杂，不断发展演化。联合国教科文组织《世界遗产名录》充分地展现了其多样的建筑风格。

大马士革古城

阿拉伯叙利亚共和国

大马士革（Damascus）行政区
入选年份：1979
列入《濒危世界遗产名录》年份：2013
遴选标准：C（Ⅰ）（Ⅱ）（Ⅲ）（Ⅳ）（Ⅵ）

据说，每个有文化的人都觉得自己有两个故乡——自己的家乡和叙利亚。叙利亚是农业、字母表、三大一神论宗教、哲学、贸易和民主的发源地。首都大马士革还在和叙利亚北部城市阿勒颇（Aleppo）争夺世界上最古老城市的称号。想到叙利亚是这样一个文化底蕴深厚的国家，每个人都会对其冲突不断的现状感到悲痛。叙利亚的冲突已经破坏了阿勒颇大部分文化和建筑遗产，由于大马士革古城远离现代区域，目前还没有受到大范围影响。

大马士革-阿什-闪（Dimashq-ash-Sham），也就是当地居民所说的"闪族"，名字源于诺亚长子闪。据《圣经》记载，闪在大洪水暴发之后来此定居。关于该地最早的文字记载发现于幼发拉底河（Euphrates）流域的马里（Mari），刻在新石器时代的黏土板上。此外，还有一份写在莎草纸上的文献证明，大马士革早在公元前9000年就已和埃及有贸易往来。

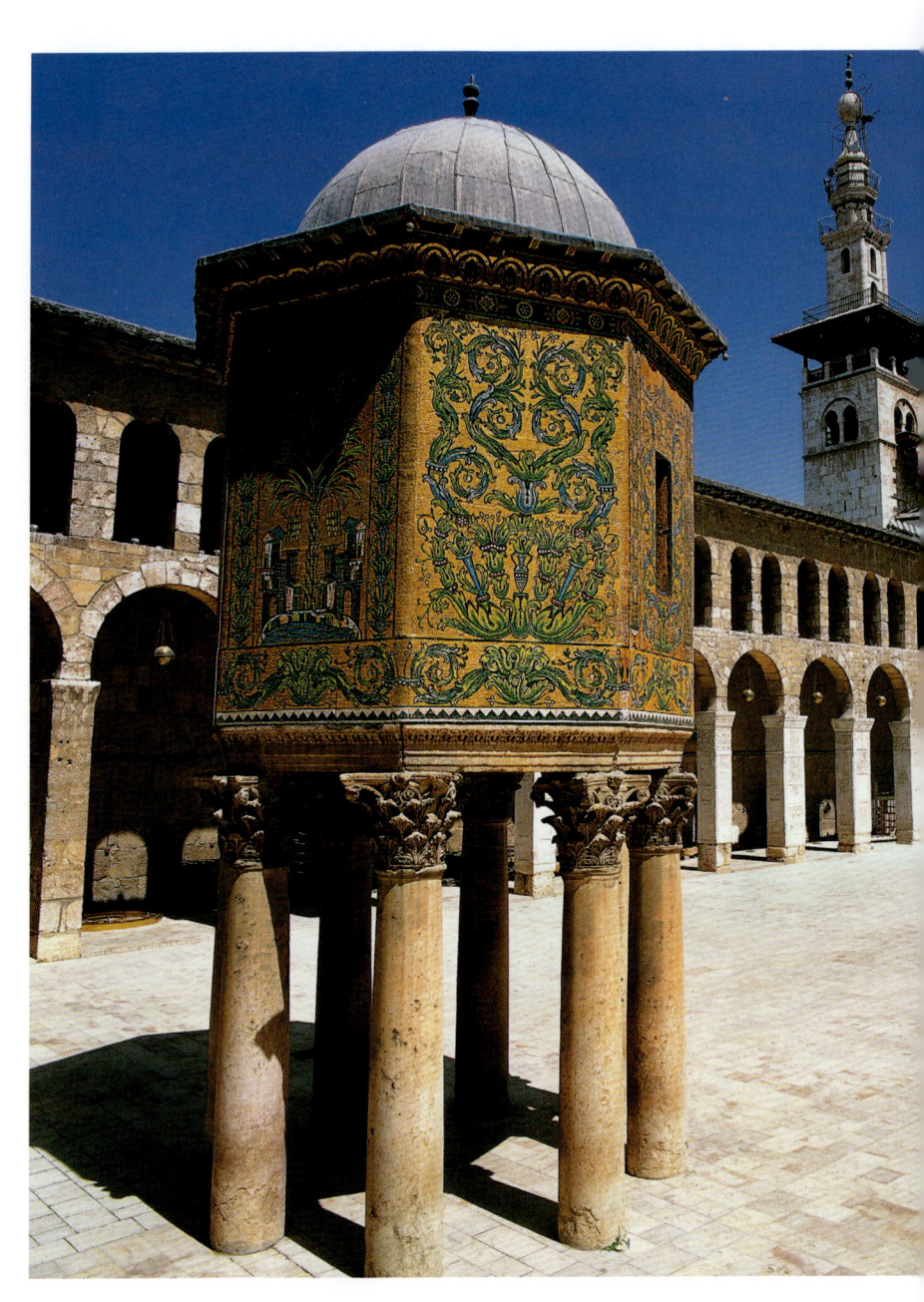

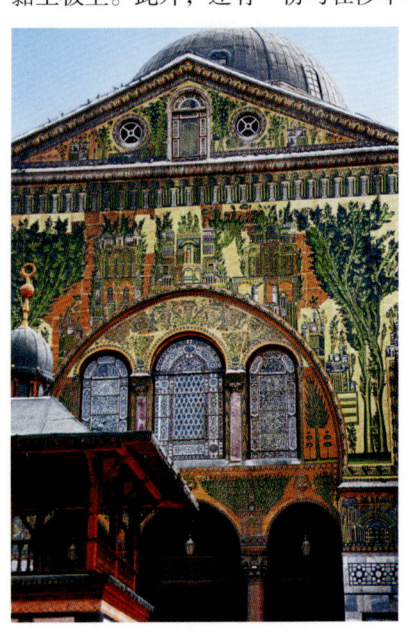

这些记录的残片没有显示在远古时代大马士革的统治者是谁，但可以肯定的是，在公元前2000年，大马士革曾是阿拉米人王国的首都。后来亚述人登陆叙利亚腓尼基（Phoenician）海岸，将阿拉米人赶了出去。巴比伦国王尼布甲尼撒（Nebuchadnezzar）曾统治这里30年之久，后来在公元前538年，波斯国王居鲁士占领了大马士革，并将其立为首都。不过，直到公元前333年，亚历山大大帝统治时期，这里

■ 第254—255页
图为倭马亚大清真寺围着廊柱的庭院，前景中是宝库，这个八边形的建筑用于存放珍宝。为了安全起见，用了八根原来罗马神庙中的科林斯式廊柱来支撑。

■ 第255页（左）倭马亚大清真寺全景图。其周围的建筑形成了哈米迪亚集市（Suq al-Hamadiyyeh）。

■ 第255页（右）倭马亚大清真寺巨大的祷告大厅中心是一座建于19世纪的大理石建筑。据说圣施洗约翰就葬于此，他也被列为伊斯兰圣徒。

■ 第254页（上）
埃及风格的西塔（加尔比亚尖塔）由马姆鲁克的卡特贝苏丹于1488年建造。

■ 第254页（下）
倭马亚大清真寺南墙上拜占庭艺术家创作的镶嵌图案。尽管在历史上遭到破坏，它依然是世界上最大的镶嵌图案之一。图中这幅画展现的是天堂花园的景象。

才成为从东地中海到阿富汗疆域辽阔帝国的中心。

公元前64年，罗马人来到这里，大马士革开启了黄金时代。罗马人在原有的基础上打造了一座辉煌灿烂的城市，很快大马士革便成为罗马帝国十个重要的中心之一。罗马商业贵族阶级中就有大马士革人，他们搭建起了当时欧洲和东方的贸易桥梁。大马士革生产的宝剑和纺织品远销到各地。

公元34年，出生于塔尔苏斯（Tarsus）的罗马显贵索尔，也就是广为人知的保罗，沿着给大马士革带来巨大财富的道路行走时，被眼前绚丽夺目的景色深深吸引，从此他便皈依了当时在罗马帝国引起巨大骚动的新基督教。因为大马士革的民众既有信教的，也有不信教的，长达一个世纪的时间，大马士革主教的权力不断增强，最后仅次于安提阿牧首。

公元395年，拜占庭帝国取代了罗马帝国，但大马士革真正的转折点发生在西方统治1000年后，当时倭马亚王朝哈里发的军队从阿拉伯半岛抵达叙利亚，强迫人们转而信奉当时刚诞生的伊斯兰教。倭马亚王朝对大马士革的美丽感到震撼，把这座城市发展为了穆斯林世界第一个最大的都城，仅仅一个世纪的时间，大马士革的面积就从大西洋沿岸延伸至了印度洋。

今天，被高墙圈起来的大马士革古城融合了倭马亚王朝、罗马帝国、古基督教和拜占庭遗迹，十分奇特。比如，倭马亚王朝的城市中心是一座清真寺，这座清真寺建在一座纪念圣施洗约翰的教堂遗址之上，在教堂之前这里是一座纪念朱庇特的罗马神庙，在这座罗马神庙之前，这里是一座纪念阿拉美亚神哈达德的神庙。

为了弘扬倭马亚王朝的荣威，705年，阿尔·瓦利德一世开始修建一座新清真寺。这项工程斥资巨大，耗费了1100万第纳尔金币，耗时10年之久，动用了1200名劳力。这座清真寺外墙朴实无华，从外面完全想不到里面竟然如此华丽典雅，它是对安拉真主最伟大的赞礼之一。"天堂之门"（大清真寺的主要入口）通往一个环绕着圆柱的巨大庭院。最初，外墙镶满了镶嵌图案砖，覆盖面积超过4459平方米，后来大部分镶嵌图案瓷砖在1893年火灾中被毁。然而，残留部分足以表明，其工艺可以和伊斯坦布尔的圣菲索亚大教堂或拉韦纳（Ravenna）长方形廊柱式教堂的镶嵌图案艺术相媲美。拜占庭人喜欢创作人物形象作品，技艺十分精湛，但伊斯兰教规定不准创作人物塑像和作品，阿尔便想出一个避开教规的办法，他决定把大清真寺的墙壁装饰成"上帝之城"，用金黄色和30种深浅不同的绿色来描绘伊斯兰教天堂里四条河中的青金石和海蓝宝石。瓦利德一世还很欣赏罗马建筑，下令把原来朱庇特神庙的廊柱用于大清真寺建筑。这些廊柱有着科林斯式的柱头，支撑着这座镶嵌着洁白无瑕的镶嵌图案瓷砖的八边形建筑。这座建筑有"宝库"之称，里边存放着大马士革的宝物和文件。

从祈祷大厅里圣施洗约翰的墓中可以明显地看出基督教和伊斯兰教的融合。该清真寺中有一座光塔是纪念耶稣而建的，因此，穆斯林相信在审判之日，耶稣会降临人间，一只脚就落在这个巨大的光塔上。

大马士革是伊斯兰四大圣城之一。据说，在倭马亚大清真寺祷告一次，抵得上在其他地方祷告一万次。一些历史名人的遗体葬在大马士革的陵墓和清真寺中，例如12世纪打败十字军的圣人和军队领袖萨拉丁，以及什叶派崇拜的先知的孙女赛达·鲁卡亚。

位于地下的简陋的亚拿尼亚教堂（church of Ananias）是亚拿尼亚的居所。亚拿尼亚是修行者，曾在这里收留圣保罗，后来受洗成为真正的基督教信徒。亚拿尼亚教堂对于基督教徒来说具有极大的象征价值。在基督教徒仍然居住的几条街道附近，一些犹太人的古旧房屋保留了下来。

750年，阿拔斯王朝推翻了倭马亚王朝，伊斯兰世界的首都从大马士革转移到巴格达。但是，大马士革的建筑依然被当作安达卢西亚（Andalusia），尤其是科尔多瓦（Cordoba）的阿拉伯建筑典范。例如，大马士革的玫瑰被用作格拉纳达阿尔罕布拉宫（Alhambra）的装饰主题。大马士革经历了长期的贸易繁荣，但是在十字军东征期间却日渐衰微，而且在1400年遭到帖木儿率领的蒙古军队的洗劫。

1516年，土耳其人来到大马士革，其统治一直持续到第一次世界大战结束。在土耳其帝国统治期间，大马士革迎来第二次黄金时期。土耳其人热爱美和世俗生活，重新修复了倭马亚大清真寺，并把大马士革发展成了繁荣的商业中心。

此后，大马士革古城几乎没再变化。从古城墙主要的大门"解放之门"进去，就到了哈米迪亚集市，和大马士革的大多数市场一样，集市上方有一个高大的金属穹顶。穿过一片罗马拱门的废墟，就来到了倭马亚大清真寺，进入四通八达的小巷。这些小巷里有许多公共浴场和商队旅馆，其中最宏大壮观的旅馆位于香料市场，由18世纪中期大马士革的统治者阿萨德·帕夏·阿尔·阿兹姆所建。他也是阿兹姆宫

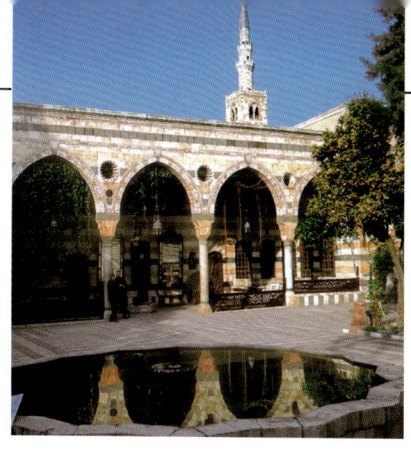

■ 第256页（左）波斯风格的赛达·鲁卡亚陵墓建于19世纪，旨在纪念什叶派崇拜的先知的孙女。这座年轻的殉道者的陵墓受到成千上万名妇女的朝拜。

■ 第256页（右）伊斯兰英雄萨拉丁之墓建于1196年，但在历史上长期被忽视，直到1898年威廉二世请人将其修复，并作为贡品献给阿卜杜勒-哈米德二世，才引起人们的重视。

■ 第257页（上）贝特阿兹姆（Bait Azem）是土耳其总督在大马士革府邸，建于18世纪中叶。其内部富丽堂皇，庭院美轮美奂，如今被用作流行艺术和传统的博物馆。

■ 第257页（左下）图为贝特尼扎姆精美繁复、五颜六色的大理石墙壁及室内喷泉。贝特尼扎姆是大马士革古城里最美丽迷人、保存最好的土耳其人的房屋之一。

■ 第257页（右下）"太阳之门"（Bab Sharqi）是大马士革现存最古老的罗马时期的遗迹，也是七八个古城门中唯一保留了原始风貌的城门。

257

的建造者。宫殿周围是一些开满鲜花的庭院，令人如痴如醉。这个宫殿还是艺术与传统博物馆的所在地，博物馆各个展室墙壁上贴着细木护壁板，共陈列着上千件展品。

阿兹姆宫给了土耳其贵族们建造房屋的灵感，这些房屋洋溢着幸福快乐。其中两座房屋——贝特西巴伊和贝特尼扎姆，在其壁画、木雕、粉饰灰泥和大理石修复之后，重现昔日光彩。进入这些房屋，人们很容易就会理解大马士革一位无名诗人说的一句话，他说这座城市的房屋是用泥土、水、木头、草秸、颜料、石头、大理石、玻璃、诗歌和爱打造的。

耶路撒冷古城及其城墙

以色列 | 耶路撒冷（Jerusalem）地区（由约旦推荐的遗址）
入选年份：1981
列入《濒危世界遗产名录》年份：1982
遴选标准：C（Ⅱ）（Ⅲ）（Ⅵ）

1947年，联合国通过一项决议，规定耶路撒冷为一个单列城市，既不属于以色列，也不属于巴勒斯坦。然而，半个多世纪以后，巴以双方对耶路撒冷地区仍存在争议，该地区似乎成为双方永无休止的争端，且他们经常采用武力手段而非外交手段解决。1981年，耶路撒冷入选联合国教科文组织《世界遗产名录》，一年后紧接着被列入《濒危世界遗产名录》。除了双方争端的直接影响外，耶路撒冷还受到城市野蛮扩张、旅游业的负面效应以及对遗迹缺乏保护等影响。

"耶路撒冷"意为"人人之城"，如今却沦为"无人之城"。

耶路撒冷被认为是三大一神论宗教——犹太教、基督教和伊斯兰教的圣城。对于犹太人来说，它是亚伯拉罕牺牲的地方；对于基督徒来说，这里是耶稣被钉死在十字架和复活的地方；对于穆斯林来说，这里是先知穆罕默德升天的地方。

尽管如今耶路撒冷看起来俨然已是一座现代化城市，但其古城面积不足1.3平方千米，周围围着高约12米、长4千米的城墙，5000多年来，历尽沧桑。

耶路撒冷于公元前3000年前后由迦南人（Canaanites）开始建城。公元前1000年左右，《圣经》中的大卫王征服了这座城市，国王所罗门在此建立了圣殿，耶路撒冷由此成为圣城。公元前586年，尼布甲尼撒二世攻占耶路撒冷，捣毁圣殿，并将城里的居民流放到巴比伦尼亚（Babylonia）。五十年后，波斯王居鲁士二世占领了巴比伦尼亚，将犹太人遣送回耶路撒冷，并修复了圣殿。波斯王朝在这座城市的统治一直持续到公元前333年，当时亚历山大大帝吞并了巴勒斯坦，仅仅几年后，它又落入埃及国王托勒密一世手中。

比家族（Maccabees）领导的犹太王朝的统治下，耶路撒冷开始繁荣了起来，公元前63年，被罗马人征服。耶路撒冷在希律王赫罗德（Herod）时期得以重建，希律王是罗马帝国委任的，权力仍掌握在罗马总督手里，判处耶稣钉在十字架上的庞修斯·彼拉多就是一位罗马总督。

▪ 第258页（左下）
巴布拉赫迈（黄金大门）在三大宗教的古代文献中都有提及。对犹太人来说，弥赛亚经由此门进入耶路撒冷；对基督徒来说，耶稣通过这道门最后一次进入耶路撒冷；对穆斯林来说，这是"仁慈之门"，在末日审判时，正义之人将从此门通过。

▪ 第258—259页
图为耶路撒冷的景观，近景是岩石圆顶清真寺（Dome of the Rock）。由于人口不断增长、大众旅游的发展，再加上不断爆发的巴以冲突，这座脆弱古老的城市正面临严重的危机。

公元前198年，塞琉古王朝国王安条克三世征服了犹地亚地区（Judea，耶路撒冷是其一部分），并把犹地亚变成了叙利亚的附属国，直到犹地亚人奋起反抗塞琉古王朝统治，这种状况才结束。公元前168年，圣殿重新被奉为神圣，在马加

▪ 第259页（上）
这座古老的城市被长约4千米的城墙包围着，整座城市犹如一个迷宫，100多条街道交错纵横，1000多家商店鳞次栉比。

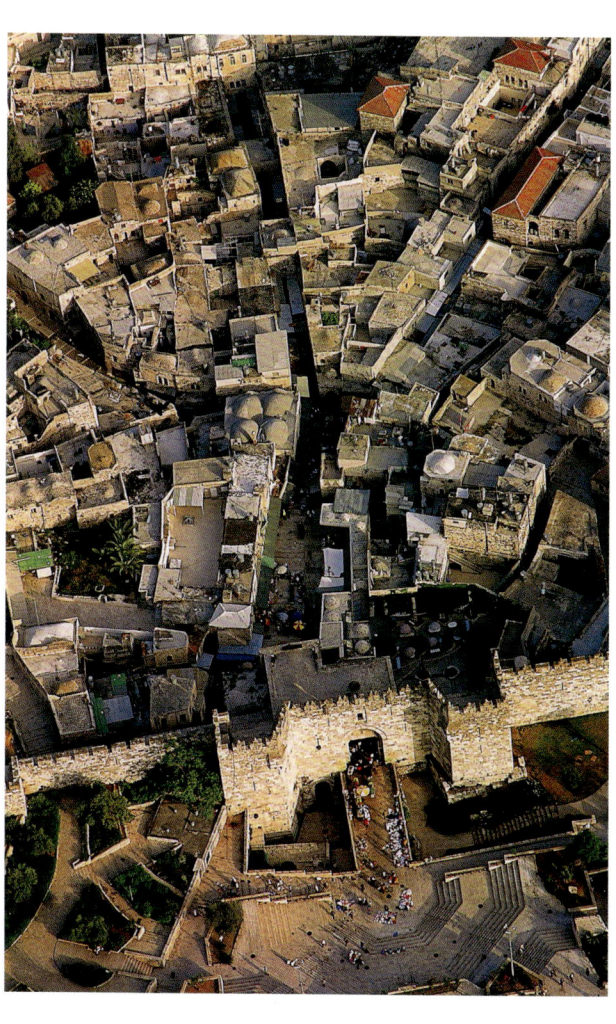

▪ 第259页（下）
克汗·阿斯扎伊特（Suq Khan az-Zait）是耶路撒冷阿拉伯区最拥挤的街道，也是古城里人口最密集的地方。

1947年11月联合国安理会决议所规定的"犹太国"（以色列）疆域
1949年巴勒斯坦地区以色列和阿拉伯国家的停战界线
根据1947年联合国通过的巴勒斯坦分治决议，耶路撒冷应由联合国托管，目前耶路撒冷由以色列实际控制

此后，犹太人多次想要脱离罗马人的统治。公元70年叛乱发生后，第二座神殿被毁。公元135年叛乱之后，犹太人被逐出耶路撒冷。4世纪时，基督教在罗马世界取得合法地位，耶路撒冷成为一个重要的圣地，兴建了许多教堂，包括耶稣复活的圣墓教堂（Holy Sepulcher）。

除了614年至628年波斯人的短暂统治外，这座城市一直处于罗马人的统治之下，罗马覆灭之后，便落入拜占庭之手。638年，阿拉伯人占领了这座城市，并在圣殿的位置修建了岩石圆顶清真寺。尽管屈辱，但犹太人和基督徒依然和穆斯林继续和睦相处。996年，哈基姆开始迫害非穆斯林人口，打破了和睦相处的局面。西方的基督教世界迅速做出反应，发动了一场夺回圣城的运动。经过一次大规模的围剿，十字军在1099年胜利进入耶路撒冷。但是不到一个世纪的时间，萨拉丁就使这座城市重新回到了伊斯兰统治之下。耶路撒冷在穆斯林统治下，先后经历了阿尤布王朝(Ayyubid)、马穆鲁克王朝（Mamlukes）和奥斯曼帝国（Ottomans）。1917年，耶路撒冷被英国占领，此后直到1948年一直是英国在巴勒斯坦委任统治的首都。1967年，埃及和以色列爆发六日战争，耶路撒冷国际化的计划就此失败，之后耶路撒冷一直战火频仍。

耶路撒冷古城的城墙由奥斯曼帝国建于16世纪末，这座城墙围住的城市被划分为三个区域：希伯来区、穆斯林区和包括一块亚美尼亚区的基督教区。除了五颜六色的露天剧场和白色的石头房子，这里还有大量在战火硝烟和历史变迁中幸存下来的宗教建筑，展现了耶路撒冷宗教生活的多元性。其中，哭墙（Wailing Wall）、圣墓教堂和岩石圆顶清真寺是三大宗教最宏伟壮丽的建筑，展现了耶路撒冷在文化和政治方面的强盛。

根据犹太神话，依偎着圣城西墙的摩利亚山（Mount Moriah）是宇宙的中心。这里是以色列祖先亚伯拉罕准备把儿子艾萨克献为燔祭的地方，也是所罗门修建神殿存放十诫碑的地方。公元70年，第二座神殿被毁，犹太人用"哭墙"纪念神殿。"哭墙"由希律王修建，后来成为奥斯曼帝国防御墙的一部分。几个世纪以来，"上帝的选民们"日日夜夜来到这里为神殿的遭遇哭泣，他们把内心的祈祷和向上帝的忏悔写在纸条上折好，放在石头缝隙中。

耸立于哭墙之上的是最古老的伊斯兰艺术杰作萨赫莱清真寺（Qubbat as-Sakhrah），也叫岩石圆顶清真寺。修建该清真寺是出于政治原因，建造过程从685年持续到691

▎第260页（左上、中上和右上）著名的"哭墙"。公元70年，第二座神殿在一次起义中被毁，当地的希伯来人来到这里哭泣。信徒们把祈祷写在纸条上放在墙的石头缝隙中。

▎第260页（下）来哭墙朝拜的传统始于奥斯曼时期，当时古城中的建筑已十分密集，几乎延伸到了这个墙根，人们只剩下一片狭窄的祷告空间。古城中的阿拉伯区在1967年六日战争中被拆毁。

▎第261页 哭墙由希律王建于公元前20年，是第二座犹太神殿的地基。如今，象征着伊斯兰教和犹太教艰难共处的岩石圆顶清真寺就坐落于哭墙后面。

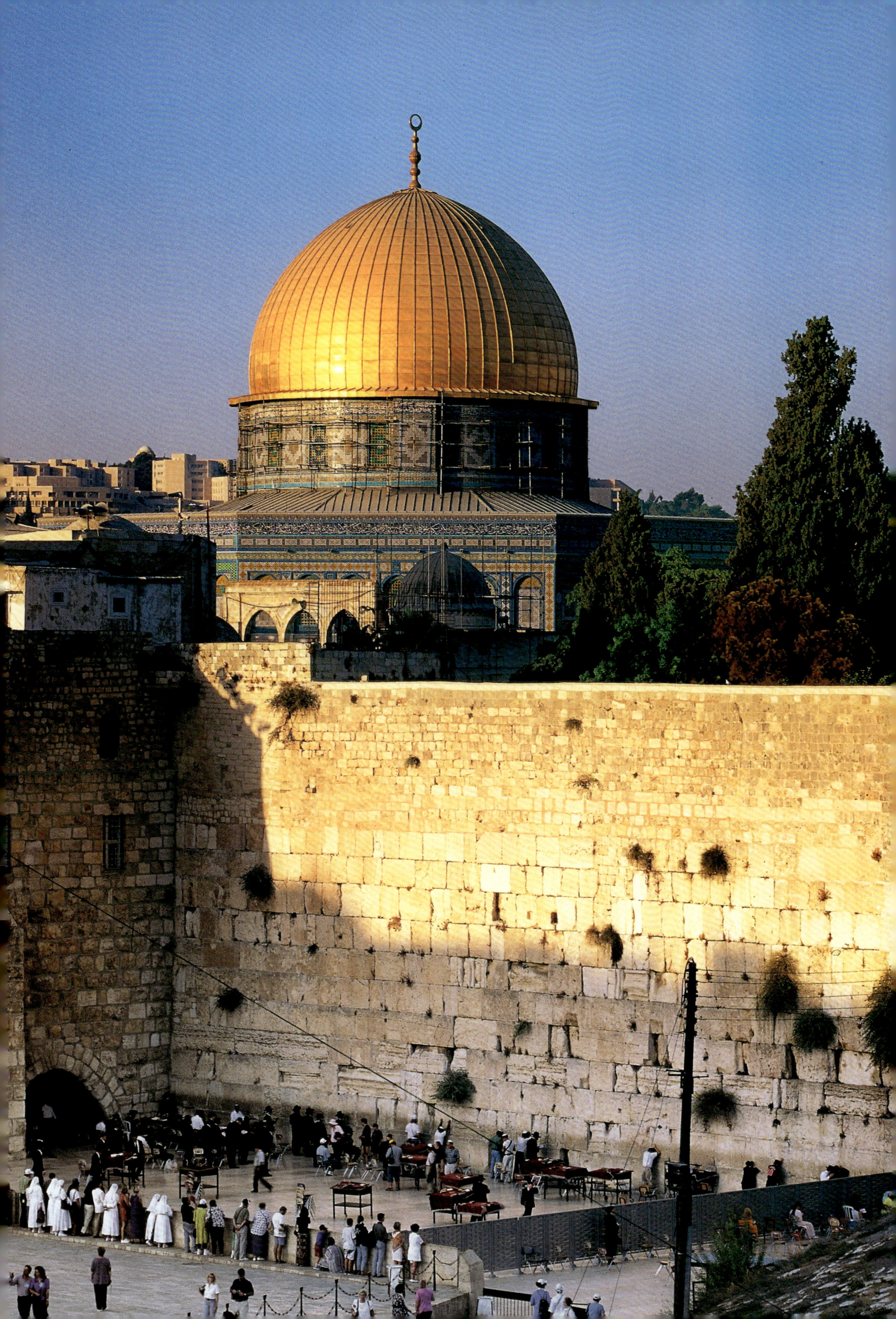

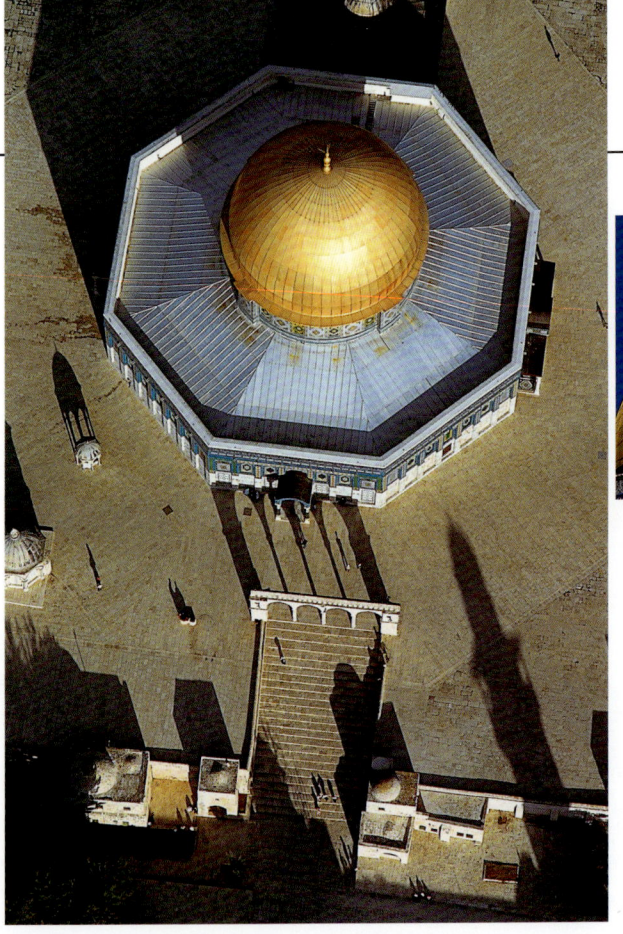

年。哈里发阿卜德·阿尔·马利克建造该清真寺是为了巩固自己对阿拉伯半岛上的敌人苏丹的霸权。他根据自己的需要对《古兰经》第17章进行解释，确定以色列神殿遗址所在的位置就是穆罕默德升天的地方。因此，他围着留有先知穆罕默德脚印的石头建立了一座气势非凡的建筑。在一个石头台基上矗立着两个同心的柱廊，第一个是八角形的，第二个是圆形的，支撑着一个直径约20米、高约30米的圆顶。清真寺内部装饰着大量几何、书法和鲜花图案的镶嵌图案瓷砖，总面积达1282平方米，富丽堂皇，其中最古老的镶嵌图案瓷砖画由拜占庭工匠制作。十字军占领耶路撒冷后，把岩石圆顶清真寺改为了基督教堂，并在圆顶上方放置了一个金色十字架，后来被土耳其人移除。16世纪时，苏莱曼一世用45000块蓝色和金色的釉陶锦砖装饰了圆顶和外墙。蓝色是天空的颜色，因此象征着无限；金色象征着安拉真主的权力。20世纪90年代初，约旦国王侯赛因一世为了表示对这个伊斯兰世界第三大圣地的敬意，用纯金片装饰了该清真寺整个圆顶。

圣墓教堂位于维亚多勒罗沙街道（Via Dolorosa）的尽头，远离犹太

▎第262页（左上）
两个同心的柱廊，一个是八角形的，另一个是圆形的，支撑着一个高约20米的清真寺圆顶。

▎第262页（右上）
20世纪90年代初，先知穆罕默德的后裔约旦国王侯赛因一世用纯金片装饰了清真寺圆顶。

▎第262页（下）
岩石圆顶清真寺的基石是一块圣石。亚伯拉罕在此准备将他的儿子献为燔祭，穆罕默德从这里升入天堂，就座于安拉真主的身旁。

▎第262—263页
萨赫莱清真寺（岩石圆顶清真寺）由哈里发阿卜德·阿尔·马利克建于685年至691年，为伊斯兰艺术最早的杰作。为了巩固其在伊斯兰世界的政权，阿卜德·阿尔·马利克命令建筑师按照圆形建筑圣墓教堂（Holy Sepulcher）建造了此清真寺。

▎第263页（上）
苏莱曼一世用45000块蓝色和金色的釉陶锦砖装饰了清真寺的圆顶和外墙。蓝色代表天堂的颜色，金色象征着安拉真主的权力。

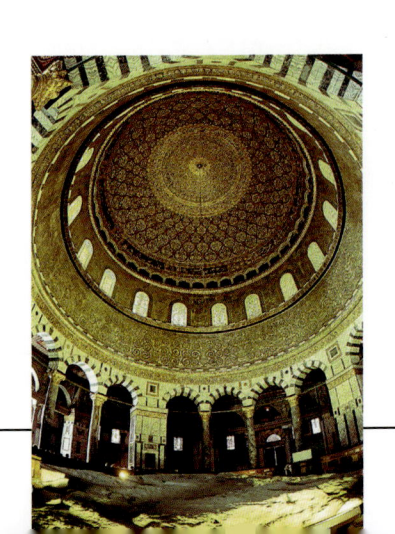

263

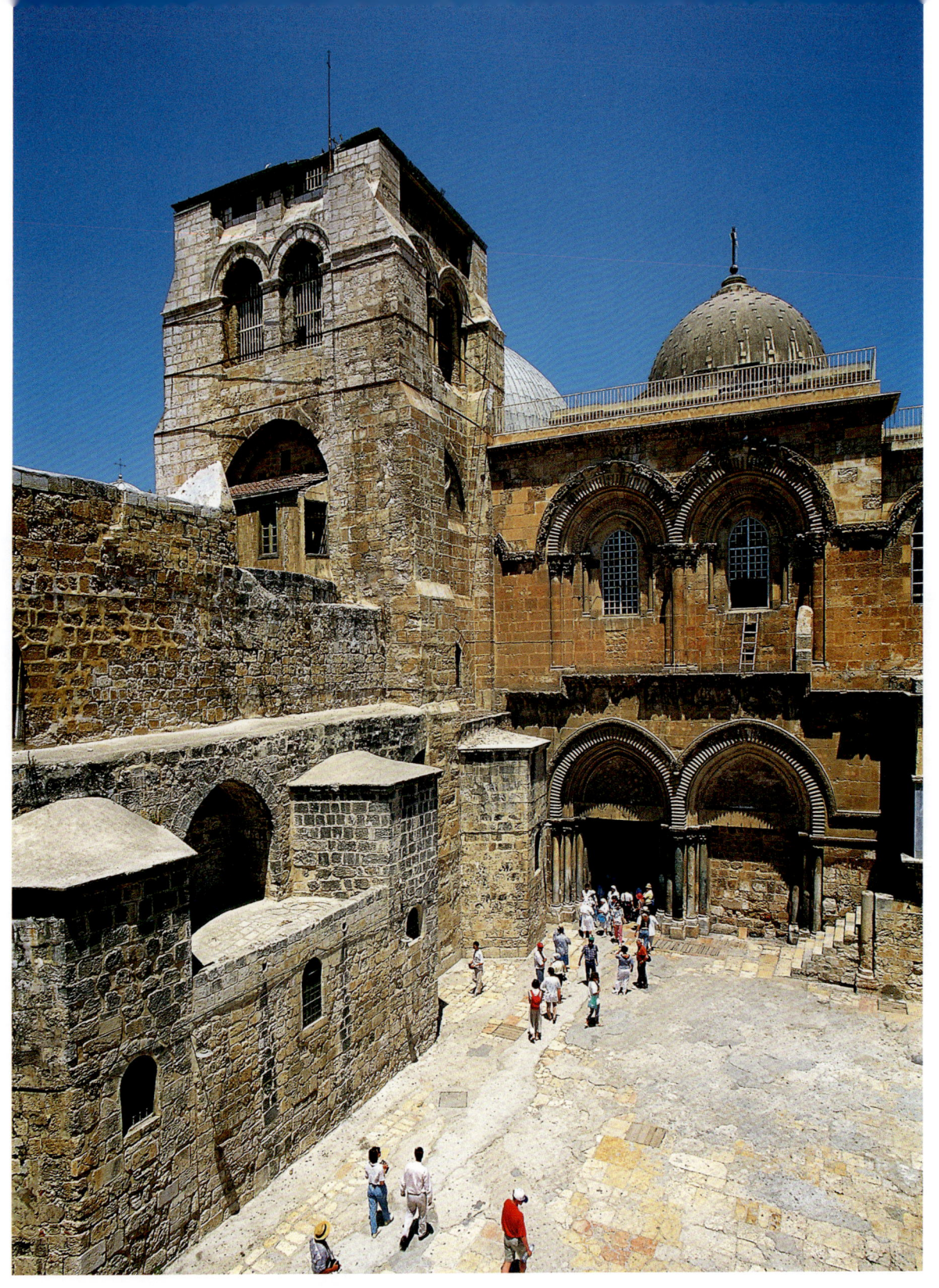

第264页（上）通往圣墓教堂的庭院左边排列着四十殉教者礼拜堂（Chapel of the 40 Martyrs）、希腊东正教的圣约翰礼拜堂（Greek Orthodox Chapel of St. John）和圣詹姆士礼拜堂（Chapel of St. James）。圣墓教堂的正面建于12世纪十字军东征时期。

第264页（下）圣墓教堂周围房屋密布。由于耶路撒冷的城市扩张，城市建筑挤得几乎让人喘不上来气。

人和穆斯林圣地，传统意义上人们认为这条街道就是耶稣受难的地方。哈德良皇帝曾在此处修建一座献给维纳斯的神殿。据说，326年，君士坦丁大帝的母亲来到耶路撒冷，在这里发现了圣十字架，并命令在此修建一座教堂。为了避免与异教神殿雷同，选用了一座用于举行会议和进行贸易的非宗教建筑作为教堂的模型。圣墓教堂多次被毁，其现在的样子是十字军东征时期按最初君士坦丁教堂的样子修建的。这座圆形教堂直径约为40米，被认为是耶稣受死、埋葬和复活的地方。圣墓教堂上还建着一座带有长廊和庭院的长方形教堂。六个基督教教派的代表每天轮流看管这座基督教最神圣的建筑。

除了这些三大宗教的主要建筑，耶路撒冷古城到处都是修道院和基督教各教派的教堂，其中有建在圣母玛利亚诞生之地的圣安妮教堂（St. Anne's），此外还有犹太教教堂、塔木德经学院（Talmudic Colleges）、清真寺以及建于马穆鲁克（Mamluke）和奥斯曼时期的非宗教建筑。然而，最震撼人心的流动景观还是从世界各地蜂拥而来的人群，为圣地传递着和平的消息。

▎第265页（左上）圣墓教堂的希腊式唱诗席凯瑟利肯（Katholikon）代表基督教的六大教派。

▎第265页（中上）圣母祭坛矗立在基督受难的位置上，基督在这里被钉在了十字架上。

▎第265页（右上）圣墓教堂入口处的涂油礼之石（Unction Stone）。据说人们把耶稣从十字架上解下来后，安放在这块大理石上涂抹膏油。

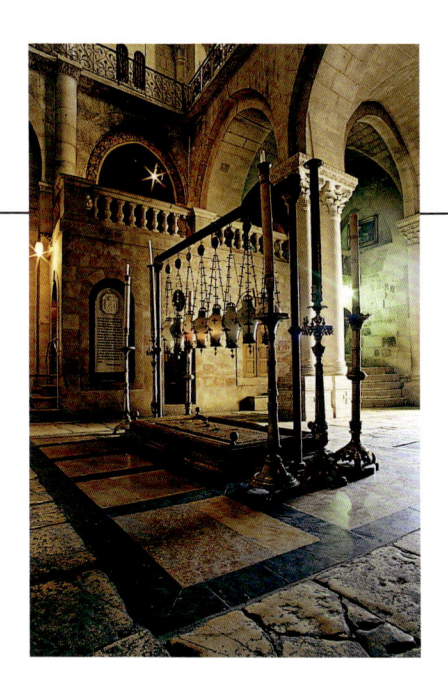

▎第265页（左下）圆形建筑圣墓教堂直径约40米，覆盖了耶稣受难的地方。几个世纪以来，又增建了许多礼拜堂，用来存放在保卫圣墓教堂中发挥重要作用的人的遗体，其中有十字军东征的领袖鲍德温一世和戈弗雷迪布廖恩。

▎第265页（右下）圣墓教堂穹顶上的壁画《全能基督》。

萨那古城

也门 | 首都萨那（Sana'a）的总督管辖范围
入选年份：1986
遴选标准：C（Ⅳ）（Ⅴ）（Ⅵ）

■ 第266—267页 宏伟的巴布·埃勒·也门（也门之门）是萨那古城的主要入口，1870年由土耳其占领军队修建。

■ 第267页（左上）萨克·阿尔·米拉（Suq al-Milh）位于也门之门的右后方，是这座城市大约40个市场中最拥挤的一个，它的名字意为"盐市"，不过今天这里售卖着各种各样的商品。

■ 第267页（右中）萨那古城一景。也门250000人口中有20%住在古城中。近年来，来自各省的移民取代了原居民，如今原居民住在城墙外的现代化房子中。

■ 第267页（下）萨那的街道景观。古城墙内大约有6500多座建于11世纪前的房子、106座清真寺和12个浴场。

萨那的露天市场被分为大约40个专卖一种商品的小市场，每个区域由一位调停人监管。这位调停人被称为"阿克尔"，负责处理商家之间以及商家和顾客之间的争端，此外也负责协调商品生产，有时还负责分配原材料、售卖商品。比阿克尔权力更大的是萨姆萨拉，即古代发挥重要作用的33个商业行会。在古代，萨那是熏香之路（Incense Road）的终点站，商旅的队伍沿着这条贸易路线在阿拉伯半岛和地中海之间来回奔波。

萨那是也门共和国的首都，位于该国山区腹地，海拔约2195米。瓦迪塞拉（Wadi Saylah）河床从东向西贯穿山谷，雨季就会变成一条湍急的河流。根据传说，这座城市是由诺亚三个儿子之一闪姆（Sem）建立的，不过也门人自豪地认为，萨那是世界上最早有人口居住的地方，且一直人烟不断。历史学家认为，萨那至少有2500年历史，而且据编年史记载，在公元前2世纪这里是萨巴王国山区中最重要的要塞。萨那这个名字实际上就是"要塞"的意思，但是这座城市却没能抵挡波斯军队的两次进攻，后来由阿比西尼亚人（Abyssinians）统治。阿比西尼亚人在罗马皇帝查士丁尼统治期间，在萨那建立了地中海以南最大的天主教教堂。公元628年是一个转折点。也门开始信奉伊斯兰教，并摧毁了该地已有的宗教建筑来建造清真寺。据编年史记载，穆罕默德亲自在兴建清真寺的地方制定了严格的戒律。

在伊斯兰教扩张期间，萨那和平地发展了1000年之久，成为伊斯兰世界最大的政治和宗教中心。那段繁盛时期留下了106座清真寺、12座公共浴场以及6500座建于11世纪前的房屋，这些房屋仍保留至今。

然而，16世纪末，土耳其人图兰沙阿征服了这座城市。他是萨拉丁的弟弟。土耳其人在这座城市的统治持续了一个世纪，17世纪末，权力回到伊玛目手中，这座城市经历了第二次繁荣时期。古城中，城市化迅速发展，萨那传奇远播欧洲。在一次丹麦科学考察活动中，第一批西方游客来到这座城市，之后在欧洲的报纸上对考察结果进行了详细的报道。其他游客只有偶尔冒险

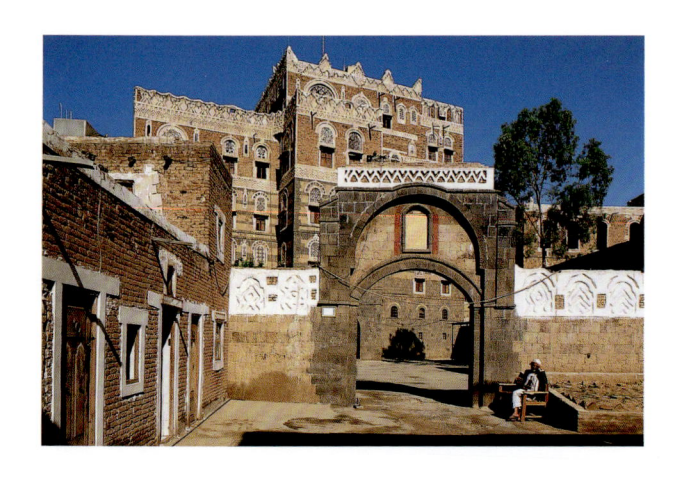

■ 第268页（上）
国家博物馆庭院。博物馆是一座精美的三层建筑，通过古代也门国王的考古物件和装饰品，向人们展示着萨巴王朝的历史。

■ 第268页（下）
城市建筑景观，展现了也门建筑技术和装饰才能。

来到这里，因为萨那统治者限制非穆斯林游客。近代历史中，土耳其人从1872年至1919年再度入侵萨那，之后伊玛目又统治了半个世纪，直到1969年也门共和国成立。

萨那是伊斯兰建筑的珍贵宝库，房屋用棕色玄武岩建成，彩饰窗户周围装饰着白石灰和粉饰灰泥的优美图案，宏伟壮观。现代建筑技术的出现以及机动车的侵入给这座城

市带来的危害显而易见。好在也门人出于对传统的自豪，还在不断用传统方法建筑一些新房子；同时联合国教科文组织与当地政府合作，及时推出了一些保护项目，并且受到了来自多个国家的资助，这颗阿拉伯福地（Arabia Felix）上的耀眼明珠才被保存了下来。

萨那最引人注意的一个地方就是萨克·阿尔·米拉广场，也就是盐市，现在也卖其他商品，比如香料、蔬菜和手工品。这里每天从清晨就开始热闹起来了。另一个建筑瑰宝是离穆特瓦吉尔（al-Mutwakil）清真寺不远的达尔阿斯萨德（财富之家），这里过去是王宫，如今是国家博物馆。

遗憾的是，许多雄伟壮观的清真寺不向非穆斯林开放，比如大清真寺、萨拉丁清真寺、受土耳其影响的库布巴特塔勒哈（Qubbat Talha）清真寺和小阿吉尔（al-Aqil）清真寺。不过，就像阿拉伯人所说，"路途虽远，必到萨那"。

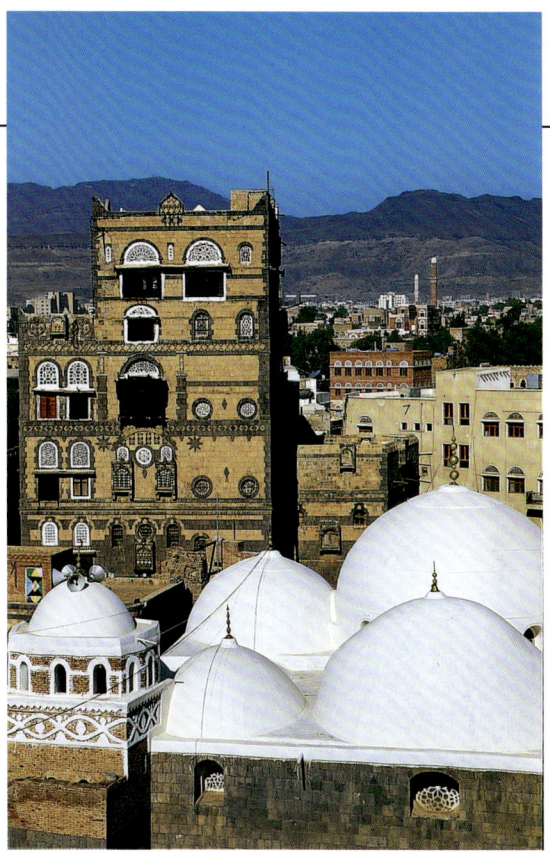

▍第269页（左上）白色光塔屹立于大清真寺之上。这是伊斯兰世界最古老的清真寺之一，修建之时先知穆罕默德仍在世，公元705年得以扩建。

▍第269页（右上）穆特瓦吉尔清真寺的白石灰穹顶和用棕色玄武石修建的房屋相映成趣。

▍第269页（下）达尔舒克尔（Dar al-Shukr，感恩宫殿）五颜六色的玻璃窗细节图，绚丽夺目。这里也是也门传统博物馆所在地。

第270页（上）王侯广场（Meidan Imam）曾是萨非王朝（Safavid empire）的权力象征，长500米，宽150米。旁边坐落着皇家清真寺（Royal Mosque）、希克斯罗图福拉清真寺（Sheikh Lotfollah Mosque）、阿里卡普王宫以及通往城市大巴扎（Grand Bazaar）的入口。

第270—271页 皇家清真寺壮观的中央庭院。入口和门廊装饰着绿松石和金色的瓷砖，倒映在宽阔的池塘水面上。皇家清真寺建于17世纪早期，是波斯建筑的典范。

第271页（右上）皇家清真寺内部装饰着艺术家阿里·礼萨·阿巴西（Ali Reza Abbassi）创作的精美的花纹和书法图案。阿里·礼萨·阿巴西来自大不里士（Tabriz），属于萨非王朝的子民，是那个时代最著名的波斯艺术家。

伊斯法罕王侯广场

伊朗 | 伊斯法罕（Isfahan）省
入选年份：1979
遴选标准：C（I）（V）（VI）

17世纪前来伊斯法罕观光的游客都对"Esfahan nesf-é jahan"这句话耳熟能详，其意思是"伊斯法罕乃世界中心"。他们会惊奇于这座城市雄伟壮观的建筑及其繁荣广泛的贸易活动。然而，这座城市其实是一个野心十足的统治者通过利用两个唯利是图的人在短短三十年时间内建立起来的。

整个16世纪，统治了波斯150年之久的萨非王朝眼看着自己的疆域被奥斯曼帝国不断蚕食。直到安东尼·谢利（Anthony Shirley）和他的兄弟罗伯特前来觐见萨非王朝的沙阿阿拔斯一世才出现转机。这两名英国探险家向欧洲宫廷提议，采取外交手段支援萨非王朝反抗奥斯曼帝国入侵，以此换得荣誉和报酬。而且他们还提出要向波斯人展示新发明火药的威力，并教波斯人制造大炮。萨非王朝和这两位探险家之间达成协议，结果不到两年时间，阿拔斯一世便收复了波斯的大部分领土。

1598年，成功进入伊斯法罕后，阿拔斯一世决定把这座城市立为新首都，并开始大兴土木以庆祝这次伟大胜利。他在原来规模不大的土耳其宫殿的基础上修建了阿里卡普宫（Ali Qapu），将其作为皇宫，宫殿正面就是古老的纳加什-伊-贾汗广场（esplanade of Nagash-e-Jahan），长500米，宽150米。阿拔斯一世将广场重新命名为国王广场，后来称作王侯广场。在广场东面，阿拔斯一世下令修建了皇家清真寺。

皇家清真寺建成于阿拔斯一世去世一年后的1628年，被认为是波斯艺术的杰出典范之一。据估计，这座建筑用了1800万块砖，表面贴了472500块蓝色瓷砖。传统做法是使用单色瓷砖，铺好后在上面雕饰花纹，但阿拔斯一世已经迫不及待想要看到最终成效了，便下令使用饰有花纹图案的七彩瓷砖，加快工程进度。

清真寺的大门高27米，大门顶端是一个巨大的穹顶，两侧有两个圆柱形光塔。为了让清真寺大门和广场位于一条轴线上，同时确保米哈拉布指示麦加方向，建筑师阿布林·卡辛（Abu'l Qasin）把整个建筑群"旋转"了45度。这个清真寺建筑群包括几个门厅、带有穹顶的巨大的祈祷大厅和古兰经学院，这些建筑全部围着一个有廊柱的庭院排列着。

1602年，阿拔斯一世在王侯广场西面又建了一座清真寺，献给他

▍第271页（中）
伊斯法罕一景。图中可见皇家清真寺的两个光塔。背景中是纪念什叶派神学家希克斯·罗图福拉（Sheikh Lotfollah）的清真寺。虽然希克斯·罗图福拉清真寺规模较小，但是装饰着阿拉伯图案的穹顶可以和皇家清真寺相媲美。

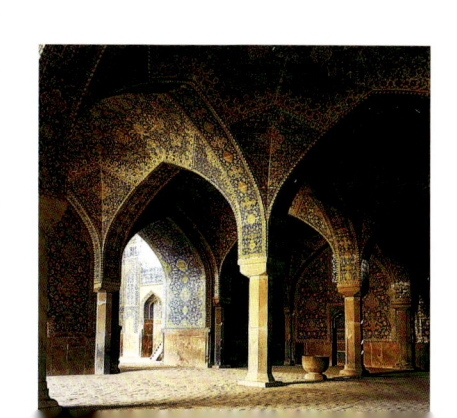

▍第271页（下）
皇家清真寺内部唯一没有贴瓷砖的地方是祷告大厅里的柱子。这片庞大的建筑群有好几个古兰经学院。

的岳父，著名的什叶派神学家希克斯·罗图福拉。这座清真寺的规模要小得多，而且没有光塔（因为该清真寺仅供皇室使用），但其精美的瓷砖和精巧的结构可以和皇家清真寺相媲美。广场北面是宏伟的加萨里亚市场（Qeyssarieh）大门。为了促进贸易的发展，阿拔斯一世邀请亚美尼亚商人来此进行贸易，并给予东印度公司的英国和荷兰代表一些特权。

王侯广场是阿拔斯一世的权力中心，广场四周的廊柱环绕着这两座清真寺、皇宫以及加萨里亚市场，使其构成了一个和谐的整体。尽管阿拔斯一世在波斯艺术史上留下了显赫的地位，但是他的残忍暴戾也遗臭万年。为了在波斯推行什叶派教义和法尔斯语，他大规模屠杀逊尼派教徒。此外，他生怕被人谋杀，便命人把长子杀了，而且把两个小儿子弄瞎，以防他们夺权篡位。

后来，阿拔斯一世的孙子萨菲继承了皇位。萨菲同样铲除了所有威胁王位的人，包括他母亲，并因此在历史上留名。阿拔斯二世继承萨菲王位的时候仅仅是一个十岁的孩子，实权则掌握在辅佐大臣和太傅手中，萨菲王朝和伊斯法罕开始走向衰落。18世纪初，这座城市受到阿富汗人的威胁，1736年，伊朗迁都马什哈德（Mashhad）。

- 第272页（左上）
蓝底彩色陶器上的花饰细节图。

- 第272—273页
图中是皇家清真寺的两个光塔中的一个以及希克斯·罗图福拉清真寺穹顶。两座建筑的瓷砖装饰都采用了七彩卜色技术。

- 第273页（上）
希克斯·罗图福拉清真寺内部装饰富丽堂皇。该清真寺建于1602年至1619年，阿拔斯为其岳父修建，仅供皇室使用。

- 第273页（下）
图为希克斯·罗图福拉清真寺。入口有一个拱顶，上面装饰着模仿钟乳石的图案。这种装饰源于倭马亚王朝和阿拔斯王朝的建筑风格。

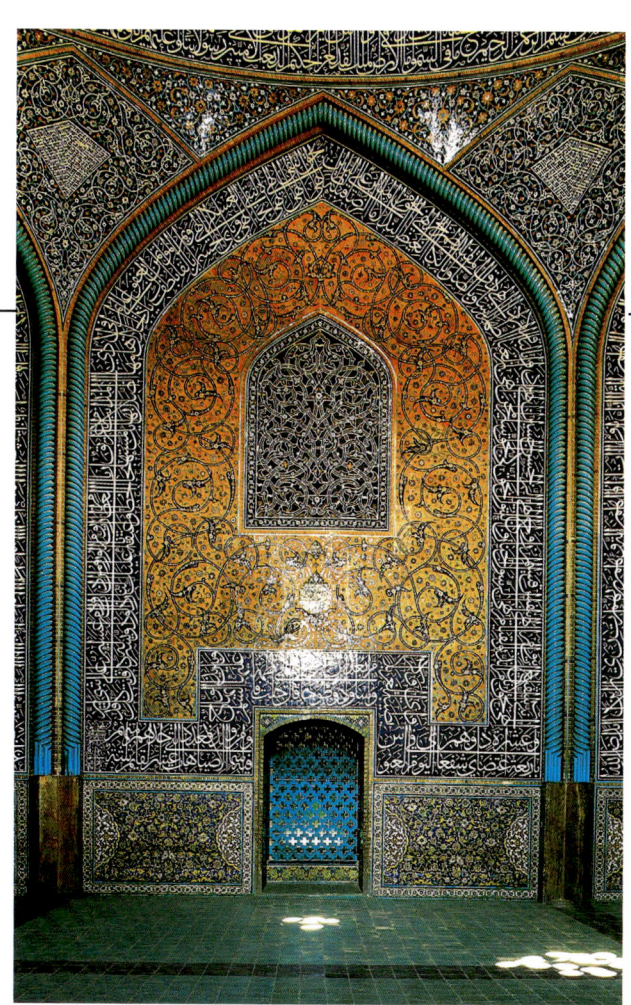

伊钦卡拉内城

乌兹别克斯坦

花拉子模绿洲，希瓦（Khiva, oasis of Khorezm）
入选年份：1990
遴选标准：C（Ⅲ）（Ⅳ）（Ⅵ）

第274页（上）阿克清真寺（Aq Mosque）的庭院和光塔一景。在汗国时期，这座城市是伊斯兰世界的中心之一，共有16个活跃的古兰经学院。

第274页（左下）刻有精美花卉图案的木门。

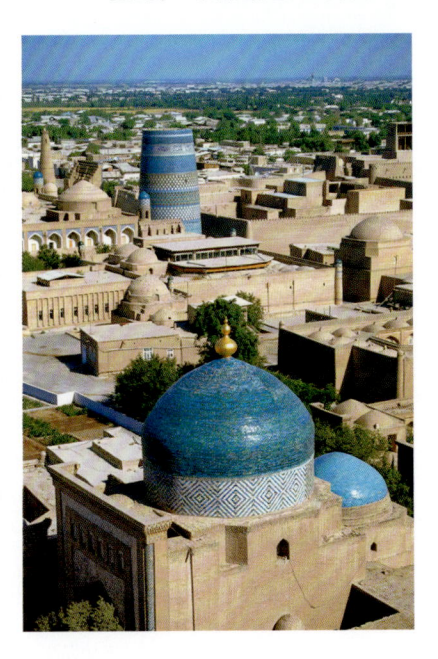

第274页（右下）这幅鸟瞰图展现了这座城市建筑的和谐统一。从图中可以看到诗人、哲学家帕拉翁·马哈茂德（Pahlavon Mahmud）陵墓贴着瓷砖的巨大圆顶，帕夫拉万·马哈穆德是希瓦的守护者。还可以看到卡尔塔小清真寺（Kalta Minor Mosque）装饰着绿松石的光塔，该清真寺建于19世纪初。

1819年一个炎热的夏日，哥萨克军队的统帅尼古拉·穆拉维耶夫到达希瓦，就释放3000名俄国战俘一事进行谈判。希瓦当地的奴隶市场规模让他震惊。除了他的同胞之外，还有30000名囚犯在奴隶市场等待买家来买，其中有波斯人、库尔德人、哈萨克人和土库曼人。这些囚犯的饮食待遇很好，因为一个健壮的人值四匹骆驼。

16世纪，乌兹别克人的昔班尼王朝（Shaybanid）打败帖木儿的军队夺得这座城市，并建立了独立的可汗王朝。此后，这个卡拉库姆沙漠（Karakum）里的商旅城市就开始这种臭名昭著的非法交易。1873年被俄国人征服后，昔班尼王朝和继它之后的孔古拉斯王朝依靠希瓦的重要战略地位积累了财富。希瓦位于中亚"金三角"一角，是丝绸之路通往伏尔加河（Volga）沿岸和里海（Caspian）沿岸的交叉口。尽管各民族的人来往于此，但这个汗国却处于一种与世隔绝的状态，拒绝一切形式的现代化，只担心邻近布哈拉（Bukhara）可汗的野心。这里实行恐怖统治，西方游客从这里狂风呼啸的高原上旅行回国后，讲起这里的酷刑令人毛骨悚然。

希瓦古城犹如城市的博物馆，周围围着长800米、高10米的城墙。如今，希瓦城中的古城区域叫作伊钦卡拉（Itchan Kala），古城墙外就是现代新城迪昌喀拉（Dichan Kala）。尽管希瓦古城中的大部分遗迹建于19世纪上半叶的阿拉库里汗国，但这里的气氛更像古代《一千零一夜》故事描述的那样。和谐统一的建筑使其成为中亚保存最完好的封建城市。

贯穿东西和南北的两条中轴线形成了这座城市的基本布局。位于城西的"天父之门"是城市的主要入口。这道城门的左边就是建于12世纪的库纳阿尔克（Kuhna Ark）城堡，17世纪后又不断扩建。这个巨大的城堡，有可汗的住所、后宫、造币厂（他们把钞票印在丝绸上）、弹药库和军队的营房。11世纪初，这里修建了一座夏日清真寺（Summer Mosque），并打造了一个周围墙壁贴满蓝白花饰瓷砖的庭院，庭院的柱廊和大门由精雕细琢的木头建成。

位于堡垒附近的卡尔塔小光塔建于19世纪，塔身贴满了土耳其瓷

砖，塔高 25 米，直径为 14 米。这座光塔建于阿拉库里（Alla-Kulli）统治时期，起初计划建得更高，但布哈拉的使节来到希瓦警告可汗说，如果希瓦的光塔建得比布哈拉在卡

▌第 274—275 页
库纳阿尔克是一座城堡，建于 12 世纪，紧挨着希瓦古城正门，自 17 世纪开始，希瓦古城（今伊钦卡拉）的可汗不断对其进行扩建。该城堡一直是可汗的宫殿，直到 1873 年这个强大的中亚汗国向俄国俯首称臣为止。

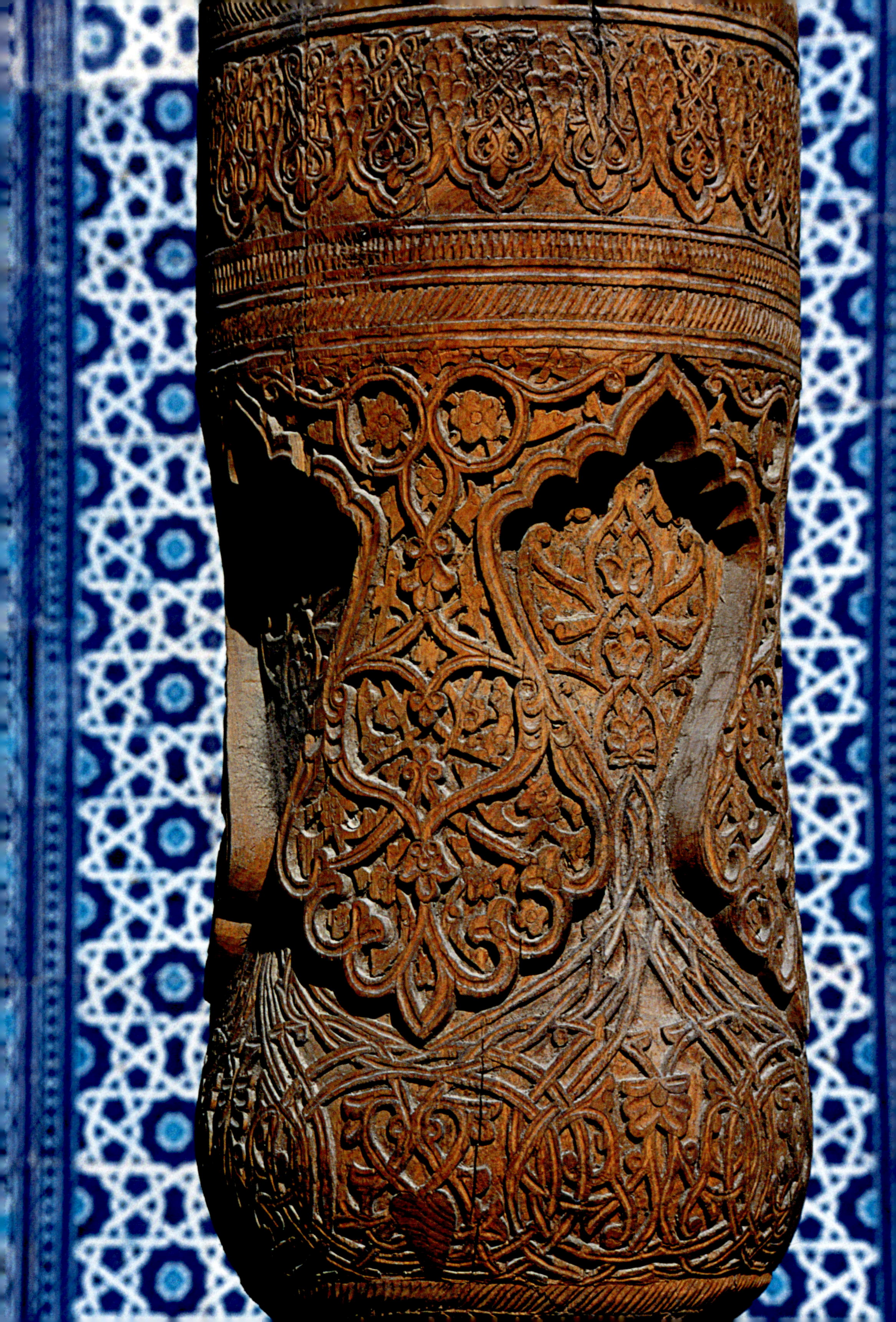

尔汗（Kalhan）的还高，他们就要血洗希瓦城。

于是，为了满足自己的野心，汗国就转而在希瓦古城的东端建了一座高大宏伟的宫殿——托什科夫里宫（Tosh-Kohvli）。宫殿里有150个房间，装饰着瓷砖、灰泥和木雕。从接待大厅俯瞰，可以看到宫殿中心庭院中以前用来搭建皇室帐篷的地方。和以游牧为主的祖先一样，可汗喜欢在帐篷里休闲娱乐。

在伊钦卡拉众多宗教建筑中，装饰精美的德尤马清真寺（Mosque of Djuma）和帕夫拉万·马哈茂德的陵墓脱颖而出。帕夫拉万·马哈穆德是诗人和哲学家，此外他也是一名穆斯林和希瓦城的守护圣徒。德尤马清真寺建于18世纪末，是在一座10世纪建筑的废墟上建立起来的，建筑特色是其218根木制廊柱。帕夫拉万·马哈茂德的陵墓同样建于18世纪，最著名的地方是装饰着波斯风格手绘瓦片的圆顶房间。此外，城墙里有16个活跃的古兰经学院，很多现在已成为博物馆，里面存放着展现这座城市历史、艺术和传统的物件。

▎第276页 托什科夫里宫的装饰在希瓦可谓最庄重典雅，使用大量陶瓷瓦片、石刻和木刻。

▎第277页（左上）托什科夫里宫的后宫装饰着几何形状排列的瓦片。皇宫建于1832—1841年，是阿拉库里可汗的库纳阿克尔宫之外的行宫，150多个房间朝向9个庭院排列着。托什科夫里宫的装饰规模是为了力压布哈拉可汗的宫殿。

▎第277页（右上）18世纪末，德尤马清真寺建于一座10世纪建筑的废墟上，是一个由200多根木制圆柱支撑且带有格子平顶的巨大房间。

▎第277页（下）帕夫拉万·马哈茂德的陵墓圆顶装饰着瓷砖，穹顶之下是个贴着瓷砖的房间，瓷砖上面刻着这位死于14世纪的伟大哲学家的名言警句。

撒马尔罕古城

乌兹别克斯坦

入选年份：2001
遴选标准：(Ⅰ)(Ⅱ)(Ⅳ)

■ 第278页（上）和（下）17世纪建造的吉利亚科里（Tilla Kari）神学院的圆顶（上图）和墙壁（下图）。墙壁上面设有滑动可打开的祭坛（米哈拉布）。

■ 第278—279页 乌鲁伯格神学院建于1417年至1420年，目的是吸引数学家和天文学家前来访问统治者的宫廷。大门顶端镶嵌夜空图案是为了纪念乌鲁伯格对天文学的爱好。

1908年，热爱考古的教授瓦西里·维亚特金（Vasiliy Vyatkin）在前往塔什干（Tashkent）的途中在撒马尔罕（Samarkand）东北发现了一个象限仪的遗迹。这个巨大仪器弯曲部分的半径超过40米，弧长63米，是乌鲁伯格（Ulugh Beg）的天文台的全部遗迹，乌鲁伯格是15世纪上半叶帖木儿帝国的统治者。

乌鲁伯格是沙哈鲁（Shah Rukh）的儿子、帖木儿的侄子，他对军事征服没有兴趣，醉心于天文学。1420年，他创立了中世纪晚期最大的伊斯兰大学乌鲁伯格神学院（Ulugh Beg Madrasah），吸引了许多著名的数学家和天文学家。1428年至1429年，乌鲁伯格建造了天文台，用来制作星表，星表中详细地标注了太阳、月亮、行星和1018颗恒星的位置。1648年，星表的副本在牛津大学博德利图书馆被人们发现，至此他才为西方世界所知，这项工作也使他成为古代伟大的天文学家之一，比肩第谷·布拉赫（Tycho Brahe）和约翰尼斯·开普勒（Johannes Kepler）。然而，乌鲁伯格当时探讨的问题对于伊斯兰的观念来说太激进了。1449年10月29日，他的儿子被谋杀，撒马尔罕作为伊斯兰世界文化之都的文化繁荣时期也就此终结。

最近的考古发现表明，这个聚居点建于公元前3000或4000年前，但撒马尔罕城现在的面貌形成于公元前5世纪，当时这座城市被称为阿夫拉西阿卜（Afrasiab）。阿夫拉西阿卜位于克孜勒库姆沙漠（Kyzylkum Desert）边缘地带，泽拉夫尚河（Zerafshan River）沿岸，是粟特（Sogdiana）地区的首都，粟特位于奥克苏斯河（Oxus），即今天的阿姆河（Amu Darya），和锡尔河（Syr Darya）之间的地带。公元前329年，经过长时间围攻之后，亚历山大大帝占领了这座城市，很快这里就成了地中海和中国文化的交汇点。公元7世纪中期，这里已是一处重要的贸易中心，阿拉伯人在这一时期袭击了这座城市，但直到712年才最终占领这里。倭马亚王朝统治者屈底波·伊本·穆斯林最终占领了撒马尔罕，在接下来的几个世纪里，这里持续繁荣，先是由萨曼尼德帝国统治，后来又经历塞尔柱帝国和花拉子模王朝的统治。1220年，成吉思汗率领蒙古大军攻克了这座城市，荡平了这个波斯、印度和中国三大文明的交汇点。

14世纪是撒马尔罕的极盛时期，成为帖木儿王国的首都，实力强劲，围攻了德里、巴格达、莫斯科和君士坦丁堡。短短几年的时间，撒马尔罕再度成为中亚地区的经济和商业中心。这种盛况一直持续到16世纪，当时乌兹别克斯坦的统治者布哈拉汗国（Shaybanids）迁都布哈拉。此后，撒马尔罕逐渐衰落，加上地震频发，这里变成了一座幽灵城市，1868年被俄国人征服。

■ 第279页（左下）吉利亚科里神学院建于1646—1659年，是17世纪知识分子的文化中心，也是雷吉斯坦广场（Registan Square）上兴建的最后一座伊斯兰学院。然而，它不仅是一座学院，也用作礼拜五清真寺，成千上万的人在穆斯林安息日聚集于此。

第279页（右上）

舍多尔神学院（Sher Dor Madrasah）正门上的一幅画。画中一只老虎在太阳的照耀下捕捉一只幼鹿。这幅画是现代伊斯兰艺术的独特典型，打破了伊斯兰禁止描绘动物或人体的传统。

第279页（右下）

舍多尔神学院（右边）由昔班尼·埃米尔·亚朗图什（Shaybanid emir Yalangtush）建于1618年到1635年，位于雷吉斯坦广场一侧，它的旁边是吉利亚科里神学院的正面。

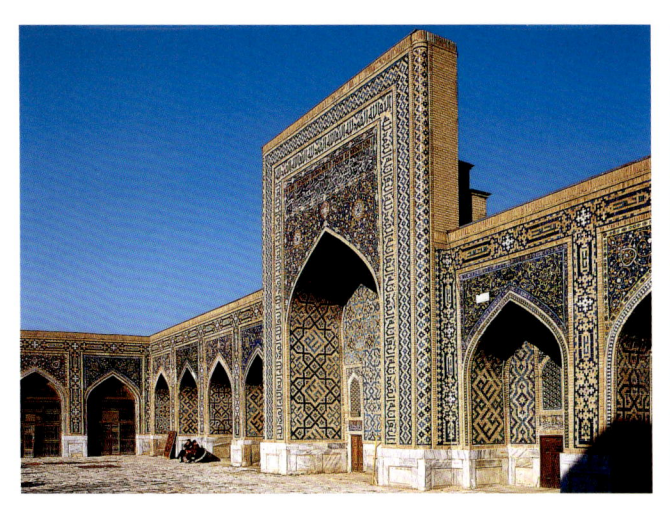

雷吉斯坦广场（Registan Square）是帖木儿时期撒马尔罕的中心和主要广场。广场上有三个伊斯兰学院。17世纪初，乌鲁伯格天文台附近又先后建起舍多尔神学院、吉利亚科里神学院，聚集了当时的知识分子。广场北面是撒马尔罕最让人印象深刻的遗迹——比比·哈内姆清真寺（Bibi-Khanom Mosque），这座清真寺的名字取自帖木儿的中国妃子，据说，正是这位妃子下令修建了这座清真寺。帖木儿去世前清真寺刚建成，成为帝国的一座瑰宝。清真寺的正门高35米，两侧有两座光塔。为建造这座清真寺，从伊斯兰世界召集了众多建筑师、油漆工、艺术家，还从印度运来了95头大象，来完成这一长130米、宽102米的宏伟工程。主清真寺旁还有两座小清真寺。带有柱廊的庭院十分宽阔，用来容纳前来朝圣的信徒，庭院装饰着精雕细刻的大理石，清真寺的墙壁上刻着安拉真主的名字，贴着陶瓷砖镶嵌图案，呈几何图案排布。所有这些宏伟壮丽的装饰显示了帝国的威风凛凛，但是，撒马尔罕废都后，比比·哈内姆清真寺也逐渐沦为废墟，1897年地震中彻底坍塌。

再往东是"永生之王墓"沙赫静达陵墓（Shahi Zinda），这里可说是撒马尔罕最迷人的遗迹。这个陵墓的名字指的是阿拔斯·本·阿卜杜勒（Qusam ibn Abbas）之墓最初

所在的圣所。阿拔斯是先知穆罕默德的堂兄，676年曾长途跋涉至撒马尔罕，并把伊斯兰教传播到这里。据传，阿拔斯正在祷告时遭到土匪抢劫，并被砍头，但是他坚持祷告完，然后捡起了自己的头颅离开了。他就是"永生之王"，沙赫静达的葬礼路就是献给他的。这条路上还有一些古代的其他坟墓和帖木儿王朝王侯将相的陵寝。帖木儿及其后代葬于古尔－义米尔陵墓（Gur-e Amir mausoleum），也称"王子之墓"，位于古城最西端，为帖木儿的孙子穆罕默德·苏丹所建，1404年竣工。这座建筑线条明亮简洁，但装饰却富丽堂皇，贴着彩色的镶嵌图案，顶部有一个带凹槽的绿松石炮塔。里面的房间贴满了黄金，1970年重修时，又用了约3千克黄金。1941年，苏联对中亚文化兴趣高昂，苏联人类学家米哈伊洛维奇·格拉西莫夫（Mikhaylovich Gerasimov）打开了盛放棺柩的地窖，发现帖木儿个子很高，而且明显在战争中多次受伤。据说，格拉西莫夫在帖木儿的地窖发现了一段威胁性的碑文，警告亵渎他陵墓之人，将会迎来一个新的暴君。第二天，希特勒的军队入侵苏联。

■ 第280页（左）
撒马尔罕古城的一条窄巷，两边排列着这座中亚城市在其黄金时期用石头建成的房屋。背景中是沙赫静达陵墓的雕花墙壁和圆顶。

■ 第280页（右上）
沙赫静达的大型陵墓建筑群——永生之墓。先知穆罕默德的堂兄阿拔斯·本·阿卜杜勒埋葬于此，他把伊斯兰教传播到了中亚地区。进入沙赫静达需通过乌鲁伯格1435年建的华丽大门。

■ 第280页（右下）
献给帖木儿妃子的比比·哈内姆清真寺。这座清真寺建于1399—1404年，是当时世界上最大的建筑，彰显了撒马尔罕的荣威。

■ 第280—281页
撒马尔罕城市一景。前景中是古尔－义米尔陵墓，这里埋葬着帖木儿和他的继任者。这座陵墓建成于1404年，位于古城边上。

加德满都谷地

尼泊尔 入选年份：1979
遴选标准：C（Ⅲ）（Ⅳ）（Ⅵ）

加德满都市中心是杜巴广场（Durbar Square），广场一端有一座建于18世纪的三层宫殿，其木制窗户上雕刻着精致的花纹，里面住着一位"特殊"的人物——库玛丽（Kumari Dev），即活女神，她是印度教女神杜尔迦（Durga）的化身。库玛丽实际上是一个小女孩，穿着华丽的衣服，在女家庭教师的严格监管下过着与世隔绝的生活，只有在每年举行的六次典礼时，才可以离开宫殿。经过一系列严格的测试，库玛丽从众多属于同一个世袭阶层的候选人之中被挑选出来。库玛丽的神圣地位一直保持到她的青春期，然后她会还俗，另一个孩子被挑选出来代替她。

这种崇拜一个小女孩的习俗可能看起来稀奇古怪，但是尼泊尔是一个日常生活充满神秘主义色彩的国度。加德满都谷地有许多无与伦比的印度教和佛教建筑，有时两种宗教十分明显地融合在一起。自远古时代开始，加德满都谷地便有人居住，但是其发展始于17世纪至18世纪马拉王朝（Malla Dynasty）的黄金时期，加德满都如今的城市面貌正是在这一时期形成的。马拉王朝是由一个蒙古和印度雅利安人混血的尼瓦尔（Newari）族建立的，如今尼瓦尔人在加德满都谷地仍然是人数最多的民族。

1768年，尼泊尔成为一个统一的王国，定都加德满都。在此之前，这个谷地分布着几个对抗的城邦，分别是加德满都、帕坦（Patan）、巴克塔普尔（Bhaktapur）和吉尔蒂布尔（Kirtipur）。四个城邦的中心都是杜巴广场，广场上坐落着一座皇家宫殿——杜巴（Durbar）。这个皇家宫殿群包括一个庭院，庭院里装饰着印度教塑像，四周分布着由各种石头和精雕细刻的木头建造的建筑。

加德满都王宫建于17世纪初，由一个猴神的雕像守卫着，直到19世纪末一直有人居住于此。王宫里有十个庭院，其中最著名的是纳沙尔庭院（Nasal Chowk），周围环绕着跳舞的湿婆塑像。为了纪念王国统一，王宫四周建造了四座塔，代表谷地的四座城邦，其中让人印象深刻的是献给加德满都的巴克塔普尔塔，从塔上可以看到广场上寺庙群的全景。其中最值得一提的是供奉着象神甘尼许（Ganesh）的加塔曼

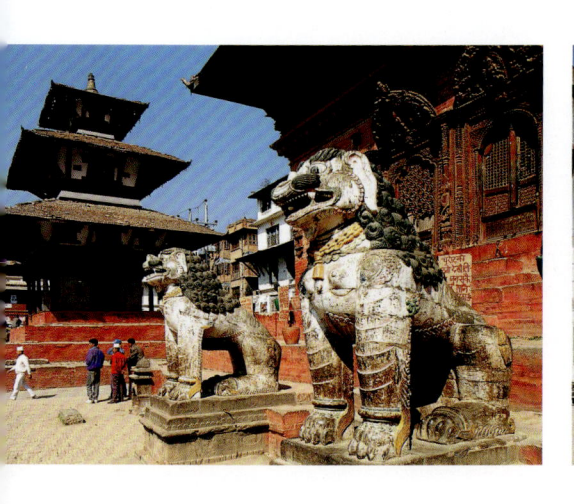

▎第282页（左下）加塔曼达寺庙入口。这座寺庙位于加德满都的杜儿巴广场上，很可能建于12世纪，供奉着象神，是加德满都城市名字的来源。背景中是供奉着湿婆神的寺庙。

▎第282页（右上）马居曼待尔（Maju Mandir）庙的台阶。这座寺庙供奉着湿婆神，1690年前后建于杜巴广场上，是加德满都人聚集的主要场所，寺庙为希克哈拉式风格，同时受到印度建筑的影响。

▎第282页（右下）纳沙尔庭院一景，这是加德满都古代王宫里最大的庭院。尼泊尔现在的国王住在更加现代化的建筑中，不过这个王宫仍然用于举办一些重要的庆典活动。

加德满都

达寺庙（Kasthamandap），很可能建于12世纪，是加德满都城市名字的来源。

帕坦和加德满都之间隔着巴格马蒂河（Bagmati）。帕坦的杜巴广场是谷地最大的广场，广场上寺庙数量也最多，有些寺庙高达五层。因此，尼泊尔人称这座城邦为勒利德布尔（Lalitpur），意为"美城"。据说这座城邦由阿育王（Emperor Ashoka）在公元前250年建立。城邦的每个角上都建有一座佛塔（半球形的佛教建筑），以此划定疆界。帕坦的印度教寺庙极其华美，有些寺庙装饰着表现性爱的浅浮雕。

巴克塔普尔杜巴广场上的寺庙在

▌第283页 巴克塔普尔塔（Basantpur Tower）高九层，为砖木结构，装饰着精致的性爱图案，和其他的塔一起由普利特维·纳拉扬·沙阿（Prithvi Narayan Shah）国王建于18世纪下半叶，以庆祝谷地几个王国的统一。这座塔是加德满都王国的象征。

■ 第284页（上）位于巴克塔普尔的尼亚塔波拉神庙（Nyatapola Temple）的台阶。狮鹫、狮子和大象的雕像，在每个台阶上两两相对。这座寺庙高约30米，是王国最高、最优雅的寺庙。

■ 第284页（下）普拉塔布·马拉国王的青铜塑像矗立在巴克塔普尔王宫前高大的圆柱上。这位国王于1696年至1722年在位，热爱艺术，这座城市的大部分重要建筑都是他建造的。

■ 第284—285页 帕坦及其最壮丽的宫殿——"55窗之宫"全景图。这个宫殿于14世纪开始修建，但是其现在的样子形成于17—18世纪。

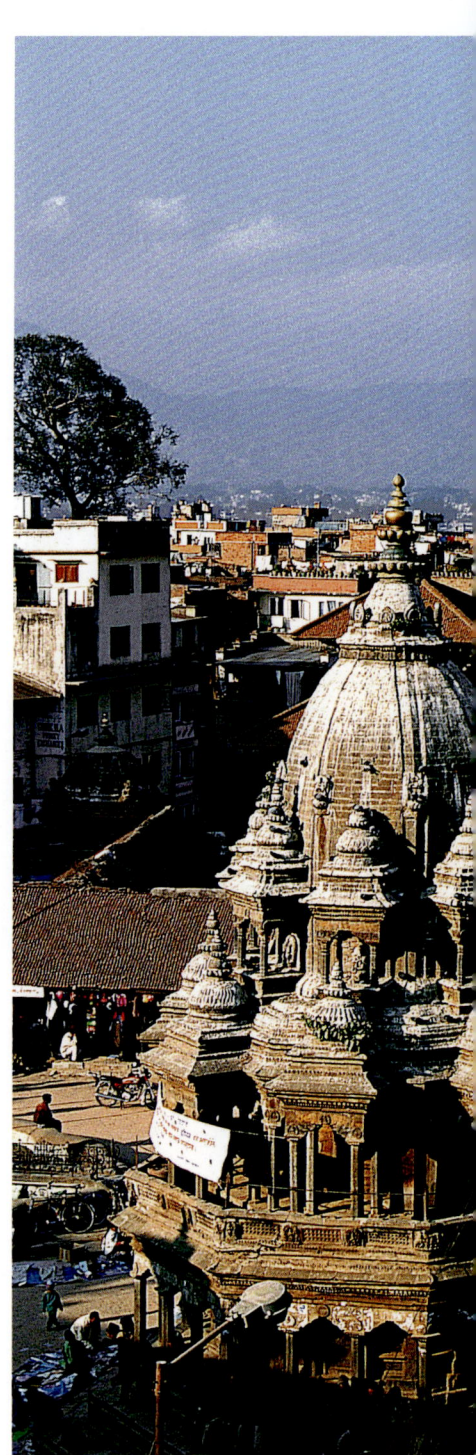

■ 第285页（左上）新近翻修的维什瓦纳特寺庙（Vishwanath Temple），其历史可以追溯到1627年，门口有两个石狮像守卫着。这座两层寺庙装饰着木雕，里面供奉着一个林伽，即生殖神湿婆的象征。

■ 第285页（右上）在巴克塔普尔最宽的街道陶马德里托莱大街（Taumadhi Tole）上可以看到这个古代王国一些最古老的建筑。图中精致的大门通往苏古尔多卡（Sukul Dhoka），那里是城市主要宗教权威的所在地。

18世纪一次地震中遭到严重破坏后被摧毁。不过，巴克塔普尔的王宫——55窗之宫堪称尼瓦尔建筑的杰作，其特色是鎏金大门。第四个城邦吉尔蒂布尔（Kirtipur）距离首都加德满都最远，宗教建筑数量也较少。

　　谷地中的两大佛教圣地是斯瓦扬布（Swayambhunath）和博达纳特（Bodhnath），它们至少有两千年的历史。这两个地方有世界上最大的佛塔，佛塔顶端有一个方形建筑，上面画着佛陀的眼睛。佛塔周围摆放着许多经筒，信徒们顺时针绕着佛塔进行

285

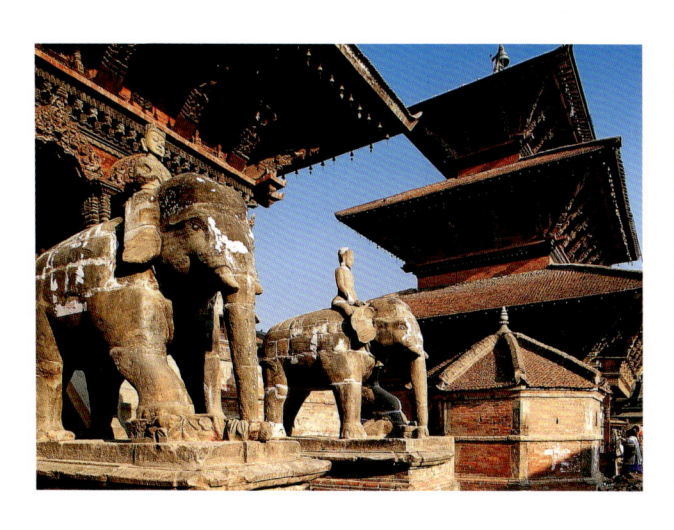

宗教仪式时就会转动这些经筒。在斯瓦扬布和博达纳特周围有几座寺院，寺院里存放着珍贵的宗教物品和帛画。

　　帕斯帕提那（Pashupatinath）是印度教重要的圣地之一，吸引了许多来自印度的朝圣者。这个供奉湿婆神的圣地位于巴格马蒂河畔，是传统上举行火葬的地方。该地多座寺庙中都有男性生殖器石雕和7世纪至17世纪创作的浅浮雕。古赫什瓦里（Guhyeshwari）最具吸引力，这里供奉着湿婆神最可怕的形象——凯莉（Kali）女神。古赫什瓦里庙只对印度教信徒开放，其他人只能远远地欣赏这座艺术瑰宝。不过，外人可以从缤纷的色彩和各种气味中感受到当地的神秘气氛。

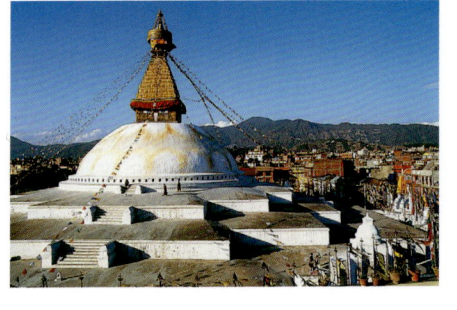

■ 第287页（右上）博达纳特寺一景。在佛教中，曼陀罗形状的地坛象征大地，穹顶象征水，卷状顶部（下面画着佛陀的眼睛）象征火，伞状经幡象征空气，上面的尖顶象征着诸神王国。

■ 第287页（右下）帕斯帕提那的大型寺庙。二月湿婆节的时候这里会挤满印度教信徒，来向湿婆表示敬意。帕斯帕提那位于巴格马蒂河，是尼泊尔最重要的火葬场地。

■ 第286页（下）斯瓦扬布寺（Swayambunath Temple）坐落在斯瓦扬布山上，寺庙中有一座经典的佛塔，上面画着佛陀的眼睛，佛塔周围又有许多小寺庙，这些小寺庙里放着很多经筒，经筒上写着六字大明咒。信徒绕佛塔而行的时候会转动经筒。

■ 第286—287页图为博达纳特的佛教寺庙，背景中是尼泊尔第二大佛塔。

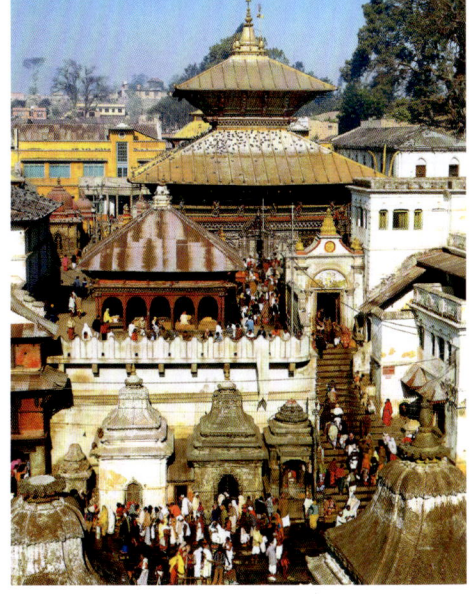

拉合尔古堡和夏利玛尔公园

巴基斯坦 | 旁遮普省（Punjab）
入选年份：1981
入选《濒危世界遗产名录》年份：2000
遴选标准：C（I）（II）（III）

拉合尔（Lahore）是一座辉煌灿烂又充满冲突的城市，位于旁遮普平原的中心以及1947年划分的印巴分界线上，这座城市的历史与长期对立的不同宗教文化息息相关。

传说这座城市是由印度史诗《罗摩衍那》中的英雄罗摩将军的儿子洛建立的。这个城市的第一个统治者是拉利塔颜多国王（King Lalitiditya）。11世纪期间，由穆斯林统治，穆斯林在此创立了繁盛的伊斯兰教研究中心。1566年，莫卧儿帝国皇帝阿克巴（Akbar）占领了这座城市，并在此建都，在原来城堡的地方建造皇家城堡夏西·吉拉（Shahi Qila），拉合尔由此进入极盛时期。夏西·吉拉外型呈长方形，包含莫卧儿帝国皇帝和锡克人的建造部分，英国在英属印度时期也对其翻修，因此其建筑风格多样，气势非凡。

阿克巴的继承者贾汉吉尔（Jahangir）在皇宫修建了花园，并建造了包括皇室寓所的卡瓦布加尔-伊-贾汉吉尔楼阁（Khawabgarh-i-Jehangir），不过皇家城堡中最辉煌的建筑是沙贾汉建造的，沙贾汉就是后来建造泰姬陵的皇帝。这些建筑中有一座西什马哈尔（Shish Mahal），或称镜宫（Palace of Mirrors），沙贾汉在1631年为皇后及其侍女修建。镜宫墙上装饰着五颜六色的镜片，窗户安装着经过雕刻的大理石，这样住在里面的皇后和侍女们可以看到外面，但从外面看不到她们。

同年又兴建了大会堂（Audience Court）迪凡-伊-奥姆和纳乌拉卡宫（Naulakha），这两个建筑都是用白色大理石修建的。大会堂里有一个展示莫卧儿帝国手工艺品的博物馆。纳乌拉卡宫的墙上还镶嵌着雕刻着花卉图案的半宝石。宫殿名字源于词汇"nove lakh"（九十万），表示建

■ 第280页（左下）纳乌拉卡宫是莫卧儿建筑的杰作。它是一座优雅的白色大理石宫殿，窗户上雕刻着花纹，形成花边的效果。宫殿名字源于词汇"nove lakh（九十万）"，表示沙贾汉为建造这座宫殿花费的巨额资金。

■ 第280页（右下）摩蒂马斯其德（Moti Masjid，即珍珠寺）里的门廊。这座寺庙建于1644年沙贾汉在位时期，用来建造这座寺庙的印度大理石散发着珍珠一样的光泽，这座寺庙因此得名。

■ 第280—289页西什马哈尔的内墙上饰有繁复的灰泥图案，镶嵌着许多反射烛光的镜片，营造出星空的效果。这座宫殿是沙贾汉为皇后及其侍女建造的。

■ 第289页（上）皇家城堡里有一个池塘，池塘里五颜六色的大理石上装饰着几何图案。背景中矗立着优雅的迪凡-伊-卡斯厅（Diwan-i-Khas），是沙贾汉皇帝的私人接待室。

■ 第289页（下）黑塔（Black Tower）卡拉布位杰（Kala Burj）位于拉合尔皇家城堡的北面。建于1631年，与它旁边的西什马哈尔（镜宫）同年建造。

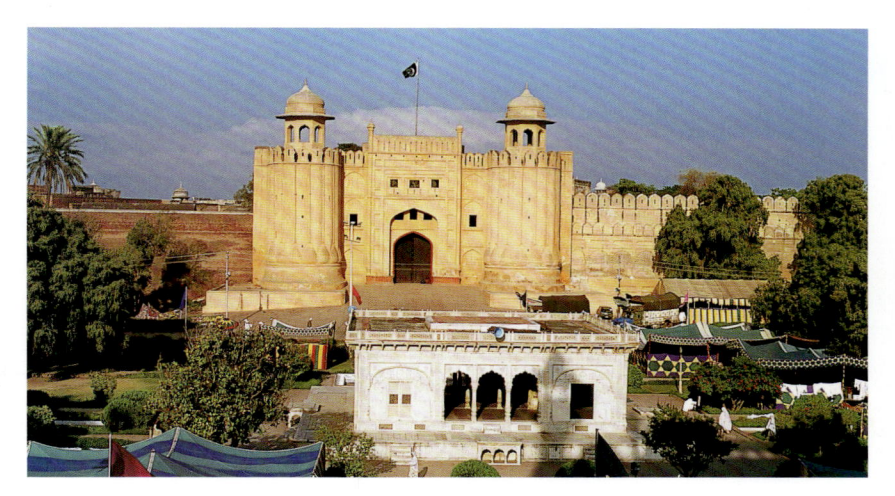

■ 第290页（上）
朝西的拉合尔城堡的大门。值得一提的是雄伟的阿兰吉利（Alamgiri）门，这道门建于1674年奥朗则布（Aurangzeb）在位时期。最初门上装饰着黄金、宝石和半宝石，但是许多已被盗走。

■ 第290—291页
夏利玛尔公园是1641年沙贾汉在位时期所建，原来的面积更大，现在有约19万平方米保存了下来，但是花园里的建筑还在快速衰败，由于最近破坏了三个古代的水库，花园和喷泉也受损了。

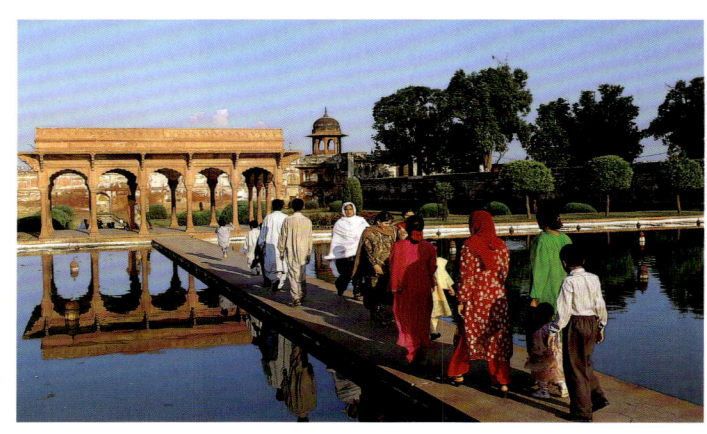

造这座宫殿所花费的巨额资金。1644年，沙贾汗建造了珍珠寺（Mosque of the Pearls）摩蒂马斯其德，英国人在20世纪初对其进行了翻修。1674年，讲求排场的奥朗则布（Aurangzeb）想让珍珠寺的大门能够通过六头拉着皇家轿子的大象，并想用黄金和半宝石装饰它，于是扩建了珍珠寺的大门。

拉合尔的另一个奇迹是夏利玛尔公园，它们是沙贾汗依照德里（Delhi）花园（现在已完全毁坏了）的样式修建的。花园分为七层平台，象征安拉真主的天堂，花园里装饰着喷泉、小溪和供皇室乘凉的亭台。现在七层中只有三层平台保存了下来，占地面积超过19万平方米。第二层上有个斯旺巴丹池塘，里面水花喷溅，像拍打的雨点，让人感觉轻松惬意。还有许多壁龛，上面镶嵌着小小的镜片，夜晚举行皇室聚会时，镜片上就会倒映着烛光。

1999年，穿过印度连接巴基斯坦和孟加拉的大象鼻公路进行扩建，导致三个为夏利玛尔公园里喷泉供水的水库遭到破坏。此外，由于污染问题和保护不善，莫卧儿时期的许多建筑都在急剧衰败。因此，联合国教科文组织决定把这个地方列入《濒危世界遗产名录》，并督促巴基斯坦政府拟订修复计划，但是目前还没有实际修复行动。

■ 第291页（左上）和（右上）小型亭台楼阁和带有廊柱的大型建筑遍布夏利玛尔公园。右图中这个建筑的廊柱，其形式和装饰和印度风格相似。

■ 第291页（下）夏利玛尔公园中的一座宫殿，是莫卧儿宫廷休闲娱乐的场所，池塘和喷泉让花园格外凉爽；晚上，宫廷侍者就会点燃放在小壁龛里的数百支蜡烛，烛光照亮了整座花园。

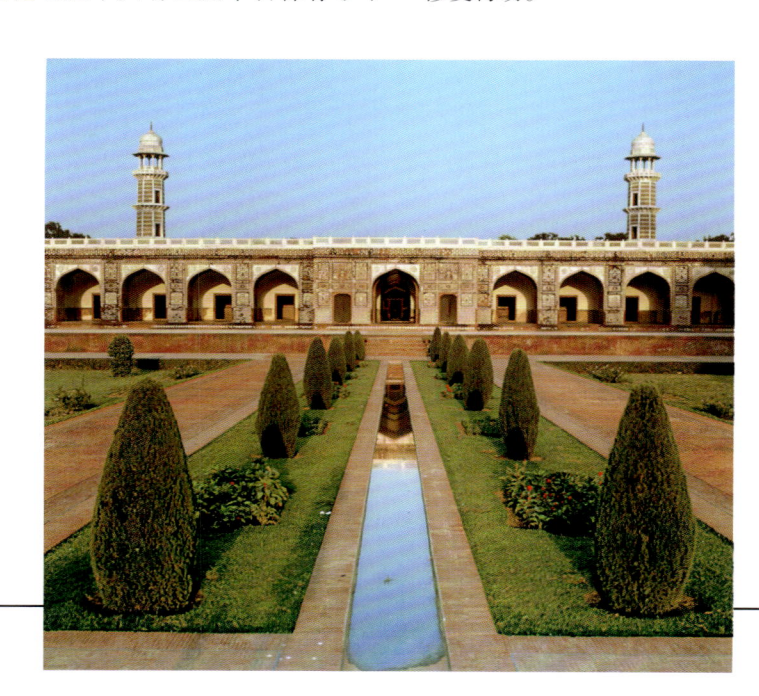

德里的顾特卜塔及其古建筑

印度 | 入选年份：1993
遴选标准：C（IV）

在拉贾斯坦（Rajasthani）史诗《普利特维拉其拉索》（Prithvi Raj Raso）里，德里的统治者普立色毗罗其·乔兰（Pritviraj Chauran）被描绘为浪漫多情的英雄。1191年，穆斯林从中亚的草原上入侵印度北部，第一次进攻了德里，乔兰击退了敌军，但是他对败敌却宅心仁厚，放走了敌军首领穆罕默德。第二年穆斯林对德里发动第二次进攻，史诗里没有详细记载。这次库特布丁·艾伊拜克（Qutb al-Din Aibak）的军队获胜，敌军对印度拉其普特王朝可没这么仁慈，他们取下乔兰的首级，洗劫了印度皇室居住的德里红堡，并将之烧毁。

此战胜利后，穆斯林开始统治德里和印度次大陆的大部分地区，1857年之前次大陆的大部分地区没有受到侵扰。为了庆祝胜利，1193年，库特布丁开始在德里红堡城墙内修建顾特卜塔（Qutb Minar）。顾特卜塔是一座红色砂岩塔，标志着当时穆斯林信仰传播范围的最东端。顾特卜塔高大雄伟，预示未来穆斯林征战无往不胜。除了这个象征意义，这个塔还用作宣礼塔，宣礼吏从塔上召集信徒做祷告。

顾特卜塔高73米，分为五层，塔基直径15米，塔身随着高度的增加而逐渐变细，顶端直径只有2.44米。整个塔身装饰着刻有《古兰经》经文的繁复精美的浅浮雕。库特布丁去世时，塔才建成第一层，其继任者伊勒图特米什（Iltutmish）又往上建了三层。1368年，统治者菲鲁兹沙（Feroz Shah Tughlaq）对塔进行了修复，并把第四层改建为用红色砂岩和白色大理石建成的两层，塔的顶端建了一个小型的圆顶，完成了整座塔，但是圆顶在1803年地震时被毁。

顾特卜塔旁是印度第一座清真寺顾瓦特乌尔伊斯兰（伊斯兰的权力）的遗址，雄伟壮丽。为了修建这座清真寺，库特布丁用了27座印度教和耆教寺庙的材料。清真寺面积约1415平方米，为长方形建筑，里面有一个环绕着柱廊的庭院和几座拱门，最高的拱门高达15.85米，是祈祷大厅残留的唯一遗迹。

浅浮雕上印度教徒人工雕刻的痕迹还清晰可见，上面刻着伊斯兰教经文和印度教圣物莲花。伊勒图特米什和他之后的皇帝对清真寺进行了扩建和装修，新建了装饰着几何图案的纯伊斯兰风格的回廊。

1311年，阿拉·乌德丁·喀尔古（Ala-ud-Din Khalji）在南面用红色砂岩和大理石修建了通往清真寺的正门阿拉伊达尔瓦柴。这个大门被认为是印度伊斯兰教建筑的奇迹，大门之上矗立着一个圆顶，圆顶上的装饰受土耳其人和当时的土耳其塞尔柱王朝艺术的影响。清真寺旁边是阿拉伊塔（Alai Minar），阿拉·乌德丁为超过顾特卜高塔修建了此塔。但是直到

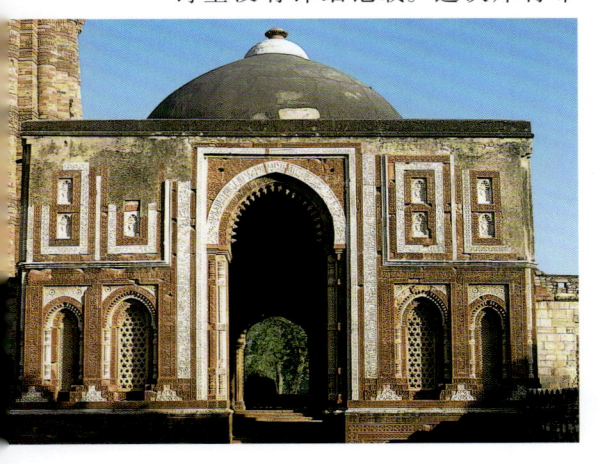

■ 第292页（左上）
阿拉伊达尔瓦柴是顾瓦特乌尔伊斯兰清真寺的正门，建于1311年，是印度伊斯兰建筑的伟大代表。

■ 第292页（下）
顾瓦特乌尔伊斯兰清真寺。东面一个基座上坐落着伊勒图特米什（库特布丁·艾伊拜克的女婿）之墓，如今这座墓已经没有了圆顶，这是印度的第一座墓（建于1235年），石棺上刻着几何形的文字图案。

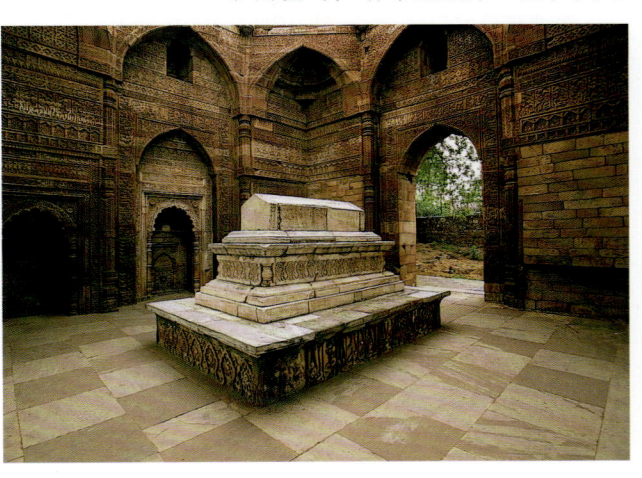

他去世，这座塔都没有建好，现在这座塔仅有 27 米高。

在德里这片建筑群中，还有一处引人注目的遗迹——伊勒图特米什之墓，建于 1235 年，一年后伊勒图特米什去世。这是印度建造的第一座墓，因为印度人一直实行火葬。墓的外面朴实无华，内部伊斯兰教和印度教的装饰却很丰富。墓顶已经坍塌，碎片散落在旁边的空地上。

建筑群里的铁柱和伊斯兰教建筑形成鲜明的对照。学者们至今尚不清楚为何建造这个高 7.32 米、直径为 38 厘米的铁柱。神奇地是，这个铁柱从不生锈。有可能是拉其普特统治者阿南帕拉·托尔马（Ananpala Tomar）把它带到了比哈尔（Bihar），托马尔是拉尔·科特（Lal Kot）的建立者。但是铁柱上的铭文显示它的起源可以追溯到 4 世纪时的笈多王朝。曾经，铁柱顶端有一个神鸟迦楼罗的塑像。依照古代的传说，如果有人背靠铁柱，双手能够在铁柱另一面交叉，这个人就能实现一个愿望。

▎第 293 页（左上）
阿拉·乌德丁·喀尔吉苏丹建造阿拉伊塔时的想法是想让它高过顾特卜塔，但是这个塔从 1315 年开始修建，至今没有建好，只有不到 27 米高的一截。

▎第 293 页（右上）
从顾瓦特乌尔伊斯兰清真寺上看到的五层建筑顾特卜塔。这座红砂岩塔高 73 米，标志着伊斯兰势力的最东端。这座建筑是由顾特卜·乌德丁艾伯克苏丹从 1193 年开始修建。

德里
新德里

泰姬陵

印度 | 北方邦阿格拉（Agra, Uttar Pradesh）
入选年份：1983
遴选标准：C（I）

■ 第294页（中）
泰姬陵里的花园代表安拉的天堂，混合了莫卧儿、波斯和阿拉伯风格。中央池塘象征着《古兰经》里提到的天上的池塘卡瓦萨尔。

■ 第294页（下）乔克伊吉洛卡纳（Chowk-i-Jilo Khana）是泰姬陵入口处的建筑。它是由红砂岩建成的，建筑中间完全是伊斯兰风格，但是两侧的寺庙是印度风格。墙壁的砂岩和大理石上装饰着文字图案。

■ 第294—295页
拂晓时分泰姬陵的经典景色。泰姬陵高75米，坐落在一个边长57米的台基上。每个角上有一个尖塔，这些尖塔看起来稍微向外倾斜。

印度最著名的建筑泰姬陵，历时20年，动用了20000名男女劳工才建造完成。不远处有一座叫穆姆塔扎巴德（Mumtazabad）的城镇，也就是今天的泰姬甘吉（Taj Ganj），是当时劳工居住的地方。1000头大象在默格拉纳（Makrana）矿山和阿格拉之间来回运输巨大的白色大理石块，附近的法塔赫布尔西格里（Fatehpur Sikri）提供了114000车红砂岩，那里的居民也被雇来烧制建筑所用的砖块。

据17世纪的一个编年史家所说，为了装饰泰姬陵，从各地采购了大量珍品，数目惊人，其中包括来自阿富汗的天青石、西藏的绿松石、中国的水晶、旁遮普的碧玉、波斯的缟玛瑙、也门的玛瑙、阿拉伯海的珊瑚和欧洲的玉髓。斋浦尔（Jaipur）的商人负责采购瓜廖尔磁铁矿和巴格达红玉髓中的钻石。

所有这些开销都由莫卧儿皇帝沙贾汉支付。他十分富有，并享有"世界之王"的称号，1627年至1666年在位，统治着西起坎大哈（Kandahar）、东到阿萨姆邦（Assam）、北起帕米尔（Pamir）高原、南到德干（Deccan）平原的辽阔国土，以前还没有哪个印度统治者统治过如此庞大的国家。然而即使如此，这项花费也是一笔不小的开支，但在建设泰姬陵的20年中，他从来没向人民征收过一卢比的税，在他看来，

泰姬陵是一项"私人工程"。

20世纪印度伟大诗人罗宾德拉纳特·泰戈尔（Rabindranath Tagore）把泰姬陵比喻为"永恒面颊上的一滴眼泪"。泰姬陵或许是男人送给女人的最伟大最无价的礼物。沙贾汗建造泰姬陵是为了存放爱妃穆姆塔兹·马哈尔的遗体，这样她的记忆就会永垂不朽。

虽然穆姆塔兹·马哈尔不是沙贾汗唯一的妻子（沙贾汗后宫佳丽五千），但却是皇帝唯一因爱而迎娶的妃子，并非像当时的传统那样出于国家政治的原因。穆姆塔兹·马哈尔本名阿珠曼德·芭奴·贝冈，是一位波斯高官的女儿，1612年3月27日和沙贾汗大婚，次日因其美貌获沙贾汗的父亲贾汉吉尔赐封昵称穆姆塔兹·马哈尔，意为"宫中花魁"。她和沙贾汗一生恩爱，形影不离，被宠幸一生，享尽荣华富贵。她美貌与智慧并存，辅佐沙贾汗朝政，甚至陪同沙贾汗征战沙场。他们共育有14个子女，1631年，她在德干战场附近的帐篷里生最后一个孩子的时候死于难产。

据传，穆姆塔兹·马哈尔奄奄一息之时，请沙贾汗答应为她建造世界上最漂亮的陵墓。不管这个传说是真是假，不建成泰姬陵沙贾汗难以心安。

沙贾汉一回到阿格拉，就在亚穆纳（Yamuna）河畔买下了一块地，他有两个目的：第一个是用来建造坟墓，第二个是在穆姆塔兹·马哈尔的忌日周年纪念活动时用于朝拜。

几个世纪以来，人们对于谁是泰姬陵的设计者一直有许多猜测。有人认为是威尼斯人彼得罗·韦罗内西（Pietro Veronesi），根据当时的文献，在修建泰姬陵的二十年间，彼得罗·韦罗内西一直在为莫卧儿帝国服务。但是，一名意大利人不可能建造出这样一座融合了印度和波斯风格的建筑，哪怕是当时著名的詹洛伦佐·贝尼尼也不太可能。最后，专家们都认为泰姬陵是当时东方建筑大师的集体智慧结晶。

泰姬陵建筑群的入口是一个高30米的红砂岩大门，上面用优美的字体装饰着《古兰经》中的经文。两侧矗立着两座印度风格的寺庙，从这儿可以看到陵墓的风景。这座宏伟壮丽的建筑高达75米，坐落在一个边长57米的基座上。四角各矗立着一座高47米的尖塔，这些尖塔看起来稍微向外倾斜，这样发生地震时，这些尖塔就不会倒向中间的陵墓。泰姬陵巨大的圆顶上屹立着一个9米高的青铜塔尖，圆顶上曾经覆盖着黄金。这个圆顶很可能是从伊斯坦布尔请来的伊斯梅尔·埃芬迪（Ismail Effendi）设计的，他曾为奥斯曼苏丹设计过许多灿烂辉煌的建筑。

泰姬陵是一项工程奇迹。它的围墙每平方米承受着97吨的重量，而圆顶本身就重达13000多吨。这座大理石覆盖的建筑用砖块、木柱和打入台基的铁条加固的拱门支撑着。泰姬陵的水井系统保护它免受亚穆纳河洪水之灾，这条河偏离了自然路线，从泰姬陵中流过，使这座建筑锦上添花，尤其是早晨泰姬陵倒映在水中更是美轮美奂。泰姬陵不仅建筑工艺精湛，镶嵌细工师、珠宝切割家以及在其表面雕上优美花饰的雕刻家用非凡的技艺一同让这座陵墓成为举世无双的杰作。最让参观者叹为观止的还是泰姬陵的和谐与对称，整个建筑群浑然一体。

陵墓两侧有两座完全相同的红砂岩建筑，完全是莫卧儿风格，上面各有八个圆顶。左边面向麦加的那个是清真寺；右边的建筑是欢迎朝圣者的地方，被称为贾瓦布，意为"回应"。陵墓中央是波斯风格的花园夏巴（char bagh），是天堂的象征。这个花园里到处都是喷泉，布局以4和4的倍数为特色，极为对称。这个正方形的花园共分为四部分，最初有16个花圃，每个花圃中有400种植物。

泰姬陵中唯一打破对称结构的是沙贾汉自己的墓。陵墓中有一个巨大的墓室，墓室中排列着壁龛，装饰着半宝石、镶嵌图案和大理石石雕，里面放置着两个空墓：中间那个是穆姆塔兹的，左边那个是沙贾汉的。沙贾汉在世之时，墓室上盖着毛毯，上面装饰着烛台和宝物。这对皇家夫妇的真正陵墓位于假墓室之下，布局同样不对称。之所以不对称是因为沙贾汉本不想自己死后葬在这里，他想在亚穆纳河对岸用黑色大理石建造一座和泰姬陵一模一样的建筑，用一座坚固的金桥把这两座建筑连接起来。但是，他儿子奥朗则布谋杀了皇室一半成员，夺得皇位，在沙贾汉去世后，奥朗则布没有把他的建筑工程当回事，就把他葬在了自己母亲旁边。

沙贾汉在位时期是莫卧儿王朝的顶峰时期，他死后，莫卧儿王朝因内部纷争而分崩离析，走向衰落。此外，泰姬陵也不断遭受洗劫。银子打造的大门被融化掉，代之以铜制大门，许多珍贵的宝石被偷走，英国人来到印度后，用铜换走了装饰圆顶内部的黄金。

出生于印度的英国作家拉迪亚德·基普林（Rudyard Kipling）称泰姬陵为"梦想穿越的象牙大门"，他的许多同胞也认为它是世界第八大奇迹。尽管如此，仍然有人建议把泰姬陵拆毁，然后把其建筑材料卖给英国人，来装饰英国人的宅邸。

印度独立后，泰姬陵几经修复，现已重现其最初的光彩，但是阿格拉地区近200座铸造厂排放的有毒气体严重污染着这座白色大理石建筑。

▎第297页（右上）
用大理石、宝石和半宝石雕刻的水仙花、郁金香和玫瑰图案。这些宝石从亚洲和欧洲各地运过来，造价不菲。

▎第297页（右下）
从亚穆纳河看到的泰姬陵景象。建造泰姬陵时，沙贾汉把这条河改道了，让它可以从泰姬陵建筑群流过。他本打算在河对岸用黑色大理石建造一座一模一样的建筑，等自己死后就葬在那里，但是他儿子奥朗则布登基以后，考虑到建造工程耗资巨大，取消了这项工程。

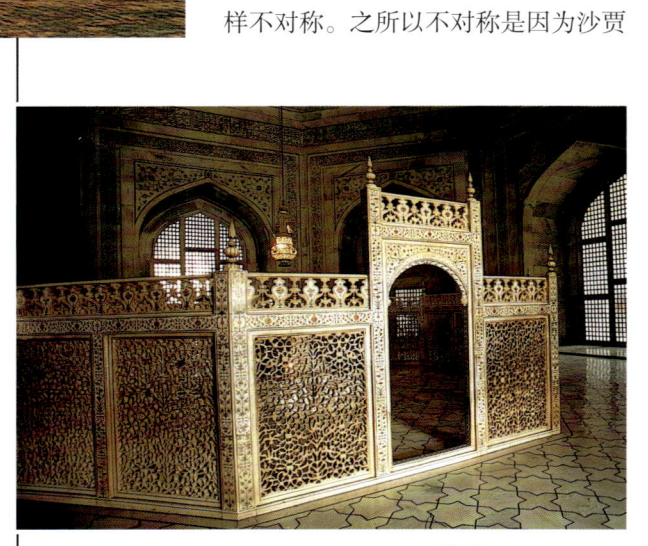

▎第296—297页
泰姬陵侧面图。泰姬陵各面都有拱形的壁龛，叫作皮什塔克，正面装饰着花纹图案和《古兰经》中赞美穆斯林天堂的经文。

▎第297页（左下）
陵墓里的景观。雕刻着花边的大理石围栏围着的是沙贾汉和他的爱妃穆姆塔兹·马哈尔的两座空墓。他们真正的坟墓位于围栏下的地下室。

加勒老城及其城堡

斯里兰卡 南省（South Province）
入选年份：1988
遴选标准：C（V）

通往加勒（Galle）城堡的大门上刻着字母"VOC"，即荷兰东印度公司的首字母缩写，大门两旁各有一头凶猛的狮子，顶部有一只公鸡。这只公鸡被当作是加勒的城市象征，但是这是个语言方面的错误。欧洲人以为加勒这个名字源于拉丁单词"gallus（公鸡）"，但其实它源于泰米尔语，意为"石头保卫的地方"。

加勒城在1505年葡萄牙人到达时就已经存在。在前往马尔代夫的航行中，葡萄牙船队被一阵突然袭来的暴风雨吹得偏离了航线，他们躲避在锡兰岛（Ceylon）最南端的一个港湾。传说这里是《旧约》中提到的他施（Tarshish），所罗门国王在此有一支舰队。伟大的印度史诗《罗摩衍那》（Ramayana）提到的猴神哈奴曼从喜马拉雅山带回来的能够让人起死回生的植物就种在加勒后面的山上。除神话传说外，一份1409年的用汉语、泰米尔语和阿拉伯语写的手稿也证明，这个城市的商人与中东和远东的商人进行过香料和宝石交易。

16世纪初，葡萄牙人在加勒建立了一处海军基地，这里是葡萄牙殖民地马六甲（西马来西亚）和果阿（印度西部）之间的战略中转站。尽管葡萄牙人1625年在加勒建了一座献给圣克鲁兹的堡垒，但是这个防御措施没有起多大作用，1640年，经过仅仅4天的围攻，加勒就落入荷兰人手中。

荷兰人也很会做生意，在他们的统治下，加勒开始繁荣起来。17世纪初，总督彼得勒斯·维依斯特对城市进行了大规模扩建，他是出了名的残酷冒险家。船只运来巨大的花岗岩石头，建筑工人是非洲奴隶和受军事裁判的荷兰士兵。不幸的是，这些新的防御设施也无济于事，1795年英国人占领了加勒，统治锡兰地区，直到1948年锡兰岛独立，并更名为斯里兰卡。

加勒城堡及其荷兰殖民时期的城墙和大炮现在仍完好无损，面积达36公顷，是斯里兰卡欧洲统治时期的主要遗迹。葡萄牙人留下的遗迹只有旧港附近的黑堡（Black Bastion）和一个16世纪的教堂围墙。1899年，印度人在围墙之上建立了苏达尔马拉雅寺庙（Sudharmalaya）。

荷兰人在此修建了防御城墙和沿墙铺就的人行道，如今这里成了加勒居民海边散步的场所。此外，荷兰人还为街道铺上了地砖，建立了利用潮汐的排水系统以及许多建筑，包括仓库、住房和格罗特·柯克（Groote Kerk）教堂。1755年，格罗特·柯克教堂建于一座葡萄牙圣方济会教士原有修道院的地址上，是当地最古老的新教教堂。里面有华丽的雕花祭坛，一个镶着银边的管风琴以及立在地板上的荷兰（后来是英国）总督及其夫人的墓碑。加勒的许多地名以18世纪名人的名字命名，如"指向乌得勒支的巴斯申"和莱恩博安大街（字面意思是

■ 第298页（左）
加勒城堡中的清真寺混合了伊斯兰和欧洲风格。如今加勒城已经发展到了城墙之外，但是城墙之内繁荣的穆斯林商人群体依然存在。

■ 第298页（右上）
城堡入口大门上可见荷兰东印度公司的标志，其缩写是"VOC"，由两只凶猛的狮子支撑着，顶上有一只公鸡。

■ 第298—299页
1871年，英国人在荷兰法院的地址上建立的圣公会全体圣徒教堂（Anglican All Saints' Church）。1795年，英国人占领加勒之后，对加勒城进行了大规模改建，修建了亚洲第一座灯塔。

■ 第299页（右上）
格罗特·柯克教堂地板上的一座荷兰贵族的墓碑。1853年，加勒城堡的所有墓地关闭，于是这些墓碑就被立在了教堂里。

■ 第299页（右下）
格罗特·柯克教堂由荷兰人在1755年建于一座葡萄牙圣方济会修道院的旧址上，是斯里兰卡最早的新教教堂，位于教堂街上，离英国人建造的新东方酒店不远。

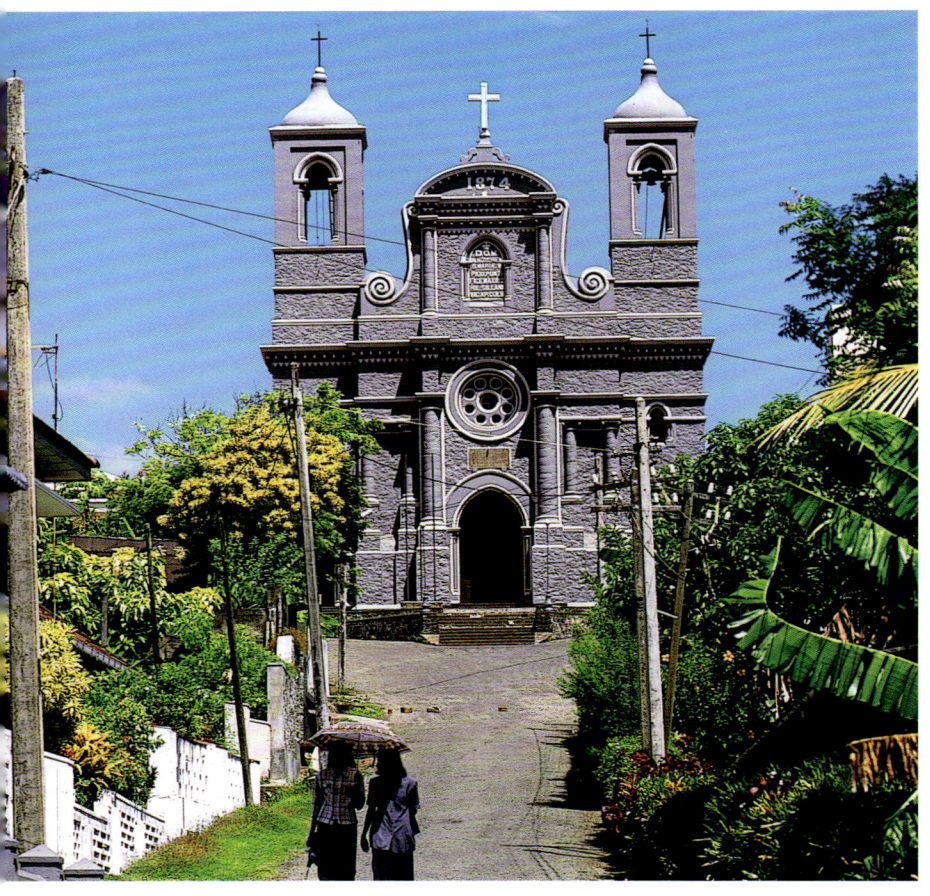

"绳子人行道"，因为这里是制造捆扎海产品所用绳子的地方）。

英国人可以骄傲地说他们于1848年在这里的弗莱格岩石（Flag Rock）上建造了亚洲第一座灯塔。有船只靠近时，灯塔就会发射信号，警告船只注意暗礁。这里还是一个信鸽站，人们用信鸽往科伦坡（Colombo）通风报信。英国人在城堡里建造了许多行政和居民大楼，以及著名的新东方酒店，这是亚洲最古老的酒店之一，目前仍在营业。英国人还把海边空地建为板球场，来休闲娱乐。

如今，加勒城已经扩建至城墙外。19世纪末，穆斯林在此建立了一座清真寺和学院，还有许多宝石交易站。这座位于印度洋边上、早在欧洲人到来以前就繁荣的城市，从此又活跃了起来。

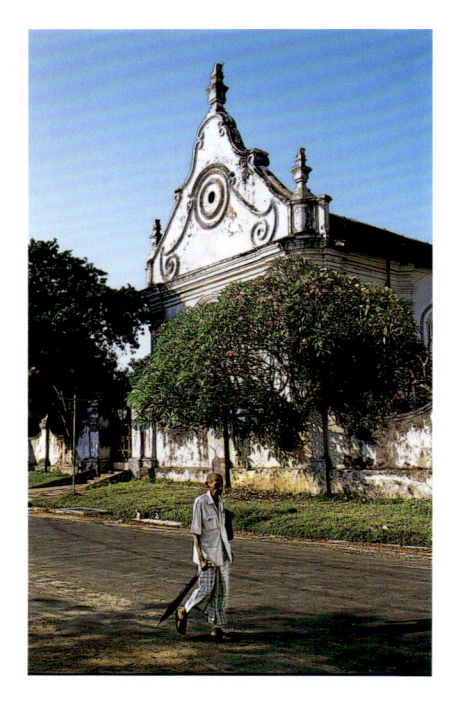

长城

中国 | 入选年份：1987
遴选标准：(Ⅰ)(Ⅱ)(Ⅲ)(Ⅳ)(Ⅵ)

1271年，一名威尼斯商人和他的兄弟们前往人类历史上最大的帝国。1295年，在东方度过24年之后，这位名叫马可·波罗的商人从忽必烈的疆土上返回。三年后，他被威尼斯的敌人吉诺亚逮捕入狱，在狱中，他向意大利作家鲁斯蒂谦（《马可·波罗游记》的执笔者）口述了回忆录，记录下了这段伟大的旅行。

马可·波罗描述了蒙古族统治下的中国习俗和城市，并记述了忽必烈时期的宫廷盛宴、奢华典礼和无穷的财富。《马可·波罗游记》向世界展示了亚欧贸易路线沿线的人民和城市。然而，时至今日，仍然有人不相信马可·波罗的记述，认为这些记述只是这个威尼斯人听别的旅行者描述的故事，他自己根本没有去过中国。怀疑者提出的最重要的依据是一个难以理解的疏漏，《马可·波罗游记》里没有提到人类历史上最壮丽的工程——长城。长城是唯一从月球上可见的人类建筑。

当然，元朝时期（蒙古族从马可·波罗离开中国那年开始一直统治到1368年）的长城还没有现在这么长。汉族统治者历代不断修建长城，来阻挡蒙古族入侵，但却没能挡住成吉思汗的进攻，当时的长城各部分加起来已有近5000千米长了。

匈奴人是生活在蒙古草原上的游牧民族，欧洲人称之为"Huns"。匈奴人入侵是中原城市面临的最大威胁。因此，汉族的统治者早在公元前9世纪就开始修建防御工事，来抵挡匈奴入侵。然而，当时这些工事只是地区规模的，还不是一个完整的工程。公元前3世纪，秦国灭掉了衰弱的周王朝。公元前221年，秦始皇统一天下，统治着中原大地。

秦始皇在其短暂的在位期间，决定加固防御工事。30万名士兵、囚犯和当地劳工在蒙恬将军的指挥下，用了十年时间，把长城扩展为西起临洮（今甘肃岷县）、东至辽东，总长5000千米的护墙。庞大的秦军可以在长城上抵御野蛮凶狠的来犯之敌。秦始皇时期，修建长城就地取材，尤其是石头。在没有石头的地区，就用结实的土夯筑。长城入口是装备精良的要塞，只需少数士兵就能看守。

公元5世纪至7世纪，北魏、北齐、北周进一步加固长城。公元555年，北齐修建了450千米护墙，

北京

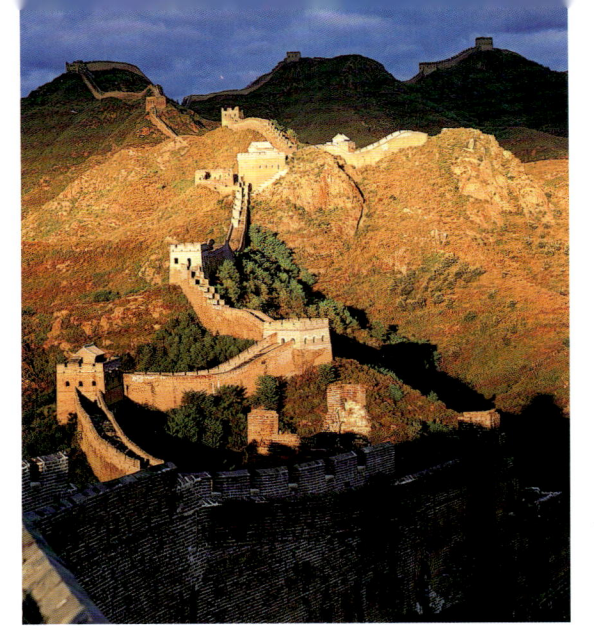

■ 第300页（左上）
金山岭长城上两层高的瞭望塔。第一层用于储存食物和武器，并用作卫兵的住所；第二层用于防御敌人。

■ 第300页（右上）
司马台长城最初建于北齐，明代全部重建，城墙长5395米，设有35个烽火台。

■ 第300—301页
金山岭长城距北京150千米，位于河北群山之中，建于1570年的明朝。

■ 第301页（上）
金山岭长城高约8米、厚度达5~6米，比其他长城矮一些，也较窄。但它的筑垒十分坚固，还有2米高装有弓箭孔的护墙，以防御敌人进攻。

把北京附近的居庸关和山西省东部的大同连接了起来。这项工程进展迅速，参与修长城的人数达180万人，大多数人被武力胁迫来当苦力。然而，长城最大范围扩建和加固工作是在12世纪完成的，当时晋朝增建了3991千米护墙，从晋朝疆域东端一直到位于戈壁滩中部的内蒙古。

今天我们只能看到长城从位于渤海之滨的河北山海关到甘肃嘉峪关的部分，这部分主要由明王朝（1368—1644年）用砖块和花岗岩修建，城墙厚度达10米，高达4~5米。明朝不仅加固了长城，还修建了大量重城，并加入了精心设计的复杂的建筑结构，沿着长城每隔几十千米就有烽火台和瞭望塔。卫兵们可以通过烽火台和瞭望塔发送烽烟和光信号，传递军事情报。长城附近建有巨大的城堡，用来驻兵。如1372年建造的嘉峪关高10米、城墙长700多米，两个大门上各有一个高高的瞭望塔。城堡内部设有兵营、马厩和其他建筑。长城的建造技术在明代达到顶峰。在有些地方，长城雄踞在倾斜70度的地形上，蜿蜒在中国北部的群山之间。虽然长城的建筑价值不如其他工程，但却深深地植根于中国文化，成为文化象征和神话传说的一部分。与长城有关的众多故事中，有一个就是孟姜女传奇。她的丈夫在修建明长城的时候去世，孟姜女来到长城哭泣，把一段长城哭倒了。人们在山海关附近修建了一座祠堂，来纪念她的坚贞，直到今天，人们仍然在祠堂里供奉着孟姜女的形象。

紫禁城

中国 | 北京
入选年份：1987
遴选标准：C（Ⅲ）（Ⅳ）

中国官方称其为"故宫"，但对中国老百姓来说，这座中国最宏伟的建筑群叫"紫禁城"，位于北京市中心，占地面积74.3公顷，有9999座房屋。

曾经任何人未经允许进入这座雍容华贵的宫殿，都将被处以死刑。这里曾居住过明清24位皇帝。

1407年（永乐五年）初，这位明朝的第三位皇帝开始修建紫禁城，历时14年，动用了100万劳力，其中10万人是当时最优秀的工匠。宫殿的台基和浮雕所用的石料来自北京城外的房山，为了方便运输，路边每隔50米就凿一口井，在寒冷的冬天，把井水泼到路面上，结冰后更容易拖动石头。紫禁城用的樟木柱子是从云南和四川运来的。为了烧制金黄色的瓦，在建筑地附近建了很多窑。修建围墙时，在熟石灰中加入红色颜料、糯米和蛋清，使围墙更加坚固。墙体光滑，底部厚约8.5米，上面厚6.7米。宫殿里面的地板用砖铺就，走在上面，脚步声清脆悦耳。除了地板和瓦片，其余部分为木质结构，也正因此，紫禁城中很多房屋毁于火灾，今天我们看到的大部分房屋建于18—19世纪。

紫禁城分为外朝和内廷两部分，外朝是皇帝处理政务的地方，内廷是皇帝嫔妃居住的地方。故宫建筑群南北向排列，皇宫沿中轴线全部坐北朝南，宫殿名字体现了儒家思想。中轴线两侧对称分布着的房屋是嫔妃、仆人和约20万名太监居住的地方。

紫禁城的正门午门（南门）高35.66米，有5个通道，上边还坐落着5个城楼。中间那个通道平时只能皇帝出入，此外皇帝大婚之日迎娶的妃子和通过科举考试的考生在他们金榜题名之日也可以通行。午门之上中间那个城楼是皇帝颁布诏书的地方，随后密使把诏书送到礼部，礼部再把诏书下发到各省。

穿过壮观的午门，就到了金水河流经的一个巨大的庭院。金水河上有五座桥，象征着儒家的"五常"。穿过太和门（两旁有两座铜狮子守卫着），就进入了一个能够容纳10万人的大型宫殿——太和殿。太和殿高37.5米，是紫禁城中最宏伟壮观的建筑，也是明清时期北京城最高的建筑。太和殿象征着皇权，内有72根雕饰着龙和祥云图案的柱子，是皇帝举行庆典和寿辰之日接受朝贺的地方。

太和殿两侧的房间用于觐见以及存放官文。其中一间就是文渊阁，这里存放着世界上最早最大的百科全书《四库全书》。太和殿前有两个巨大的青铜容器，是围着太和殿分布的一圈青铜容器中仅存的两个。过去这些青铜容器中会盛满水，以防发生火灾。另一个防火措施就是太和殿里面的青铜五爪龙塑像，每个4.5吨重，用来求雨。

保和殿是故宫建筑群中第二大建筑，用于举行宫廷盛宴。始建于1420年，于1625年和1765年重修。保和殿中有一套精妙的水利工程系统，与建筑艺术结合在了一起。这套复杂的排水系统包括保和殿周围望柱上的1412个大理石雕刻的龙头。下雨天，雨水就会从每个石雕龙头中喷涌而出。

前往内廷需要经过一条长16.5米的大理石路，上面装饰着双龙戏珠的图案，这种图案在紫禁城中到处可见。最先来到的是乾清宫和坤

▌第302—303页
紫禁城占地面积约74.3公顷，是明清24位皇帝的住所，里面有9999座房屋，由100万名劳力建于1407—1421年，是世界上最大的宫殿建筑群。

▌第303页（左中）
穿过午门（正门）后进入一个巨大的庭院，金水河从庭院中流过，河上有5座桥象征儒家"五常"。

▌第303页（右中）
太和殿两侧分别矗立着一只鹤和一只乌龟的铜塑像，象征长寿。龟背上有一个盖子，下边是中空的，用来焚香。

▌第303页（右下）
太和殿是皇宫中最大的建筑，象征皇权，是朝廷举行庆典的地方。

▌第302页（左上）
根据中国传统，宫殿的顶端都饰有巨兽。在太和殿屋顶上，有一个神祇骑着一只凤凰，后面跟着其他神兽。

北京

南海诸岛

宁宫。乾清宫建于1420年,最初是皇帝的私人住所,后来成为接待室,里面有四面巨大的镜子,在当时十分稀有。康熙和乾隆曾分别于1722年和1785年在这里举行过千叟宴,邀请全国各地60岁以上的人来此参宴。

坤宁宫是紫禁城中唯一具有满族风格的建筑,是皇帝度过新婚之夜的地方。房间的墙壁涂成了红色,贴着双喜字,炕还保留在原处。隔壁房间是每天祭神的地方。

再往前走就到了御花园。御花园占地面积1.2公顷,景色迷人,建筑精美,是皇室休闲娱乐的地方。主体建筑前有一棵树龄达400年的松树,是皇帝和皇后关系和睦的象征。

紫禁城的内廷建筑中,养心殿因其历史重要性脱颖而出。养心殿曾是皇帝的寝宫。1912年2月12日,孙中山领导和发起辛亥革命后,溥仪皇帝就是在养心殿退位,但他仍可继续生活在紫禁城,直到1924年。

不远处是嫔妃们居住的西六宫,如今仍然是晚清时期的装饰样式。附近的宁寿宫建于1689年,是紫禁城比例缩小后的翻版,里面收藏着10万件绘画作品。乐寿堂中有一座

■ 第304页(上)
保和殿入口处的台阶上有一块长16.57米、宽3.07米的大理石石碑,重达250多吨,上面饰有龙和祥云的图案。

■ 第304页(左中)
乾清门是通往内廷的主要大门。清朝时,皇帝坐在乾清门中央的龙椅上,听大臣们奏报,然后作出诏令。

■ 第304页(右中)
乾清宫建于1420年,最初是皇帝的私人住所,后来作为接待室。皇帝宝座位于乾清宫正中间,周围摆着大镜子,装饰精美。

■ 第304页(下)
通往乾清宫龙座的阶梯细节图。楼梯栏杆精雕细琢,香炉用来为皇帝的房屋香薰。

■ 第305页 乾清宫入口两座坚固的铜狮子。每只狮子爪子下都有一个球,象征皇权和国家的统一。

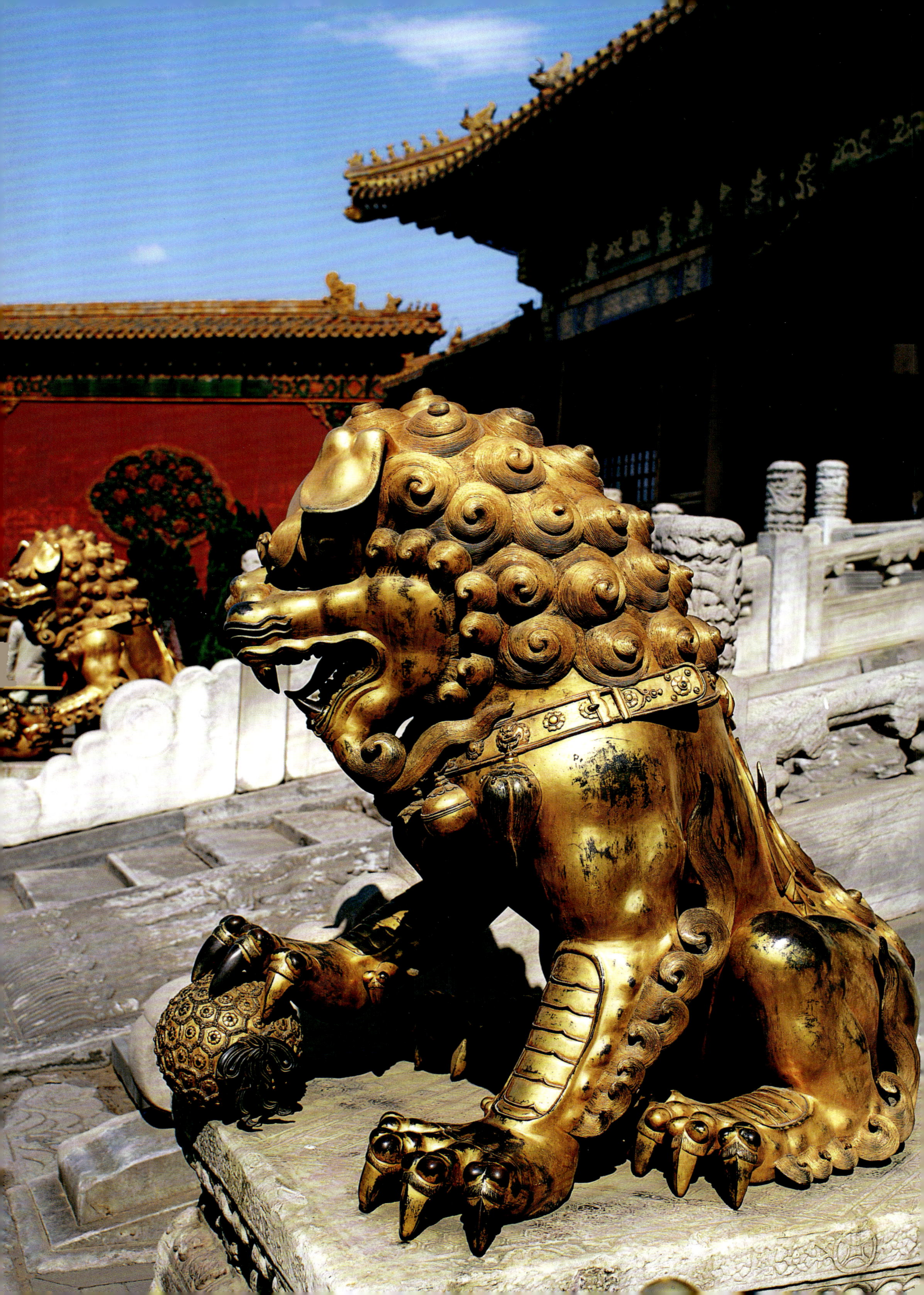

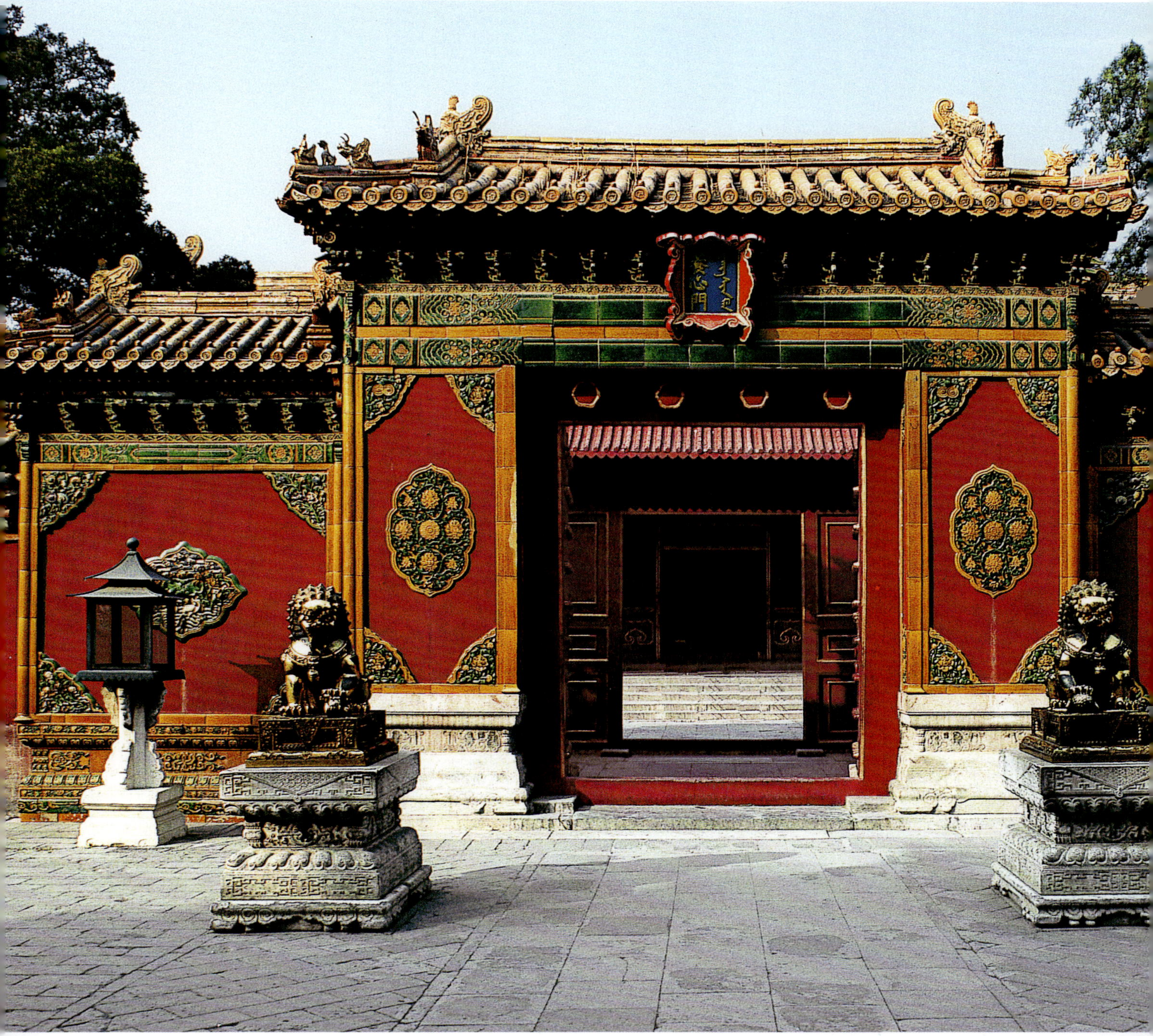

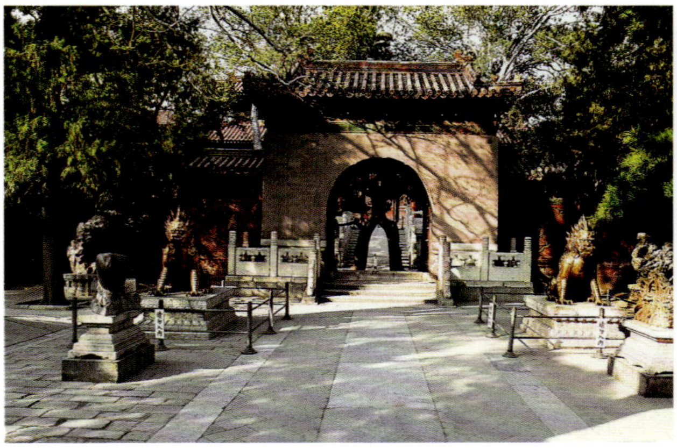

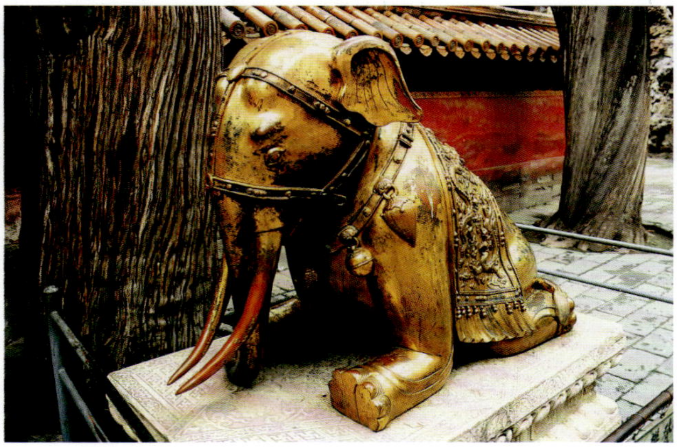

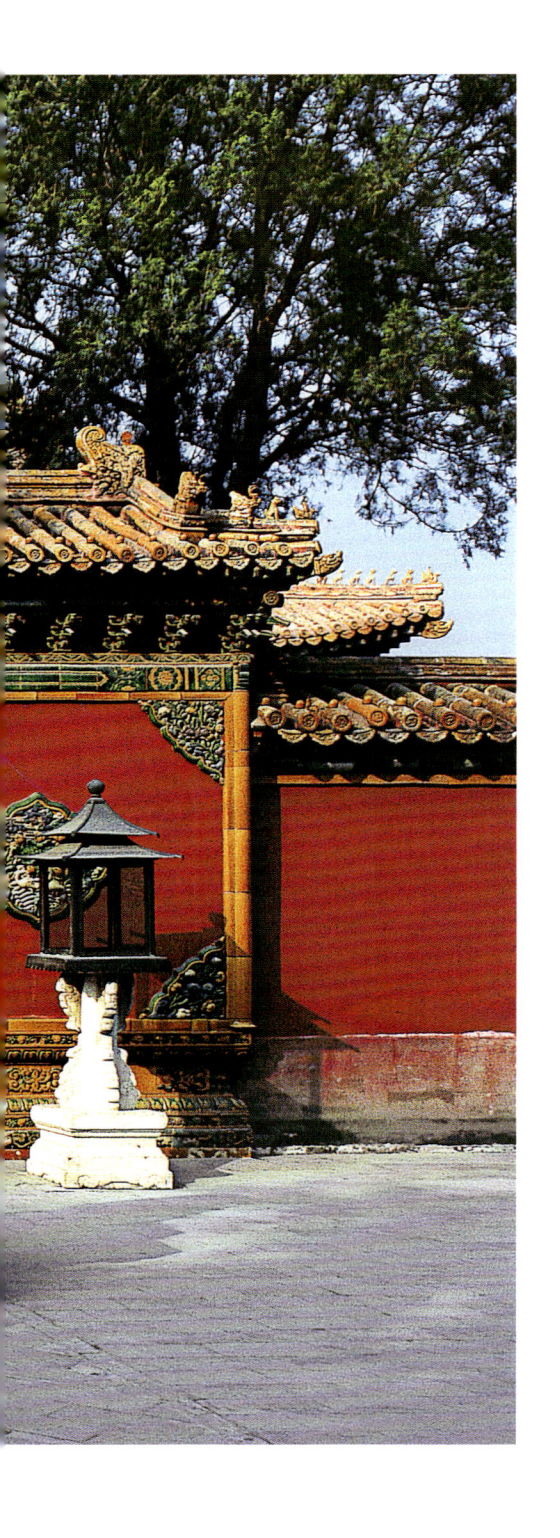

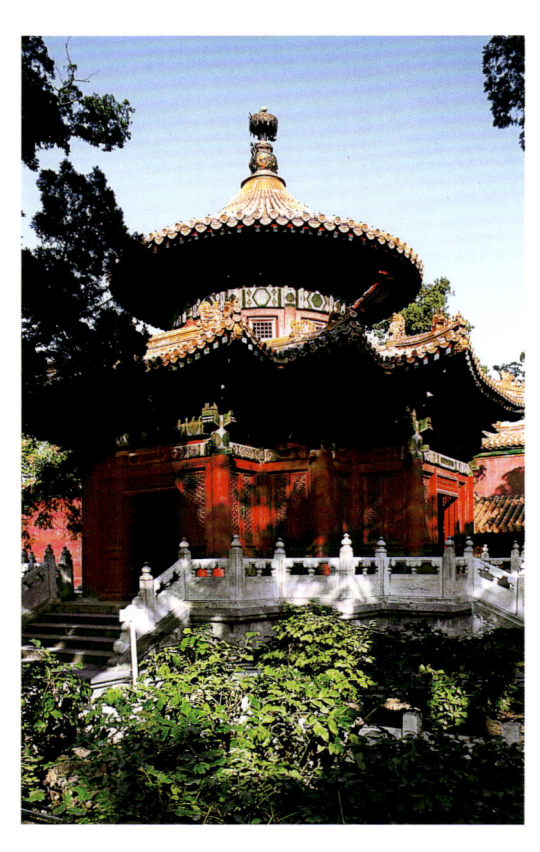

第307页（左）
御花园中的雨花殿建于明朝1417年。这个皇家私人花园占地12015平方米。

第306页（左下）
御花园的一个入口，里面建有堆秀山。这是一座小小的假山，从堆秀山上可以眺望整个紫禁城的风景。

第306页（右下）和309页（右）除了20多栋建筑，御花园里还有许多奇异动物的青铜塑像，如这两张图中的狮子和大象。

第306—307页
养心殿建于明朝，清朝雍正年间重修，是紫禁城中的重要建筑，皇储在这里学习处理朝政。

一吨重的玉石塑像，还有一条长2.16米、宽1.4米的精美的毯子，用极细的象牙丝织成。展出的众多珍宝中有明代的珠宝和家具、藏族的圣骨盒以及绢画等。

紫禁城中很多属于皇家的物品后来在辛亥革命中被盗。中华人民共和国成立后，紫禁城的管理人员从全国各地积极地搜集那些失窃的珍贵文物。

北京颐和园

| 中国 | 北京西郊
入选年份：1998
遴选标准：C（Ⅰ）（Ⅱ）（Ⅲ） |

第308页（左）
颐和园距北京城区14.5千米，占地面积294公顷。约800年前这里曾建有皇家行宫，1888—1889年慈禧太后在这里又建造了现在的颐和园。

咸丰的妃子兰贵人心狠手辣、野心十足，堪称中国历史上最有权力的女人。1855年，她为皇帝诞下唯一龙子，即皇位继承人。六年后咸丰皇帝驾崩，兰贵人被封为太后慈禧，开始进行残酷的统治，一直掌权到1908年。慈禧的儿子19岁就逝世了，她谋害了一些有权继承皇位的人，并扶植她的侄子光绪继承皇位，一直到死都牢牢地控制着他。

戊戌变法以来，慈禧一直被视为自大狂和清朝衰败的罪魁祸首。她修建了全中国最宏伟的皇家园林颐和园。颐和园位于北京西郊，其历史可以追溯到800年前，金朝的统治者曾在这里修建过一座行宫。1750年，清朝乾隆皇帝在此挖掘了一个湖，并设计了一个园林，他把这个园子命名为万寿山，作为寿礼献给了母亲。这个园林在1860年鸦片战争期间被毁，成为一片废墟。慈禧挪用海军经费重新修复，作为她的夏日行宫。

颐和园占地面积301公顷，三分之二为水域，共分为三个部分：行政区、居住区和风景区。进入颐和园，首先映入眼帘的是一座华丽典雅的建筑——仁寿殿，顶端有个双龙戏珠的石质浅浮雕，这是清朝的象征。慈禧经常坐在里面檀香木的宝座上处理政务。仁寿殿前排列着神兽的青铜雕像。山脚下矗立着排云殿，太后生日时在这里举行庆典。殿前有两尊铜狮子和12生肖的太湖石塑像。建在山腰上的是八角形的佛香阁，高41米，是颐和园中最高的建筑。

石舫位于昆明湖西北部，它是由漆成白色的木头建成的，坐落于石质台基上，舫身长36米，船身有很多装饰着彩色玻璃的小窗户和倒映湖水波纹的镜子。据说慈禧非常喜欢从船上赏景，因此为了自己开心挪用了军用经费。十七孔桥自东至西横跨昆明湖。太后在湖边布置了一条苏州街，街上设有茶坊和商店，宫里的太监乔装成店家，为皇室打造出老百姓生活的场景，弥补皇室成员不能出宫的遗憾。

从万寿山一直延伸到湖边的是中国最长的走廊，全长728.5米，贯穿四座八角亭，长廊的枋梁上绘有8000幅画。

颐和园居住区有个谐趣园，园内有7座亭台楼阁，5座架在莲舟上的桥和多处走廊。玉澜堂是戊戌变法后光绪被慈禧幽禁十年之久的地

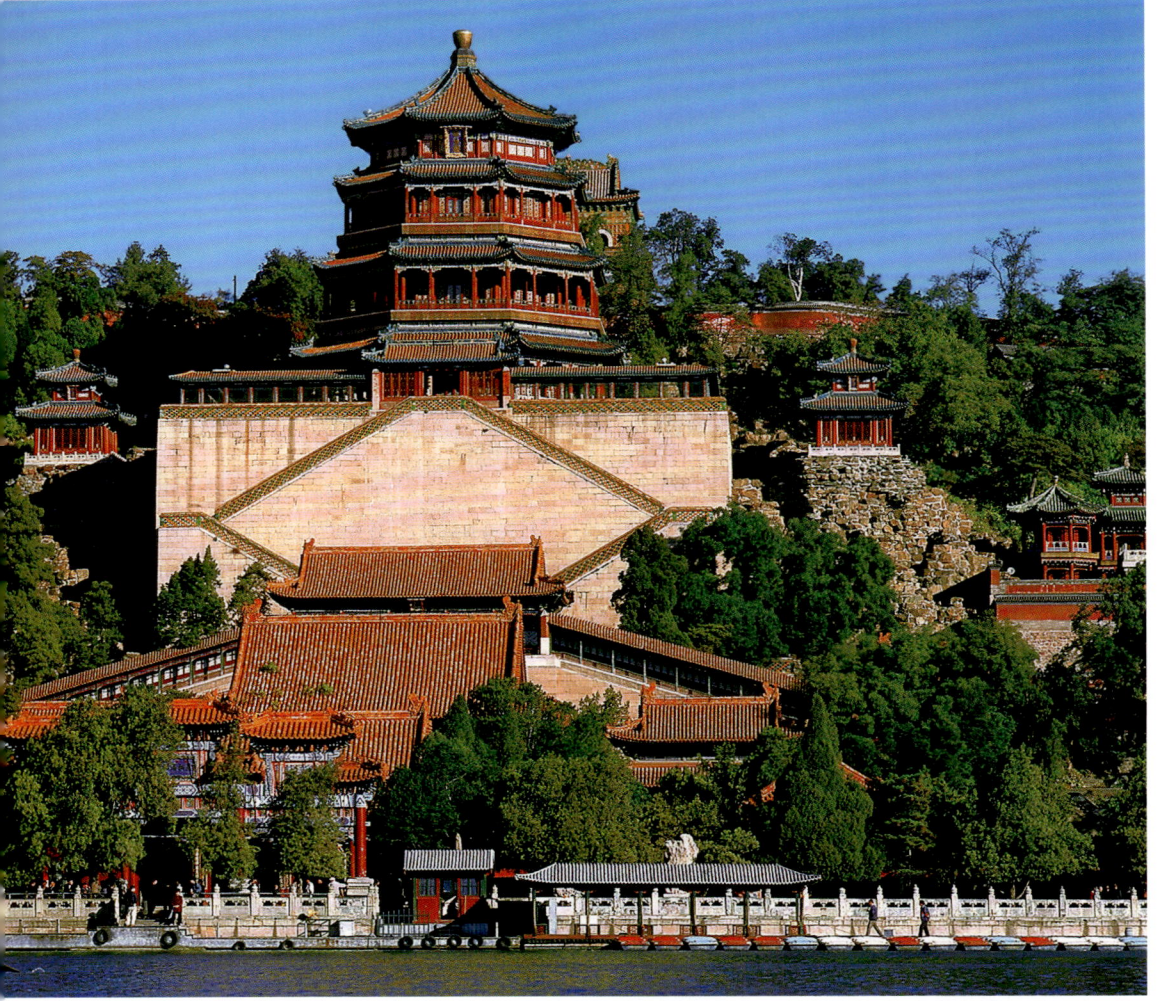

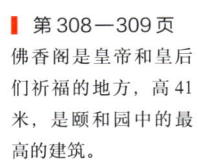

■ 第308—309页
佛香阁是皇帝和皇后们祈福的地方，高41米，是颐和园中的最高的建筑。

■ 第309页（上）
仁寿殿门口矗立着龙、凤凰等各种神兽的青铜塑像。仁寿殿始建于1750年，一场大火之后，1890年光绪帝对它进行了重修。

■ 第309页（右中）
仁寿殿最初名为勤政殿，装潢豪华。除各式香炉外，还有精美的书法作品以及像图片中凤凰一样的悬浮塑像。

■ 第309页（下）
清朝皇帝在仁寿殿里处理朝政。殿内宽大的檀香木制宝座饰有九条龙，后面还有两把孔雀羽毛的大扇子。

■ 第 310 页（上）清宴舫（石舫）位于昆明湖西北部，它是由漆成白色的木头建成的，坐落于石质台基上，是一件巧夺天工的作品。

■ 第 310 页（中）长廊木制枋梁上的一幅画。皇家行宫里的装饰将中原王国的伟大展现得淋漓尽致。

■ 第 310 页（下）玉澜堂是 20 世纪初光绪皇帝被慈禧太后软禁的地方。

■ 第 310—311 页 十七孔桥坐落于宽 150 米的昆明湖之上，建于乾隆时期。石桥两侧栏杆上装饰着 544 尊大理石狮子。

方。乐寿堂环绕着三个庭院，是慈禧的居所。中心庭院中慈禧用膳的大餐桌还摆在那里，太监们曾经把为慈禧准备的 128 道菜呈上这个餐桌。乐寿堂是中国最先通电的地方。

颐和园一年四季变化多姿，在 1924 年前专供皇家游玩使用。慈禧和光绪帝在同一天驾崩之后，溥仪登基。1924 年，末代皇帝溥仪被赶下台，此后颐和园成为一处公园。

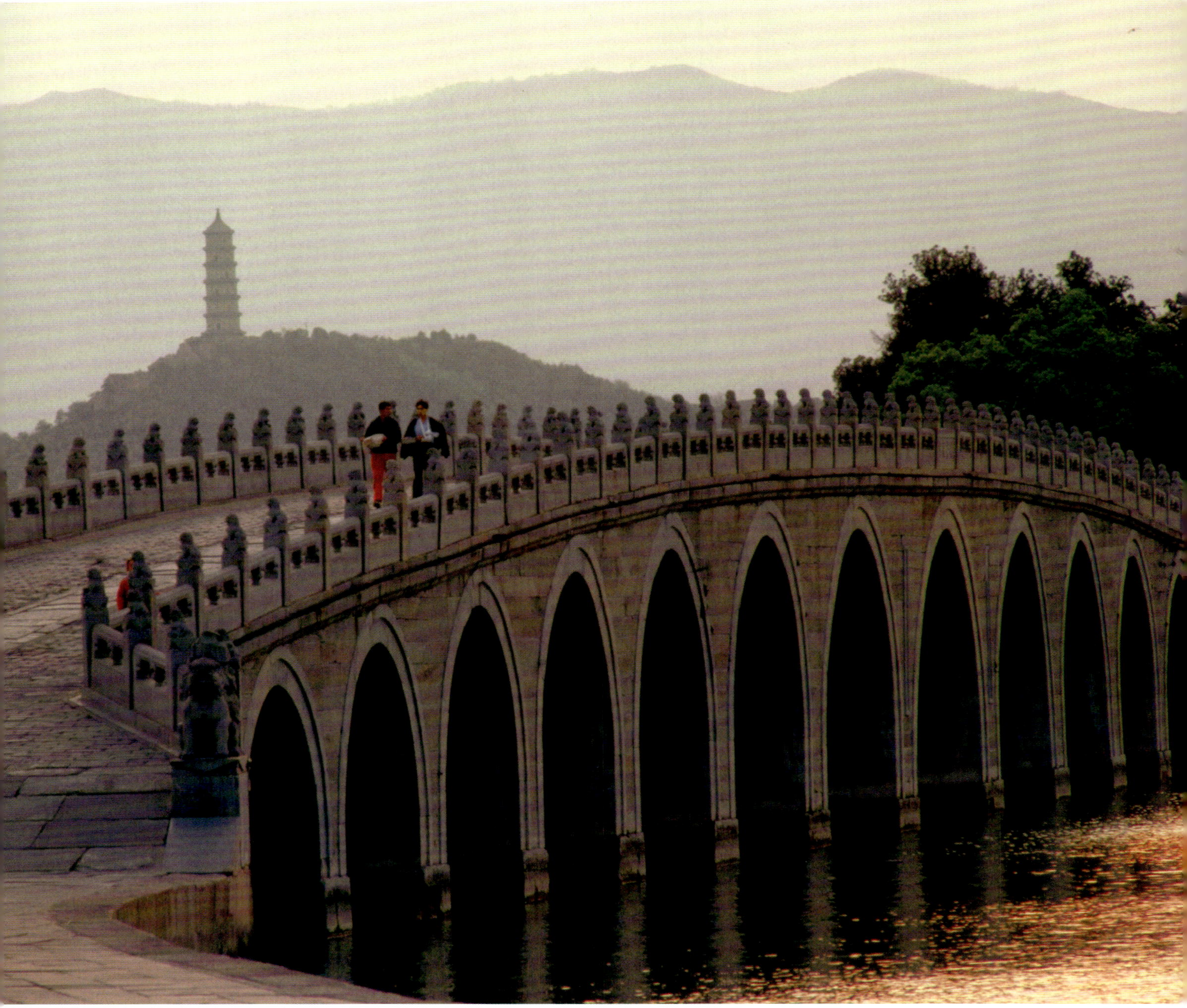

泰山

中国 | 山东省
入选年份：1987
遴选标准：C（Ⅰ)（Ⅱ)（Ⅲ)（Ⅳ)（Ⅴ)（Ⅵ)；N（Ⅲ)

▌ 第312页（左下）前往泰山山顶的天街上的游客。公元前2000年前的编年体史书中就有提及泰山，它不仅是神仙的居所，本身就是一座神山。

▌ 第312—313页 作为道教圣地，泰山是中国最重要的圣山。通往山顶的6000多级台阶两侧，分布着22间寺庙以及著名诗人留下的上千处石刻碑文。

相传，泰山是一条垂死挣扎巨龙的化身，它最后一口气撼动了大地，骨头变成了层峦叠嶂的山峰，血液化作河流小溪，绿色的龙鳞变成山上的草木。据说，海拔1532.7米的泰山是天帝之子泰神的住所，泰山因此得名。泰神在这里聆听人们的祈祷，代人们向天帝求情。

泰山是"五岳之尊"，位于中国东部山东省内，被黄河和东海滋养着，山东省是中国境内每天最早沐浴到阳光的省份。而且，东方象征着春天，因此有万物复苏之意。

第一位正式把泰山封为神山的皇帝是汉武帝（公元前206—公元220年）。然而，泰山的神圣地位可追溯到3000年前，历代72位皇帝曾来此封禅祭祀，留下珍贵的建筑遗产。泰山的游览路线，第一部分是一条用石子铺就的路，其他部分凿成了6000多级台阶，宛如中国文化以及佛教、道教、儒教信仰的露天博物馆。泰山共有22处古建筑群、97处考古遗迹、819座石碑和约1800篇碑文。有些碑文，如位于游览路线中段的经石峪和山顶的摩崖碑，为李白、杜甫和孔子等中国著名诗人和先哲所作。孔子公元前551年就诞生于离泰山不远的曲阜。

通往山顶的台阶起点是一座名为"一天门"的石门，孔子就是从这里开始朝圣之路的。登山路线第一部分中最重要的建筑是建于17世纪的红门宫，其墙是紫红色的，红门宫内既尊奉着道教也尊奉着佛教。此外还有万仙楼，是皇帝接受百官朝拜的地方。从中天门往前走，就到了五松亭，这座亭子因五大夫松而得名。公元前219年，秦始皇登山时遭遇暴风雨，在这里的五棵松树下庇护，为了感谢这五棵松树，秦始皇封它们为五大夫松。从这里开始，攀登就变得更加困难，转过12道弯后，到达南天门，由两块几乎垂直放置的刻字的石板构成。碧霞祠建于1000年左右的宋朝，从这里可以瞭望泰山的风景。碧霞祠装饰着青铜和瓦片，蔚为壮观，祈求得子的妇女常来此进香许愿。

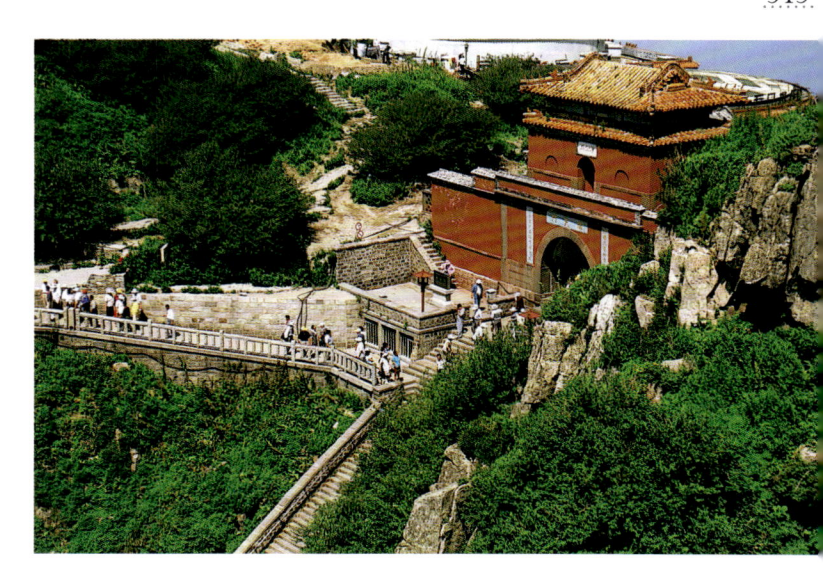

泰山顶上有很多遗迹，其中有玉皇庙，庙里有一个道教玉皇大帝的青铜塑像，从这里可以观赏日出。此外还有无字碑，相传汉武帝不想在石碑上刻字，因为他认为泰山的美无以言表，因此这块石碑名为"无字碑"。

对中国人而言，泰山承载着厚重的宗教文化。不仅如此，泰山及其周边风景优美，泰山共有大大小小112个山峰、98个溪谷、18个山洞、58块奇石、102处山涧和山谷、64处泉水、56个池塘和瀑布。此外，泰山动植物资源丰富，有989种植物、200种动物，其中包括122种鸟类。

每年春天都有上百万中国人前来登泰山。

▍第313页（右中）
南天门镶嵌着两块刻字的石板，是泰山最后一段登山路线的起点，往上爬不久就是碧霞祠。

▍第313页（右上）
碧霞祠主殿建于宋代。从1754年开始至1911年，每年第四个月份的18日就会有钦差大臣们来到这里，献上皇帝的供品，祈求神明保佑皇帝。

南海诸岛

拉萨布达拉宫

中国 | 西藏自治区
入选年份：1994 年，2000 年大昭寺入选，2001 年罗布林卡入选
遴选标准：C（I）(IV)(VI)

▮ 第 314—315 页
从海拔 3700 米的世界屋脊看到的布达拉宫景色。布达拉宫建于 17 世纪，高 13 层，有 1000 多间房屋，地面总面积达 36 公顷。

▮ 第 314 页（下）
从高级僧侣住处俯瞰到的布达拉宫顶部的一个庭院。黄色是藏传佛教中神圣的颜色，那些织物和屋顶都是黄色的。

布达拉宫的历史开始于中国的山地民族藏族与中央朝廷的友好关系。7世纪时，吐蕃松赞干布为了纪念唐朝皇帝把公主嫁了给他，在红山之巅修建了一座宫殿。宫殿从海拔3700米的高度俯瞰着拉萨。这次联姻也把佛教传到了西藏。布达拉宫建于拉萨西北部的红山上，在当地信仰藏传佛教的人们心中，红山犹如观音菩萨居住的普陀山，因而藏语称之为布达拉（普陀之意）。

古代宫殿房间被保存下来的很少，它们被合并在五世达赖喇嘛·阿旺罗桑嘉措于1645年扩建的庞大建筑群中。布达拉宫雄伟壮观，像一个迷宫，有1000间房间、1000座寺庙和神龛，还有20万座塑像。布达拉宫共有13层，高200余米，其建筑风格体现了佛教的生死轮回思想。

布达拉宫以石头、黏土和木头建成，承重墙中注入铜水，以保护建筑免受天灾影响。有一个传说，西藏有一天会被世界末日的洪水淹没，而布达拉宫由于有两个塔支撑，会漂浮于水上。根据另一个传说，为了避免布达拉宫在建造过程中受到影响，达赖喇嘛圆寂后，高僧们隐藏他的死讯达14年之久，声称他是在退隐静修。

布达拉宫分为红宫和较大的白宫。红宫中有会议室、35座庙宇、4间禅房和7座灵塔。灵塔中存放着五世以及七世至十三世达赖喇嘛的法体，只有六世达赖喇嘛的法体不在其中，而是存放于带有圆顶的灵塔。五世达赖喇嘛的灵塔高20米，覆盖着约1800多千克黄金，黄金中镶嵌

▌ 第315页（右上）
红宫的一个入口。与附近的白宫不同，红宫里主要是一些庙宇和存放着达赖喇嘛法体的灵塔。

▌ 第315页（右中）
布达拉宫每扇门都刷着红漆，装饰着门钉和精美的图案。

▌ 第315页（左上）
图为绘于14世纪的唐卡（一种绘于丝绸上的传统绘画，通常由僧侣所作）。画中展示的是一个藏传佛教宇宙起源论中的鬼怪。

■ 第 316—317 页
红宫著名的金顶建于 18 世纪。这座宏伟的建筑中最大的房间是西大殿（Western Audience Room），面积达 725 平方米。

■ 第 316 页（下）
图为十一世达赖喇嘛的灵塔，整个塔身包裹着黄金，金碧辉煌。红宫中共有八位达赖喇嘛的灵塔。

■ 第 317 页（上）
每位达赖喇嘛的陵墓都有一座灵塔和一尊为信徒祈福的塑像。达赖喇嘛是西藏的崇高宗教首领。

■ 第 317 页（左下）
红宫中的一个走廊。为了建造红宫，1690 年至 1694 年，共动用了 7000 名劳力、1500 名艺术家和工匠。

■ 第 317 页（右下）
五世达赖喇嘛·阿旺罗桑嘉措陵墓入口。布达拉宫就是他重修的。

着钻石、珍珠、绿松石、玛瑙和珊瑚。纳米格尔的僧舍（monastery of Namygal）位于布达拉宫的西部。白宫中有一个藏有几千种图书和祈祷文卷轴的图书馆，还有许多贮藏室和以前的印染坊。

1751年，七世达赖喇嘛开始修建"珍宝园"（藏语为"罗布林卡"）作为他的夏宫。自此，又先后修建了许多建筑，共占地40公顷，四周围绕着花园。最新的一个建筑建于1922年，传统的建筑风格中融合了西方的舒适感。

这座体现了西藏精神的不朽的建筑群中最后建成的一部分是大昭寺（Jokhang Temple），坐落于古代拉萨的中心。大昭寺也是松赞干布在7世纪时修建的，用来放置神圣的释迦牟尼雕像。直到今天，仍然有成千上万的朝圣者不分昼夜地前去朝拜。经过五世达赖喇嘛的重修，大昭寺成为西藏最重要的寺庙，保存了许多神圣的遗产、绢画（唐卡）、壁画和古代乐器。这里还收藏了一个巨大的宝瓶"翁巴"（bumpa），佛教的智者用它来决定"灵童"，也就是达赖喇嘛转世后的小活佛。

▌第318页（上）和
（右中） 大昭寺各个
角落都装饰着具有象
征意义的奇异动物形
象。上图是一个象征
着无穷的狮子；右中
图是一只金鳄鱼的头。

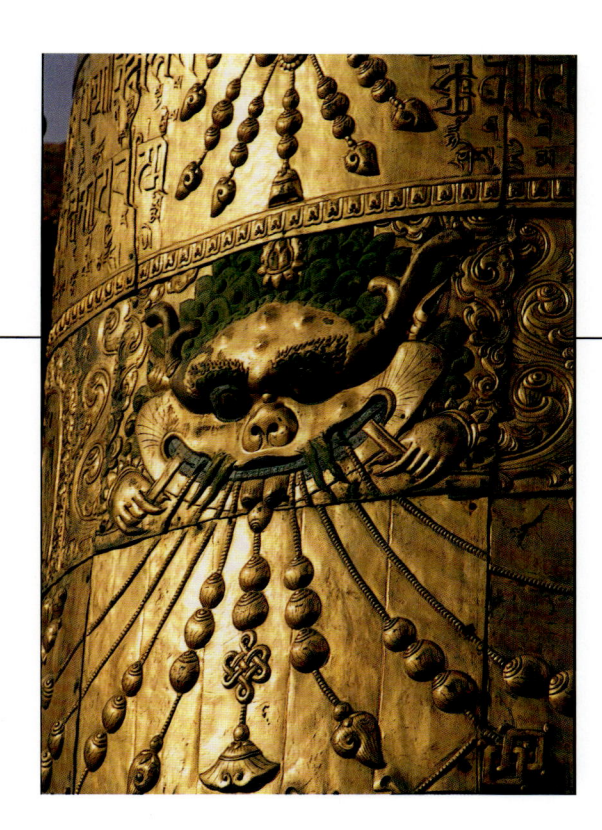

▌第318页（左中）
公元647年，松赞干
布的两位妻子下令开
始修建大昭寺。第一
位妻子是唐朝文成公
主，她把释迦牟尼的
佛像带到了拉萨；第
二位是尼泊尔公主，
她下令建造这座大昭
寺以供奉佛像。

▌第318页（左下）
藏民们会围着大昭寺
边缘转圈，这是一种
神圣的宗教仪式，以
求佛祖保佑。

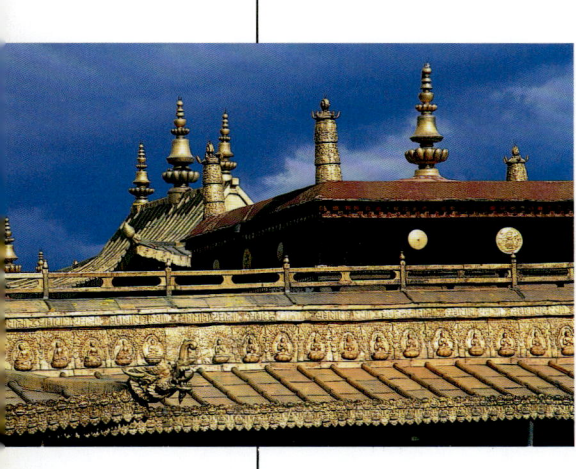

■ 第318—319页
大昭寺是一座雄伟的三层建筑，里面有多个房间和佛堂。大昭寺始建于17世纪，但现存的大多数建筑建于18—19世纪。里面的许多塑像则建于20世纪晚期。

■ 第319页（上）
每天早上大昭寺前香雾缭绕，信徒们来到这块铺就的宽阔地带祈祷。

■ 第318页（右下）
释迦牟尼像是西藏最古老、最受尊崇的佛像，由金、银、铜、锌和铁打造的合金建成，装饰着宝石。

海印寺木刻高丽大藏经版与版库

韩国　庆尚道伽倻山（Mount Gaya, Province of Gyeongsang-do）
入选年份：1995
遴选标准：C（Ⅳ）（Ⅵ）

有这样一个故事，朝鲜战争期间，海印寺（Haeinsa temple）的僧侣慈悲心肠，让许多士兵躲在寺庙里，因此上级下令炸毁寺庙。但是，飞机盘旋在寺庙上空时，机长被这座乡野之中的寺庙美景震撼了，便没有按指示执行任务。这名机长不幸被送到军事法庭审判，并因此入狱，但战争结束后，他恢复了名誉，被授以勋章，并被人们视为英雄。

海印寺的名字来源于《华严经》，意为"平静海面上的映像"，用来比喻佛的智慧。海印寺802年由顺应、利贞两位高僧建于伽倻山的斜坡上，但是它的名字却和后来发生的事有关。1236年，高丽王朝的高宗国王决定重刻包括佛教教义的所有佛经的三藏经版。1232年，蒙古人入侵，三藏经版被毁。第二套三藏经版制作历时15年，包括81258个木板，手工刻制，方便印刷，共有6802卷，每个木简上有23列，每列包括14个字，一共有5200万字。

这个版本参考了中国宋代983年出版的大藏经，是现存最古老、最完整的版本。除了宗教价值外，这套大藏经书法优美、语法准确，被认为是无与伦比的艺术珍品。对此，苏吉长老有很大功劳，他纠正了里面的很多错误和疏漏。

1398年，高丽大藏经版被放置于海印寺，多亏了寺庙里僧侣悉心照料，这些大藏经保存完好。起初，这些木版放在靠近南门的支天（Jicheonsa）寺中，这样它们就不会被雨淋。虽然在刻制前后都做过防潮处理，但是仅靠这些措施还不能让它们保存得这么好。15世纪末出现了转折，世祖国王决定用这些木版印刷50套经书，并重修海印寺，增建一个版库，让这些木版免于受损。世祖国王死后，这一工程由他的两个妻姨印苏和印海完成。

高丽大藏经的版库由两座长60米的建筑组成，两座建筑由短短的走廊连接，形成了一个长方形。这两座建筑是朝鲜风格，高约7.9米，墙上有两排大小不同用于通风的窗户。由于寺庙隐藏在山中，朝向山顶的窗户建得较小，以防形成水气。

▍第320页（右上）
通往海印寺的台阶底部装饰着龙，龙是远东地区神话中的重要动物。

▍第320页（左下）藏经版库（两座用于控制室内湿度的长长的建筑）里存放着81258个木板组成的记录佛教教义的高丽大藏经（即三藏经）。

每间房屋里都有两排书架，每个书架有5层，书架上的木板垂直放着，木板旁都有空隙，以便空气自由流通，地面上覆盖着盐、煤和石灰，可以吸收雨季过多的水分，旱季时可以维持一定的湿度。此外，木梁之上的屋顶由土和瓦建成，保护室内不受温度急剧变化的影响。

令人不解的是，不知为何，从来没有鸟栖息在屋顶上，木头也从来没有被虫蛀过。不管怎样，这些木板至今仍能使用。上次使用是1963年至1968年，当时印刷了13套佛经，其中4套送给了日本，1套送给了加利福尼亚大学，1套送给了澳大利亚，1套送给了英国，其余收藏在韩国。灿烂辉煌的遗产高丽大藏经版继续在韩国保存着。

▌第320页（右下）
海印寺一景。海印寺始建于802年，位于伽倻山斜坡上，是韩国三大佛家寺庙之一。

▌第320—321页
海印寺的僧侣负责保护高丽大藏经版的木板。这项遗产历史和宗教价值巨大，但是因其用古汉语书写，大部分韩国人难以读懂。1992年开始，一些僧侣开始用电脑翻译并转录这些经文，但是工作进展缓慢，目前尚未完成。

▌第321页（下）
图为海印寺中供奉着顺应和利贞两位僧侣的祭坛，他们在伽倻山上修建了这座寺庙。

古京都历史遗迹

日本 | 本州岛京都辖区（Island of Honshu, Prefecture of Kyoto）
入选年份：1994
遴选标准：C（Ⅱ）（Ⅳ）

1600年左右，权势强大的德川幕府开始将政治权力从京都转移到江户，但是京都仍是帝国权力的所在地，直到1868年，明治天皇把太政宫（Dajokan）也搬到了江户，后来江户改名为东京。

失去了日本政治和经济中心地位的京都比东京建成时间早1100多年，当时东方各帝国之间的外交关系发生了微妙的变化。日本的桓武天皇十分羡慕当时中国唐朝的都城长安的美景，于是决定把日本朝廷从长冈京市迁至山城，在那里新建一个城市。因此，公元794年，平安京或简称京都，便在本州岛南部三面环山的地带建立了起来。

京都面积23.3平方千米，城市布局完全模仿中国唐朝长安。横七竖八的街道把城市分为了1200块大小相同的区域。城市被一道防护堤隔离起来，用来进行防御，巨大的朝南的罗生门（Rashomon）通向城市的主要街道朱雀大街（Suzaku），皇宫就位于这条街的尽头。皇宫建筑群里不仅有皇帝的住所，还包括政府所在地及相关建筑。京都最初的规划包括两个市场，一个提供给工匠，一个提供给商人。贵族家族根据等级获得分地。这个最初的城市规划形成了整个平安时期的城市基础，直到12世纪末。尽管京都遭遇过多次火灾和战乱，整个城市几乎被摧毁，但是从现在的街道布局依然可见其最初的规划样貌。

京都仍然保留着建成之初的遗迹，比如供奉着城市保护神的下鸭神社（Shimogamo Temple）。据说，这座城市的位置是由贺茂建角身和玉依姬两位神发现的，下鸭神社的53座建筑中供奉着这两位神。比平安时期历史更早的是上贺茂神社（Kamigamo Temple），这座神社建于一个花园地带，包括第一座牌坊和第二座牌坊（日本寺庙典型的庙门）中间的一片区域，这片区域饲养用于神圣典礼的纯种良马。

平安时代留下的最重要的遗产是平等院（Byodoin）和醍醐寺（Daigoji）。平等院建于宇治（Uji）河西岸，是一个贵族的府邸，998年

■ 第322页（上）上贺茂神社（Kamigamo Temple）建于公元794年迁都京都之前，该神社用来供奉强大的加茂家族的守护神。

■ 第322页（下）平等院（Byodoin Temple）凤凰殿中巨大的阿弥托佛像，周围环绕着52个演奏乐器和跳舞的木制佛像。

■ 第322—323页 平等院建于10世纪末，最初用作民房，后来在1052年被改为圣堂，院子中央的凤凰殿再现了净土宗佛教中阿弥陀佛的天堂。

捐赠给大臣藤原道长，1052年藤原道长去世后，他儿子为了纪念他，把平等院改为一个宗教场所。平等院中美丽的凤凰殿再现了净土宗中阿弥陀佛的极乐世界。凤凰殿两侧走廊的顶上装饰着两只展翅待飞的凤凰。殿内有一尊巨大的阿弥陀佛像，周围环绕着52个演奏乐器和跳舞的木制佛像。醍醐寺是京都地区最古老、保存最完好的建筑，16世纪后部分重修，寺内有一个建于952年的五层高的宝塔。

东寺（Toji）的历史也可以追溯到这个城市建立之时，796年，为了使城市得到神的保佑而建。两年后，在一名德高望重的将军的提议下，在苦行僧圆珍隐居的地方修建了清水寺（Kiyomizu Temple）。788年，最澄和尚修建了延历寺（Hieizan Enryakuji Temple），创建了一个宗教团体。888年，宇多天皇修建了仁和寺（Ninnaji Temple），后来改称御室

▎ 第323页（右上）
醍醐寺中有100多座楼阁，主要建筑是村上天皇建于952年的一座五层宝塔，这座宝塔是京都最古老的遗迹，其他建筑大多建于16世纪。

▎ 第323页（右下）
醍醐寺内宝塔精雕细琢的屋檐。15世纪应仁之乱时，寺里许多建筑都在两场大火中被毁。

宫（Omuro Palace）。负责看管这座建筑的是皇室僧人，这个传统一直持续到明治时期。然而，这些建筑几个世纪以来遭到严重毁坏，大部分都经过了大规模修建。

京都在平安时代也是繁荣的文化中心，奠定了日本诗歌、文学和宗教的基础。905 年，日本天皇命纪贯之（Ki no Tsurayuki）编撰了《古今和歌集》（Kokin Wakashū），为后世的一些作品如《源氏物语》《快乐王子》和《枕草子》提供了灵感。《枕草子》描写的是宫女清少纳言风流的闺中秘事。两大佛教派别天台宗和真言宗分别在延历寺和东寺发展起来。

镰仓（1185—1333 年）、室町（1333—1573 年）和安土桃山（1573—1598 年）统治时期，内战不断，文化巨变。禅宗、净土宗、净土真宗和日莲宗的佛教流派首次出现。镰仓时期，明里和尚在山腰上一处合适冥思的地方建立了高山寺（Kozanji Temple）。西芳寺（Saihoji Temple）因其房顶和墙上的 120 种青苔而得名。西芳寺中还有一座禅宗花园，里面的岩石和沙滩融为一体，和谐自然。1339 年，禅宗大师梦窗疏石为室町幕府的第一代征夷大将军足利尊氏修建了天龙寺（Tenryuji Temple）。天龙寺建于一座皇家宅邸的遗址之上，以纪念后醍醐天皇。天龙寺中有一处名为北条的建筑，其后面有一座花园，花园里花圃围绕着池塘，贵族风格和禅宗风格融合在一起，花园的样式和颜色随着四季的变化而不同。

室町时代（Muromachi period）的建筑主要有：1397 年建立的带有一座金色宝塔的鹿苑寺（Rokuonji Temple）；有一座银色楼阁的慈照寺（Jishoji Temple），里面供奉着令人尊敬的观世音菩萨；还有 1450 年建立的龙安寺（Ryoanji Temple）。在这一时代，能剧、茶道、插花等艺术在京都发展起来。1462 年，池坊专庆为了装饰一个贵族家庭创设了插花艺术。

应仁之乱（1467—1477 年）破

▎第 324 页（左上）
东寺建于 796 年，为了祈求上天保佑这座新首都城市而建。平安时代末（12 世纪），佛教真言宗在此兴盛起来。

▎第 324 页（左下）
据传，778 年，圆珍和尚在此修建了一座小庙，20 年后这里修建了清水寺。今天的许多建筑是 1631—1633 年建立的。

▎第 324 页（上中）
龙是东方象征艺术中经常使用的图案。这是通往清水寺的一个门上装饰着的龙，这座镀铜的塑像也是一个喷泉，水从龙嘴里喷出。

▎第 324 页（右上）
清水寺中除了主要的宝殿和一座造型优雅的三层宝塔，还有很多美丽的花园。

▎第 324—325 页
二条城建成于 1603 年，1626 年翻新，里面有两座建筑，本丸御殿和二之丸御殿，宫殿的房间中装饰着绘画和木刻。

坏了城市的大部分地区。接下来一个世纪，内战不断，桃山部族在战争中获胜。1573年，织田信长上台执政，之后是丰臣秀吉和德川家康。德川家康和前面几位统治者一样利用残忍的手段保持了政局稳定：把所有敌对势力赶尽杀绝。丰臣秀吉在其在位的短短几年中，开始迁移这个城市寺町地区幸存下来的寺庙，德川家康接续了这一工作，而且还建成了庞大的二条城。二条城建成于1603年，此后直到1867年幕府将军德川庆喜把行政权力交还给天皇前，这里一直是重大活动的举办地。二条城有两部分：本丸御殿和雄伟的二之丸御殿。这两座建筑的装饰都是桃山风格，造型精巧，装饰华丽。江户时代（1600—1868年）是相对和平稳定的时期，尽管此时政治中心已迁往东京，京都作为文化和商业中心重新繁荣了起来。1631年至1633年，德川家光重修了包括清水寺在内的许多建筑。1644年，他在东寺里建造了日本最大的宝塔，高达57米，共有5层。

京都幸免于第二次世界大战的轰炸，20世纪仍然是日本的一个"孤岛"。1994年，为了纪念日本1200年的历史，人们穿着17世纪的服装，举办了盛大的庆祝活动。进入京都的茶室，可以感受到日本传统生活的慢节奏，人们会产生一种京都仍是日本首都的错觉。

姬路城

日本 | 本州岛兵库县（Prefecture of Hyogo, island of Honshu）
入选年份：1993
遴选标准：C（I）(IV)

姬路城的墙粉刷着白色泥灰，城堡主体周围有三座塔楼，看起来像一只展翅欲飞的鸟，因此姬路城在日本也被称为白鹭城。其实，姬路城是为了防御外敌而建，墙上刷着白灰是用于防火。姬路城和许多日本同时期的建筑一样，是木质结构，墙上的白灰不仅可以防火，还能让建筑更坚固。

姬路城（Shirasagijo）位于大阪西部50千米的一个平原上，1万年前这里就有人居住。8世纪和10世纪的几座寺庙表明当时此地已有佛教，但是姬路城在日本封建时期获得了最大的发展。1346年，播磨町（Harima）的统治者赤松贞范在姬山（Himeyana）建立了第一座城堡，保护城市不受附近军阀的袭击。

■ 第326—327页
姬路城因其白灰墙体面被称为"白鹭城"。城堡中的主塔高46米，耸立于其他建筑之上。

■ 第327页（上）
姬路城里的建筑紧密地排列在三面防护墙中，看起来错落有致。整个城堡像一座迷宫，分布着隐蔽的小道、交织的小巷和幽深的长廊，进入其中很容易迷失方向，这种设计显示了这座建筑的军事用途。

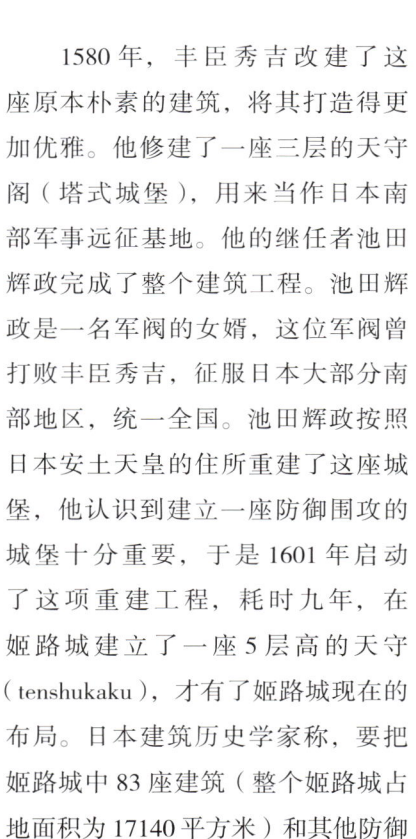

1580年，丰臣秀吉改建了这座原本朴素的建筑，将其打造得更加优雅。他修建了一座三层的天守阁（塔式城堡），用来当作日本南部军事远征基地。他的继任者池田辉政完成了整个建筑工程。池田辉政是一名军阀的女婿，这位军阀曾打败丰臣秀吉，征服日本大部分南部地区，统一全国。池田辉政按照日本安土天皇的住所重建了这座城堡，他认识到建立一座防御围攻的城堡十分重要，于是1601年启动了这项重建工程，耗时九年，在姬路城建立了一座5层高的天守（tenshukaku），才有了姬路城现在的布局。日本建筑历史学家称，要把姬路城中83座建筑（整个姬路城占地面积为17140平方米）和其他防御工事建造出来，需要2500万至5000万个工作日。

池田辉政建的城堡中有一座高46米的主塔天守阁和三个较小的侧塔。日本的天守和同时期欧洲城堡中的塔楼功能相同。和平时期是封建领主大名的住所，彰显着王朝的威望；战争时期则用作瞭望塔，并用于存放武器和军粮。除了用木头建造，粉刷着灰泥，其建筑材料还有瓷砖和金属，以加强其承重结构。

城堡中的居住区看不到日本建筑中典型的拉合门（滑动的门）和榻榻米（地板上的席子）。周围的建筑为士兵和其他职员提供住宿。

姬路城最有趣的地方在于其军事功能和由此打造的防御风格。例如，三道同心圆沟渠可以延缓敌人的进攻，高达15米的城墙可以阻挡靠近城堡的人的视线。城堡中有84处防御城门，众多通道、长廊和纵横交织的小巷，不熟悉城堡的人进去后会晕头转向。城墙上有洞口，弓箭手和炮兵可以从这些洞口发射弓箭和大炮。此外还有暗堡，士兵可以在其中藏身，敌人进来后就会落入圈套。

姬路城是日本保存最完好的中世纪城堡，不仅展示了建造者卓越的才能，而且也在一定程度上体现了日本天人合一的高超理念。城堡内军事区域和居住区域无缝连接，其结构坚固，实用性强，与内部华丽的装饰形成了平衡，是无与伦比的建筑典范。

▌第327页（下）姬路城主塔楼房顶上的装饰细节。建筑姬路城这项工程历时9年，动用了数千名劳工。

严岛神社

日本 | 广岛县宫岛（Island of Miyajima, Prefecture of Hiroshima）
入选年份：1996
遴选标准：C（Ⅰ）(Ⅱ)(Ⅳ)(Ⅵ)

位于宫岛海湾的严岛神社（Itsukushima Temple）前面是大鸟居（Otorii），4根朱红色柱子是举世闻名的日本传统的象征。大鸟居建于1874年至1875年，用从四国岛和九州岛的森林里采伐的樟木建成，高15.85米，离这个水上宗教建筑群主要建筑198米远。宫岛位于广岛海湾，是一个面积仅49平方千米的岛屿，自古代起这里就被认为是个神圣的地方，人们甚至认为这里就是神的化身。在水上建造寺庙的想法来自神话中的龙宫，龙宫里敬奉着海神。还有一种可能就是受佛教中的天堂的启发。佛教中的天堂是一个极乐世界，人们死后乘船前往极乐世界，这一形象在东西方的传统中都很常见。

不管严岛神社到底为何而建，据说，这个海湾的第一个湖上寺庙佐伯沧源（Saeki Kuramoto）在593年修建的，最早提到严岛神社及其他重要的宗教中心的是《日本后记》中881年的记载。1146年，日本安岐省著名统治者平清盛时期，经常有平氏部族的人去拜访这座寺庙，这个家族在日本朝廷中举足轻重。1168年，平氏部族捐赠了大量资产，来修建本社以及有37座内部建筑和19座外部建筑的建筑群，这个建筑群面向海湾两侧，用来招待来这里静修的信徒。这些建筑是新田风格的，直到现在依然是平安时代流行建筑的杰出典范，京都的皇宫也是这种风格。

随着平氏家族衰落，源氏家族开始掌权。他们对先辈建立的宗教建筑群十分敬重。尽管1207年和1233年先后被大火毁坏，严岛神社依然香火不断。这一时期，严岛神社不断翻修，但整体样式没有改变。1325年，一半寺庙在台风中被毁，今天的寺庙就是那次重修后的样子。

镰仓时代，日本进入内战时期，严岛神社的声望急剧跌落，最后这个天皇敬奉的著名场所沦为一片废墟，这种情况一直持续到1555年，当时毛利元就赢得了严岛之战，决定让这片建筑群重现昔日辉煌，他翻修了本社和次级圣殿，新修建了一个能剧剧院和桥路。同时期的另一位重要的将军丰臣秀吉在阿古库神庙（一座较小的建筑）建了一座图书馆，用来存放佛教经典。

正殿建于1571年，是一座具有"寝殿造"风格的建筑，呈正方形，每面长约24米。但奇怪的是，按日本的传统测量出来的是8乘以9码（ma），一码在日本代表两个柱子之间间距的标准单位，这样一来，一段距离有多长就会因柱子数量不同而不同。正殿的房顶是新田风格的，但是没有日本建筑中常见的一些装饰元素，比如置千木（形状如角的突出部分），房顶的建筑材料是柏树枝，上面覆盖着装饰瓷砖。

正殿对面有平舞台，这是一条通往宫岛的长桥，每年音乐节期间，神庙的神就会降临到前面的灯塔，然后从这里离开。每年七月中旬，五颜六色的圣船穿过大鸟居，音乐家和舞蹈家在甲板上载歌载舞，庆祝这个从古代流传下来的神圣仪式。

第328页（上）
严岛神社上虽然缺失了日本寺庙的一些典型元素，但它造型优雅，是日本建筑美学的代表。连接建筑的带顶长廊是国家历史遗迹。

■ 第 328 页（下）
宫岛海湾的一个早期湖上寺庙，这座寺庙建于 6 世纪，下方用柱子支撑。除了建于 16 世纪的正殿外，今天看到的这些建筑大多建于 12—14 世纪。

■ 第 329 页（上）
鸟居（仪式性的大门）在日本特别常见，但是严岛神社的鸟居是最壮观、知名的。鸟居位于海湾中心，由于受到海浪和天气的影响，曾多次重建，最后一次重建是在 1875 年，用樟木建成。

■ 第 329 页（下）
这座水上寺庙是受传说中的龙宫的启发而建，龙宫里住着海龙王。因此，这座寺庙中龙是一个特别常见的装饰元素。

琅勃拉邦城镇

老挝　入选年份：1995　遴选标准：C（II）（IV）（V）

16世纪下半叶，澜沧国（万象王国）与邻国暹罗（Siam）之间爆发了一场激烈的战争。暹罗人逼近澜沧国首都时，国王赛塔提拉二世把他的佛像移到了一个城外不远的山洞里。根据当时的传统，谁看见移动佛像就会遭遇厄运。

帕乌洞（Pak Ou）是一个石灰石悬崖，位于南乌河和湄公河（万水之母）交汇处。自赛塔提拉二世把他的佛像移到洞穴里开始，这里最大的两个洞穴中已有4000多个佛像，这些佛像是信徒们为了纪念国王及其挽救国家的行动供奉在这里的。琅勃拉邦（Luang Prabang）就位于往南几千米的河流拐弯处。

传说，这座城市最初叫孟沙瓦（Muang Xua），因8世纪左右这里的第一位统治者的名字而得名。1353年，法昂创立了第一个老挝王国，并把城市更名为新通城（金城），几年后，为纪念金佛勃拉邦（Phra Bang），法昂又把新通城改称琅勃拉邦。这座金佛重53千克，来自锡兰，是高棉国王作为礼物送给法昂的。法昂是一个狂热的佛教徒，开创了兴建带有佛学院和僧院的寺庙的传统，在琅勃拉邦建立了66座寺庙，其中32座一直保存到今天。

香通寺（Wat Xieng Thong）因为位于湄公河和南坎河交汇处的山上而成为这座城市的宗教中心。香通寺由赛塔提拉二世建于1560年，就是他迁都万象之前。这片寺庙建筑群的许多建筑在考古学和图像学上都值得关注。建筑群的核心是"维汉"，也就是寺庙本身，外面的墙壁以红色和黑色为背景，装饰着镀金的、描述当地神话传说的壁画。寺庙尾部的红色外墙上镶嵌着彩色的琉璃瓦图案，描绘着菩提树和涅槃之路。寺庙内部的壁画讲述了一个从万象来的槟榔商人古塔法尼斯的生活，这座城市就是为他建立的。寺庙顶部的17点装饰图案被老挝人称作"dok so fa"（天堂里的花束）。

琅勃拉邦最早建立的寺院是维春寺（Wat Vixun），位于这座城市第一座宝塔的遗址之上。现在的建筑是由维春·哈拉国王1512年建造的。一年后，他把勃拉邦佛像迁到了这里，后来这尊佛像又被迁到万象，19世纪时重新回到琅勃拉邦，直到1894年被迁到附近的

▍第330页（上）
琅勃拉邦位于湄公河左岸，自1353年至1560年是澜沧王国的首都。作为澜沧王国的宗教中心，这座城市有66座寺庙，其中32座保存至今。

▍第330—331页
1891年库克哈林统治时期，迈佛寺（Wat Mai）建成，这是老挝级别最高的高僧的住所。1867年到1968年，迈佛寺门廊上装饰上了巨大的鎏金浅浮雕图案。

琅勃拉邦

万象

第331页（上）
维春寺里华丽的木制雕像，这座寺院是由维春·哈拉国王在1512年修建的。传说这个地方以前是一片稻田，需要12根25米长的木柱来支撑寺院的重量。

第331页（右中）
维春寺佛塔里的鎏金木制佛像是最近才建造的。不过，1513年至1560年，寺庙里曾敬奉着勃拉邦金佛像，这个城市就是因这座佛像得名的。

第331页（右下）
琅勃拉邦王宫面向湄公河，由老挝国王西萨旺·冯于1904年修建，最近被用作博物馆，收藏着王室的物品。

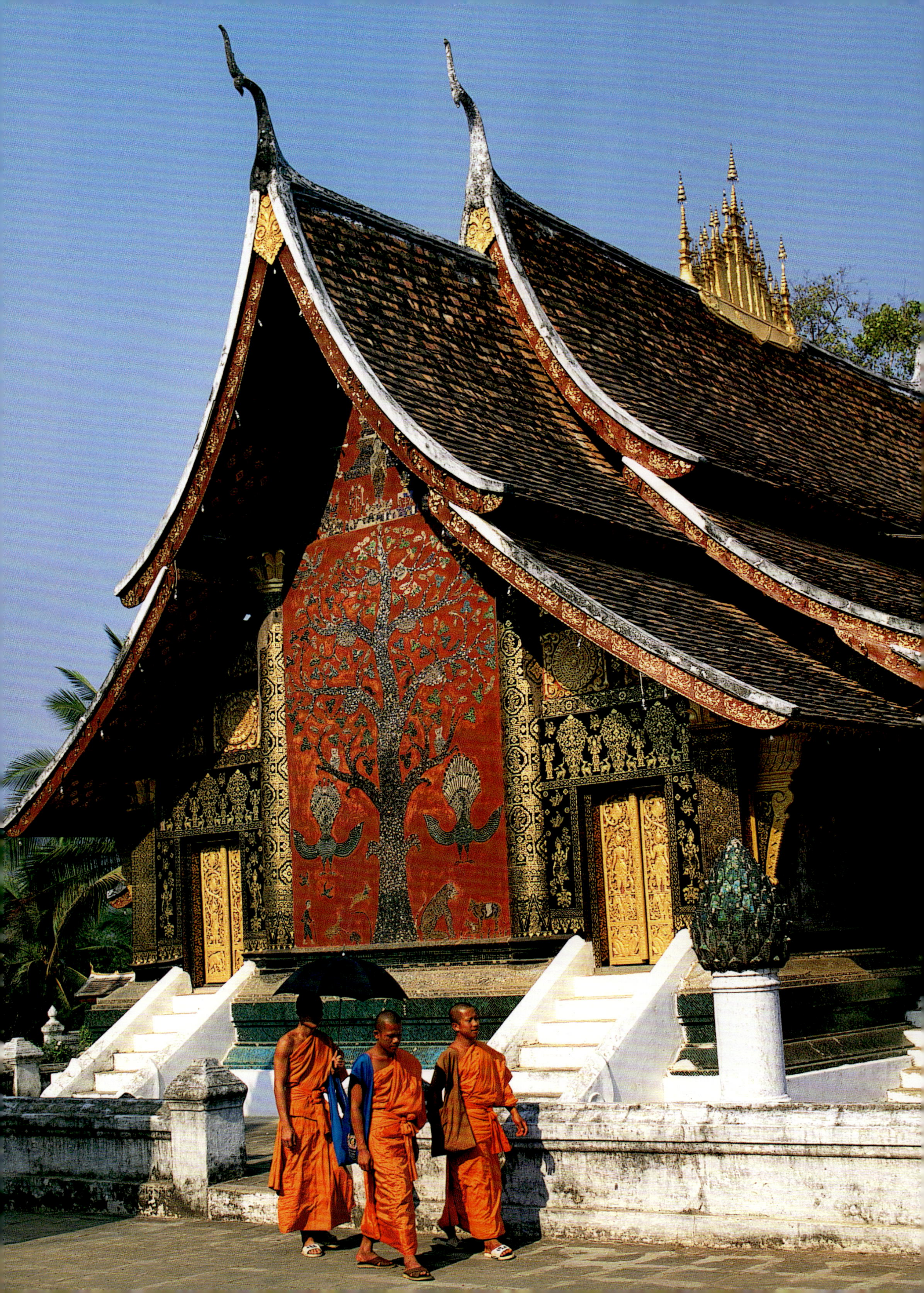

迈佛寺（Wat Mai）。1942年，维春寺改为一座宗教艺术博物馆，今天这里依然收藏着11—12世纪的高棉人和老挝人的雕塑，其中最具代表性的是17世纪的鎏金木制佛像。

迈佛寺建于11世纪，是老挝佛教高僧普拉·桑哈拉斯的住所。迈佛寺是一座5层的宝塔，前面的门廊上装饰着精致的鎏金图案。旁边是琅勃拉邦王宫，1904年，由国王西萨旺·冯建造，作为他和家人的住处，当时老挝成为法国在印度支那的保护国。从建筑学角度来看，这座王宫结合了老挝艺术和法国殖民地风格。硕大的大门上装饰着属于国王的宗教物品，王宫里面的一间房间里放着琅勃拉邦佛像的仿制品，另一个房间里放置着澜沧国国王的宝座，显示着澜沧国的昔日辉煌。

几乎琅勃拉邦所有的寺院都位于主要的街道弗希萨拉斯（Thanon Phothisalath）大道两旁。清晨，薄雾袅袅，一众身披橘红色僧袍的僧人们走在商店门前募化布施品，这一幕已经上演了几百年，琅勃拉邦似乎与现代世界完全隔绝。

▌第332页　金城的寺院香通寺坐落在湄公河和南坎河交汇处的山上。寺庙的另一面墙上绘有菩提树，象征着涅槃之路。

▌第333页（左上）香通寺的木门上装饰着金色和红色的阿帕莎拉天仙形象（印度教神话里的舞者），还有各种动物的图案，其中包括象征老挝王国的大象。

▌第333页（右上）香通寺的维汉（主庙）佛塔里正在冥想的佛像。

▌第333页（下）南乌河（Nam Ou）在琅勃拉邦汇入湄公河。16世纪末，为了保护佛像不被暹罗人破坏，数千尊佛像被迁到离琅勃拉邦不远的帕乌（Pak Ou）洞。

顺化历史建筑群

越南 | 承天辖区（Prefecture of Thua Thien）
入选年份：1993
遴选标准：C（IV）

北部越南人提到信奉佛教的顺化人时，常用到一个词"不合作"，因此，1968年北部越南人占领顺化后，便开始了一项系统性清除当地居民的计划。

顺化是越南一个代表性的地方，1802年至1945年，顺化曾是阮朝时期的都城，因此也成为1968年南越和美国的春节攻势中最血腥的战场。夺回顺化用了十天时间，1万人因此丧生。除了巨大的生命代价，这座古都在美国飞机的轰炸下被摧毁。联合国教科文组织大型修复项目把顺化视为"城市诗歌的杰作"，得益于这个项目，顺化的大部分地区已重现昔日辉煌。

顺化位于香河（Song Huong）岸边，1687年建城，当时名为"坦沙瓦"，"沙瓦"意为"和谐"，当地人习惯把这座城市称为"顺化"，因此约200年前，"顺化"就成了这座城市的官方名称。香河北岸的城堡由阮朝的开国皇帝嘉隆帝建于1804年。这座城堡按照泥土占卜的方法进行设计，动用了10000人力，耗时30年时间建成。

顺化城的建设受北京紫禁城的影响，其城墙长约9.66千米，墙外有一条护城河。城墙上开有十个大门，每个大门上有一个两层的塔楼。正门是午门，1833年由明命帝建造，是顺化最壮观的建筑结构，这里也是举办宫廷盛典的地方。午门由100根圆柱支撑，分为两部分：基座和五凤殿，两部分都呈U形，代表欢迎来客张开的双臂。中间屋顶上覆盖着琉璃瓦。

午门通向另一个6.44千米长的围墙，围墙里是太和殿（Palace of Supreme Harmony），里面有13位皇帝坐过的宝座。太和殿建于1805年，由九条龙守护着，殿内有80根雕刻着云龙图案的柱子支撑着。太和殿只允许皇帝、其他皇室成员以及朝廷大臣进入，用来举办庆典和朝会。

顺化城中央是紫禁城，曾是皇帝和嫔妃们居住的地方，作为佣人的宦官也可入内。只有用作藏书的部分建筑被重建，而那些成为废墟的建筑房顶上爬满了绿色植物，十分引人注目。

顺化最古老、最具代表性的建筑是坐落于城外一座小山上的7层天姥寺（Thien Mu Pagoda），高21米，建于17世纪初。据说，一位神仙曾降临此地，下令在此建造一座宝塔来保佑国家和平。这座宝塔成为越南中部主要的宗教场所。佛塔两旁各有一座宫殿，一座宫殿里放置着一块矗立在石龟（象征着长寿）上的石碑，另一座宫殿里有一个重达两吨的青铜大钟。

■ 第334页（右上）
城堡里的一座皇家寺庙。在有廊柱、完全用柚木建成的宽敞房间里可以看到漆成红色和金色的精制家具，还有许多19世纪的佛教物品。

■ 第334页（左下）
午门是通往皇城的主要通道，这座建筑呈U形，代表张开双臂迎接来客。

河内

顺化

■ 第334页（右下）这座美丽的柚木建筑的内部建于1845年，用作会议室。从1923年开始，改为皇家博物馆，尽管在与美国的战争中，大部分珍贵物品被偷走，但这里仍然保存着属于阮朝的服饰和家具。

■ 第335页 城堡的东门。城堡由嘉隆皇帝建于1804年，外面环绕着9.66千米长的城墙，这块地方是风水大师选的宝地。

- 第 336—337 页
启定帝皇陵里的主要庭院。这个建筑群建于 1920 年至 1931 年，受法国折衷主义风格的影响，这座建筑体现了阮朝权力丧失给了法国殖民统治者。

- 第 336 页（左下）
明命帝陵寝的入口。这座陵墓与周围的风景和谐地融合在一起，是顺化最引人注目的一座皇陵，建于 1820 年至 1840 年。

- 第 336 页（右下）
启定帝的陵寝看起来富丽堂皇，但其实石棺上的装饰、上面盖的织品和陵寝的墙壁都是用廉价材料打造的，比如瓷片、碎玻璃、用灰泥黏在一起的镜片等。

- 第 337 页（上）
俯瞰着珍珠河的天姥寺。这是一座八角形寺庙，高 21 米，分为七层，每层代表一级浮屠，它是顺化最具宗教象征性的建筑。

- 第 337 页（下）
这是明命帝陵墓建筑群的崇恩殿（石柱殿）广场，里面摆放着武士雕像。

不过，阮朝时期的建筑杰作是皇帝们修建的7座皇陵，位于距城市约9.66千米的地方，那里风景秀丽，不仅是墓地，还是休闲娱乐的场所。这些皇陵充分体现了每位皇帝的个性。整个陵墓建筑群周围环绕着围墙，像城堡的城墙，这里还有宫殿、寺庙和花园。最壮观的要属明命皇帝（1820—1841年在位）的陵墓。嗣德帝生于1829年，1883年驾崩，在位35年，他的皇陵体现了他对哲学和诗歌的热爱，嗣德帝的皇陵中还有30座中国式的建筑。启定帝（1885—1925年在位）的陵墓明显受到了法国建筑的影响，他在位时期的王朝也深受法国影响，不过是法国领地的傀儡，他的个人影响力仅限于顺化城内。1945年8月25日，他的儿子保大帝为了支持胡志明领导的全国解放委员会，在午门宣布退位。同年，胡志明宣布越南独立。

非洲遗产地列表

1 摩洛哥：非斯的阿拉伯人聚居区 340
2 毛里塔尼亚：瓦丹、欣盖提、提希特和瓦拉塔古镇 344
3 马里：邦贾加拉悬崖 348
3 马里：杰内古城 352
4 利比亚：古达米斯老城 354
5 埃及：伊斯兰开罗城 358
6 埃塞俄比亚：贡德尔地区的法西尔盖比城堡及古建筑 364
7 坦桑尼亚：桑给巴尔石头城 366

非洲

除大洋洲外，非洲是地球上人口最少的大陆。恶劣的气候、广袤的沙漠地带（如撒哈拉沙漠和喀拉哈迪沙漠）和巨大的雨林，这里的许多地方不适宜人类居住。尽管人类学家发现，贯穿肯尼亚和埃塞俄比亚的断裂带东非大裂谷（Rift Valley）是人类的摇篮，但人类祖先在史前时代就已经离开了这块大陆，非洲几千年的历史经历了不同的时期。

因此，世界建筑遗产中非洲地区的数量较少也在情理之中，非洲现存的建筑遗产大多和伊斯兰文化有关。在列入联合国教科文组织《世界遗产名录》中的30多个遗产地中，近一半分布在地中海附近或撒哈拉沙漠的南部边缘，其中有像非斯（Fez）和马拉喀什（Marrakech）这样拥有精致清真寺和尖塔的中世纪阿拉伯人聚居区，将地中海和黑非洲连接起来的商路沿线的防御城堡，还有像杰内（Djenné）和廷巴克图（Timbuktu）这样传奇的沙漠城市。

再往南，非洲的建筑遗迹是殖民地时代留下来的。在塞内尔的戈雷（Gorée）和圣路易斯（St. Louis）有奴隶贸易那段黑暗历史的遗迹，非洲东海岸的桑给巴尔岛和南非的罗本岛见证了英国人的遗迹，而莫桑比克岛上的遗迹则和葡萄牙人的活动有关。

虽然和伟大的部落文明有关的建筑数量不多，时间也不长，但却展现了非凡的创造力，具有极高的人类学研究价值。比如西非贝宁阿波美（Abomey）的皇宫、加纳的阿散蒂建筑以及马里多贡部落的邦贾加拉陡崖。此外，还有乌干达卡苏比的布干达（Buganda）王陵、马达加斯加安布希曼加（Ambohimanga）的王室高地、埃塞俄比亚王国的都城法西尔盖比（Fasil Ghebbi）。

然而，这些本来数量就不多的遗产正面临着种种威胁。许多非洲国家包括上述提到的国家经常暴发血腥残酷的部落冲突，对当地的文化遗产造成威胁。此外，整个非洲大陆发展滞后，如果没有国际组织的帮助，仅凭一国之力难以保护当地的遗迹。不过，给传统文化带来最大危害的却是城市现代化的愿景，当地传统文化在人类共同进步中走向消亡，这样的话，任何人都无法获取利益。

非斯的阿拉伯人聚居区

摩洛哥 | 非斯（Fez）
入选年份：1981
遴选标准：C（Ⅱ）（Ⅴ）

1921年，法国休伯特·利奥泰将军发布通告，禁止非穆斯林进入摩洛哥当地的清真寺和伊斯兰教场所。通告是根据1912年3月30日签订的《法摩保护制条约》中的部分条例做出的。虽然游客无法进入神圣的宗教建筑欣赏其内部华丽的装饰，但至少可以感受非斯阿拉伯人聚居区的魅力。这里的1000条小巷纵横交错，宛若一个迷宫，聚居区的色彩、气息和声音让人不禁想起这个城市作为摩洛哥王朝首都的时代。

非斯坐落在肥沃的萨斯（Saïss）平原东端，向南延伸到阿特拉斯（Atlas）山脉的丘陵附近，789年由自称是先知穆罕默德后裔的苏丹穆雷·伊德里斯一世建立。非斯这个名字来源于阿拉伯文"fas"，意为"神赐的金银锄头"，用来选出建立城市的地址。809年，穆雷·伊德里斯一世的儿子伊德里斯二世将非斯立为伊德里斯王朝的首都。十多年后，伊德里斯二世接受了从倭马亚王朝领地科尔多瓦逃出来的8000个穆斯林家庭，这些穆斯林在流经谷地的季节性河流非斯河右岸定居下来。825年，从今天的突尼斯凯鲁万来的犹太人和柏柏尔人在非斯河左岸定居下来。

当时，这两个居住区分别位于

高墙之内，过着各自的生活。科尔多瓦人在右岸修建了西班牙伊斯兰建筑风格的安达鲁清真寺（Mosque of AlAndalus），而右岸的卡鲁因清真寺（Mosque of Al-Qarawiyin）则由一名来自凯鲁万的商人的女儿法蒂玛建立。不久，卡鲁因清真寺中就增建了一座古兰经学院，今天这座学院被认为是世界上现存的最古老的大学之一。接下来的一百年中，两个居民区日趋繁荣，又修建了许多清真寺、公共浴场、集市和商队旅店。

1055年，非斯落入穆拉比特王朝统治之下，穆拉比特王朝将首都迁往了马拉喀什（Marrakech），但是一个世纪后穆瓦希德王朝推翻了穆拉比特王朝。为了获得人民的支持，穆瓦希德王朝苏丹把两个居住区的围墙拆除了，打造成一个新的居民区，在两片居民区周边建立了防御城楼。

穆瓦希德王朝的统治标志着非斯商业繁荣的开端，并且非斯也逐渐发展为宗教和文化中心。穆瓦希德王朝时期扩建了卡鲁因清真寺，扩建后可容纳20000名祷告的信徒，还建造了一个像格拉纳达的阿尔罕布拉宫一样的巨大的王宫，周围环绕着立柱，此外还用白色和蓝色的彩釉陶瓷装饰了清真寺。苏丹优素福·本·塔什芬统治时期，非斯还修建了精巧的供水系统。到12世纪末，这座城市里的清真寺、伊斯兰

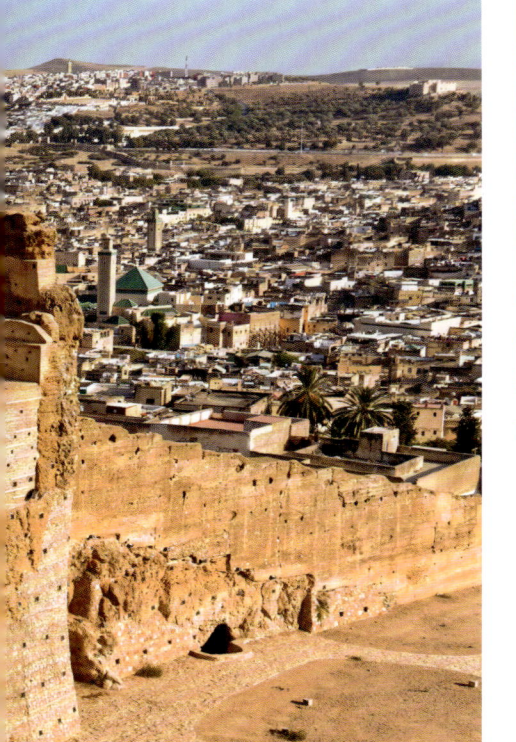

■ 第340—341页 非斯原来的中心非斯老城，由苏丹穆雷·伊德里斯一世建于789年。从空中看上去，非斯阿拉伯人聚居区整齐划一，布局工整，精美绝伦。

■ 第340页（上）卡鲁因清真寺里用来行净身礼的庭院。该庭院由来自凯鲁万的法蒂玛·伊本·穆罕默德于859年创建，956年和1135年又两次扩建，是这个国家最大的清真寺，至今仍是重要的伊斯兰教育中心。

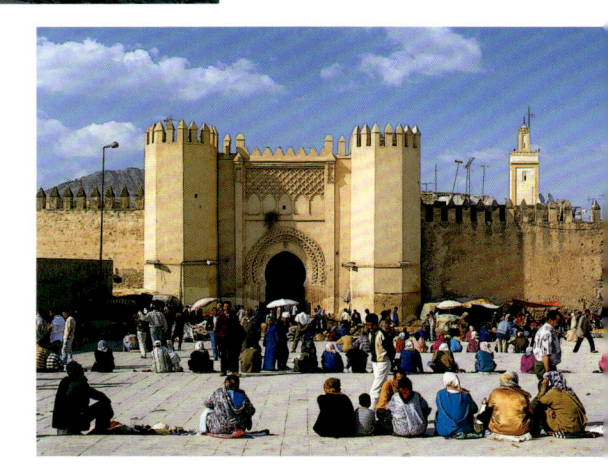

■ 第340页（下）卡鲁因清真寺覆盖着绿色琉璃瓦片的房顶。这座巨大的宗教建筑里有一个藏有30000多册古籍的图书馆。

■ 第341页（上）建于12世纪非斯城墙上的防御城楼。阿尔穆罕苏丹当初建这些城楼来代替9世纪的防御工事。非斯城最初分为两部分，一部分由从科尔多瓦逃来的犹太人居住，另一个由来自凯鲁万的柏柏尔人居住。

■ 第341页（右中）阿拉伯人聚居区的一个大门，展现了非斯在历史上的重要地位，以及中世纪晚期穆斯林建筑师的高超技能。

■ 第341页（左下）建于9世纪的安达鲁清真寺入口。其建筑和装饰是典型的西班牙摩尔人风格。

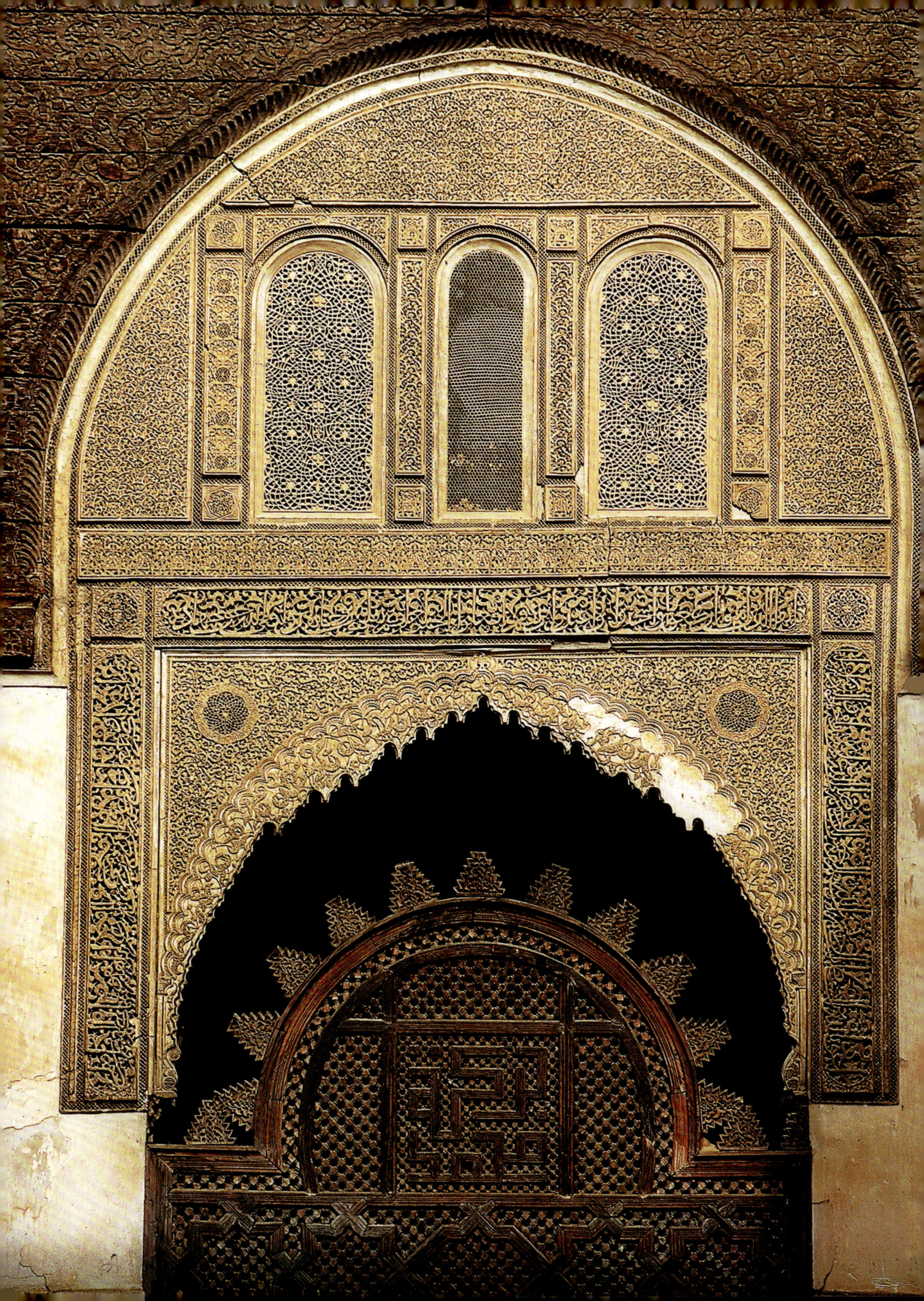

学校和大部分房屋都用上了自来水。

1250年，马林王朝掌权，把首都迁回非斯，但是城墙里已容不下新统治者带来的这些平民和军队，因此开始建立"非斯新城"，原来的城市则成了"非斯老城"，即现在的穆斯林聚居区。

16世纪初，萨阿德王朝掌权，非斯的发展中断了，直到1666年，在苏丹穆莱·阿卜杜拉的统治下，非斯才再次繁荣起来。穆斯林聚居区的商人组成由"穆哈台斯布（监察官）"控制的行会，商栈和市场按所卖的商品划分为不同的区域，后来发展为北非最大市场的马格里布依然沿用着这种市场体系。

巴布耶鲁（Bab Bou Jeloud）是一座用彩釉装饰的大门，通往非斯老城，绿色瓷砖代表伊斯兰教，蓝色瓷砖是代表非斯城市的颜色，这里还是塔拉科比拉（Talaa Kebira）大街的起点，大街两旁排列着穆瓦希德王朝的建筑。从这条大街延伸出的许多小巷通往各个露天市场，市场里有陶器店、布店、鞋店、香料店，还有最有特色的酒馆和皮革染坊。

▎第342页 建于马林王朝的一座宫殿里优雅的石头和木制装饰，这座宫殿位于非斯老城阿拉伯人聚居区的中心。

▎第343页（右上）塔拉科比拉大街是马格里布地区最大的穆斯林聚居区的主要街道，图为其附近巷子里的一个露天市场。1666年，穆斯林聚居区的商人组成了有制度的行会。

▎第343页（左上）建于马林王朝的"木匠宫殿"，这是一座供旅行商人休息的客栈。

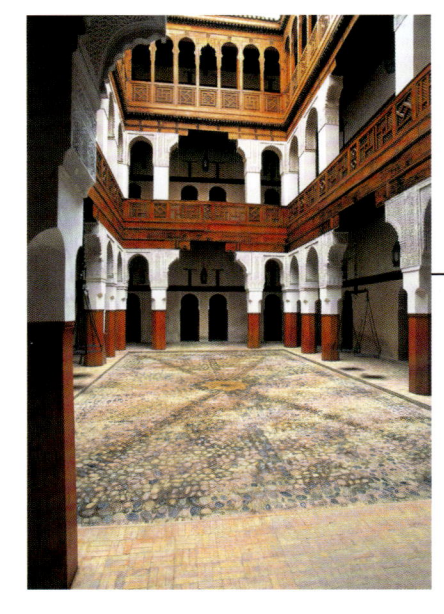

▎第343页（左下）巴布耶鲁的细节图。它装饰着绿色和蓝色的彩釉陶瓷，通往同名的穆斯林学校和塔拉科比大街。

▎第343页（右下）非斯的皮革作坊世界闻名，大染缸通常放在隐蔽的处理工厂的平房房顶上。

瓦丹、欣盖提、提希特和瓦拉塔古镇

毛里塔尼亚 | 阿德拉尔省瓦丹镇和欣盖提镇；塔甘特省提希特镇；东胡德省瓦拉塔镇（Ouadane and Chinguetti, Adrar Region; Tichitt, Tagant Region; OualatLATA, Hodh Echchargut Region）
入选年份：1996
遴选标准：C（Ⅲ）（Ⅳ）（Ⅴ）

■ 第344页（下）提希特（Tichitt）是毛里塔尼亚（Mauritanian）沙漠中最难以进入的绿洲，12世纪时由穆斯林在达尔悬崖下建立，很快便成为西非著名的城市之一。

■ 第344—345页 瓦拉塔的房子是阿拉伯世界中装饰最为精美的建筑，举世闻名。城市里的妇女用灰泥和黏土为墙壁装饰上精美的图案，但遗憾的是，古老村落里许多居民正在抛弃这些传统的房屋。

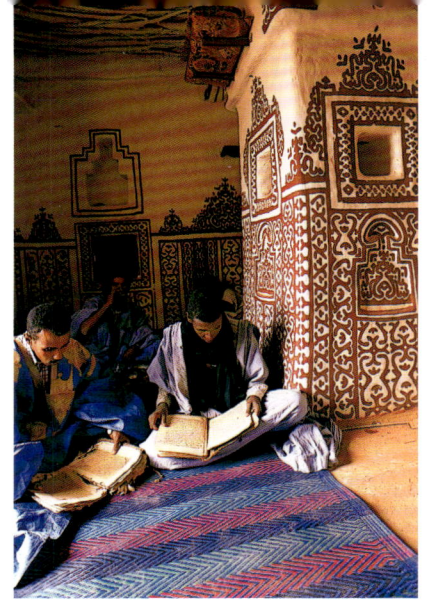

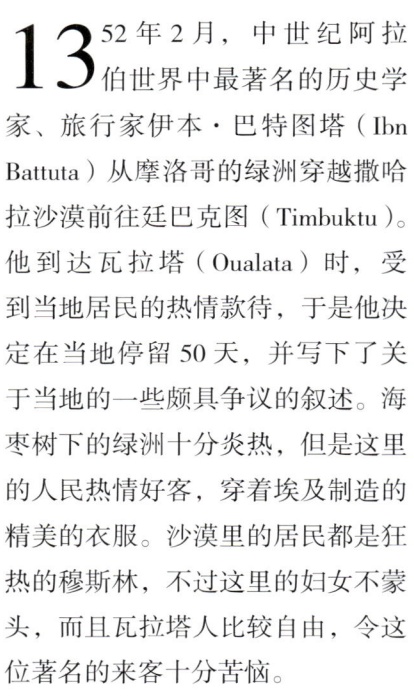

1352年2月，中世纪阿拉伯世界中最著名的历史学家、旅行家伊本·巴特图塔（Ibn Battuta）从摩洛哥的绿洲穿越撒哈拉沙漠前往廷巴克图（Timbuktu）。他到达瓦拉塔（Oualata）时，受到当地居民的热情款待，于是他决定在当地停留50天，并写下了关于当地的一些颇具争议的叙述。海枣树下的绿洲十分炎热，但是这里的人民热情好客，穿着埃及制造的精美的衣服。沙漠里的居民都是狂热的穆斯林，不过这里的妇女不蒙头，而且瓦拉塔人比较自由，令这位著名的来客十分苦恼。

瓦拉塔位于廷巴克图以西约300千米，是撒哈拉沙漠以南非洲与马格里布之间商贸路线上的重要贸易中心之一。瓦拉塔靠近苏丹帝国，当地人用来自萨赫勒地区的黄金、象牙和琥珀来交易来自摩洛哥的盐、金属和玻璃。11—12世纪，这座城市建于位于瓦迪·瓦拉塔的黏土悬崖的旁边，在伊本·巴特图塔那个时代，这里还居住着由学者和乌里玛（来自伊斯兰世界的高级僧侣）组成的一个大型社区。1446年，一些来自廷巴克图的文化和贸易精英为了躲避图阿雷格人的侵袭逃到这里，15—16世纪时，这座城市处于极盛时期。当时，瓦拉塔建立了一座古兰经学院，至今还在运营。

由于沿着沙漠路线很难抵达这里，所以这个城市中世纪时的面貌至今未变，其特点是装饰精美的房屋。房屋的装饰工作是由妇女完成的，她们用白垩和红土制成的图案装点瓦拉塔的房屋，且一直延续着这一传统，木门上也装饰着图案，瓦拉塔的房子是伊斯兰世界中装饰最精美的房屋。但是很多房屋已经被遗弃，当地人开始迁到首都努瓦克肖特（Nouakchott）。

再往北还有三个商旅城市，它们在穿越撒哈拉沙漠沿线发挥了重要的作用。其中最难以进入的是位于沙漠中心达尔悬崖脚下的提希特（Tichitt）。提希特是北非中世纪时期最著名的一座城市，由智者阿布德尔·穆明建于12世纪。另外两个克索尔（ksour，这是一个起源于拉丁语的阿拉伯词汇，意为"防御城市"）是瓦丹（Ouadâne）和欣盖提（Chinguetti），位于北方，阿德拉尔地区比较容易进入的地方。瓦丹建于10世纪末，是这一地区最大的商旅城镇，其在贸易方面的名声远扬欧洲。葡萄牙人对此十分眼红，1487年派了一支部队前去占领这个城市，想要从当地繁荣的商业活动中获利。作为其古代繁荣的象征，瓦丹仍然以它华丽的尖塔和依悬崖峭壁而建的风格独特的石头房子而骄傲。

欣盖提（Chinguetti）是伊斯兰哲学最兴盛的地方，这座城市建于776年，是伊斯兰教第7大城市，坐落于达尔悬崖和阿罗尼（Arouane）边缘的交会处，1262年旁边建立的城镇取代了最早的聚居地。欣盖提是西非的文化之都，吸引了数百名学者慕名前来，留下了大批手稿遗产，如何保存这些遗产成为当代世界一个非常棘手的问题。尖塔平常

第345页（上）
穆斯林在瓦丹的古兰经学院读《古兰经》。这座城市是中世纪晚期重要的宗教中心，这里的古兰经学院至今依然十分活跃。

第345页（下）
这座城市在15世纪到16世纪达到鼎盛，当时廷巴克图的商人们为躲避图阿雷格人的侵袭纷纷逃到瓦拉塔。

无奇的石头构造完全看不出其防御功能。行政长官官邸是当地建筑风格著名的典范之一。建筑表面覆盖着泥,窗户和墙齿上抹着白石灰,可以看出生活在撒哈拉沙漠这样的极端环境中极具挑战性。

人口外流导致这里陷入贫穷,再加上严酷的气候条件,毛里塔尼亚的这些古镇面临严重的危险境地。因此,1993年国家古代城市保护基金会与联合国教科文组织一同开始对其进行保护。尽管如此,瓦丹地区3000座装饰精美的房屋仅有400座保存了下来,其余多数被沙漠的沙尘暴淹没了。

■ 第346页(左上)
伊斯兰世界第7大城市欣盖提的一座清真寺和建于13世纪的尖塔。这座清真寺整个布局为方形,石质结构,造型很像中世纪欧洲城堡的塔楼。

■ 第346页(左下)
欣盖提776年建成,但是和许多其他沙漠城市一样,这里的房屋正逐渐被废弃,沙漠日益侵袭着这些造型优美的房屋。

■ 第 346 页（右）
欣盖提房屋墙上的对称图案。非洲的抽象象征艺术对于 20 世纪西方前卫艺术影响深远。

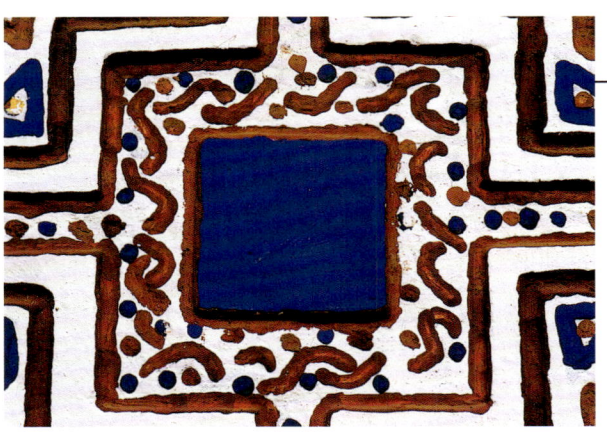

■ 第 346—347 页
欣盖提的居民人数不多，被称为欣盖提人，他们都是精明的商人，这些商人打通了马格里布和几内亚湾（Gulf of Guinea）之间的贸易通道，并且为伊斯兰教的传播发挥了至关重要的作用。

■ 第 347 页（上）
欣盖提一座房子的入口，这座沙漠城市保留着原始的建筑风格，这样的设计是为了这些建筑在撒哈拉沙漠炙烤下能够通风。

邦贾加拉悬崖

马里

入选年份：1989
遴选标准：C（Ⅲ）；N（Ⅴ）

每隔60年，多戈人（Dagon）就会载歌载舞庆祝西吉节，下一次举办在2030年。西吉节是一个多姿多彩的净化节，代表着一个生命周期结束，另一个生命周期开始。多戈人根据一颗叫作波托罗的小行星的轨迹，决定西吉节举行的时间段。让人震惊的是，西方天文学家直到20世纪60年代才发现这颗行星（天狼星B），但多戈人早就知道这颗行星的存在了。这件事令人十分费解。人们对此作出种种理论推测，有些理论很严肃，有些则稍显荒谬，但不管原因何在，生活在邦贾加拉（Bandiagara）悬崖边上的多戈人一直是人类学家热衷研究的对象。

沿着干燥的撒哈拉沙漠与尼日尔（Niger）平原交界处有一条绵延200千米的壮观红色岩壁，30多万多戈人生活在这里。悬崖上主要的

第348页（右上）在每个村庄的最高点和悬崖的避风处，矗立着"荷根"（hogon），荷根扮演着多戈社会的精神领袖的角色。

第348—349页 这些分布在悬崖上的伊雷里（Ireli）村庄，只能通过步行或骑驴才能到达，这种和外界相对隔绝的状态让多戈人可以保护自己的文化。

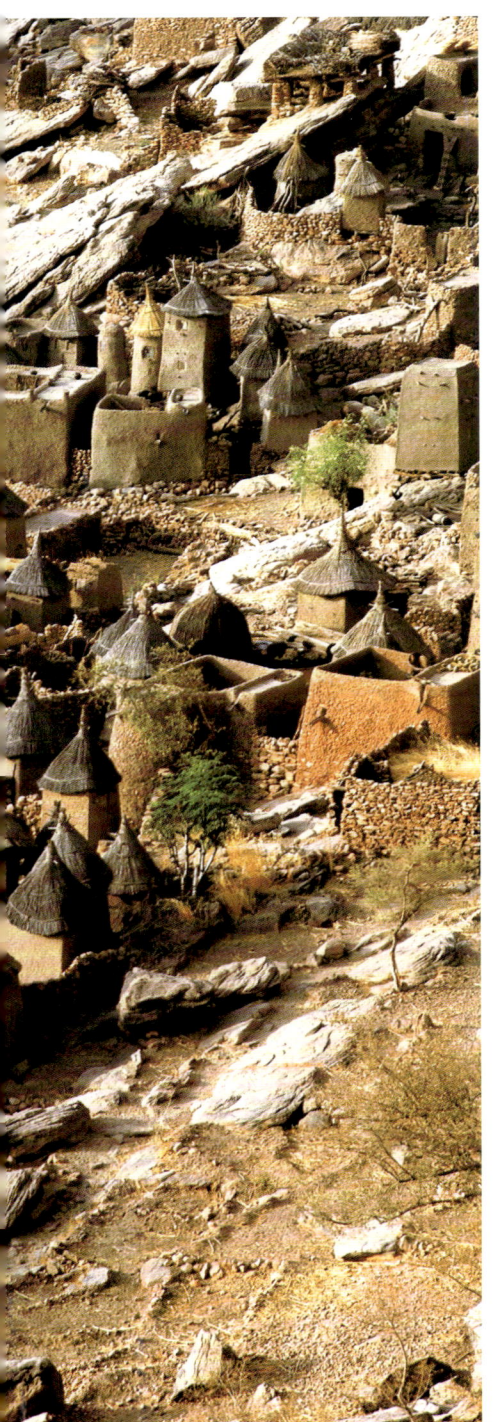

村庄邦贾加拉和桑加拉（Bandiagara and Sanga）是唯一两座可以通过一条像样的道路到达的村子。也正因此，这两座村镇的传统文化正在被尚未成熟的文明侵袭。

如果要去别的村庄，需要步行或骑一头驴，沿着通往悬崖底部的狭窄小路顺峭壁而下。村里的房屋是用一种黏土、稻草和粪便混合而成的砖建造的，从远处看，这些村庄和岩石混在一起难以辨别，房屋零零散散地排列着。每个村庄都是按照"人形"布局的。村庄的头部是"荷根（村庄里最年长的人）"的房屋，荷根单独居住，负责照看神话中的祖先"里贝"（Lebé）的祭坛，传说这位祖先以蛇的形式复活了。荷根被封为圣人，常常要解决纷争，干旱和疾病肆虐时，荷根要对祭祀典礼给出建议。

村庄的核心部分是托古纳话室（toguna），用八根雕刻的木桩建成的小亭子，代表多戈人宇宙观中的神祇。亭子的顶部很厚实，用粟秆搭建，人们通常聚在这里休息聊天，亭子顶棚到地面只有1米多高，防止发生争吵时有人快速站起来。村庄的"手臂"是月经期间的妇女居住的房屋，人们认为这个时候的妇女不干净，不能做饭，也不能在田

第348页（左下）桑加（Sanga）村庄附近岩石墙上的图案，代表着多戈人的宇宙观和人们在神圣的西吉节使用的面具。

第349页（上）每个多戈人的房屋都住着一大家人。金纳（谷仓）有圆锥形稻草屋顶，归妇女所有。一个谷仓里一般盛着一个核心家庭一年所需的食物。

第349页（下）邦贾加拉悬崖下的特里村庄。据估计这个村庄里大约有30万多戈人。

■ 第350页（左上）南多村里的小清真寺。多戈人的宗教融合了传统的万物有灵信仰和伊斯兰教。伊斯兰教是沿着撒哈拉的商旅路线传入马里的。

■ 第350页（右上）多戈人是远近闻名的雕工。他们的雕刻作品受到非洲艺术收藏家的追捧。图中是精雕细琢的门和用一根树干雕刻而成的经典的阶梯。

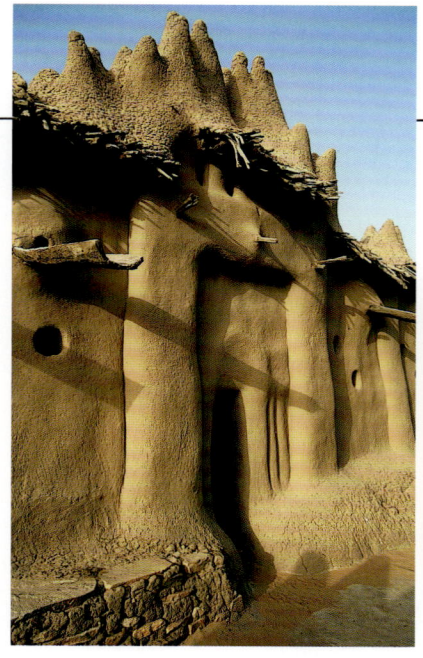

地里劳动。最后是金纳（ginna），这是大家庭居住的房屋，代表村庄的动脉和静脉。这些房屋本身就是仿照人体的结构而建，有一个长方形的庭院（代表胸部），一个圆形的厨房（代表头部），几间方形的平顶房间，圆形的储粮室（代表大腿），还有一个大门（代表生殖器）。

悬崖上洞穴密布，这些洞穴只能通过猴面包树纤维形成的一个复杂系统才能进入。多戈人不允许外人进入这些洞穴，因为这里是墓地，是神圣的地方。传说一个巨人部落曾经居住在这里，现在这些巨人化作了精灵，守护着死者。但是人类学家的研究与多戈的传统说法不符，研究表明这些洞穴是两千年前生活在这个地区的，以半游牧半打猎为生的特勒姆人（Tellem）的坟墓。已在这些洞穴中发现大约3000具尸体和许多靠枕，这些靠枕是西非最古老的木制品。

多戈人很可能起源于今天的布基纳法索，16世纪时为了躲避在这一地区掠夺奴隶的阿拉伯人定居在邦贾加拉悬崖下。自此，多戈人就一直在悬崖底部的小片土地上耕种，种植洋葱和粟米，这几乎是他们唯一的食物。他们使用粟米制造一种发酵的带有少许酒精的饮料"孔乔"（kondjo），这种饮料在集市上交易火爆。

多戈常常遭遇干旱，由于营养不良和体弱多病，多戈人面临着灭绝的风险。

这里被列入联合国教科文组织《世界遗产名录》后，在国际援助下开凿了水井。在水井开凿之前，当地人的生活十分艰难。

■ 第350页（左下）卡尼孔波里（Kani-Kombolé）的清真寺比其他村子的清真寺更大、更复杂。卡尼孔波里和邦贾加拉和桑加一样，都坐落在悬崖顶端，可以通过道路进入，也正因此，这个村子比其他村子更容易受到外界影响。

■ 第350页（右下）邦贾加拉悬崖底部巴纳尼村（Banani）的一座房子，装饰着动物图案。和其他多戈建筑一样，用黏土、稻草和粪便混合而成的砖坯建成。

■ 第351页 雕刻着多戈人日常生活场景的门。

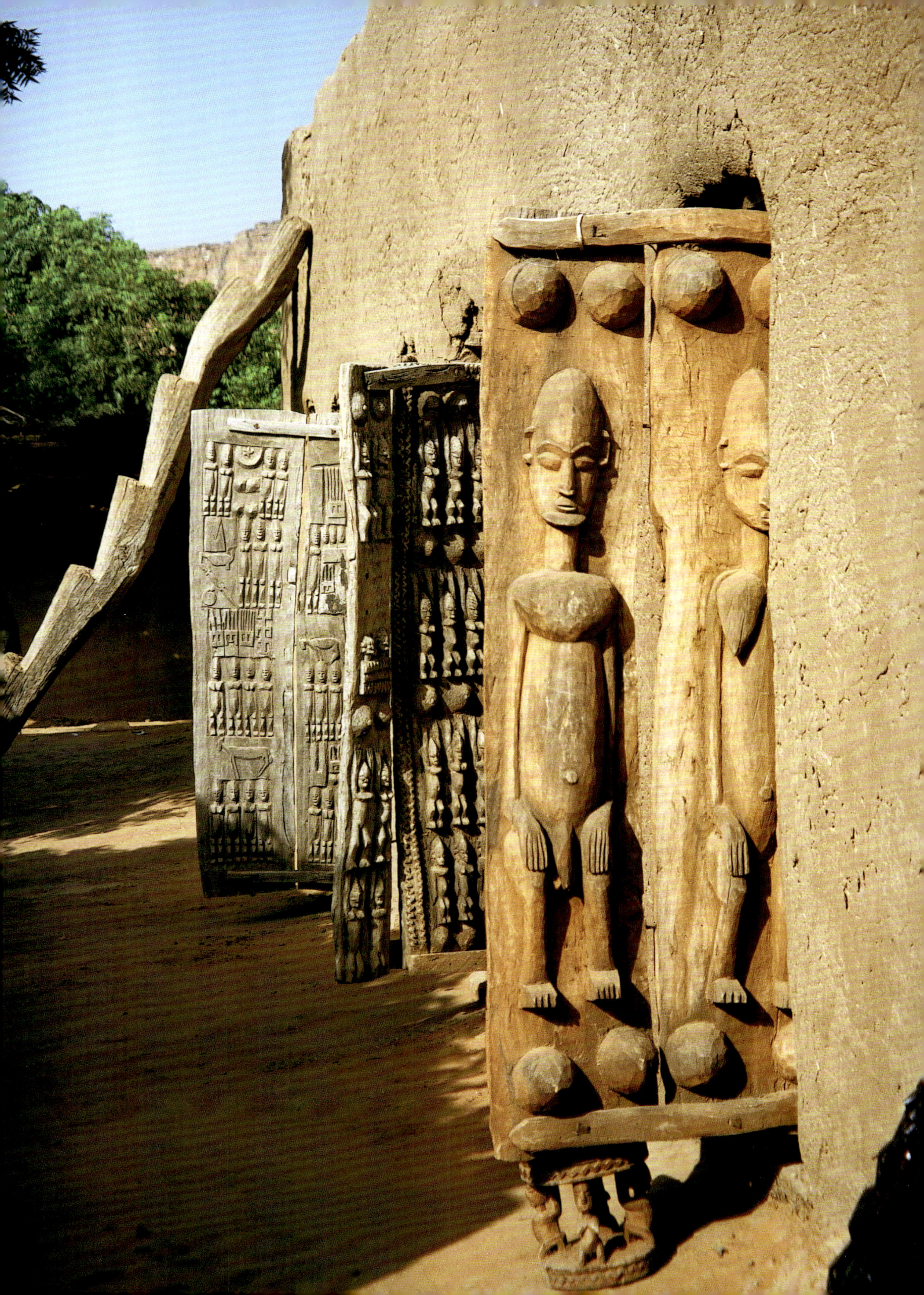

杰内古城

马里 尼日尔三角洲，距巴尼河岸 1.6 千米
（One mile from the shores of the river Bani, inland delta of the Niger）
入选年份：1988
遴选标准：C（Ⅲ）（Ⅳ）

每到周一，杰内清真寺（Djenné Mosque）前面巨大的广场上就会有一个繁忙的集市，桑海人（Songhai）、颇耳人（Peul）、博左人（Bozo）在这里卖鱼干、可乐果、活鸡、山羊、彩色的棉线、陶器和简易的家具，这些东西都是原生态的商品，没有经过多少现代化的加工，这座城市因此笼罩在一种古老的氛围中，似乎几个世纪以来没有改变。

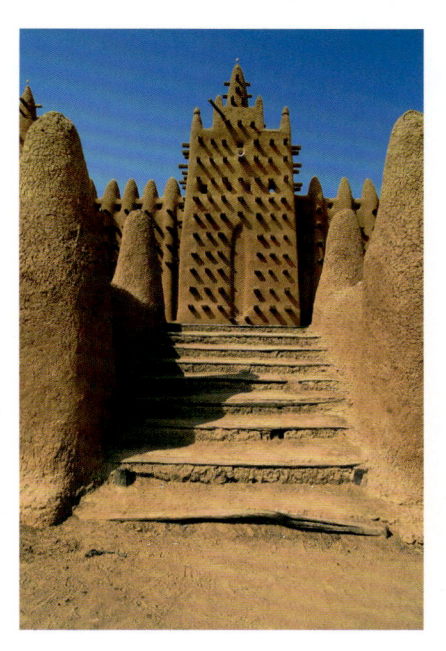

杰内是撒哈拉沙漠以南非洲最古老的城镇，建于公元前 250 年前后，位于距离现代城镇 3.2 千米远的巴尼河岸附近，以前被称为杰内·杰纳（Djenné-Jeno）。考古学家也用这个名字形容当地未受北非影响而繁荣发展的文明。在这一文明下，诞生了复杂的城镇布局，占地超过 33 公顷，其建筑是用晒干的砖块建成的，风格独特。杰内·杰纳人也生产精心制作的手工物品，尤其是万物有灵的神灵陶像，世界各地的博物馆和收藏家都热衷于收藏当地的手工品。

9 世纪，杰内·杰纳逐渐失去重要性，今天的杰内城建立和发展起来，成为来自苏丹沙漠和几内亚热带森林的商人们聚集的地方。1240 年前后，杰内的统治者科伊·孔波罗苏丹皈依伊斯兰教，并把王宫改建成了一座清真寺。这座城镇变成了穆斯林朝圣的地方，并且在建立了 100 座古兰经学院之后，逐渐成为尼日尔河三角洲地区的学术中心，地位显要。1498 年，杰内被并入桑海帝国，但是 1591 年又被摩洛哥统治者征服，因为杰内靠近河边且接近商旅中心廷巴克图，地理位置优越，成为北非和中非的黄金和食盐交易中心。

整个杰内城围绕着大清真寺。1906 年石匠大师伊斯梅拉·特拉奥雷（Clsmaila Traore）在一个 100 年前建立的清真寺遗址上修建了这座大清真寺。那个早先的清真寺又是建在一座 13 世纪建立的清真寺的遗址上，当时谢克·阿马多因为那座清真寺太过华丽不够恭敬便摧毁了它。大清真寺矗立在一个长方形的用晒干的砖块砌成的平台上。清真寺的砖墙是用河泥和稻穗混合制成

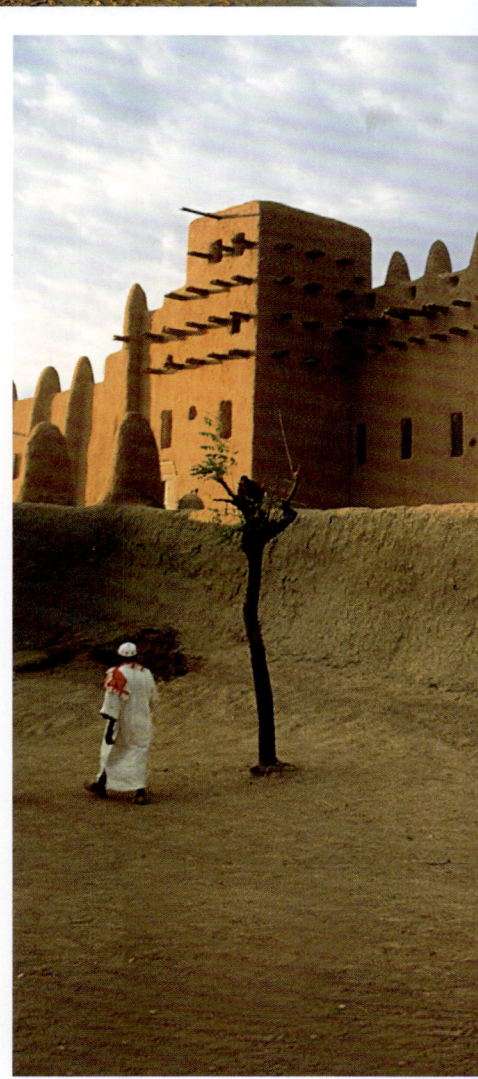

■ 第 352 页（上）
杰内城是撒哈拉和萨赫勒（Sahel）平原之间的贸易中心，位于尼日尔内地三角洲的一侧，大约建于公元前 250 年，是撒哈拉以南、非洲最古老的城市。

■ 第 352 页（下）
大清真寺的正门被棕榈树干支撑着，整个建筑的其他部分也是这样。

当年时，大清真寺和这座城曾是
世界贸易最重要的枢纽之一，有几条
非常重要的贸易线路在此相交。

这座城市大约建于2000周年前的
中心处被约建有198间回廊分开的国
柱围。它把覆盖着宽大的泥砖房屋的
平顶，是用当地晒用的泥砖、泥
砖。这座房屋也是用晒用的泥砖构
成，这种房屋沿列是有名的三层
阶梯，沿街房屋分各在大园内，有方
形的居民区和各家屋宇连接排满在
大街两旁。

现在，大清真寺周围建有许多房
屋，其中多数是用几乎和建寺的砖块
一样的晒干泥砖砌成。建其寺体高达
90多米，塔尖建筑高达90米，这
的传统构成的。塔尖建筑高达90米
塔的棕榈木铺设，从屋顶的尖桩是
上有18个棱角，用于防止晒砖的屋
顶整体开裂。大清真寺体体屋顶
多处脱落。

大清真寺周围建有许多房屋
底部直径60厘米，上方直径40厘米，这
些可以承受支撑整个屋顶，并且把
于支撑的装置和圆柱。清真寺一端
上千万根棕榈陶瓷帽子柱子的屋顶，屋顶
于从绕附近建筑。他们可以在相
的黏土砖准备好来铺设屋墙体和水
泥上。翻修很复杂，而翻修的情况不
的水。翻修很复杂，而翻修的情况不
的米的样子，这是一项艰的时刻，
把米的所料，便把区铺的水重新重
新米内人们有效往记住，他们可以在相
重新进行了一些区域砖的不连续重
往填土墙起来，打落的墙体和水泥工程。

从此，几年来一批批摄影师
来到大清真寺进行了的摄影活动
一般摄影，整整了这里的神圣性，
此后，大清真寺倒显出非的神圣感家
人，被禁的以内人严禁了拍摄活动
巴差走也不愿被那么多的我们的摄影家
的窥探。

■ 第352—353页
大清真寺是现在的建筑建于1906年，是用晒干的传统泥砖造成的。几十根棕榈树干被用做椽梁和支撑，图上那些凸出来的尖桩十分独特，有作脚手架之用，便于定期维修。

古达米斯老城

利比亚　哈姆拉沙漠（al-Hamadah al-Hamra）
入选年份：1986
入选《濒危世界遗产名录》年份：2016
遴选标准：C（V）

根据图阿雷格人的传说，古达米斯（Ghadames）的名字来自阿拉伯语，与一个旅行队的不幸遭遇有关。这个旅行队不小心把一些食物弄丢了，第二天，他们准备吃饭时，才想起来食物丢在了昨天吃午饭的地方，"昨天的午饭"用阿拉伯语说就是"ghada ams"。

其实，这个哈姆拉沙漠高原上的壮丽绿洲可以追溯到早期文明时期。这个绿洲是利比亚、阿尔及利亚和突尼斯三国交界的地方。这里的第一批定居点形成于约1万年前，当时正值新石器时代取代了旧石器时代，撒哈拉还是一片肥沃的平原。艾因法拉斯泉（Ain al-Faras spring）是一片绿洲的源头，这片绿洲面积约17平方千米，是苏丹和地中海商旅沿线上的休憩点。公元前19年，罗马人在此建立了希达姆斯城（Cidamus），此后这个地方的重要性日益凸显，罗马人在这里统治了长达几个世纪之久。3世纪时，绿洲里驻扎了一个大部队，4—5世纪拜占庭帝国统治时期，这里建立了一个主教辖区。

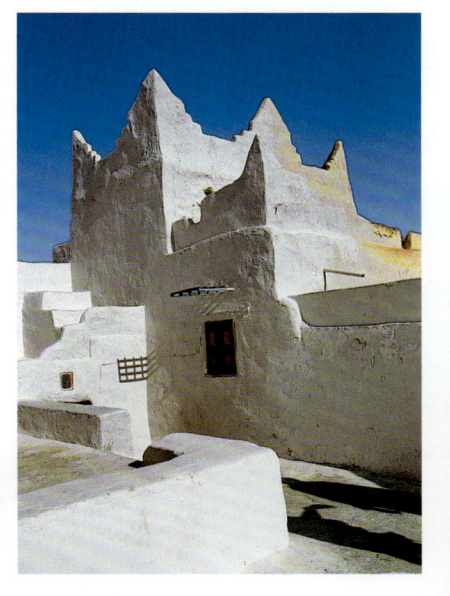

667年，横扫北非的阿拉伯人在西迪·奥克巴的统帅下开始征服这个地区，由此开启了古达米斯的鼎盛时期。仅仅几十年后，古达米斯就成为阿拉伯世界的一个主要连接点，其地盘迅速扩展到了大西洋。从8世纪开始，古达米斯就是一个重要的贸易城镇，城市布局围绕着一个中心广场和巨大的贾米阿提克清真寺（Jami' al-Atiq）、尤努斯清

■ 第354页（左）
古达米斯的狭窄街道。城市中心围绕着玛吉利斯（广场）而建，古老的贾米阿提克清真寺和尤努斯清真寺就矗立在那里。

■ 第354页（右）
古达米斯的许多建筑都用石灰涂成了白色，而且有带着锋利尖角的外墙。这些设计的用意现在尚不明确。

真寺（Yunus mosque）屹立，这是利比亚最古老的清真寺之一，约为雄伟的亚拉伯，分别有四个入口，八个房顶呈穹顶形，为多孔砖砌拱顶。只有米姆拜雅被称为"沙漠中的玫瑰"，其建筑著名的一点在于地面。

因和居布尔和谐的棕褐色建筑。只在米姆拜雅北部和沙漠北部边缘。只有米量和黄金在城市居民区风靡城市。为了在撒哈拉绿洲城镇上排列到整齐的房屋，整个城市呈现死亡。但人们建造的之地区间的

■ 第354—355页
只有米姆拜雅一带，那为"沙漠玫瑰"。据测算约为75名居民的撒哈拉约为25000棵棕榈湖和树构成了水源。

■ 第355页（上）
经测算一个被困的泥屋的入口，墙壁厚约底层的建筑物装有着一座泵站存放间。

只有米姆拜雅
明扬海斯

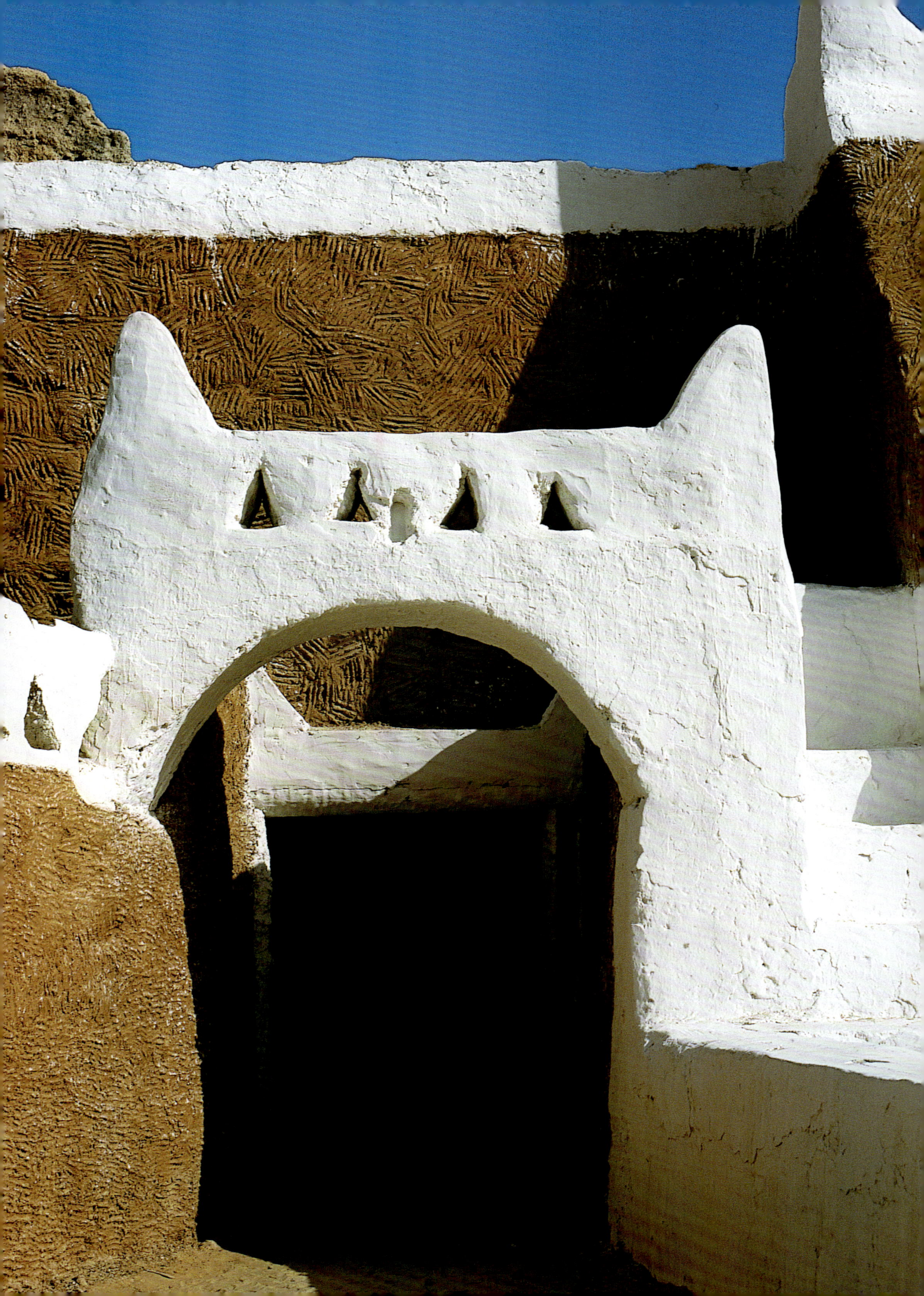

单纯组合。

古达米斯的房子用泥土、黏土和棕榈树干建成，有三层高，每层都有独特的用途：底层入口旁边有两间服务性房间；第二层是塔玛纳特（tamanat），有一个巨大的天窗来提供光照，这是房子的主要起居室，周围通过台阶通往其他房间；从塔玛纳特往上的顶层是阳台，用作厨房和妇女活动场所。

19世纪下半叶，横穿撒哈拉的贸易路线不再繁荣，古达米斯的未来似乎不太乐观。这片绿洲经历了风风雨雨，在殖民时期经历过炮火和围攻。1982年卡扎菲（Gaddafi）委托建筑师建立现代古达米斯城，之后，许多房屋被废弃，这片绿洲成为一个有趣的露天博物馆。由于利比亚冲突不断，政局动荡，2016年，古达米斯城列入联合国教科文组织《濒危世界遗产名录》。旅游业发展不起来，当地就没有修复这些建筑的资金、保障和意愿。这些雄伟壮丽的建筑同时也不堪一击。由于气候变化，这些建筑经常被沙漠中的狂风暴雨吹打，情况更是雪上加霜。

■ 第356页 一座房子的入口。绿洲上所有的建筑都是用未经加工的泥土建造的，但水平承重结构是用棕榈树干建造的。

■ 第357页（上）古达米斯的街道密切地连接着房屋。房屋和街道构成了这座城市独特的内部结构，几个世纪以来不断发展，以改善撒哈拉气候下的居住条件。

■ 第357页（左中）这片绿洲中的街道通常宽2.5~3米，穿过装饰性的拱门或居住区。

■ 第357页（右中）古达米斯城房屋的主要居住区是塔玛纳特。高4~4.88米，形状为规整的立方体，周围各个房间通过阶梯连通。

■ 第357页（下）古达米斯人的厨房在房子的顶层，这是为女性保留的，厨房一般面对着露台，可以进入附近的房间。

伊斯兰世界的明珠

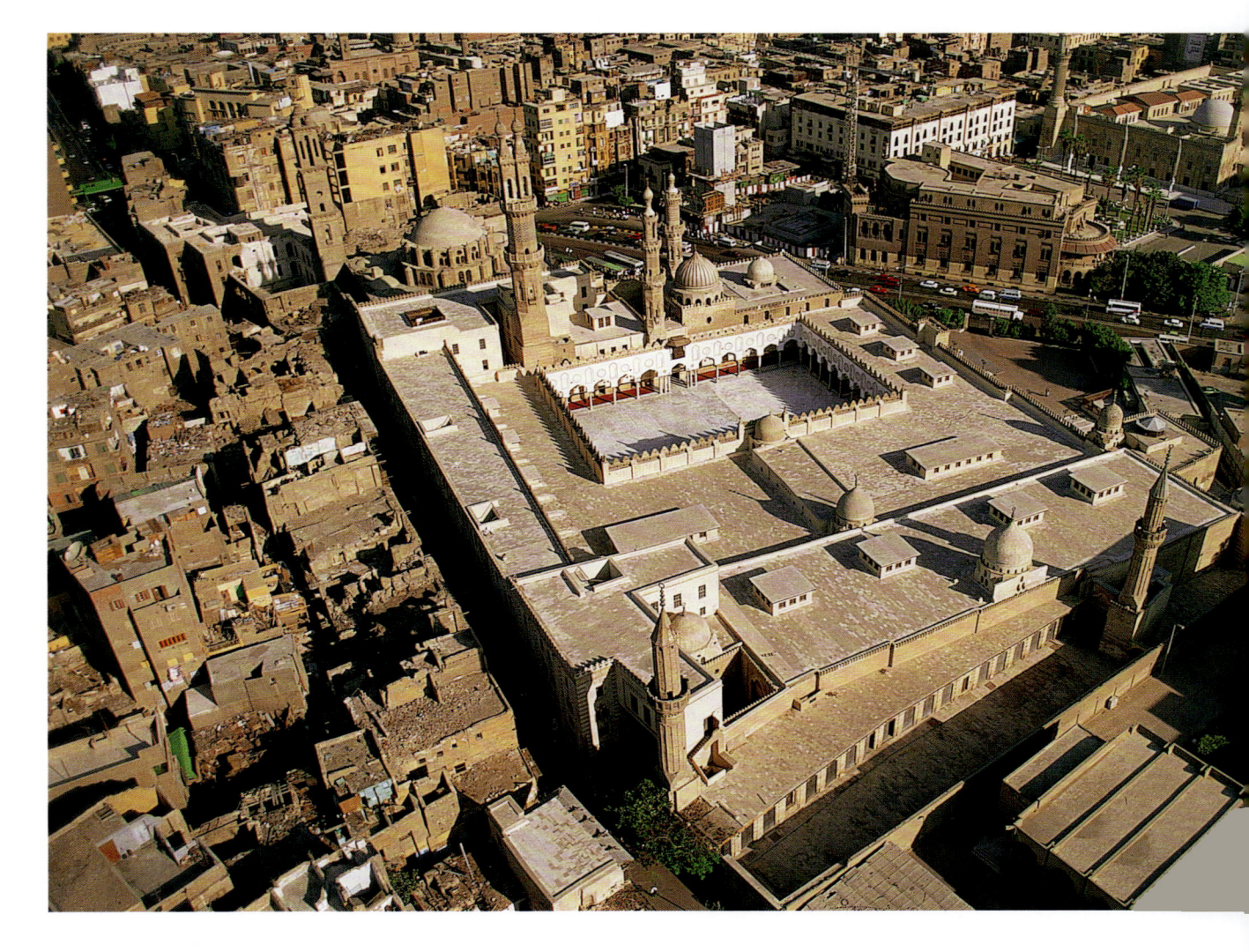

埃及
开罗省 (Cairo Governorate)
入选年份: 1979
遴选标准: C (I)(V)(VI)

开罗城，建于 1392 年的这座雄伟壮美的城市集贸市场 (Khan al-Khalili)，对于爱慕繁华的人颇具吸引力。他们欣然置身于此·现代面纱最善于打扮花枝招展·所以布帛商是为了打扮漂亮女士的马穆鲁克人 (Mamelukes) 所经营的开罗很有吸引力，但是目前开罗并没有太多迷人的魅力的小铺。并对非洲其他城市的发展产生了深远的影响。

与人们的想象相去，它拥有埃及（人）"埃及"。按阿拉伯语为"马斯尔"(Masr)，即埃及，它因其重要性，被众人誉为"埃及"的意思。现在开罗被誉为中东的"加喀拉"(al-Qahirah)，是发达非洲大陆。开罗在阿拉伯世界之中，是座繁荣城市的影响已经占据立之后。

其后继者是一个无名之辈，由他去建一个新城市镇谷特 (al-Fustat)，其距现有的城市约6.44平方千米。现在这些开罗城市中心的地方，他们有三个聚居在尼罗河 (Nile) 西岸。直到969年才正式建立。在此之前，开罗的前身一个长长的临近的城市或明可以追溯到已知历史最早的古时

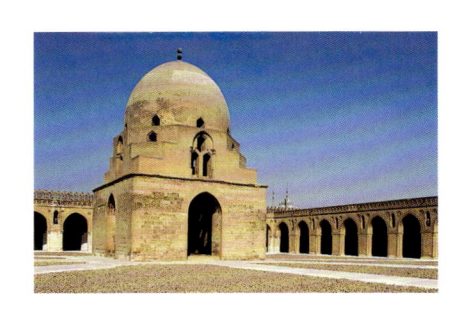

■ 第358—359页（上）
爱资哈尔清真寺。伊本·图伦清真寺是开罗现存最古老的建筑。它建于876年，与阿拉伯于879年，发展成清真寺兼供伊斯兰学者集会的场所。

■ 第358页（上）
爱资哈尔清真寺。它建于972年，由法蒂玛王朝的苏丹为纪念先知穆罕默德的女儿法蒂玛，修建了清真寺和一所神学院，这也是世界最著名的大学之一。

■ 第359页（右上）
伊本·图伦清真寺是一座讲堂寺。这座宏伟的建筑占地大，中央是一座信徒做礼拜用的庭院，这是所有清真寺都一贯采用的建筑形式。

■ 第359页（中上）
伊本·图伦清真寺的学院（Madrasa）的柱廊。属于爱资哈尔清真寺大学建筑群的一部分，建于1309年，周围盖有图书馆。

■ 第359页（中下）
爱资哈尔清真寺的一座讲堂寺。所有这些从反映了北非王朝的影响。

30多年后，阿拔斯王朝为修建伊本·图伦的清真寺，模仿了美索不达米亚及波斯的风格，其中央为庭院，并被着名的花园，四周围绕着柱廊，柱顶饰有尖拱，以便信徒做礼拜用。寺中每天都有穆斯林祷告，它是最早出现尖拱的清真寺。这座建筑呈长方形，每侧有几个尖拱，这种拱架于立柱上，柱上刻有《古兰经》（Koran）经文。

这座清真寺是按什叶派的教义建立的，以便为什叶派王朝的苏丹提供一个统一的中心视觉核，加强他们对外来花园的统治，并接管着周围被转化为权力中心的视觉。然而，这种风格也反映出王朝与东北非及西亚的文化关系，在那里什叶派的王朝统治着所有被征服的地区。什叶派王朝苏丹其后在西西里岛（Sicily）建立一个政府，后来成为领导整个地中海地区，他们以期在所有并传播什叶派教义。什叶派苏丹推行王政体，他们致力于建造阿拉伯社区建立为这座清真寺及新学院，它建成为爱资哈尔王朝最重要的城镇。

开罗尔清真寺建成的一处公共建筑物属于爱资哈尔清真寺什叶派什叶经义的建筑，它于972年，伊斯兰逊了爱资哈尔（al-Azhar）清真寺以纪念先知穆罕默德之女法蒂玛，扎伊达片子建立了众多的子嗣。

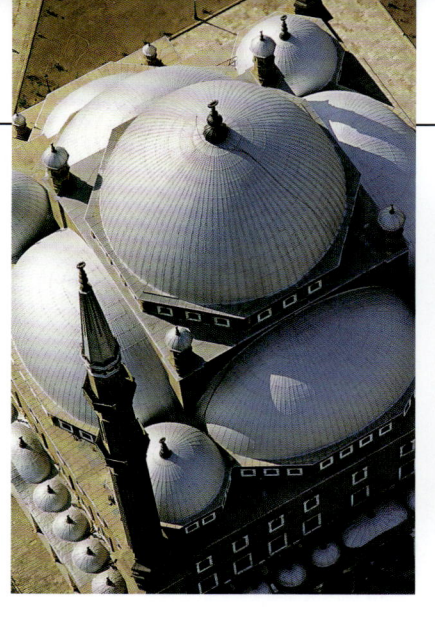

■ 第360页（左上）
穆罕默德·阿里清真寺的圆顶。这座土耳其风格的清真寺是由约瑟夫·布希纳赫设计的，由埃及的统治者穆罕默德·阿里帕夏 在 1830—1857 年修建。

■ 第360页（右上）穆罕默德·阿里清真寺的内部。它通常被称为"雪花石膏清真寺（alabaster mosque）"，因为这种从贝尼苏韦夫（Beni Suef）挖出来的材料被广泛地用来装饰祈祷大厅。

■ 第360—361页
城堡是一个优秀的防御建筑群，它是由萨拉丁在1176—1183 年为了抵挡十字军对这座城市的进攻而建。从那以后，这座堡垒一直作为一个军事要塞，防御墙高 9.75 米、厚 2.75 米。

■ 第361页（上）
哈基姆清真寺是由哈里发阿齐兹和他的儿子埃勒·哈基姆于990-1013 年修建的，是开罗的第二大法蒂玛清真寺，曾被用作关押十字军囚犯的监狱、拿破仑军队的仓库，加麦尔·纳赛尔总统时期的学校。

一个附属伊斯兰学校——爱兹哈尔大学，975 年开始讲授经课，由此，爱资哈尔成为世界上最古老的大学之一。与此同时，巴格达政权衰落，西班牙收复科尔多瓦，导致这些城市的大学都关闭了，而整个伊斯兰世界的学者都来到了开罗。到 11 世纪末，已经有 10000 名学生进入爱兹哈尔大学学习，从此，那里一直是伊斯兰文化的灯塔。经过了几个世纪，它也成了埃及所有政治和社会变革的动力来源。

从建筑学角度看，今天位于伊斯兰开罗中心的爱资哈尔清真寺是埃及接受过的所有文化风格和文化影响的缩影。寺内有五座带有小阳台和典雅浅浮雕的宣礼塔，并且有六个入口。最主要的一个是建于 18 世纪的巴布·姆萨伊尼（Bab el-Muzayini），也叫作"理发师之门"（因为学生们在进入大学之前必须在这里理发）。从这扇门进入，就有一个小庭院通往阿克布哈维亚学院（Aqbaughawiya Madrasah）（建于 1340 年，现用作图书馆）。另一边的巴布·加伊特拜（Bab el-Qaitbay）通往最大的庭院，那里排列着修建于各个时期的院子。这些院子反映了学校师生所来自的伊斯兰世界不同地区的名字和装饰风格。

哈基姆清真寺（Mosque of al-Hakim），建于 990—1013 年，可以追溯到法蒂玛时期。尽管在马穆鲁克时期经过了重修，但是它仍然保留原来的大理石墙和精美的灰泥粉饰。它还有很大的历史价值，因为它是由德鲁兹教派的创始人修建的。阿克马尔清真寺（Mosque of al-Aqmar，灰色清真寺）是一座优雅的石头建筑，它的入口通道有钟乳石装饰。这座清真寺和开罗的一些最漂亮的大门都建于 11 世纪末期，如巴布·埃勒·纳斯尔（Bab el Nasr）和巴布·祖维拉（Bab Zuwaylah）。

然而，此时法蒂玛的统治地位已经开始衰落。12 世纪初，埃及成为十字军和从中亚大草原过来的新兴伊斯兰势力塞尔柱王朝的战场。1168 年，在努尔丁的率领下，塞尔柱人占领了开罗。第二年，这位新的统治者去世，一个年轻的首领萨拉丁掌握了开罗城的政权，他注定要成为中世纪历史上最重要的人物之一。人们更多地称呼他为"残酷的萨拉丁"。

尽管基督徒认为他很残忍，但作为一个统治者，萨拉丁促进了开罗人民和平共处，并新建了很多建筑来发展这座城市。萨拉丁城堡是开罗的珍宝之一，唯一的缺点是修建它所用的部分石块是从金字塔上拆下来的。城堡的围墙高 10 米、厚

▎第361页（左下）
巴布·祖维拉标志着法蒂玛王朝时期开罗的南部边界。直到1087年巴德·加马里建造了一个有三个大门的防御墙，这座城市才有了防御功能，它是委托叙利亚建筑师设计的。

▎第361页（右下）
爱资哈尔清真寺五个宣礼塔之一，背景是整个城市。今天，开罗有1500万居民，是非洲最大的城市。

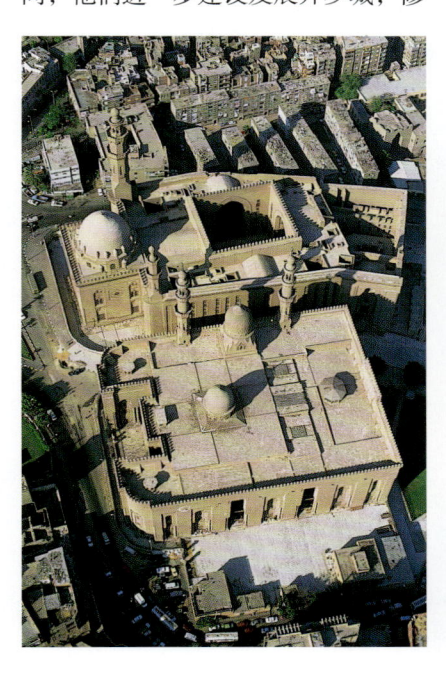

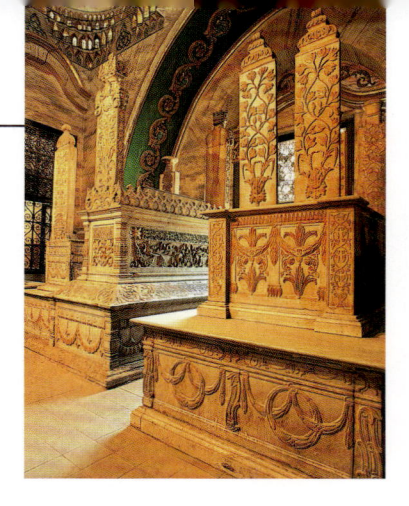

纪的阿斯温古尔清真寺（Asunqur Mosque）建筑群，每块一个大清真寺、一所学院（苏非经学院），一座陵墓和一栋清真寺共有14世纪的建筑体现出规整而稳重的建筑风格，其中殿堂、神学院、墓地、市场和喷泉等。建清真寺，之类建筑和住宅，之所以称清真寺，是因为人们通常都把它叫作清真寺（Mosque），其样式著名且为名色彩和漂亮而出名，它出自伊兹尼克（Iznik）产出的蓝色和有关各色瓷砖；另外还有15世纪的阿克萨和喷礼清真寺（Mosque of al-Mu'ayyad），又加尔红石砖清真寺，寺内有精美奇异的石刻装饰和精美大理石镶饰品。

1182年，撒拉丁为了保卫开罗而把新城和旧城连接起来并加以开拓，其中没有回来。他老巴扎中的店铺和喷泉在中的装饰和装潢所完成，苏非，他们得到了各式各样的朝廷信任，并且在考察中有着各种名誉地位。并且在1249年撒拉丁的陵墓也葬在重的神位。他们被称为马穆鲁克兵，许多是开拓的商贾，作为有刺的 15世纪石灰岩的一所建造而居住并营建，他们之一座建筑在此居住和营建，伴们之一座建造在此居住和营建。

3米，可用的建筑确立出由塔拉丁的军事要塞，其中每根一个高达87米的柱子。清真寺的喷泉周围立了，都要泼水池。借助此类建筑把周围保住水。这凝几乎可以保证在炎热期间的低温。这小建筑甚随后又修建了一座主殿并且把规矩着 4800 匹马的马厩与喷泉。

第362页（左上）
...是开罗市中最古老的清真寺之一，最初建造于1256年为纪念某位苏丹和喷泉，如果你从这些宏伟的建筑去留意看，如那几座陵墓都带有它们各自的装饰。宏伟壮观，它最早与其他三个共用建筑。

第362页（左下）
在风格上，苏丹哈桑清真寺（Sultan Hassan Mosque）和它的叫拜楼的构造完全被视为是华彩。

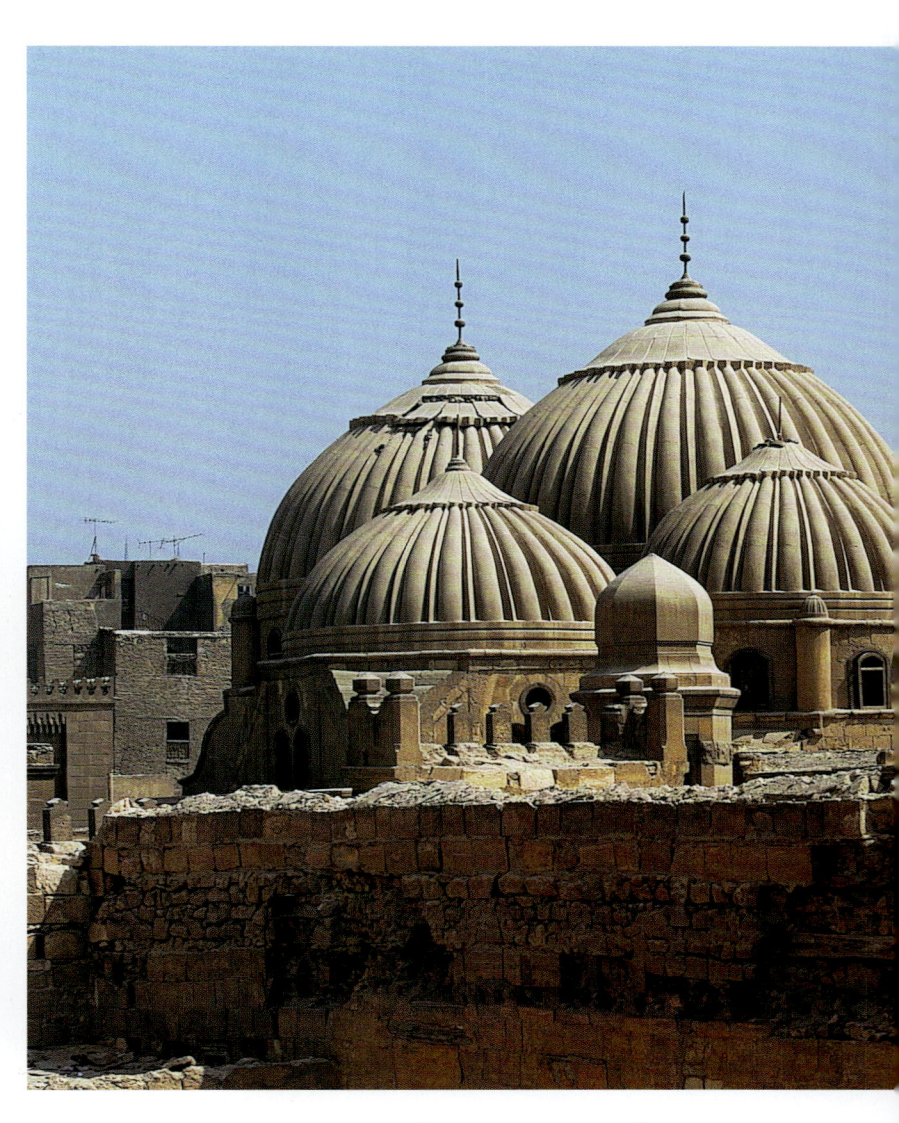

第362页（右上）
一座与喷泉相连的清真寺的叫拜楼，与喷泉相连的是耀眼夺目的装饰花纹框架，他们在喷泉上的努力和手艺无与伦比。

第362—363页
謝赫·艾哈迈德·阿尔-巴沙（Hausch al-Basha），开罗苏丹的陵墓，其样式著名且为名色彩绘饰和漂亮装饰所完成。

第363页（上）
謝赫·艾哈迈德的墓室和喷泉，别具匠心的建造和构造手艺到15世纪中叶的15世纪以来保存最为完好的建筑，它是北非。

马穆鲁克发展时期的开罗发展到了顶峰，成为东西方贸易的交汇点。1488年，一条经过好望角的贸易路线开辟，这标志着埃及垄断地位的结束。同时，土耳其人打败了马穆鲁克人，开启对埃及的统治一直到19世纪初。

开罗的贸易仍然兴旺，市场众多，尤其是汉哈利利集市。开罗人擅于珠宝制作、玻璃吹制、木雕和刺绣。人们可以在固力宫（El-Ghuri Wakala）的墙后面欣赏到他们精湛的手工艺水平。固力宫是这座城市最吸引人的建筑之一，为了给来自亚洲、非洲和欧洲的商人提供住宿而建造。

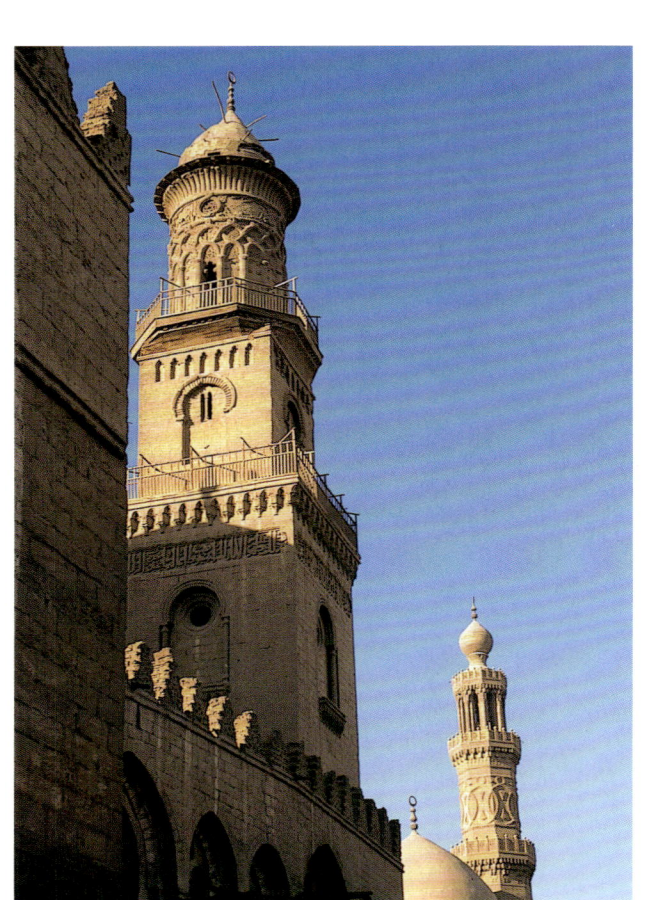

▌第363页（右下）
这是红色清真寺，位于巴布·祖维拉（Bab Zuwayla）附近，由苏丹穆阿台兹于1415年至1420年间建造。内部墙壁全部镶嵌着彩色大理石制成的几何图案。

▌第363页（中右）
1284年，马穆鲁克统治者曼苏尔沿着法蒂玛王朝时期开罗的穆兹（Muizz）街建造了苏丹卡拉乌恩建筑群。这是代表马穆鲁克时代叙利亚建筑风格的第一个典范。

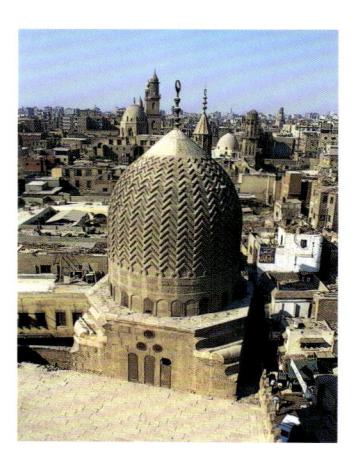

埃塞俄比亚

入选年份：1979
遴选标准：C(II)(III)

贡德尔地区（Gonder Region），塔纳湖（Lake Tana）

贡德尔古城区及其皇宫建筑

16世纪时，据传有一段关于埃塞俄比亚国王朝布的·丹姆尔的传奇，据传说：一天使者出现在埃塞俄比亚国王朝布的一个小村庄中，带给他们名字是一个以字母"C"为开头的地方，他们就在了一个以字母"C"为开头的地方。又说了一个，他将其名字作为十字架中的题目。又说了一个，经常其有着青绿建映。王朝其根，在此之前，据塞俄比亚皇母"C"开头的地方，在那里要建立了一个以字母"C"为开头的地方。

从此，关于说明的皇宫的名字都是以"C"，我的皇宫建筑。后来，1636年他的一座山东边的皇宫为"C"。1636年从此的一个山东边的皇宫为"C"。1636年从此的一个山东边的皇宫为"C"。国王终于在北边选了一座山作北的皇宫，国王将选定的这座山北的皇宫（Guzara），而国王也就把皇宫从此名字都是以"C"为开头的名字。第一个国王选定这座山的名字（Gorgora）。

关于这座皇宫的建筑有许多不同的风格后又被许多后来子孙最集锦的风格，将王位传给了他的儿子。人们不知道国王朝布利亚城所建的儿子，后来他的原来一座城堡所的，但是这座城堡也是这座城堡的建筑一座在1648年。

盖比的地方成为一个带防御工事的建筑群，里面有大约20座宫殿和30座教堂。

法西利达斯还修建了其他的宫殿。1667年，他死后，他的儿子约翰尼斯一世继承了王位，并为这座皇家建筑群增修图书馆和大臣官邸。他还强制人们严格信奉科普特教，驱逐所有拒绝皈依的天主教徒，隔离穆斯林和法拉沙犹太人。后来法西利达斯的孙子伊亚苏一世继承约翰尼斯一世的王位，在其统治下，17世纪末贡德尔成为一个繁荣的贸易中心，吸引了来自欧洲、中东和阿拉伯半岛的旅客。伊亚苏一世在法西尔盖比修建了很多重要的建筑，比如德布瑞·贝尔翰·塞拉西教堂（Church of Debre Berhan Selassie）。但是1715年，伊亚苏一世被其儿子特克尔·海曼诺特谋杀，他的统治结束了。特克尔仅仅统治了两年后也在一次伏击中被杀了。

1721年，暴君巴卡法掌握政权，并在很短时间内控制了整个帝国，那时帝国正在被流血冲突引发的朝廷内部复杂的阴谋所摧毁，后来他把王位传给了他的儿子伊亚苏二世。伊亚苏二世重用一些艺术家和有才能的文人，并使贡德尔的贸易再次繁荣，而且一个大的穆斯林群体在这里定居下来。然而，这是这座城市最后的辉煌，帝国很快就分崩离析。很久之后，特沃德罗斯国王再次统一帝国，但是他不喜欢贡德尔，于是1855年把首都迁到了德卜勒塔博尔（Debre Tabor），之后又迁到了马格达拉（Magdela）。

围绕着马卡巴比亚（Makababya）皇室领地的城墙大概建于伊亚苏一世时期，长396米。围墙内的建筑布局受到多种不同风格的影响，有些部分类似中世纪的堡垒，有些像东方的宫殿，在第二时期修建的建筑中可以看到阿拉伯、印度和巴洛克风格。法西利达斯修建的城堡是最壮观的一座，它有褐色玄武岩城齿和楼梯、四个圆塔，还有石头圆顶与门窗的拱顶相呼应。这里曾经吸引了世界各地的贵族和商人，然而如今已经没有了往日的华美，那些锦缎地毯和金银装饰也都不见了。

有的建筑，如那座装饰着红色凝灰岩十字架的两层楼的图书馆，以及曾经装饰着象牙横饰带的大臣官邸，遭遇了更严重的破坏，结果现在成为废墟。紧邻法西利达斯城堡的是伊亚苏一世的城堡，由三个塔环绕着一个方形的城堡大厅组成，由于其屋顶形状独特而通常被称作"马鞍宫殿"。值得一提的建筑还有音乐厅、婚礼厅、土耳其浴室和教堂，如德布瑞·贝尔翰·塞拉西教堂，它的墙壁和天花板上都有壁画，建在一个带有城齿的围墙圈起来的公园里。

20世纪时，贡德尔皇宫被弃用，但是现在亚的斯亚贝巴（Addis Ababa）政府发起了一个项目，对它们进行修复。作为一个没落的曾经伟大的城市，贡德尔是一个了不起的历史遗迹，一个永远蒙着怀古面纱的帝国都城。

■ 第364—365页 法西尔盖比作为埃塞俄比亚的首都长达两个世纪，其皇家领地里的建筑是由国王法西利达斯于1636年开始建造的。该建筑群包括20座左右的皇家宫殿和大约30座教堂。

■ 第365页（左上）法西利达斯的住宅是法西尔盖比最壮观和保存最好的建筑。它的设计融合了一些其他建筑文化的影响，包括欧洲元素如垛口墙，阿拉伯特色如四个圆形塔和圆顶屋顶。

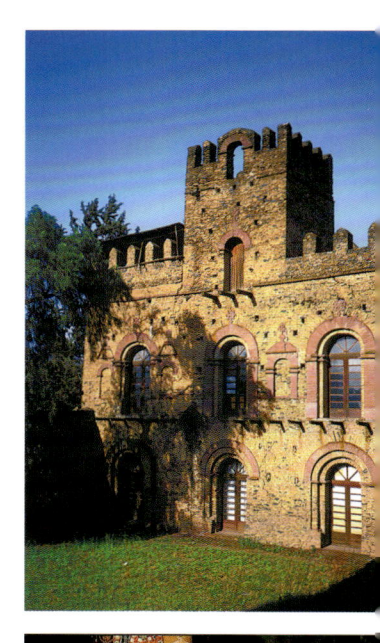

■ 第365页（中）伊亚苏二世的宫殿。18世纪中期，伊亚苏二世使法西尔盖比在经历了一段激烈的内部斗争后，恢复了原来的辉煌。这位国王是一位通晓世故、有文化的人，他身边聚集了许多艺术家、文人和商人。

■ 第365页（下）18世纪早期由国王伊亚苏一世建造的华丽的德布瑞·贝尔翰·塞拉西教堂内的一位科普特牧师。他身后的墙壁和天花板上都有壁画。

桑给巴尔石头城

坦桑尼亚

温古贾岛（Unguja）或桑给巴尔岛（Zanzibar）的西岸
入选年份：2000
遴选标准：(Ⅱ)(Ⅲ)(Ⅵ)

■ 第366页（左上）
石头城的旧码头。后面的贝特·阿阿卜卜（奇迹屋）由巴伽什苏丹于1883年所建，它是这个岛上第一个通电的建筑。

■ 第366页（左中）
最近的修复工作使旧药房往日的辉煌得以再现。它是由一个印度富商为庆祝维多利亚女王登基25周年而建。

■ 第366页（右下）
圣公会大教堂建于1873—1880年，位于奴隶市场的旧址上。如今97%的桑给巴尔人是穆斯林教徒，其余的是基督徒、印度教徒或锡克教徒。

桑给巴尔的建立源于一个噩梦。675年，继承设拉子王位的阿比·本·苏丹哈桑梦见他的宫殿被老鼠吞噬了。作为一个迷信的人，他觉得这是不祥的预兆，于是决定离开波斯。长途跋涉，漂洋过海之后，一场暴风雨迫使他在印度洋的一个岛屿上岸。

苏丹哈桑和他的同伴们很喜欢这个地方。他们的后代与非洲人通婚繁衍，创造了一个有着自己的语言的群体，他们说是斯瓦希里语。几个世纪以来，这种语言传播到了东非的沿海地区，它的名字源于阿拉伯语，意思是"岸边"。一千多年以后，设拉子人仍然保持着强烈的身份认同感。尽管这座岛屿在古代是一个商业中心，亚述人、埃及人、腓尼基人、葡萄牙人、中国人、印度人和英格兰人曾先后在这里定居，但设拉子人对它的影响才是决定性的。今天，这里97%的人口是伊斯兰教徒，剩下的分别是基督徒、印度教徒和锡克教徒。

17世纪，温古贾岛（Island of Unguja）成为印度洋奴隶贸易的主要中心。令设拉子人感到自豪的是，他们从未参与到这种卑鄙的贩卖交易中，来自阿曼的其他阿拉伯人才是唯一的参与者。在桑给巴尔，这些人控制了从莫桑比克（Mozambique）到索马里（Somalia）约1000千米的非洲海岸。

1832年，阿曼的统治者塞西德·赛义德把他的苏丹国从马斯喀特（Muscat）迁到了桑给巴尔，在葡萄牙人居住地的一片废墟上修建了一个要塞，并建立统治了130年的布赛义迪王朝（Busaidi Dynasty）。除了奴隶和象牙贸易，香料贸易也很快兴盛起来。19世纪初，印度商人引进了丁香的种植，得益于其有利的气候，不到50年，桑给巴尔就成为这种香料的世界主要生产国。随着丁香种植的成功，人们也开始种植肉桂、孜然、姜、胡椒和豆蔻。

石头城（Stone Town）是一个三角半岛上的主要定居点。许多建筑，尤其是阿拉伯商人的宅邸，都是在这个时期所建。这些两层或三层的住宅，由珊瑚石建成，周围是一个庭院，反映了阿拉伯式布局与印度和欧洲风格相结合。印度的影响体现在带装饰的窗框和带有金属钉的雕花木门上，这些元素在南亚次大陆上是用来抵挡大象的，而桑给巴尔岛上并没有大象。用阳台、凉廊、

■ 第366—367页
石头城俯瞰图。17世纪以来，这个港口一直是印度洋上最主要的奴隶贸易中心。随着19世纪奴隶制被废除，它开始成为"香料港口"。

和走廊来装饰房子的风格则是欧洲人带来的。然而，巴扎拉，即沿墙放置的石凳，是岛上的典型风格，即使在今天，它们仍然是当地人喜欢的"聚会场所"。

哈曼（Hamman）、巴尔纳拉清真寺（Balnara Mosque）、苏丹宫殿，和贝特·阿阿卜卜（Bait el-Ajaib），又叫作奇迹屋，都建于19世纪。奇迹屋是城市中最大的建筑，1870年伊本·赛义德·巴伽什为了举行典礼而委托建造。1873年，英国因苏丹国王没有遵守反奴隶制条约而对他宣战，苏丹国王为了使奇迹屋免遭炮火的破坏而向英国人投降。在第一声枪响后，巴伽什在敌方行动开始仅38分钟就投降了。为了庆祝这场胜利，英国人在奴隶市场的原址上建造了一座圣公会大教堂（Anglican cathedral）。这栋建筑是奇特的新哥特式风格和阿拉伯风格的结合，竣工于1879年，苏丹送的钟表被安置在钟楼上。由法国人资助的天主教教堂也是在同一时期建立的。最值得一提的欧洲风格建筑是老药房（Old Dispensary），它是由一个印度富商为庆祝女王登基25周年而建的。

英国人在奴隶贸易被废除之前来到了桑给巴尔岛。最著名的英国游客是戴维·利文斯通博士（Dr. David Livingstone），他1871年出发去"黑非洲"进行最后一次探险之前住在那里。在去过维多利亚瀑布（Victoria Falls）后，他继续向赞比西河入海口前进。他死于旅途中，遗体经过当地人的防腐处理，被带回桑给巴尔岛，在那里保存了一段时间后被送往威斯敏斯特修道院埋葬。他的一些珍贵的笔记和药箱在和平纪念馆展出。

▎第367页（右中）
港口城市典型的木雕作品。门框是典型的印度次大陆风格，因为那些精致的金属饰钉在印度的某些地方是用来抵挡大象的。

▎第367页（右下）
1689—1701年由阿曼的布赛义德建于早期的葡萄牙堡垒之上，后来被英国人占领。

美洲遗产地列表

1 美国：纽约自由女神像 370
1 美国：陶斯印第安村 372
2 墨西哥：瓜纳华托古镇及其银矿 374
2 墨西哥：瓦哈卡历史中心 378
3 古巴：哈瓦那旧城及其防御工事 382
3 古巴：特立尼达岛和甘蔗谷 386
4 危地马拉：安提瓜古城 390
5 哥伦比亚：卡塔赫纳港口、要塞和古堡群 394
6 秘鲁：阿雷基帕历史中心 399
7 巴西：巴伊亚的萨尔瓦多历史中心 403
7 巴西：巴西利亚城 406
8 玻利维亚：苏克雷历史中心 410
9 阿根廷：科尔多瓦耶稣会街区和牧场 414

美洲

1492年10月12日，克里斯托弗·哥伦布出海远航到达伊斯帕尼奥拉岛（Island of Hispaniola），标志着人类历史，尤其是美洲大陆土著居民的历史将发生深刻变化。尽管欧洲殖民者在不同的时间，以不同的方式到达这里，但他们的到来使土著居民逐渐丧失自己的身份，也使北部和拉丁美洲的乡村和城市遭到破坏和废弃。

结果，联合国教科文组织《世界遗产名录》中的50多个美洲遗产地，仅有一个代表了现存的美洲文明遗产，那就是美国的陶斯印第安村（Pueblo de Taos），现在仍然有普韦布洛印第安人（Pueblo Indians）居住。北美的其他遗产地大多与英国和法国的殖民历史有关，或者是独立的象征，比如独立大厅（Independence Hall）和自由女神像（Statue of Liberty）。直到现在，美国20世纪非凡的艺术活力也没有为它在联合国教科文组织的世界遗产分类中赢得一席之地。

同样，拉丁美洲的大多数文化遗产都与西班牙统治的那几个世纪相关。从墨西哥到阿根廷，像玛雅和印加这样的伟大文明遗迹仍然在美洲印第安人的文化记忆中留下深刻的印记，但他们的仪式中心已经几个世纪无人居住了。美洲大陆上西班牙人的城市建立在以前土著居民居住的地方，要么抹去了所有原有文明的痕迹，要么形成了与本土建筑融合的新风格。

因此，拉丁美洲的建筑遗产与西班牙殖民时代和皮萨罗等征服者从墨西哥湾到太平洋的前进脚步是一致的。拉丁美洲的遗产包括西班牙人建造的城市和防御墙，以及来新大陆传播基督教的耶稣会士建立的布道所。

拉丁美洲的建筑风格起源于17世纪的欧洲。尽管因为使用当地劳动力而形成了一种独特的形式、原始装饰和以印第安土著为人物形象的艺术，巴洛克风格仍占据了优势地位。

经过不同时期的独立斗争，拉丁美洲的国家重建了他们的历史。但是毁灭性的殖民统治已经拖缓了当地的经济发展，影响了文明的演变。因此，从19世纪开始，整个大陆落后的政治经济状况也影响到了建筑。唯一例外的是巴西利亚（Brasilia），它是巴西城市规划师卢西奥·科斯塔（Lucio Costa）和建筑师奥斯卡·尼迈耶（Oscar Niemeyer）的一个杰作，这座城市是明确按照首都的功能设计和建造的。

纽约自由女神像

美国 | 纽约
入选年份：1984
遴选标准：C（Ⅰ）（Ⅵ）

第372页（左）
为庆祝美国独立一百周年而捐赠，自由女神像直到1886年的10月28日才揭幕。

1986年7月3日的晚上，成千上万的人来到纽约港观看烟花表演，这场表演耗资200万美元。这是一笔大数目，但是与为了纪念自由女神像100周年而花费的8700万美元重修资金相比，就显得微不足道了。为了让这座近120年来一直作为美国象征的建筑重现最初的辉煌，这些花费都是值得的。

1865年春，当南方联盟军队投降，结束内战时，弗雷德里克·奥古斯特·巴托尔迪（Frédéric Auguste Bartholdi）就萌生了一个想法，想要创作一件象征法国和美国在为自由而战中的兄弟情的雕塑作品。1871年，这位艺术家跨越大西洋，把他的计划提交给了总统尤利西斯·格兰特。最后决定，为了庆祝美国独立一百周年，这座雕像将于1876年7月4日揭幕，由美国政府为雕像建造基座。

这些设想是很美好的。但是当时两国的经济状况都不太好，财政连续好几年出现问题。直到约瑟夫·普利策（Joseph Pulitzer，普利策新闻奖以他的名字命名）发起了一项活动，在他的报纸《世界报》（The World）专栏上发表了一系列言辞慷慨的社论，为迎接自由女神像筹款，鼓励所有美国人参与到这项事业中来。1884年，雕像终于竣工。一年之后，当基座准备就绪后，组成雕像的350块铜片由法国护卫舰伊泽尔号穿过大西洋，送到了美国。

1886年10月28日，在纽约港前面的贝德罗岛（Bedloe Island）上，格罗夫·克利夫兰总统揭幕了"自由照耀世界"雕像，比原计划晚了十多年。它高46米，如果包括水泥基座在内，则有93米高，近3万吨重，中间用亚历山大·古斯塔夫·埃菲尔（Alexandre Gustave Eiffel）设计的铁塔来承重。外层铜片重34吨，但厚度只有2.37毫米，不到十分之一英寸，它们挂在中央支撑架上，历经沧桑。为了建造史上最大的金属雕像，巴托尔迪制作了更大尺寸的模型，其中一些保存在基座里面的雕像博物馆里。为了塑造自由女神的形象，这位法国雕塑家找了他的母亲做模特，但是这个姿势很容易让她疲劳，所以巴尔托迪走上巴黎街道寻找一个容貌与他的母亲相似的年轻女子。他遇到了珍妮·埃米莉·巴厄·皮西厄。完成了模特任务后，她便成为巴尔托迪的妻子。

从自由女神雕像的基座开始，要爬354级台阶才能到达王冠，那是对公众开放的最高点，在那里可以看到纽约港的壮丽景色。王冠是最具象征意义的部分之一：它的七个点代表七大洋（北冰洋、南冰洋、北大西洋、南大西洋、北太平洋、南太平洋和印度洋），或者可能代表七大洲（北美和南美、欧洲、亚洲、非洲、大洋洲和南极洲）。皇冠上的窗户据说代表地球上的25种天然矿物。这位妇女右手拿着火炬，这个火炬重建于1986年，周围镶有24克拉的黄金，代表着自由带来的光芒。她左手拿着的板上刻有罗马数字美国独立纪念日的日期——1776年7月4日。雕像的长袍是为了纪念历史上第一个民主"实验"国——罗马共和国，而她脚边断裂的锁链则象征着废除奴隶制的胜利。

自由女神雕像建在伍德古堡（Fort Wood）内。伍德堡位于贝德罗岛上，保卫着纽约港。自由女神像最初是由美国灯塔委员会管理，之后移交给了战争部，最后在1933年移交给了美国国家公园管理局（National Park Service）。1956年，该岛重新命名为自由岛。

奇怪的是，没有人见过这尊铜像原来的颜色。材料氧化速度很快，意味着当她到达纽约时，她已经变成了非常深的棕色，近乎黑色。二十年后，她变成了特有的绿色，这种颜色象征着整个移民一代寻求致富和新生活的希望。

■ 第370页（右）雕像矗立于贝德罗岛伍德古堡院内，纽约港入口处，被放置在一个八角星形的底座上，里面有移民博物馆。

■ 第371页（左）"自由照耀世界"（纪念碑的正式名称）的许多元素具有象征意义。火炬上面有24克拉金饰，代表着自由带来的光芒。她穿的长袍是为了纪念第一个民主实验国——罗马共和国。

■ 第371页（右上）"自由女神"左手握着的板上写着1776年7月4日，即美国独立日。

陶斯印第安村

美国 | 新墨西哥州（New Mexico）陶斯印第安村（Taos Valley）
入选年份：1992
遴选标准：C（Ⅵ）

第372页（上）
格兰德河的一条支流向北流经陶斯村，这里至今仍是一片荒野。普韦布洛印第安人从13世纪早期开始在这一地区建立了几个村庄，现存的陶斯村可以追溯到1350年。

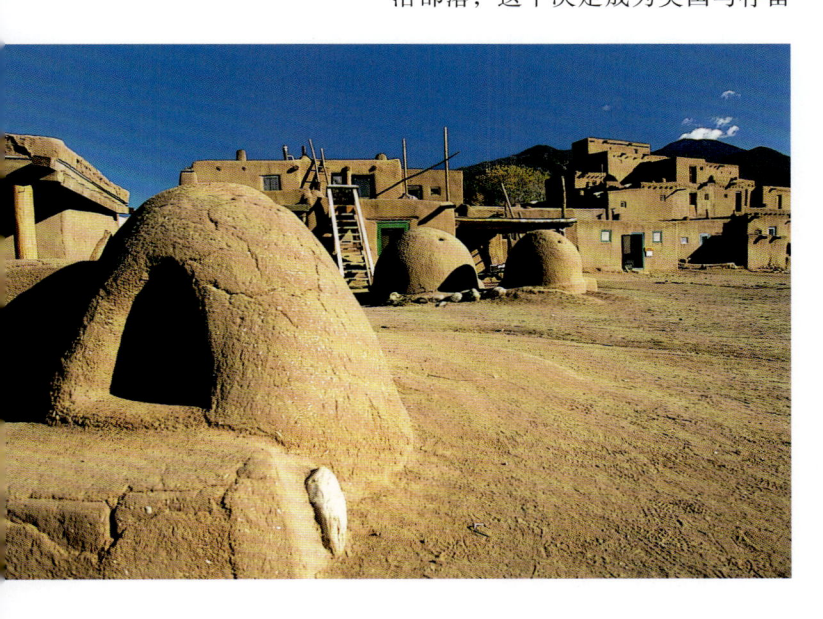

第372页（下）
陶斯村大多数房子前面都有烤面包用的烤炉。这些圆形的烤箱显然是源自阿拉伯，这种设计在1540年被西班牙人带到北美。

第372—373页
陶斯村里所有的建筑都是用黏土（一种泥土和稻草的混合物）砖砌成的，内衬糊上泥。虽然每个雨季过后都需要维护它，但这种材料可以保持房子冬暖夏凉。

第373页（下）圣弗朗西斯科·德·阿西斯教堂（Church of San Francisco de Asis）是陶斯最有趣的建筑之一。自19世纪末，艺术家和前卫的知识分子就对这座村庄的原始建筑非常感兴趣。

　　每年8月底，陶斯印第安村（Pueblo de Taos）会在蓝湖（Blue Lake）边举行入会仪式。如果想要参与社区的宗教生活，享有政治地位，就必须参加这个仪式。格兰德河的一条小支流经过蓝湖向北流去，对于陶斯村的普韦布洛印第安人来说，这个湖是生活在新墨西哥州和亚利桑那州地区的土著居民的发源地。1970年联邦政府决定把陶斯山谷之巅的圣湖归还给普韦布洛部落，这个决定成为美国与存留的土著居民之间和解的转折点。

　　有迹象表明，5000年前就有原始人类在此定居，但根据现有的实证，第一批定居者是阿纳萨齐印第安人，公元9世纪左右生活在这一地区的"祖先"。人们对他们的文明所知甚少，但可以肯定的是，在普韦布洛房屋建造出来之前，他们就住在挖出的地下避难所里。陶斯印第安村建于14世纪中期，在今天陶斯城的北部，相距数英里。

　　1540年，第一批欧洲人踏进陶斯村，他们是由埃尔南·阿尔瓦拉多率领的征服者，方济会的传教士紧随其后。得益于西班牙国王菲利普二世的善意，普韦布洛印第安人获得了一定的自治权，直到16世纪末，这些社区的生活环境相对和平。这一时期，用烧结砖建造的普韦布洛人建筑受到了西班牙的影响，也间接地受到了在伊比利亚半岛（Iberian peninsula）占主导地位的阿拉伯建筑的影响。早在几个世纪前普韦布洛人了就知道烧砖的技术，但直到这时，他们才开始使用木模具使砖形成规则的形状，并建造圆形烤箱来烤面包，这很明显是阿拉伯风格。

　　17世纪，西班牙人的影响更加显著，1680年普韦布洛人起义，但1692年被镇压而失败。接下来的一个世纪，大批农业移民来到新墨西哥州，并在当地村庄附近建立了自给自足的农场。西班牙殖民地结束时，普韦布洛人受到了一定程度的孤立，但这恰好使他们得以坚持自己的传统、保持独立的精神。1821年墨西哥摆脱了西班牙的统治，赢得了独立。这个新兴国家和从美洲东海岸长途跋涉而来的皮货商人之间的矛盾很快就爆发了。这些"山里人"——作为丹尼尔·布恩（Daniel Boone）的集体无意识和政治学家戴维·克罗克特（Davy Crockett）的蛮荒形象的象征——与印第安人一起生活，学习他们的狩猎技术，并接受他们的习俗。他们还和印第安人一起战斗，保卫土著普韦布洛人的村庄对抗游牧民族比如纳瓦霍人和阿帕奇人的攻击。美国的西部扩张在1846年的战争中达到高潮，之后包括亚利桑那州在内的新墨西哥州成为美国版图的一部分。在这些年中，基特·卡森在内战中为保卫飘扬在陶斯印第安村的联邦旗帜而奋战。

"入侵者"的到来并没有就此结束。19世纪70年代出现了淘金热，更多的人来此寻求财富，并在此定居。20世纪初，艺术家们也纷纷来此；欧内斯特·布鲁曼沙因(Ernest Blumenschein)和伯特·菲利普斯(Bert Phillips)是首批"侨民"，后来还有很多知识分子，如画家乔治亚·奥基弗(Georgia O'Keeffe)、摄影师安塞尔·亚当斯（Ansel Adams），精神分析学家卡尔·荣格（Carl Jung），作家劳伦斯（D.H. Lawrence）。

尽管受到许多外界的影响，陶斯村的建筑和文化仍然保存了下来，今天这个村庄是美国国土上最古老的定居点之一。普韦布洛人通过设立部落首领和部落理事会来维护他们对土地的主权，而繁荣的手工艺和旅游业确保了他们经济的独立。

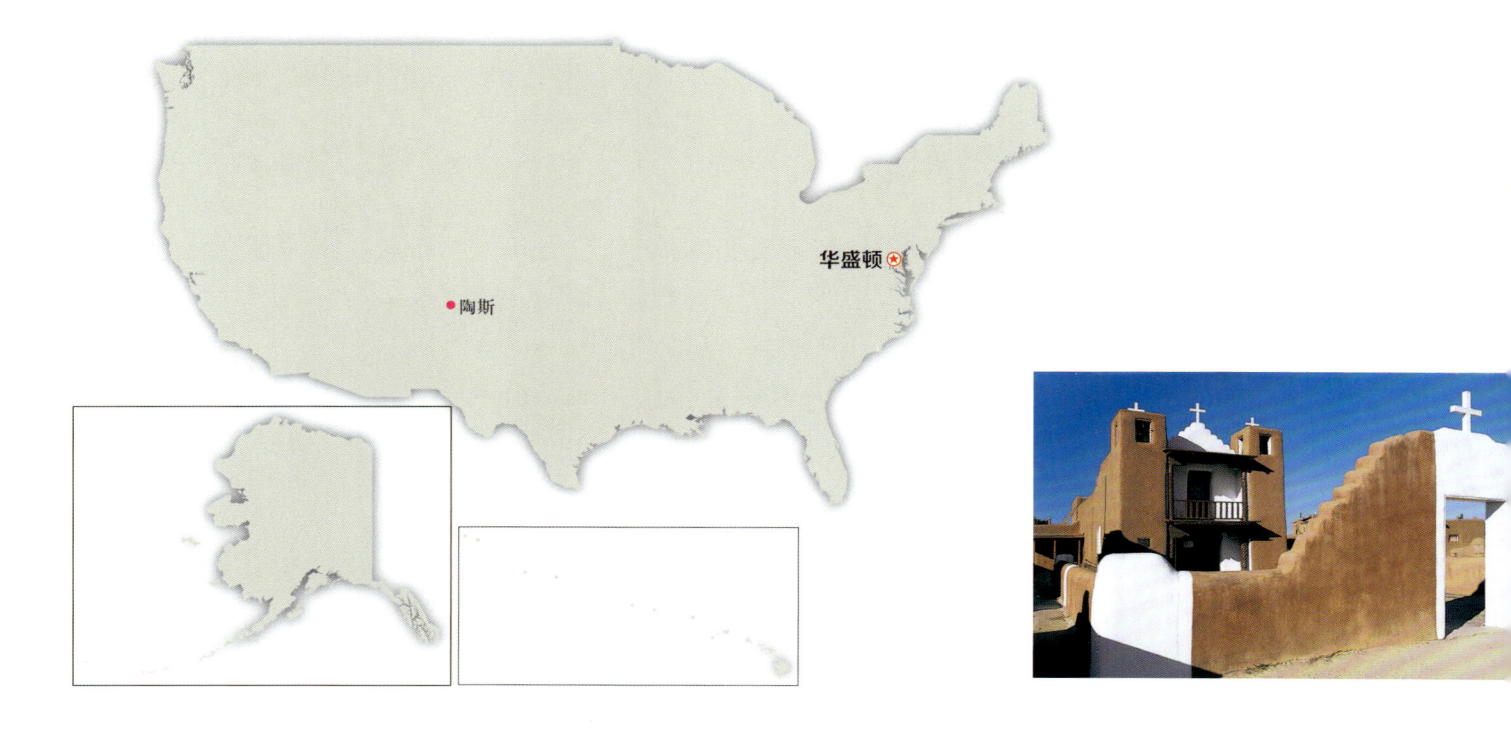

瓜纳华托古镇及其银矿

墨西哥 | 瓜纳华托州（State of Guanajuato）
入选年份：1988
遴选标准：C（Ⅰ）（Ⅱ）（Ⅳ）（Ⅵ）

■ 第374—375页
这座城市建在一个山谷里，在西班牙人到来之前，这里被认为是不可能到达的地方。在照片中，瓜纳华托圣母大教堂（Basílica de Nuestra Señora de Guanajuato）俯瞰整个拉巴斯广场（Plaza de la Paz）。

■ 第374页（左下）
耶稣会士于1732年修建的瓜纳华托大学所在地，在它后面能看到耶稣会教堂的圆顶。

■ 第374页（右下）这是一座殖民时期的房子，位于瓜纳华托山附近蜿蜒曲折的小巷中，漆着明亮的颜色。

1541年安东尼奥·德·门多萨总督把瓜纳克斯·华塔峡谷（Barranca de Cuanax Huata）的一块地作为礼物送给了唐·罗德里戈·德·巴斯克斯克，但罗德里戈并不觉得特别荣幸。峡谷边缘陡峭的山坡即使是当地土著居民也难以到达。只有两栖动物和爬行动物能在这里生活得很自如，所以当地人把它叫作青蛙山（Cuanax Huata），西班牙人把这个名字的读音错误地发成了瓜纳华托（Guanajuato）。

尽管唐·罗德里戈花了七年去探索它，他还是比较幸运的，因为在1548年的一个寒冷的夜晚，他的骡夫在峡谷的谷顶上点燃了篝火取暖，骡夫在篝火的余烬中发现了一些零星的银子。不管这是真实还是虚构的故事，这个情节都标志着圣伯纳贝矿脉（San Barnabé）的发现，这是最早发现的矿脉。它在不到一个世纪的时间里就把一个荒芜的边境村庄变成了美洲西班牙帝国中，继墨西哥城和哈瓦那之后的第三大城市。

17世纪中期，瓜纳华托是一个"分裂"的城市。成群的奴隶在地下开采出了世界上三分之一的银矿石，而在他们的头顶上，贵族和冒险家们在不到一代人的时间里就发家致富。他们用粉红色的石头，把水泥和银粉混合在一起，建造了华丽的住宅。

瓜纳华托是新大陆上第一个建造城墙的城市，但令人惊讶的是，这些城墙并不是为了防御；而是被用来在频繁的暴雨期间垫堤，防止山体滑坡。因此人们挖了一条巨大的地下通道，让水从住宅区下方排出。今天，这个地区有拥挤的广场、台阶和小巷，其中一些小巷非常狭窄，比如亲吻巷（Callejon del Beso），两个情人可以从街道两边的窗户上探出身来接吻。

瓜华纳托的宗教情绪比新西班牙的其他地方都要强烈。那些通过不人道地对待成千上万的土著居民而发家致富的人认为自己应该受到一些惩罚，才能确保死后进入天堂。于是，他们修建华丽的教堂和修道院，比如耶稣会教堂（Templo de la Compañía de Jesus）和瓜纳华托圣母教堂（Basílica Menor de Nuestra Señora de Guanajuato）。这座教堂位于拉巴斯广场上，外观是复杂的巴洛克风格，喷着黄色的漆。教堂内部有一尊公元8世纪的圣母木像，是国王菲利普二世在1557年捐赠的，为了感谢

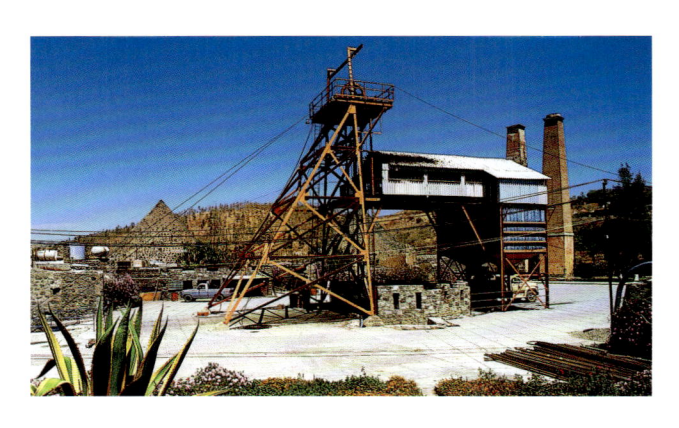

▋ 第375页（上）
瓦伦西亚纳府的正面。它建于18世纪末，殖民地风格和新古典主义风格相混合。它原来的主人是这座城市里的一个银矿主。

▋ 第375页（下）
现在仍在运营的矿井的入口。银矿是瓜纳华托现象级发展的主要原因，使它成为了17世纪中期拉丁美洲继墨西哥城和哈瓦那之后的第三大城市。

■ 第376页（左上）
西班牙巴洛克建筑风格的圣卡耶塔诺的伊格莱西亚教堂正面，又叫瓦伦西纳亚教堂。它在18世纪下半叶由建筑师安德列斯·德拉里瓦（Andrés de la Riva）和豪尔赫·阿肯迪亚（Jorge Archundia）指导修建。

■ 第376页（右上）
瓦伦西纳亚教堂三个圣坛精美的巴洛克风格木制和镀金灰泥装饰的细节图。

■ 第376页（下）
这个彩绘的木制雕塑群立在瓦伦西纳亚教堂的高坛上。它描绘了圣母和圣子被天使围绕的场景。

■ 第376—377页
瓦伦西亚亚三个祭坛和八角形圆顶图。圣坛分别庆祝圣卡耶塔诺、圣母玛利亚和罗马天主教会的胜利。

■ 第377页（右下）
耶稣会教堂（Templo de la Compañía de Jesús）是最原始的西班牙巴洛克风格建筑之一，可追溯到18世纪中期。它是用一群杰出公民的捐赠建造的，他们希望为自己积累的财富感谢上帝。

■ 第377页（左下）
圣迭戈·德·阿尔坎塔拉女修道院（Templo de San Diego de Alcántara）的粉红色石头的正面。1784年，这座修道院建于圣彼得罗·阿尔坎塔拉女修道院的原址上，后者在一场洪水中严重被毁。

这座发现了银矿的城市填充了西班牙国库。

如果不把全墨西哥算在内，这座城市里最非凡的宗教建筑就是圣卡耶塔诺的伊格莱西亚教堂（Iglesia de San Cayetano）。内部有三个巴洛克风格的圣坛，上面覆盖着金箔，还有一个像中国宝塔一样的雕刻奇特的唱诗班席位。它建于1765—1780年，与墨西哥最丰富的银矿贝拉·马德雷（Vela Madre）的入口在同一座山上，是由这片土地的所有者和矿层的发现者瓦伦西亚纳在1760年命人修建的，当时其他矿井已经开始枯竭。这个矿至今仍在开采，尽管规模小得多。它有一个被称为地狱之口的竖井，深525米，连接进入长40千米迷宫般的隧道。

这座城市最大的民用建筑谷物交易所格拉纳迪塔斯（Alhóndiga de Granaditas）也建于18世纪末。最初建造它是为了当作粮仓，后来被用作监狱，现在被改为地区博物馆。1810年，这个粮仓是独立战争中最激烈的战场。西班牙人为了防御米格尔·伊达尔戈领导的叛军，在这

里设置了防御工事，但是他们被一个名叫埃尔皮皮拉的土著人驱赶了出来，他向大门发起进攻，放火烧了它，却在这个过程中失去了生命。

1886年，墨西哥最著名的艺术家迭戈·里维拉（Diego Rivera）出生在市中心波西托斯大街（Calle Pocitos）陡峭的红色小房子里。迭戈·里维拉的壁画充满色彩和激情，最能代表瓜纳华托的精神。在瓜纳华托，财富和欢乐总是与体力劳动和死亡相伴而生。

瓦哈卡历史中心

墨西哥 | 瓦哈卡州（State of Oaxaca）
入选年份：1987
遴选标准：C（Ⅰ）（Ⅱ）（Ⅲ）（Ⅳ）

■ 第378页（上）宪法广场的回廊是瓦哈卡居民集会的地方。后面可以看到耶稣会士1579年建造的耶稣会教堂装饰着仿银器饰品的正面。

■ 第378—379页 从大教堂俯瞰下的阿拉梅达宫（Alameida di Plaza）及宪法广场的夜景。瓦哈卡最重要的宗教建筑并不是最令人印象深刻的那个。它建于1574年，在接下来的四个世纪里经历了巨大的变化，因此失去了风格的统一性。

瓦哈卡（Oaxaca）的加西亚·比希尔（Calle García Vigil）大街上有一座为纪念这座城市的宠儿贝尼托·胡亚雷斯而建的博物馆。1858年当选墨西哥总统的胡亚雷斯是一个出身卑微的萨巴特克（Zapotec）土著人，他在自己家里接受方济会修士的教育。他反抗社会偏见和天主教会的强大力量，并从1862年起抵抗法国的入侵，因此英名长存。他的格言"和平即是对他人权力的尊重"，很快成为所有为国家民主而战的自由主义者的标语。

从一开始，瓦哈卡就是移居于此的奥尔梅克（Olmec）、萨波特克（Zapotec）和米斯特克（Mixtec）土著居民的居住城市，他们后来与西班牙征服者和平共处。今天，在这个地区仍然有16个不同的民族，大约150种方言。每年7月，人们都会庆祝缤纷多彩的盖拉盖查节，土著群体会跳舞并交换礼物，以示相互尊重。

1521年，征服特诺奇提特兰（Tenochtitlán）后，埃尔南·科尔特斯派他的中尉弗朗西斯科·奥罗斯科带领部队进军当时被称为瓦西亚卡克（Huaxyacac）的城市。它是山谷中最重要的城镇，海拔1600米，四周群山环绕。虽然奥罗斯科给科尔特斯写了一封信，说明他反对占领该地区，因为这里既没有贵重金属，又居住着非常好战的土著居民，科尔特斯还是要他亲自去检查那里的情况。奥罗斯科爱上了这个地方的自然美景，并成功地与当地人达成了协议。1532年4月25日，西班牙国王批准建立这座城市，并赐予科尔特斯德尔瓦莱·瓦哈卡侯爵的称号。

城市的布局是由阿隆索·加西亚·布拉沃（Alonso García Bravo）设计，他还设计了埃斯科里亚尔建筑群，以及规划了墨西哥城和韦拉克鲁斯（Veracruz）的布局。宪法广场（zócalo）是墨西哥最漂亮的广场之一，在其两边，首先建设的是西班牙司令部和大教堂（位于纪念死者的萨波特克神庙所在地）。

这座城市的主街道从广场开始呈扇形分布，据规划者所说，它们代表神圣与世俗之间的平衡。不寻常的是，瓦哈卡从来没有必要修筑城墙，事实上，瓦哈卡可以相对自由地处理自己的事务。周围种植的作物有玉米、小麦、咖啡和甘蔗，甘蔗作为甜品供给西班牙宫廷。也是在这里，人们发现了可以从小麦寄生虫——胭脂虫中提取出来一种红色染料用来给织物染色。

▌第379页（左）马塞多尼奥·阿尔卡拉大街（Calle Macedonio Alcalá）是这座城市的主要大街，街边排列着西班牙名人故居，一些房屋现在已经成为博物馆或艺术展馆。

▌第379页（右）瓦哈卡历史中心典型的殖民地风格房子的正面。色彩明丽，熟铁制成的栏杆做工精致。

这座城市建立后不久，多明我会的僧侣来到这里开始建宗教建筑。西班牙巴洛克风格在瓦哈卡与当地传统、城市教堂和精致的装饰和谐地结合在一起，是墨西哥最好的梅斯蒂索（Mestizo）建筑的代表。大教堂的建造一直持续到1733年，但更宏伟更奢华的建筑是圣多明戈大教堂（Iglesia de Santo Domingo）。这座16世纪后期的建筑的正面由精心雕刻的石头和两侧各一个的钟楼组成。内部镶有几百千克重的黄金。高高的祭坛、墙上和天花板上描绘《圣经》场景的装饰都非常精美。在唱诗班的低墙上，一个镀金的灰泥浅浮雕描绘了多米尼加人以藤蔓的形式排列的宗谱。与教堂相连的是一座大修道院，现在是地区博物馆。其中一个展览展示了米斯特克的黄金物品，这些物品是在阿尔班山（Monte Albán）附近的一个考古遗址挖掘过程中发现的。

巴洛克式建筑的其他典范是圣母七苦圣殿（Basilica della Nuestra Señora della Soledad）和伊格莱西亚·圣菲利普·内里教堂（Iglesia de San Felipe Neri）。后者在墨西哥战争期间被用作兵营。它于1920年恢复为教堂，被重新装饰，加上了新艺术元素，在城市广场附近的优雅的马塞多尼奥·阿尔卡拉剧院（Teatro Macedonio Alcalá）也可以看到这种风格。宪法广场的回廊是城市繁忙生活的中心。

许多作家和艺术家描绘了瓦哈卡的美丽之处。弗里德里希·尼采（Friedrich Nietzche）想在那里过退休生活，还有奥尔德斯·赫胥黎（Aldous Huxley）和伊塔罗·卡尔维诺（Italo Calvino）都留在了这座城市。它如今的气氛很像魔幻现实主义之父加夫列尔·加西亚·马尔克斯（Gabriel García Márquez）小说中的气氛。

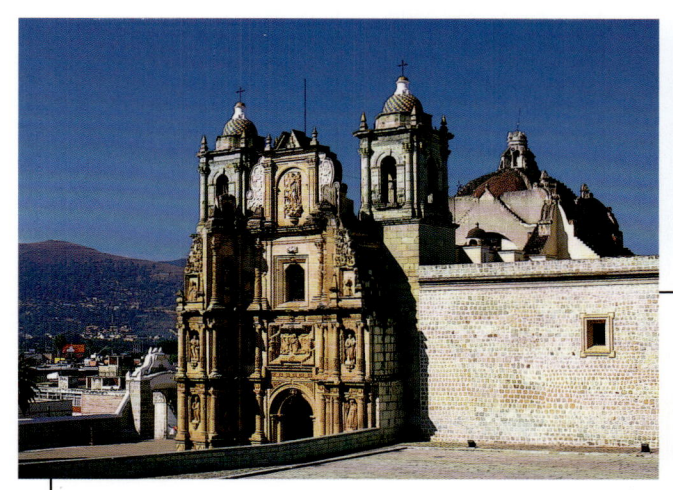

▎**第380页（左上）**
1697年为瓦哈卡的保护神圣母索莱达而建。这座大教堂是这座城市最辉煌的巴洛克风格的典范。在教堂里，圣母由于拥有超凡能力而受到敬奉。

▎**第380页（右上）**
圣多明戈大教堂正立面有一个中部26米高的建筑和两个35米高的塔。圆顶覆盖着上釉的花砖。朴素的外表与里面华丽的巴洛克装饰形成鲜明的对比。

▎**第380页（下）**
马塞多尼奥·阿尔卡拉剧院的主入口。1909年9月15日正式营业。在最初的50年里，还是一个娱乐场所。内部的装饰是帝国风格。

▎**第381页（上）**
圣多明戈大教堂的内部是墨西哥巴洛克风格的最佳典范之一，镶嵌着上百千克的黄金。高大的圣坛与拱顶一样非常精美，装饰着描绘《圣经》场景和多名我教派殉教者的圆形雕饰。

▎**第381页（下）**
圣多明戈大教堂的正面有一个浅浮雕，展示的是圣多米尼克和圣希波吕武支撑着圣灵降临的教堂。

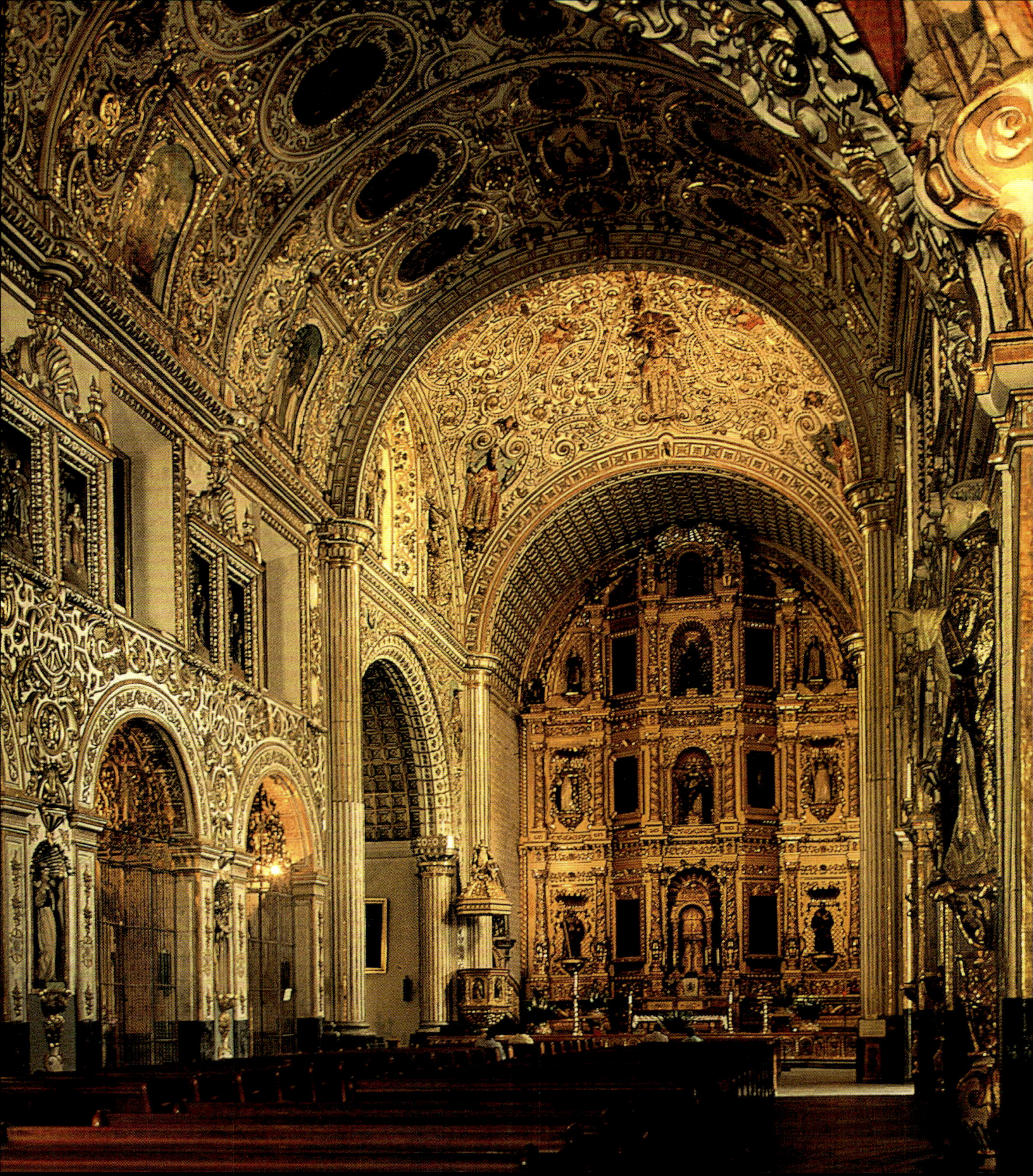

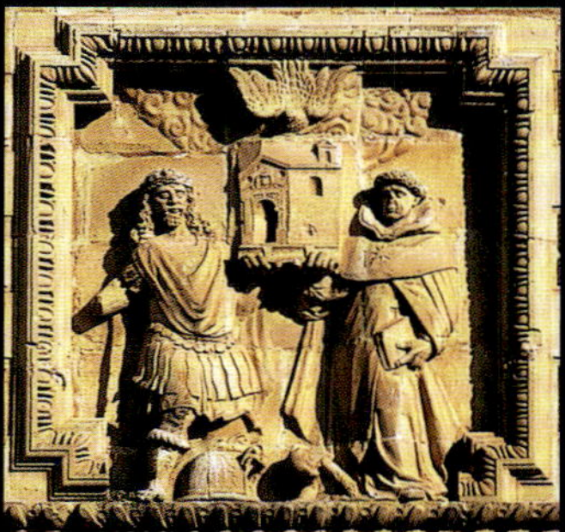

哈瓦那旧城及其防御工事

古巴 | 哈瓦那（Havana）
入选年份：1982
遴选标准：C（IV）（V）

■ 第382—383页 殖民地风格的建筑，曾经归西班牙富商所有，沿着哈瓦那最著名的海滨大道延伸7千米。忽视和老化使这些建筑面临着严重威胁。

■ 第382页（下） 圣东方三王德尔莫罗城堡的设计者是意大利建筑师乔瓦尼·巴蒂斯塔·安东内利（Giovan Battista Antonelli），于1589年开始建造。它的灯塔是西班牙大帆船的路标，1762年被英国人破坏，于1845年重修。

每天晚上九点整，从古巴圣卡洛斯城堡（Fortaleza del la Cabaña）的墙头齐发的礼炮标志着哈瓦那港口和城市将要关闭。卡斯特罗革命后的古巴仍然保持着这个古老的传统，士兵们穿着老式制服绕着拉丁美洲最强大的堡垒巡逻。

哥伦布在日记里记述到，距第一次意义重大的美洲登陆两周之后，他的船员就登上了这个世界上最美丽的岛屿。他希望把它称作胡安娜，向他的赞助人西班牙伊莎贝拉女王的女儿致敬。

在古巴，当地人称为哈瓦那的城市，由迭戈·维拉斯开兹于1519年建立。在一个广阔海湾的保护之下，这座城市很快就成了一个重要的港口。1550年，西班牙人把它当作该岛总督的总部。但是，墨西哥湾水域的海盗们很快就得知了这座城市的繁华。五年后，法国人雅克·德·索雷斯洗劫了这座城市，为著名的弗朗西斯·德雷克的劫掠开辟了道路。

这座城市需要一个要塞来保护。这座城市的象征吉蕾尔拉提像（la Giralilla），仍然可以在1577年的皇家军事城堡（Castillo de la Real Fuerza）的塔楼上看到。作为一个风向标，上面有总督埃尔南多·德·索托的妻子伊内丝·德·博瓦迪利亚的形象。尽管有这些吉祥物的保护，但防御建设还是不够，于是西班牙人在1589年开始建造两个更大的堡垒。

圣东方三王德尔莫罗城堡（Castillo de lo Tres Santos Reyes Magos del Morro）和圣萨瓦尔多·德拉蓬塔城堡（Castillo de San Salvador de la Punta）位于海边，与哈瓦那湾的出口相对。它们之间由一条坚固的锁链连接以防止海盗船进入。然而，在17世纪，这些工事也未能阻挡英国舰队袭击哈瓦那，1762年英军占领了这座城市。仅仅一年后，它又回到西班牙人手中，以换取佛罗里达州。西班牙国王查理三世开始建造卡巴纳城堡，并于1777年竣工。同年，30年前就开始由耶稣谷会士建造的教堂也终于完工。它的巴洛克式的正立面由珊瑚石灰石制成，俯瞰着老城和排列着回廊的广场，政府大楼也正对着广场。这座大教堂有中殿和两条走廊，外观朴素，光线昏暗，经过两个世纪的多次修复，形成了一种奇特的风格组合。除了用金、银和玛瑙华丽装饰的高台，还有让－巴蒂斯特的绘画和许多雕塑。直到1898年西班牙从最后一个殖民地撤出，哥伦布的遗体才被转移到塞维利亚。

哈瓦那的第一座大教堂在18世纪被毁，但过去一直矗立在阿马斯广场（Plaza de Armas），即兵器广场上，

383

第383页（左上）哈瓦那港口出口的圣东方三王德尔莫罗城堡的瞭望塔与德拉蓬塔城堡相对。这两个城堡竣工于1630年左右，但是没能抵挡住英国人的进攻。

第383页（右下）圣弗朗西斯科广场和建于1628年的修道院同名。中央是雄狮喷泉，建于1836年，由朱塞佩·加吉尼（Giuseppe Gaggini）用卡拉拉大理石雕刻而成。

这是哈瓦那最古老的广场，自16世纪以来一直是政治和军事生活的中心。周围有许多城中最好的建筑，如总督府（Palacio de los Capitanos Generales，城市博物馆所在地）、桑托韦尼亚伯爵宫（Palacio del Conde de Santovenia）和皇家军事城堡。

另一边的少尉大厦（Palacio del Segundo Cabo）是古巴哈瓦那巴洛克建筑最优秀的典范之一，建于1772年。一层是一个非凡的柱廊，是邮局所在地，它面对着安达卢西亚风格的庭院，1853年成为副总督的住宅。这个广场是殖民地首都大街的起点，就像连接阿马斯广场和以独立战争英雄命名的马蒂大道（Paseo de Martí）的主教大街，殖民地风格与新艺术风格的住宅和他们的院子都朝着这个广场。

哈瓦那最吸引人的街道可能是海滨大道，这条路从哈瓦那开始沿海延伸6.5千米，从德拉蓬塔到阿尔门达雷斯河（Almendares）的河口。它的第一个岔路是西班牙殖民时期房屋的柱廊，考虑到它们离港口很近，这些房屋可能是用来谈判商业交易的。如今，尽管古巴政府尽了很大努力，许多这些建筑仍然变得越来越破旧。

■ 第384页（左上）这座带有典型殖民时期柱廊的房子位于市中心，外墙粉刷上了明亮的颜色。对这些建筑的保护已经引起了国际上的关注。

■ 第384页（右上）以古巴独立战争英雄命名的马蒂大道上的几栋建筑。19世纪末到20世纪初，这里是这座城市最著名的街区。

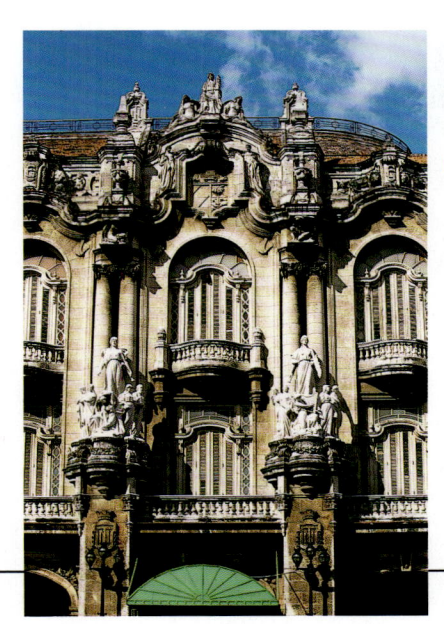

■ 第384页（中）旧广场（Plaza Vieja）上有许多壮观的18世纪的宫殿，是这座城市独特建筑风格的典范。

■ 第384页（左下）哈瓦那大剧院的新古典主义正立面细节。于1838年正式开放，名为塔孔大剧院（Gran Teatro de Tacón）。自1950年以来，这里一直是古巴国家芭蕾舞团所在地。

■ 第385页 哈瓦那大教堂的巴洛克风格正面是用珊瑚石建造的。它由耶稣会士于1748年开始修建，之后因该教派被政府法令驱逐出岛，建造过程曾中断了20年。

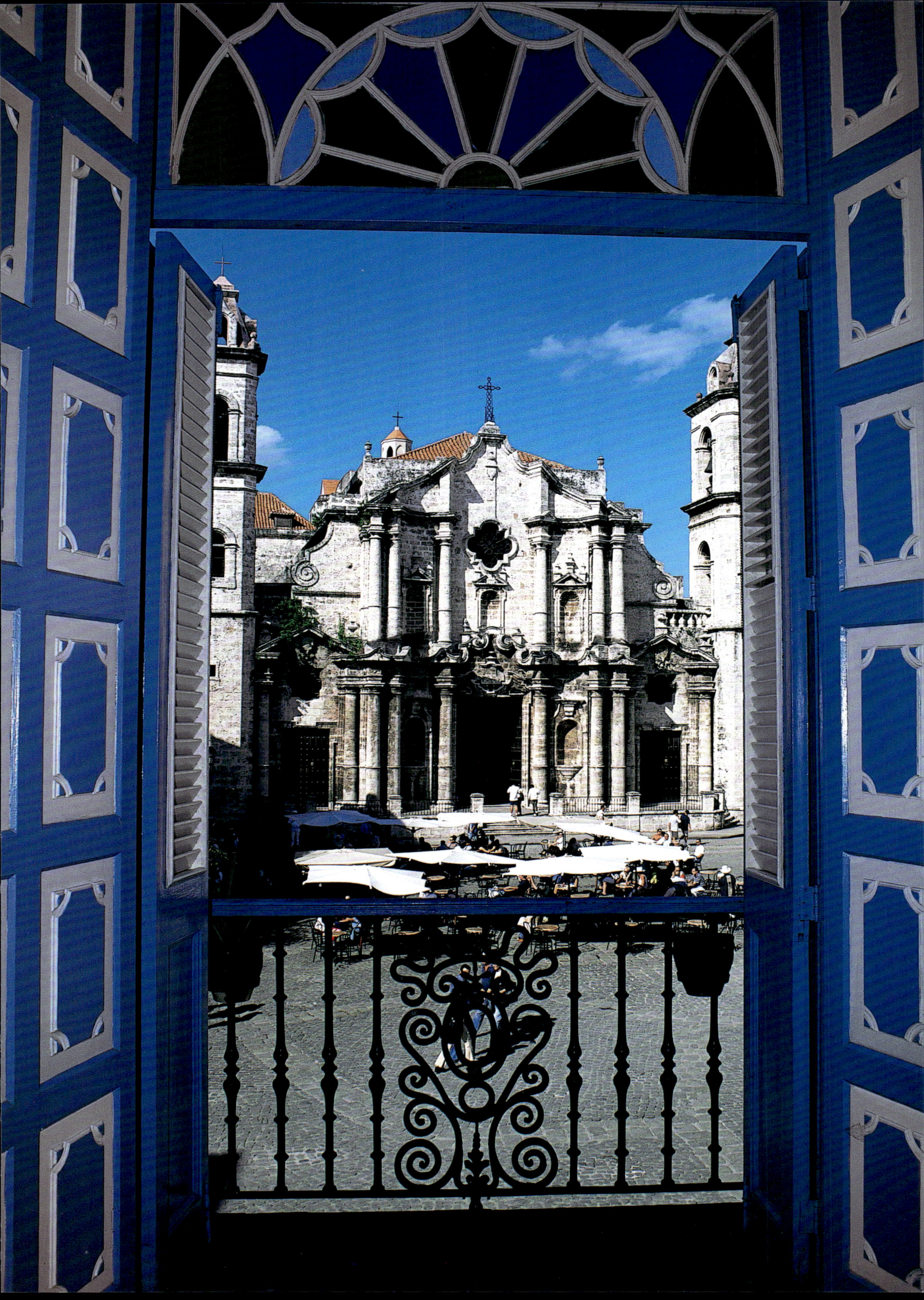

特立尼达岛和甘蔗谷

古巴 | 圣斯皮里图斯省（Province of Sancti Spíritus）
入选年份：1988
遴选标准：C（Ⅳ）（Ⅴ）

旧殖民时期，特立尼达（Trinidad）的房屋被粉刷成了蓝色、黄色和粉色。特立尼达的老人喜欢坐在庭院的树荫下讲代代相传下来的这座城市最快乐时光的故事。1850年，一艘装载法国家具的轮船停泊在附近的港口。这批货物是康德·德·布鲁内（Conde de Brunet）订购的，用来装饰他在市长广场新建的房子。特立尼达所有的骡夫都被雇来沿着连接港口和小镇的道路运送宝贵的货物。晚上，大家聚集在广场上来庆祝这些货物的到来，有镶着华丽边框的镜子、四根帐杆的大床和里摩日瓷器。

今天，这些珍宝和其他来自特立尼达贵族府邸的物品在曾经的布鲁内宫（Casa Brunet）浪漫派博物馆展出，它们象征着这座古巴中部的小镇作为甘蔗大国的一部分最繁荣的时代。

事实上，特立尼达的历史开始于西班牙殖民早期。1514年，迭戈·委拉斯开兹上尉在这里建造了一个用于在新大陆探索的基地。四年后，科尔特斯从特立尼达出发远航去征服墨西哥。然而，特立尼达一直是走私者的藏身之处，直到18世纪末，随着奴隶起义和甘蔗种植园被烧毁，许多地主从海地移民到这里。

在新来的人眼里，特立尼达附近的圣路易斯山谷（San Luis）是种植甘蔗的理想之地。埃斯坎布雷山脉（Escambray）俯视着它，阿加巴马河（Agabama）给它带来肥沃的土壤。这个想法特别有吸引力，因为随着海地精炼厂的关闭，糖的价格急剧上升。因此，从法国人开始，后被西班牙人学习，这里在20年里建造了约50座蔗糖厂（带有蔗糖作坊的种植园），它们建在圣路易斯277平方千米的各个地方。据估计，这里大约有2800名奴隶每年砍下4400吨的甘蔗，这些甘蔗可以制成770吨棒棒糖、1000桶甘蔗酒（烈酒）和1000桶糖蜜。

靠这些利润丰厚的贸易，特立尼达的地主竞相建造种满鲜花的庭院和豪华宅邸，这些宅邸用木雕、做工精致的金属和灰泥加以装饰。1817年，古巴最大的大教堂圣三一大教堂（Iglesia Parroquial de la Santísima Trinidad）开始建造，它的辉煌和圣坛使一个世纪前的圣弗朗西斯科教堂黯然失色。

这里的制糖业一直繁荣兴盛，直到20世纪时这里土壤的肥沃度下

▌第386—387页
特立尼达中心的一条街道，两旁是殖民时代色彩鲜艳的房屋。背景是圣弗朗西斯科的钟楼。

▌第386页（下）
这个华丽的庭院是布鲁纳的一部分，属于一个富裕的蔗糖老板。1974年，这座建筑成了浪漫派博物馆。

▌第387页（上）
大量的保存完好的殖民时代的房子使特立尼达成为了加勒比地区最美丽的地方。

▌第387页（左下）
浪漫派博物馆中的一个展室，于1974年开放，位于一座1840年左右为布鲁纳伯爵而建的两层楼房里。

▌第387页（右下）
马纳卡斯·伊斯纳加塔楼是甘蔗谷的一个标志，建于19世纪初，高43.5米，有184级台阶。以前被用来监督甘蔗田里砍蔗工的工作。

388

特立尼达的重要性在随着使是靠近卡马圭（Camagüey）港口的建立而下降。

特立尼达历史上最富有的财主们则以这座城市的建筑造为特色。它们是这个城市的住宅建筑为特色。它们（可能是在种植园里从事辛苦劳动的工人的黑人住所）以及分布在殖民期间配给最穷的工人博物馆。

这竖立在山谷内（Valle de los Ingenios）的建筑是加勒比地区最重要的水业与建筑构成代表。并有77座建筑，其中11座是种植园主的别墅，3座是嘛广厦栋，其余的是别墅，别墅和供制工人居住的地方。

你有最完美的古代建筑就是在一此作为领卡赛·伊斯纳加（Ingenio Manaca Iznaga）的种植园里。它是1857 年规模最大，是因为它们的种植园。在这里，蔗糖加工技术仍在发展，之所以如此命名，是因为这里曾经被来其当时的某国殖民地方镇子里，有一段时间，人们用火车将甘蔗运送在这工进行管理。这个种植园也是与领卡赛·伊斯纳加曾经营所在地，分布着一个规模其布为国家级的古建筑群。以此它被视为该市当局的去世。

■ 第388页（上）
特立尼达市中心之意。这里曾是甘蔗种植园的一座教堂和山谷民居的源头于1514年，是美洲最古老的城市，其市政大厅就是在此建立了一个蔗糖教育博物馆的藏品。

■ 第388-389页
图对着有名的广场，特立尼达历史上最著名之一只有最大的教堂。它建于1892年，代于一座16世纪的较古老的建筑上，属于哥特式风格，米蝴是古义的风格，代样了传统的大规石屋顶。

■ 第388页（中和下）
（下）玻璃博物馆的14展室中的两个展室，保存着19世纪的陶器，里里有种王的陶瓷器具和装饰物。

■ 第389页（右上）
特立尼达殖民居民中心的另一条街道。在18世纪，整个特立尼达城市区被建成片，使的们属于可以随意在这所居多·雷东多（Calle Ciro Redondo）看到。

■ 第389页（左上）
一座特立尼达的出自于此工博物馆。建筑物的殖民地是与领卡赛·伊斯纳加建造于殖民地的于1738年建的历子。

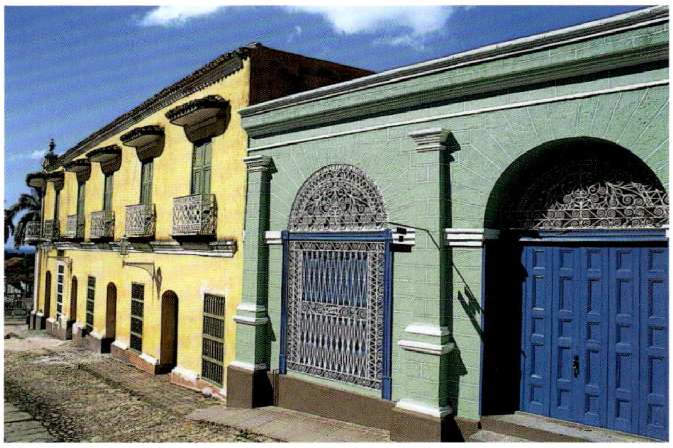

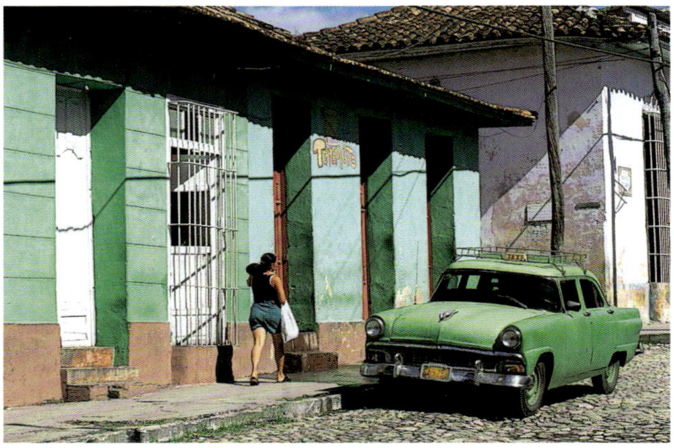

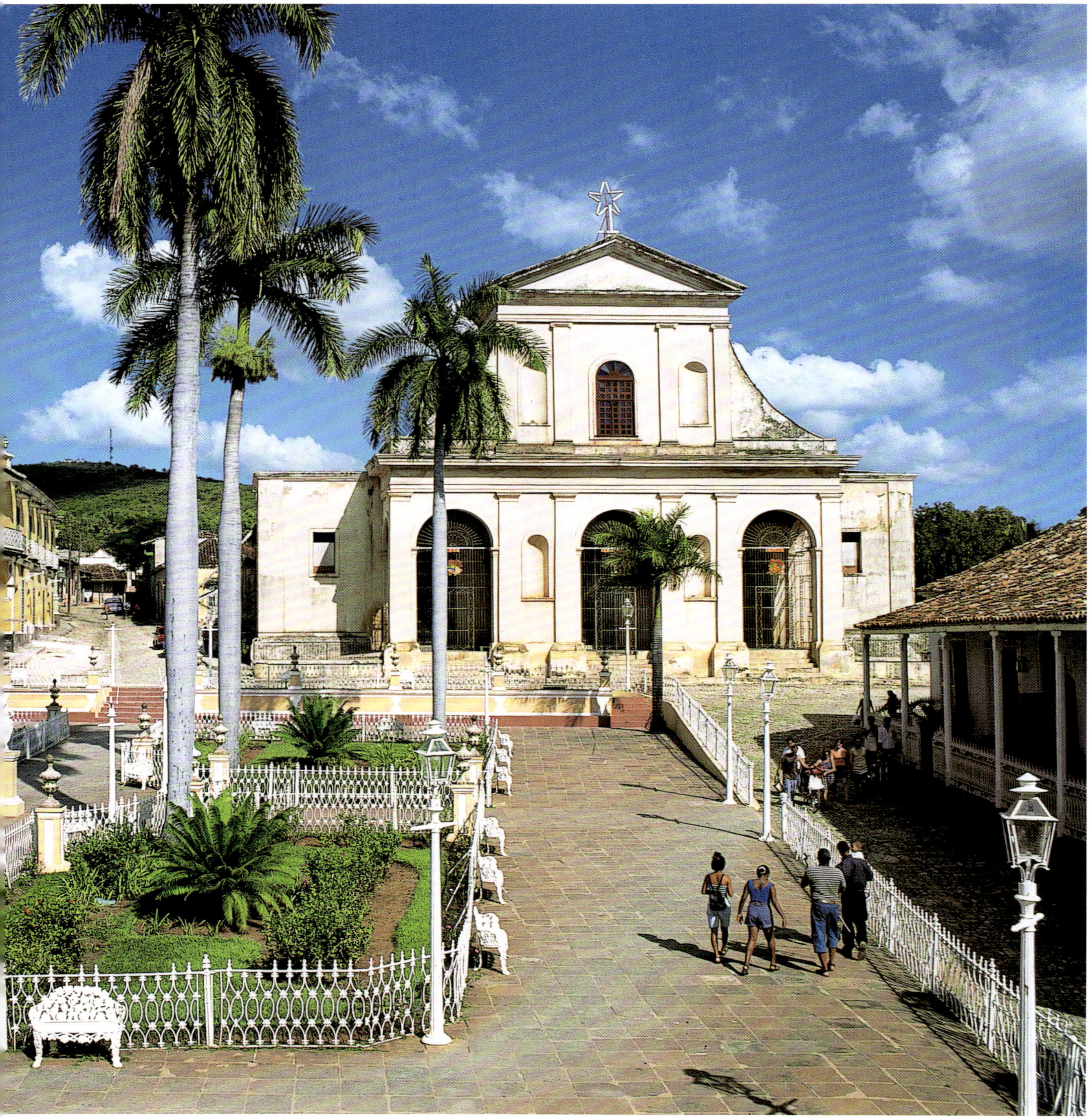

安提瓜古城

危地马拉

萨卡特佩克斯省（Department of Sacatepéquez）

入选年份：1979

遴选标准：C（Ⅰ）（Ⅱ）（Ⅲ）

佩德罗·德·阿尔瓦拉多是西班牙探险家科尔特斯的一名军官，他奉命率领一批美洲土著居民一起向美洲南部征进，在需要的地方就沿岸建立了许多殖民点。1523年，他探索了一片覆盖着繁茂植被和遍布火山的土地。1524年7月25日，他在危地马拉（Guatemala）建立第一个科技伊普奇利（Iximiche）的印第安城市，从此在此地上建立了军事据点。以及三年之后，由于反抗的卡克奇科尔人进入了该座城市，佩德罗又另找了一个更安全的地方，于是率领着他那建在了阿瓜火山（Volcano del Agua）脚下。

第一批殖民者到来的时候就在米黄色的土地上，佩德罗的教堂兼于几处并建在了所居之处，他们修建起一座古老的城市。随着城镇的繁荣，一切的宗教机构都聚集起来向四周蔓延，由于他非常喜爱我们这里的本土。

他在这次代表作中为了主意，支持西班牙在本次以片殖民开始了许多欧洲州图以北为目标，他建的教堂市完全展现米却肯（Michoacán）。

第390页（右上）
精致细腻和装饰华丽的细节图。

第390页（右下）
精致细腻和装饰华丽的巴洛克建筑风格。

第390—391页
始建于1680年所有建筑大都毁在地震之后，无论地基都重创，完于1773年几乎完全重创，它于1780—1829年间被分重建，但是他美的地方被四周呈装饰来衡量得了。

18世纪为天火名灾难佩的所属被建的建筑被回墟，这座教堂被拆毁创作为庇护子民为万中之建于1558年，位于同马今断广场上。

■ 第391页（右）
是卡萨斯维乎大学的一个
庭院，建于1673年，
今天是阿锡民博物馆，有
许多精美的名下博
物馆。

■ 第391页（左）
今天的宪法广场也曾是
政府宫邸最大的庭院，
拱形的建筑具有，
起1773年被烧毁以后
曾作为蓄水池的入口。

其建筑师是出名的迭戈·德·波雷斯（Diego de Porres）建造。安提瓜其
教堂的圆拱形庭院，建成于1736年，由
nio de las Capuchinas）圆院是一个不受
照光的方形的这医院（Conve-

Porres）设计的巴洛克风格杰作。
筑师米格尔·德·波雷斯（Miguel de
女（Fountain of the Sirens），一个由建
正在喷水风格。广场中央是赛王喷
一个装有美丽区被喷泉得于顶上被装
选择的是它们被安置了。1840年，
赛西还有可在中美洲最重要的喷泉，
却将它们运回了它们原来于赛于这里，
里，哪晓得喷泉建于千米，他们选择从米
被罗立柱于1680年的大赛西的北
纪翻制了它被烧毁了。它，为一
年，带有大名贵风格，并在18世
为纪念立柱中心，它建筑于1558
这赛西被罗立在阿兰乎广场上。在

少天，它被建成了一个拥有了6个
千口的喷泉，大约建成于了18世
纪初建有口以级。它还装置了一个
很完整的名西喷泉与拉，被安置在城市里
拉斯，从维时起，被安置在城市中
城。于是人们决定才是重建及了喷
建以从西班牙殖民时期其北地保存
完好：由于这座殿堂的"死寂"，不
许多建筑物在地震中被摧毁，
还残存有废墟，但是种种残片于弦廊
倾折小镇曾得重可恙了。

上地震，被震倒的大部分建筑物被摧毁
于灾难，不幸的是，1773年6月29
日，是劫难且来一天，其一次发生
扩种被到逃离家在着个拥挤荒有着名，这
些理被和和到不慌与之相媲美。这
里曾水名系，其建筑的辉煌只有罗
到罗，唱因旧的行政建筑，它图和市
University）、美卡林斯大学（San Carlos
所医院、废医院，拉亚、小赛西，5
世纪的宫廷，它拥有了53座宏伟的
把城市规划设计的赛西城市，经此两个
Antonelli）设计，它是新大陆第一个
师巴赛斯塔·安东尼利（Batista
落差地被埋在夏大利建筑
Rica），传说与它住在内城地区的民风异。
化接（Nicaragua）、哥斯达黎加（Costa
Salvador）、洪都拉斯（Honduras）、尼加

为纪念，殿堂在周围几座市井笼的
安提瓜建，1543年3月16日，这座
新殿被国王非利浦二世命名为殖民
难世的殿堂的赛西维斯地峡，并
且成为一个包括恰帕斯（Chiapas）、
伯利兹城（Belize）、萨尔瓦多（El

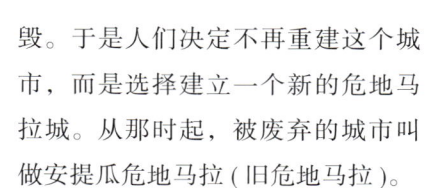

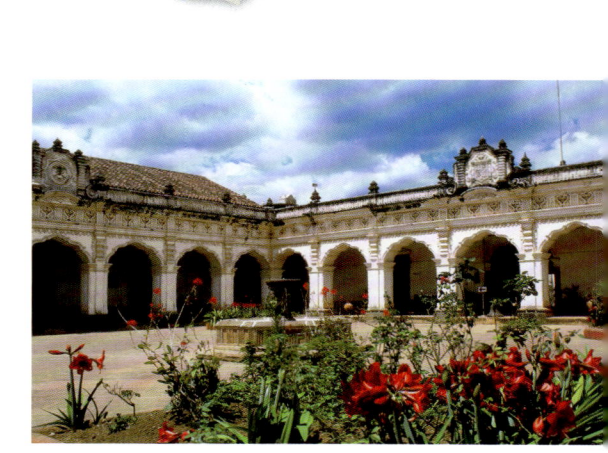

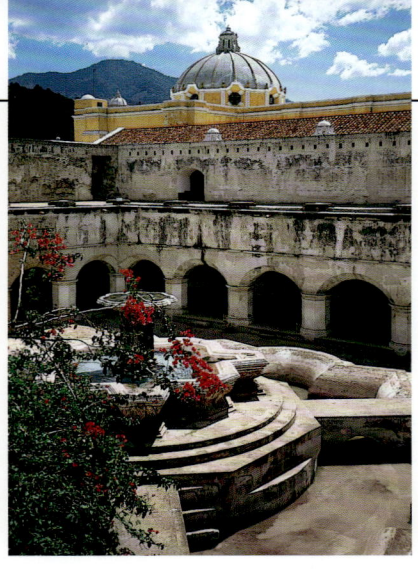

■ 第 392 页（下）
伊格莱西亚·德·拉·默塞德教堂建于 1773 年以前，在很短的时间内竣工，是安提瓜少有的在大地震后幸存的建筑。然而它的巴洛巴建筑风格，是在 19 世纪中叶修复时形成的。

■ 第 392 页（左上）
装饰精美且涂有灰泥的圆柱。安提瓜的黄金时期是从 16 世纪中期到 1773 年地震的发生，在此期间，整个城市到处都是享誉拉丁美洲的雕像。

■ 第 392 页（右上）
拉默西迪教堂附近的修道院从未被重修过。这座被严重破坏的修道院中央是坚固的佩斯卡多斯喷泉（Fuente de Pescados），又叫鱼喷泉。这里也是修道士们进行著名的水产养殖的地方。

他重要的建筑还有圣克拉拉女修道院（Convento de Santa Clara），圣弗朗西斯科修道院（Monasterio de San Francisco，每拱一些穹顶与饰窗），以及梅赛德修道院（Convento de la Merced）。另

它们巴洛克式风格繁密在地盖的几年不等，并且完好在竣工。都有燃行式（以其电出来），等到教堂，雕栏未松针和雕花。故且上于的孔几圆束柱是一种宽重的地雕栏墙下

美洲最重要的宗教建筑。这些中少见少的、记念地雕栏签雄，这些中将此木说非常名品，因内名重复记住为一次有的所重雕代作的巨大规模。

■ 第 393 页（上）
卡普奇纳斯女修道院（Convento de las Capuchinas）的拱廊回廊，于 1369 年竣工，在建筑师若奥·路易·迪亚斯的主持下完成。现在这个建筑里有一座展现代宗教生活的博物馆。

■ 第 392—393 页
建于 16 世纪中期具有民时期的美弗朗西斯修道院拱廊。它部分经受了多次地震和重复，其中一次在 1961 年曾用了钢筋混凝土，虽然与殖民时代的风格建筑不相匹配，但确定它在 1976 年幸于倒塌。

卡塔赫纳港口、要塞和古堡群

哥伦比亚 | 卡塔赫纳（Cartagena）
入选年份：1984
遴选标准：C（Ⅳ）（Ⅵ）

西班牙王室花了31吨黄金建造防御工事，用于保护卡塔赫纳（Cartagena）及其珍贵商品和奴隶贸易免受海盗袭击。据说，当国王菲利普二世知道这些工程所需的花费时，他走到阳台上喊道："花了这么多钱打造的建筑，我们应该可以从西班牙看到它们！"

然而，如此巨大的花费多年后被证明是合理的。1741年卡塔赫纳英勇地抵住了海军上将爱德华·弗农率领的英国舰队的进攻。英格兰已经铸好了胜利的纪念勋章，但几个月的围攻后，英国舰队只能无功而返，英国人被战争和疾病折磨得筋疲力尽。抵抗入侵的英雄是唐·布拉斯·德·莱佐，一名勇敢的巴斯克司令官，他在战斗中失去了一只眼睛，一只胳膊和一条腿。他死后，人们在城内最大的圣费利佩·巴拉哈斯（San Felipe de Barajas）要塞竖起了一座雕像来纪念他，这座要塞是为了保卫圣拉扎罗山（San Lazaro）而建造的。

哥伦比亚是由罗德里戈·德·巴斯蒂达斯于 1502 年发现的。因为西班牙也有个港口叫"卡塔赫纳",所以加勒比海岸的港口被叫作巴伊亚·德·卡塔赫纳(Bahía de Cartagena)。西班牙人想要在这里定居的企图遭到了当地人的敌对。1533 年 6 月 1 日,来自马德里的佩德罗·德·埃雷迪亚才在当地村庄库拉玛利(Curamari)的原址上建立起卡塔赫纳城。作为南美洲的第一个殖民港口,卡塔赫纳成为西班牙大帆船的路标,这些大帆船装载着来自圣菲(Santa Fé)、安蒂奥基亚(Antioquia)、波帕扬(Popayán),甚至厄瓜多尔首都基多(Popayán)的诸多财富。

总督们往返秘鲁的路上会在这里停留,还有到利马、圣地亚哥和布宜诺斯艾利斯(Buenos Aires)去的高官权贵们也会途经此处。在 16 世纪末,卡塔赫纳船队的船只达到 80 到 90 艘,城市也得到一流奴隶港口的坏名声。因此,它成为海盗最喜欢的目标,所以有了建造城市大型防御工事的需求。

1811 年,卡塔赫纳是第一个宣布从西班牙独立的哥伦比亚城市,尽管人们对西蒙·玻利瓦尔的防守充满信心,他还是被迫向殖民军队投降。渴望已久的自由终于在六年后实现了,但是作为第一个起义城市,它赢得了英雄城市的名号。

原来的城市中心位于防御三角区内,由 27 道城墙组成的墙之城(Ciudad Heroica)。防御工事是由委托给意大利工程师巴蒂斯塔·安东内利和西班牙建筑师胡安·德·特

▌第 394—395 页
圣佩德罗·克拉弗教堂的圆顶。它是巴洛克风格,被认为是卡塔赫纳最漂亮的宗教建筑。由耶稣会于 1764 年修建,为了纪念争取改善奴隶生活条件进行斗争、1654 年死后才被追封为圣徒的修士。

▌第 395 页(上)
圣费利佩·巴拉哈斯城堡之景。它是西班牙人建设的用来保卫卡塔赫纳的最大堡垒。

▌第 395 页(中)
于 1753 年建在位于波卡丘卡海峡出入口的铁拉邦巴(Tierrabomba)小岛上的圣费尔南多要塞是这座城市的防御前哨。由于地理位置原因,曾被用作监狱。

▌第 395 页(下)
因为优秀的防御体系能够抵挡英国人的进攻,卡塔赫纳在 1741 年获得了"永不战败"的美称。

■ 第396页（左上）
圣佩德罗·克拉弗教堂及其附属修道院。这座修道院在耶稣会的帮助下于1604年建成，是建筑群中最古老的部分。第二年，这里设立了第一座新大陆见习修道士的学校。

■ 第396页（左下）
优雅的大教堂钟塔楼也叫作梅诺尔长方形教堂（Basílica Menor）。它建于1575年至1612年，风格简朴，与城里大部分有军事功能的建筑没有太大差别。

■ 第396—397页
宗教裁判所是卡塔赫纳18世纪最重要的建筑之一。它独特的哥特式建筑风格与它的建造目的形成对比。直到1811年，它一直作为宗教法庭裁判所，拥有对新格拉纳达王国、委内瑞拉，还有尼加拉瓜的管辖权。

■ 第397页（上）
位于市中心的引人入胜的殖民地时期房屋建有托板，用刻着精致图案的木头做成向外突出的阳台，在当地俚语中称为"肚子"。

圣迭戈（San Diego），圣佩德罗与巴里奥斯·赫特塞马尼（Getsemaní）。圣佩德罗堂是为贫穷的印第安人居住区，圣佩德罗堂建于 1575—1612 年的教堂是阿朗索·德·泰利斯，以及西班牙居民和其居民

de Solís）的指导下，圣卡西利卡大教堂方济多堡垒（Castillo de San Fernando de Bocachica）建成。城堡内被分为三个区；圣佩德罗堂（San Pedro）、

名为（Juan de Tejada）设计的，建设始于 1634 年，持续了一个多世纪。1657 年，圣普利圣堂竣工。1697 年在阿朗索·德·泰利斯（Alonso

住民来自伊比利亚各地的移民非常相像。多米尼加主教区的创始人·迪戈·德·瓦斯凯斯来后建造卡塔赫纳教堂最重要的宗教建筑；这是一个有着雄伟正大殿长方形建筑。与城市内的商业工事的年事重叠风格的有差。

虽然不少卡塔赫纳的宗教建筑建于大相径庭。

有雕刻的十字。例如，1603 年建成的美丽的圣佩德罗·克拉弗（San Pedro Claver）教堂，卡塔赫纳建成的，建于 1559—1570 年的多明我会修道院，以及 1770 年完成的改良后地区风格建筑宗教裁判所（Palacio del Inquisición）。从而使这座城市的美丽可以在 17 世纪以来的市民建筑中表现。除去托雷亚大街（Calle Factoría），圣多明我大街（Calle Santo Domingo）和拉斯达马斯大街（Calle de las Damas）上排列的精美民居时间倒溯的房子。它们拥有雕刻着精美图案的大木质阳台和门户，是卡塔赫纳木雕家风格的标志，是卡塔赫纳木雕艺术的象征。可以通过它们欣赏到其制作，那些由图片出现在各种色彩中被称为帕萨（panzas）。它们是卡塔赫纳雕塑和木雕的主要载体，据说它们的木雕是最重要的木雕形式；在一个地雕艺术上严格系统格的本地，也许不足为奇。城市墙中，生活在悠闲少年中，他们多姿多彩；总是有人陪伴；图中，由有我们的祖辈们大用图片开承载满足我们的想象之余。

■ 第398页（上）17世纪的绘画《圣罗莎的婚礼》（Marriage of Santa Rosa de Lima），悬挂在圣卡塔利娜修道院里。

■ 第398—399页 圣卡塔利娜修道院（Monasterio de Santa Catalina）居住区的喷泉。这个建筑群占地近20000平方米，它的特色是红色围墙与修道院生活的蓝色区域成鲜明对比。

■ 第399页（上）圣弗兰西斯大街凯撒·里克特（Casa Ricketts）的正面。这是阿雷基帕最优雅的住宅之一，最初用作圣哲罗姆神学院（San Jeronimo Seminary）。

■ 第399页（中）圣卡塔利娜修道院安静的回廊，与忏悔室相对。一个西班牙富有的寡妇玛丽亚·古兹曼于1580年所建。

阿雷基帕历史中心

秘鲁　阿雷基帕省（Province of Arequipa）
入选年份：2000
遴选标准：C（I）(IV)

2001年6月23日大约下午三点，一场震中位于诺罗伊斯特·德·奥科纳（Noroeste de Ocoña）的地震袭击了秘鲁南部，受害者不计其数，造成了巨大的破坏。在该地区的主要城市阿雷基帕，大教堂的拱顶坍塌了，教堂正面两侧的两座钟楼之一倒塌了。情况很惨烈，但是地震是这座城市的常见地质灾害，一再破坏该城的建筑。

阿雷基帕别墅正式落成于1540年8月15日，由唐·加西亚·德·卡瓦哈尔在总督弗朗西斯科·皮萨罗的命令下修建。这里以前是一个印加人的定居点，叫作阿雷·基佩（Ary Quippay），在艾马拉语中的意思是"超越山巅的地方"。这里所说的山峰一定是米斯提（Misti），它是这座城市所在的肥沃盆地周围最近的火山。

米斯提、查查尼（Chachani）和皮丘皮丘（Pichupichu）三座火山的海拔超过4877米。它们不仅是这座城市的背景景色：还是未固结熔灰岩的来源，白色的石头被用作殖民时期城镇中的建筑材料。这种石头来源于两百万年前查查尼火山形成的巨大火灰堆中，当时从火山口喷出的大量岩浆蔓延到了48千米之外。

西班牙人来这里4年后，在查理五世的要求下，在一块空地上修建了一座教堂，命名为阿马斯广场（Plaza de Armas）。教堂进行了大规模的重建，不仅因为地震的破坏，而且也为了对它进行扩建。几个世纪以来，原来的教堂被改造成了宏伟的大教堂。它现在的外观可以追溯到19世纪中期，当时该建筑遭遇火灾，不得不重建。教堂正面占据了整个广场一侧，这在秘鲁是独一无二的。而阿雷基帕大教堂是世界上仅有的100座被允许悬挂梵蒂冈旗帜的教堂之一。它的建筑是新文艺复兴时期风格的，但教堂的内部与外部的威严并不匹配。

阿马斯广场的对面矗立着1698年完工的孔帕尼亚教堂（Iglesia de la Compañia）。这座教堂被殖民和共和时期的高大门廊以及优雅建筑所环绕。两层高的正面以螺旋柱和浅浮雕为特色，其主题反映了安第斯山脉植物群落，其风格重新诠释了西班牙巴洛克风格。里面有一个巨大的雕刻精美的香柏木祭坛，用金叶装饰。圣依纳爵礼拜堂（Chapel of St. Ignatius），有着五颜六色的圆顶，位于圣坛的左边。

殖民地时期的"布兰卡城"，又叫白城，位于大教堂后面的街上。这里是高档住宅区，是城市名流居

第399页（下）
圣卡塔利娜修道院的一个"私人"回廊。这个建筑专门留给"出身望族"的修女。在该修道院大约450人中，只有三分之一是修女，其余都是仆人。

住地区，房子只有一层，房间通向装饰着鲜花的露台。其中最豪华的别墅，如莫勒街318号的莫勒之家（Casa del Moral）和旧金山街（Calle de San Francisco）的里基茨之家（Casa Ricketts）都已被私人基金会购买，现在对游客开放。室内仍然保留着原来的家具和十七、十八世纪的绘画。

阿雷基帕的精华之处是圣卡塔利娜修道院，它大约20000平方米，包括小教堂、回廊、单人房和餐厅，覆盖了整个城市街区，四周高墙环绕。阿雷基帕建立后仅仅四十年，一个富有的西班牙寡妇玛丽亚·古兹曼遵循传统，作为富裕家庭的次女放弃世俗财产，修建女修道院，与上帝交流。在现实中，三个世纪以来，圣卡塔利娜修道院的450位居住者中只有三分之一是修女。其余的则是这些贵族女性的仆人，她们虽然不出门，却组织音乐会，继续过着奢华的生活。1871年，修女们无耻的行为引起了庇护九世的注意，庇护九世从欧洲派了一位多米尼加修女来恢复秩序。

在接下来的100年里，修女们遵守着最严格的隐居生活规则，但到1970年，只剩下20名修女，人员太少，无法妥善维护这个庞大的建筑群。那一年，修道院向公众开放，在四个世纪后，阿雷基帕的人民终于有机会一睹藏在墙后的宝藏。

■ 第400页（左上）
圣公会的侧壁，也被称为圣伊格纳西奥小教堂（Capilla de San Ignacio），以孔帕尼亚教堂的耶稣会的创始人命名。这些历史悠久的木制装饰是秘鲁最重要的艺术作品之一。

■ 第400页（中上）
圣伊格纳西奥小教堂的彩色墙壁装饰。17世纪，由于受到当地艺术家传统的影响，从欧洲引进的宗教艺术发生了巨大的变化。

■ 第400页（右上）
两座18世纪的回廊与孔帕尼亚教堂相连接，其特色装饰与原始建筑相协调。今天，回廊里挤满了出售手工艺品和纪念品的商店。

■ 第400页（下）
阿雷基帕广场三面被两个柱廊环绕，是秘鲁最美丽的广场之一，其中心有一个装饰着天使的青铜喷泉。

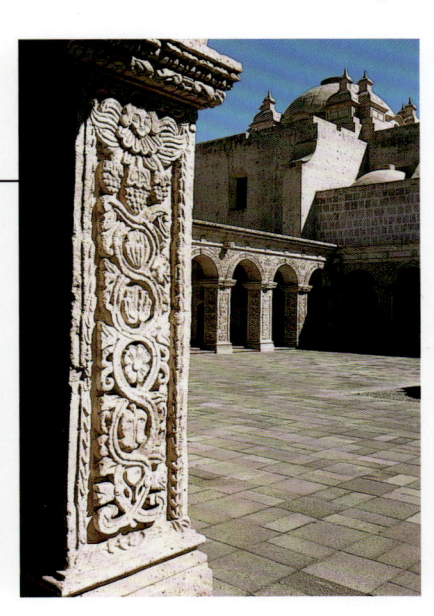

■ 第401页（上）
孔帕尼亚教堂的梅斯蒂索式的正立面以其非凡的装饰而闻名，并刻有"1698年"的字样。这表明一个多世纪前开始的建设已经完成。

■ 第401页（下）
2001年地震前的大教堂（或称梅诺尔长方形教堂）。地震导致左钟楼倒塌，右钟楼和建筑内部受损。这座雄伟的建筑建于19世纪下半叶。

401

第402页　罗萨里奥·多斯普雷托斯教堂，位于佩洛尼奥区，是18世纪由奴隶以巴洛克风格建造的。他们大多在夜间工作，使用走私的材料。

巴伊亚的萨尔瓦多历史中心

巴西 | 巴伊亚州（Bahia state）
入选年份：1985
遴选标准：C（Ⅳ）(Ⅵ)

■ 第403页（左上）主教座堂广场（Praça da Sé）的殖民时期的房子在城市的中心。这个广场是以巴伊亚大教堂（Sé da Bahia）命名的，它是拉丁美洲最宏伟的教堂之一，建于1533年，四个世纪后被拆除。

在每年12月31日的晚上，船夫之神的雕像被带到圣母受孕教堂（Igreja Nossa Senhora da Conceição）。为了庆祝新年的到来，第二天早上，数十艘船只将从那里护卫雕像前往平安圣母主教座堂（Igreja Nossa Senhora da Boa Viagem），雕像被收藏到房椽上，直到下一年这一时刻。尽管这一仪式继承自葡萄牙的传统，但萨尔瓦多·德·巴伊亚（Salvador de Bahia）以宗教和海洋双重仪式开始新的一年也不足为奇，因为这两种元素一直决定着这座城市的生活方式。

萨尔瓦多（Salvador）是巴西东北部巴伊亚州的首府。它坐落在广阔又平静的托多苏斯桑托斯海湾（Baía de Todos os Santos），这个名字来源于1501年11月1日亚美利哥·韦斯普奇的船员在到达那里时所起的名字。几年后，迪奥戈·阿尔瓦雷斯指挥的一艘船在那里失事了，住在海岸上的图皮南巴（Tupinambá）部落给了他庇护。他娶了酋长塔帕里卡的女儿，并在葡萄牙国王约翰三世下令在海湾建造一座城市时起了决定性的作用。

1549年，一支载着1000多名殖民者的舰队在托梅·德·索萨船长的指挥下离开了欧洲海岸。当他们到达托多苏斯桑托斯湾海岸时，受到了阿尔瓦雷斯和当地居民的热烈欢迎。这就是新殖民地的首都萨尔瓦多的开始，托梅·德·索萨被授予巴西总督的头衔。

半个世纪后，这座城市拥有了1600名居民，主要从事甘蔗、烟草和棉花的贸易。不久，利润丰厚的

■ 第403页（右中）卡尔莫修道院教堂（Igreja do Convento do Carmo）的巴洛克祭坛。该建筑最始建于17世纪，将伟大的建筑和与巴西独立有关的重要事件连接在一起。

■ 第403页（左下）雄伟的市政主立面，总督的故居，顶部有一个圆顶。巴伊亚曾是葡萄牙美洲的首都，直到1763年君主决定把首都迁到里约热内卢。

■ 第403页（右下）巴伊亚港。左边的拉塞尔达电梯（Elevator Lacerda）是1868年安装的大型电梯，方便人们进入上面的城市区域。

第404页（上）
圣弗朗西斯科教堂的回廊装饰着蓝色和白色的上光花砖。方济各会士于1587年抵达巴伊亚，但在获得土地建造修道院之前，他们不得不等待了一个世纪。

第404页（下）从佩洛尼奥广场可以看到，圣母受孕教堂的双钟楼俯瞰着殖民时期的房屋。这个地区名字意思是"鞭打的地方"，因为奴隶在那里被买卖。

奴隶贸易开始了，南美洲土著人、葡萄牙殖民者和非洲奴隶的融合，使巴伊亚成为一个多民族城市。这种突然的繁荣自然引起了准备远征征服巴伊亚的外国人的注意。

首先来的是东印度公司的荷兰人，他们在1624—1625年统治着这座城市。一旦和平恢复，巴伊亚就成为来自内陆金矿和钻石矿的新财富的宝库。富有的葡萄牙权贵们开始为自己建造宏伟的房屋和巴洛

克式的教堂。到1763年,这座城市发展迅速,不同种姓和国籍的居民人数达到了6万,但后来葡萄牙君主决定把首都迁往南边同样繁荣的城市里约热内卢。这标志着萨尔瓦多·巴伊亚的衰落,1822年从葡萄牙统治下独立后,也依然继续衰落。

这座城市以其殖民时期的建筑之美而闻名。在城市低地,过去欧洲的影响表现在为保护重要港口和货物运抵的模范市场（Mercado Modelo）而修建的防御工事遗迹。另一方面,在山顶,有一座巨大的邦芬主教座堂（Igreja do Nosso Senhor do Bomfim）,是献给先贤圣人的。巴伊亚的日常生活大部分是在地势高处,由一个电梯连接到港口,这个电梯最初是耶稣会士在1610年建造的,用来减轻奴隶的工作。今天,只能看到1868年安装的大型蒸汽驱动铁制设备"拉塞尔达电梯",最初的电梯设备已不见踪影。巴伊亚地势较高的地区不仅有贵族和商人的房屋,而且有这座城市的大多数教堂。传说有365座教堂,一年中每一天使用一座教堂,见证了这座城市的宗教力量。在这里,天主教和非洲奴隶的万物有灵论相融合,共同形成了对坎多姆布雷（Candomblé）的崇拜。最好的教堂无疑是圣弗朗西斯科（Igreja de São Francisco）,它的墙壁和祭坛上完全覆盖着金叶。

附近是古老的佩洛尼奥（Pelourinho）区,一个迷人的17、18世纪建筑群。佩洛尼奥这个名字的意思是"鞭打的地方",因为奴隶在这里被买卖。今天,位于佩洛尼奥广场的旧奴隶市场是萨尔瓦多之家的所在地,以纪念这位伟大的巴西作家,他在大学期间曾住在附近的酒店。

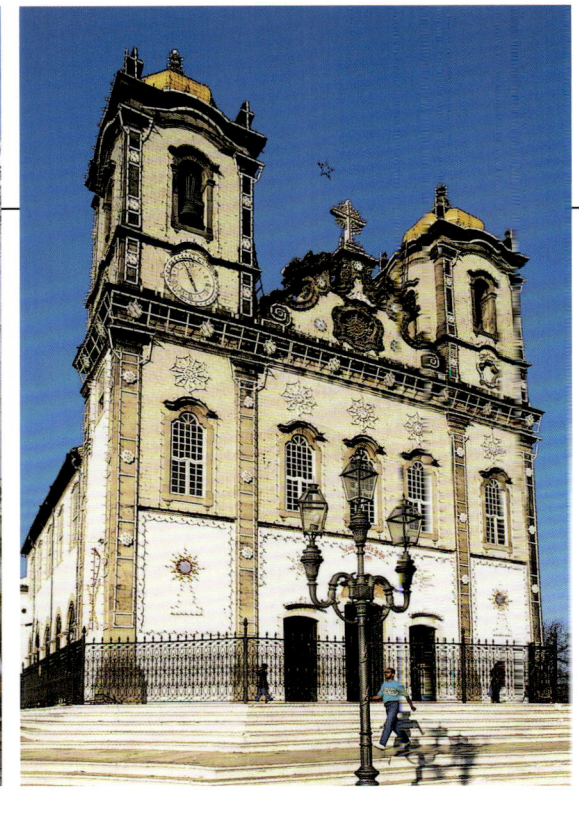

▌第405页（左上）
位于同名广场上的圣弗朗西斯科教堂建于1708年至1723年,是繁复华丽的洛克风格。它被认为是巴西最美的教堂。

▌第405页（右上）
邦芬教堂是为这座城市的守护神而建的,是巴伊亚最受人喜爱的教堂。它位于白撒城区（Cidade Baixa）,于1722年完工,有一个洛可可风格的正面,装饰着葡萄牙光花砖。

▌第405页（下）
作为世界上葡萄牙巴洛克风格最好的典范,圣弗朗西斯科教堂内部装饰风格是完全由金叶覆盖的蓝花楹木制装飾

巴西利亚城

巴西 | 联邦区（Federal District）
入选年份：1987
遴选标准：C（I）（IV）

20世纪50年代初，巴西大地上自然资源几乎取之不尽、用之不竭，但社会矛盾尖锐，这个国家急需管理。在相对安定的战后时期，发达国家狂欢之时，巴西涌现出了三支不同的领导力量：第一支是儒塞利诺·库比契克，他是一位长期活跃在政治舞台上的政治家，1956年出任巴西总统；第二支是才华横溢的城市设计师卢西奥·科斯特（Lucio Costa），他在欧洲长大，后来返回巴西，想要一展才华；第三支领导力量最为知名，是建筑师奥斯卡·尼迈耶（Oscar Niemeyer），他是科斯特和勒·柯布西耶（Le Corbusier）的学生。

1956年，两位设计师联手设计国家的新首都巴西利亚，新首都将建在国家的中心，位于一个海拔1097米高的半干旱的高原上。经过长期的飞机侦察，才最终确定这一选址。二百年来，巴西历届政府都想把首都从过度拥挤的里约热内卢迁到内陆城市，以加快传统上发展受到压制的地区的发展。新首都的地理位置一被确定，库比契克就立即宣布征求城市的设计方案，想要把新首都打造成一座模范城市，体现巴西的快速发展。

科斯特和尼迈耶的设计方案胜出，科斯特负责城市的布局，而尼迈耶则负责最重要的公共建筑的设计。汽车在当时不仅是一种交通工具也是地位的象征，人们对汽车很着迷，鉴于此，科斯特为这座城市设计了宽阔的马路。轴心线纪念大道（Avenida Eixo Monumental）至今仍是世界上最宽阔的马路，当然这对汽车主有利，却不利于行人。作为城市进步的象征，巴西利亚沿着两条垂直的中轴线布局：东西向的轴线上是政府建筑，南北轴线上是住宅区。除了伊格雷日尼亚（Rua da Ingrejinha），其他街道都没有命名，而是用字母和数字标记。四通八达的街道把几个主要街区连接起来，这些主要街区有商业区、服务区和休闲区。公园是巴西利亚城市的一个主要特点，和当地的干旱形成鲜明对比，使巴西利亚成为世界上人均绿化面积最大的城市。高楼大厦周围分布着水池，不仅美观，而且水池里的水分蒸发增加了空气湿度，从而缓解了高原地区的气候干燥。

巴西国土面积辽阔，堪比一个大洲，其国力的象征是双塔，国会的两个分支机构便位于此。双塔28层高，中间由一个人行桥连接，形成"H"形，代表着"Homem, Honra,

■ 第406页（左）
外交部前的池塘倒映着其他公共建筑。这些建筑面对着位于轴心线纪念大道最南端的政府办公大楼前的广场。轴心线纪念大道是世界上最宽的道路。

■ 第406—407页
巴西利亚的鸟瞰图，蔚为壮观。这座巴西的现代首都建成于1960年4月21日，是时任巴西总统儒塞利诺·库比契克、城市设计师卢西奥·科斯特和建筑师奥斯卡·尼迈耶联手打造的作品，他们1956年规划出了城市建设的方案。

407

■ 第 407 页（上）
伊塔玛拉蒂宫（Palacio do Itamaratí）是巴西外交部所在地，由于环绕着巨大的钢筋混凝土结构，也被称为"水晶宫"。

■ 第 407 页（下）
议会大楼矗立在三角形的三权广场上，政府的行政和司法机构也位于此。三个机构的布局代表了三权分立，相互制衡。

■ 第 407 页（中右）
意大利雕塑家布鲁诺·焦尔尼（Bruno Giorni）雕刻的"天空之城"象征五大洲，矗立在外交部前的池塘里。

■ 第408页（上）
雕塑《勇士》位于三权广场上，后边是坦克雷多·内维斯总统府（Tancredo Neves），被称为"巴西的帕提农神庙"，还有国家火台（Pyre of the Nation）。

■ 第408页（左下）
大教堂的圆形中殿可以容纳4000人，上面是混凝土打造的圆顶，圆顶上的窗户由马耶尼·佩雷特设计。尼迈耶把中殿建在比马路还低的地方，只有圆顶露在地面以上。

Honestidade"三个单词，意为"人、荣誉、诚实"。一座大楼旁有一个朝上的半球，另一座大楼旁有一个朝下的半球，象征着宇宙间平衡。三角形的三权广场的三个角分别是巴西政府的行政、立法和司法部门，代表着三权分立，相互制衡。议会大楼、J. K. 纪念馆（巴西总统库比契克的陵墓，1976年他死于一场车祸）和公共汽车终点站都在同一条轴线上。

尼迈耶在设计大教堂时充分体现了他的创造性，他用坚硬结实的钢筋混凝土打造出了柔和的波浪形线条。相比于实用性，尼迈耶更注重美感，他设计的这个建筑融合了理性主义和传统巴西巴洛克风格。他和艺术家、雕塑家一起工作，亲自监督他们的装饰工作。硕大的窗户是马耶尼·佩雷特（Maienne Perret）的作品，建筑入口前有四个庞大的福音传教士塑像，这是阿尔弗雷多·塞奇亚蒂（Alfredo Ceschiatti）的作品。还有一位意大利艺术家创造的"天空之城"雕塑也让人印象深刻，象征着五大洲，放置在外交部前面的水池中。

巴西利亚于1960年4月21日建成，作为巴西的首都仅有60多年的历史，却已经展现出了时代的印记。建成时的设计方案是为了容纳50万人口，但是今天巴西利亚人口达200多万，新建的市郊也没有遵循城市缔造者当初设想的标准。许多人质疑这座城市的规划是否称得上成功。1997年，就在卢西奥·科斯特去世前的几个月，他回应批评者说："事实证明，我当初设想的规划太小了。"

▎第408页（右下）奥斯卡·尼迈耶设计的教堂外，是阿尔弗雷多·赛奇亚蒂雕琢的巨型青铜雕像，雕刻的是福音传播者。

▎第408—409页 巴西总统儒塞利诺·库比契克的塑像，位于三权广场（Praça dos Três Poderes），背后是最高法院（Palacio da Justiça）。

▎第409页（下）某住宅区一栋未来主义风格拱形建筑。建筑师科斯特和尼迈耶将城市划分为泾渭分明的居民区与行政区，创造了独特的城市环境。

苏克雷历史中心

玻利维亚 | 入选年份：1991
遴选标准：C（Ⅳ）

1825年8月6日，在圣弗朗西斯科·泽维尔大学（Universidad de San Francisco Xavier）内，查卡斯共和国宣告成立，随即改称玻利维亚，这是为了纪念西蒙·玻利瓦尔（Simón Bolívar）——玻利维亚解放大业的缔造者、拉丁美洲的英雄。五天后，同一个地点，新生共和国的首都更名为苏克雷（Sucre）。"自由之家"（大学建筑的现代名称）是座富有魅力的建筑，周围环绕着一条宽阔的回廊。这栋建筑诞生于1700年前，由耶稣会建造，当时是传教士的住所。然而，从玻利维亚独立之日起，到1898年，这座建筑成了玻利维亚的立法机构——玻利维亚议会的所在地。

苏克雷还因"四名之城"而闻名于世人。除了现在用的名字"苏克雷"，它还有个名字"布兰卡城"（Ciudad Blanca），意为白色的城市，得名于城内的白色建筑；另一名为查卡斯，由当地原住民命名；拉普拉塔（La Plata），自建城日1538年11月30日起就得名，命名者是佩德罗·德·安祖尔，他是坎普·雷东多的侯爵兼贡萨洛·皮萨罗军领导者。这座城镇建在土著村庄乔凯-查卡（Choke-Chaca）的旧址上，因皮萨罗下令开发波托西（Potosí）的矿藏而建，这座小镇也成了探索安第斯山脉以西的出发点。

1552年，它被指任为主教辖区，七年后，西班牙的菲利普二世下令建立查卡斯听证法庭，用于管理包括巴拉圭、秘鲁南部、智利北部、阿根廷和玻利维亚在内的广大地区。1609年，这座城市被提升为大主教辖区。

16世纪的编年史记载了当时这座城市的几千人口，包括农民、矿工、士兵、传教士和商人。1624年5月27日，耶稣会士胡安·德·弗里亚斯·哈伦（Juan de Frías Herrán）创建了圣弗朗西斯科·泽维尔大学。1767年耶稣会被驱逐出美洲时，该大学搬到了耶稣会修道院。在新建

▎第410页（下）
圣弗朗西斯科·泽维尔大学正面呈现巴洛克风格。这是拉丁美洲第四所大学，1624年由耶稣会士建立。

▎第410—411页
圣弗朗西斯科·泽维尔大学回廊本是修道院——耶稣会修士的居所，旁边矗立着圣米格尔教堂的钟塔。这座教堂建于1624年，有着安达卢西亚风格装潢。

▎第411页右上 "自由之家"大厅。中央的画像是民族英雄玻利瓦尔。1825年，玻利瓦尔就在此处宣布玻利维亚独立。

▎第411页（左下）
这座殖民地风格建筑建于17世纪晚期，极具魅力。作为国家独立运动的中心，得名"自由之家"，位于五月二十五日广场。

▎第411页右下 苏克雷历史中心因留有一众殖民地风格建筑而自豪。这座城市拥有15万人口，曾是玻利维亚的首都，1898年玻利维亚迁都拉巴斯（La Paz）。

筑里，诞生了一批支持独立的知识分子先锋，圣弗朗西斯科·泽维尔大学的教育功不可没。而这种教育正是基于圣托马斯·阿奎那（St. Thomas Aquinas）的人民主权理念。

17世纪，拉普拉塔是拉丁美洲西部最重要的政治、宗教和文化中心。今天，苏克雷（即拉普拉塔）历史中心则完美展示了西班牙殖民主义，特别是16世纪的宗教艺术。这座城市最重要的建筑都伫立在阿马斯广场（Plaza de Armas）周围，如市长教堂（Iglesia Mayor）、大主教宫（Archbishop's palace）、国会大厦、听证大法院（Real Audiencia）、监狱。不过，苏克雷最古老的建筑是圣拉扎罗教堂（Iglesia de San Lázaro），始建于1544年，距本土神祈坦噶（Tanga-

▎第 412—413 页
圣弗朗西斯科教堂，是文艺复兴的建筑杰作，为玻利维亚最古老的建筑之一，设计者是胡安·德·瓦列霍，落成于 1581 年。

第 413 页（下）
大教堂华丽的巴洛克式入口。这座建筑于1559年开始动工，直到18世纪早期才建成，呈现出文艺复兴式、新古典式等多种风格。

第 412 页左下 教堂中殿宽敞明亮，采用了精美的白色与金色粉刷泥，属新古典主义风格。

第 412 页右下 圣米格尔教堂巴洛克式祭坛高架，木制结构，覆盖金叶，造型精美，深受安达卢西亚穆德哈尔风格影响。

第 413 页（上） 教堂圆顶。原苏克雷圣母堂没有侧廊，上面覆盖着一个交叉拱顶，后来为了加固建筑结构，在周围新建了四座礼拜堂。

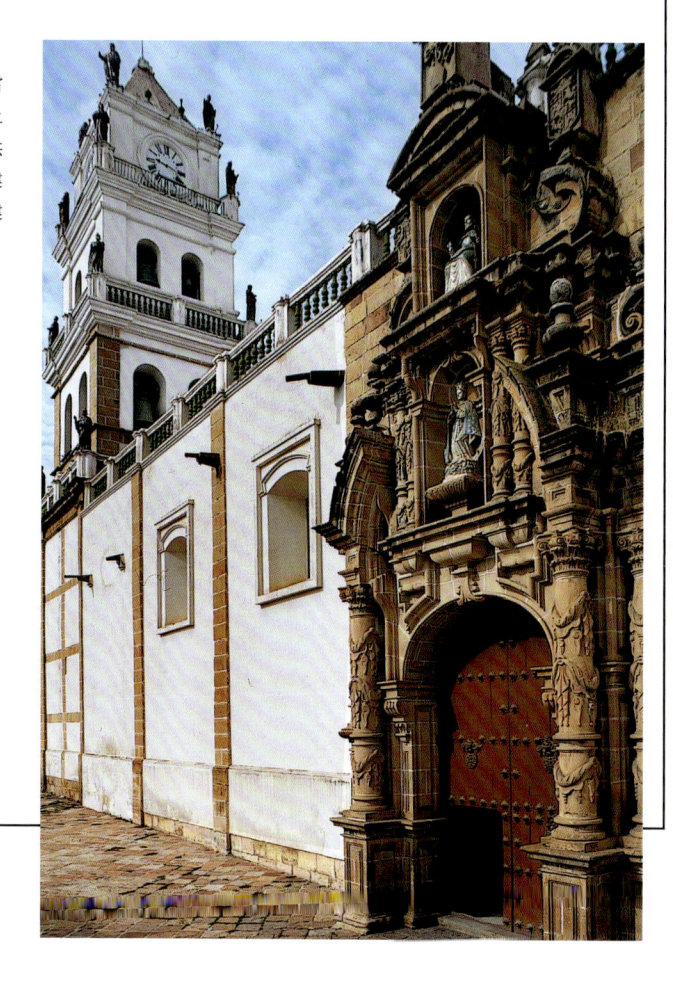

Tanga）的供奉处不远，周围有不少拱形建筑环绕，还有座小礼拜堂，用于教化当地土著。

1559年，圣拉扎罗大教堂开始动工，整个建造耗时长、争议多，大教堂也因此成为16—18世纪在拉丁美洲流行过的建筑风格集锦：有文艺复兴式装饰、新古典主义中殿，还有通往瓜达卢佩圣母大教堂（Capilla de la Virgen de Guadalupe）的巴洛克入口，华丽绝伦。

苏克雷其他宗教建筑同样异彩纷呈，比如圣多明戈教堂的哥特式横向通道，以及圣米格尔教堂（Iglesia de San Miguel，1621年）和圣弗朗西斯科教堂（1581年）的安达卢西亚装饰。后者是文艺复兴时期艺术的杰作，深受穆德哈尔风格的影响。穆德哈尔风格源自摩尔建筑风格，精致典雅，13世纪开始风靡西班牙。相比之下，圣弗朗西斯科教堂则将西班牙风格与当地装饰传统巧妙融合，用到了穆德哈尔装饰，在中殿、两个小礼拜堂、内殿都装饰上了八角形、小圆点、星星，颜色有红有蓝有金。

1898年，玻利维亚迁都拉巴斯，今天的苏克雷，拥有着15万居民，成了宁静的区域城市。

科尔多瓦耶稣会街区和牧场

阿根廷 | 科尔多瓦省（Province of Córdoba）
入选年份：2000
遴选标准：C（Ⅱ）（Ⅳ）

经过一年的深思熟虑，以及1767年3月31日至4月2日之间来回改变主意之后，西班牙国王查理三世终于签署了将耶稣会从西属美洲驱逐出去的命令。这条驱逐令的结果不出所料：把耶稣会人士赶尽杀绝的同时，西班牙在拉丁美洲最成功的社会经济历史也被一笔勾销。镇压牧师团也削弱了耶稣会会士创立的农业、教育和宗教体系。

1599年，建城约20年后，耶稣会社区在科尔多瓦（Córdoba）以维莱斯·萨尔斯菲尔德大街（Avenida Vélez Sársfield）、奥维斯波特雷霍（Obispo Trejos）大街、卡塞罗斯（Caseros）大街和杜阿尔特·基罗斯（Duarte Quirós）大街为界的地区建立起来。仅仅10年的时间，耶稣会的这座小楼已容纳不下修士、学生们和信徒。因此，1610年，开始修建高等学院（Colegio Máximo），三年以后又修建了圣哈维尔学院（Seminario Convictorio de San Javie，1622年被提升为大学）。几年内，耶稣会会士往学校和大学招收了大批当地人，来学习木工、建筑和锻造等技术，这些人也有机会成为珠宝家、艺术家、文人。耶稣会也不乏各种历史学家、古生物学家、地理学家、自然学家等。正是这些人为阿根廷早期的科学发现做出了贡献。

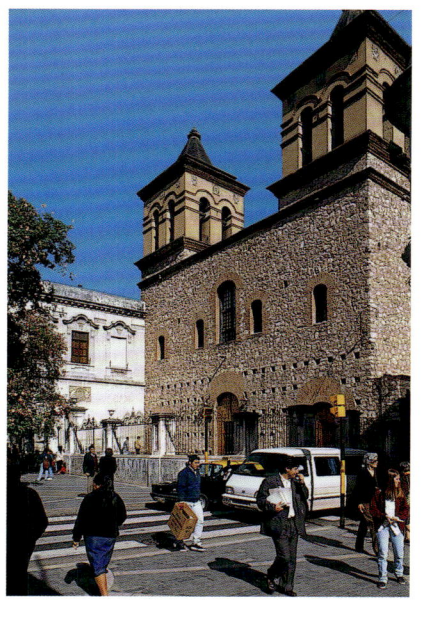

17世纪中叶以前，耶稣会社区的活动声名远扬、收益不菲，因此牧师团决定修建孔帕尼亚教堂（Iglesia de la Compañía）。弗兰德修道士菲利普·勒梅尔负责这项工程。这项工程于1645年开始，一直持续到1671年。建筑风格是罕见的拉丁美洲巴洛克风格，正面两侧分别有一个钟塔。里面拱顶之下有一个祭坛，是17世纪拉丁美洲最杰出的艺术作品之一。这一时期，耶稣会还建立了家庭小教堂（Capilla Doméstica），其规模较小，但是同样引人入胜，里面也有一个华丽的祭坛，装饰壁画也十分出色。

17世纪末，又修建了初学院（Noviziato），还有为大学生提

■ 第 414—415 页
1613年，费尔南多·萨纳夫里亚兄弟在科尔多瓦开始修建圣沙忽略神学院宿舍（图中所示的一个回廊），1622年，这里荣升为一座大学，后来成为国立大学。

■ 第 414 页（左下）
圣母蒙萨拉特皇家学院宿舍的历史可追溯到17世纪晚期，为了给大学生提供住处而建。现在的建筑重建于1782年，后来又经过整修，但是这些回廊依然和原来的保持一致。

■ 第 414 页（右下）
圣卡塔利娜庄园的教堂是阿根廷巴洛克艺术的杰出典范之一。1622年，耶稣会会士买下这片地产，是牧师团农业生产力最高的地产之一。

■ 第 415 页（上）
孔帕尼亚教堂的外部景观。这座教堂由修士菲利普·勒梅尔设计，1645年开工建设，直到1671年才竣工。

■ 第 415 页（下）
孔帕尼亚教堂的中殿。最里边放着一个装饰着金叶的祭坛，是南美洲最精致的艺术品之一。

416

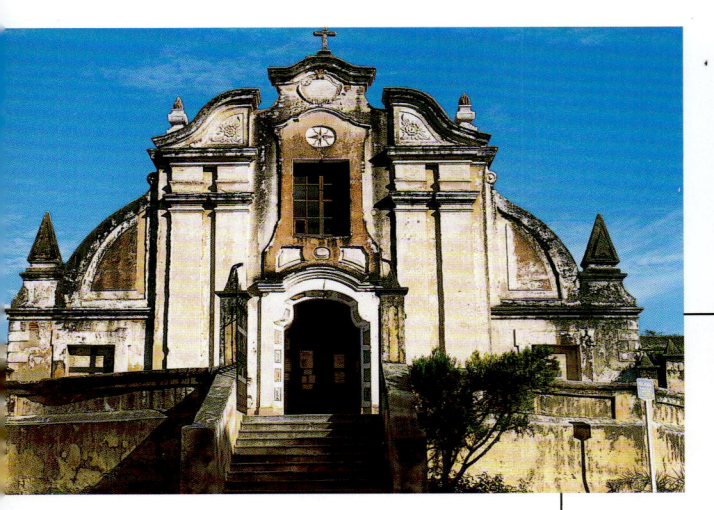

从耶稣的圣母孟塞拉特高等学院（Colegio Convictorio de Nuestra Señora de Monserrat）。这座吉苏瓦学院建筑十分优美，带有哥特教的回廊和有拱顶的西班牙小教堂（Capilla de Españoles）时代，对当时更为宏伟壮丽的孟塞拉特图书馆的珍贵的书籍藏，其中尤以有宗教承继成为在16—18世纪的科学达大学的作品。

耶稣会传教区也形成了与大教场（耶稣会在城市周围的建筑农场）相联系的一起布置。著1616年的蒙卡特利亚庄园（Estancia de Caroya），1661年卡特北在了门进蒙拉特高等学院有的庭院基础上的 格和风栏，耶稣尔特·维蒂那。众下里图申一开住在区组成，住在区有一个中央回廊，一小教堂和各种水利建筑。

在图中最大的是卡特利那庄园（Estancia de Santa Catalina），它是一个成立于1622年的水水庄之后，位于科尔多瓦北方70千米，相比哪发复图的水罪中场。庄图的重的教密是阿结圭哥居民伸和阳已然他多建成的一些有的，这布图的建筑直观代表了北

■ 第416页（右上）
上栏拉氏西亚庄园上的一座种菇，这是名作曲家曼纽尔·德·法拉（Manuel de Falla）19世纪时曾住在这里。今天区置有一座博物馆，里面收藏者音纽和法了美洲的作品，大多数是宗教来源。

■ 第416—417页
上栏拉氏西亚庄园的长水泵之距35千米，里面有一座修道院和一座面纽和法了美洲收藏的风格的藏品。

■ 第417页（上）
今天，这座成立成为"剧院时光岩村"，国家博物馆，里面收藏者17、18、19世纪的各家异，工具和治画作品。

■ 第417页（下）
这座在图是1643年间剧防案，那里收藏的那耶稣会成。那在仿装置于院的椰美轻小院医。

耶稣会修建花园一片，那耶稣会成一些建筑被方各名片，而为建名的如系缅了孔茧亚底，至卡特利那就放在书架之上和那斯斯宣，艺术欣场在仿放置于院的椰美。

《世界遗产名录》

加粗部分属于《濒危世界遗产名录》。

阿富汗
查姆回教寺院尖塔和考古遗址（2002）
巴米扬山谷的文化景观和考古遗迹（2003）

阿尔巴尼亚
布特林特（1992，1999）

阿尔及利亚
贝尼·哈玛德的卡拉城（1980）
阿杰尔的塔西利（1982）
姆扎卜山谷（1982）
杰米拉（1982）
提帕萨（1982）
提姆加德（1982）
阿尔及尔城堡（1992）

安道尔
马德留—配拉菲塔—克拉罗尔大峡谷
（2004）

安哥拉
姆班扎刚果历史中心

安提瓜和巴布达
安提瓜海军造船厂及其相关考古遗址

阿根廷
冰川国家公园（1981）
瓜拉尼人聚居地的耶稣会传教区：阿根廷
的圣伊格纳西奥米尼、圣安娜、罗雷托
圣母村和圣母玛利亚艾尔马约尔村遗迹
以及巴西的圣米格尔杜斯米索纳斯遗迹
（1983，1984）
伊瓜苏国家公园（1984）
洛斯马诺斯岩画（1999）
瓦尔德斯半岛（1999）
伊沙瓜拉斯托—塔拉姆佩雅自然公园
（2000）
科尔多巴耶稣会牧场和街区（2000）
塔夫拉达·德乌玛瓦卡（2003）
印加路网（2014）
勒·柯布西耶的建筑作品，对现代运动的
杰出贡献（2016）
卢斯阿莱尔塞斯国家公园（2017）

亚美尼亚
哈格帕特修道院和萨那欣修道院（1996，
2000）
埃奇米河津教堂与兹瓦尔特诺茨考古遗址
（2000）
格加尔德修道院和上阿扎特山谷（2000）

澳大利亚
卡卡杜国家公园（1981，1987，1992）
大堡礁（1981）
威兰德拉湖区（1981）
塔斯马尼亚荒原（1982，1989）
豪勋爵群岛（1982）
澳大利亚冈瓦纳雨林（1986，1994）
乌卢鲁—卡塔曲塔国家公园（1987，1994）
昆士兰湿热带地区（1988）
西澳大利亚沙克湾（1991）
弗雷泽岛（1992）
澳大利亚哺乳动物化石地（里弗斯利／纳拉
库特）（1994）
赫德岛和麦克唐纳群岛（1997）
麦夸里岛（1997）
大蓝山山脉地区（2000）
波奴鲁鲁国家公园（2003）
皇家展览馆和卡尔顿园林（2004）
悉尼歌剧院（2007）
澳大利亚监狱遗址（2010）
宁格罗海岸（2011）
布吉必姆文化景观（2019）

奥地利
萨尔茨堡市历史中心（1996）

申布伦宫殿和花园（1996）
哈尔施塔特—达赫斯泰因／萨尔茨卡默古特
文化景观（1997）
塞默灵铁路（1998）
格拉茨城历史中心（1999）
瓦豪文化景观（2000）
维也纳历史中心（2001，2017）
新锡德尔湖与费尔特湖地区文化景观
（2001）
喀尔巴阡山脉与欧洲其他地区的原始山毛
榉林（2011，2017）
阿尔卑斯地区史前湖岸木桩建筑（2011）

阿塞拜疆
巴库城及其希尔凡王宫和少女塔（2000）
戈布斯坦岩石艺术文化景观（2007）
舍基历史中心及汗王宫殿（2019）

巴林
巴林堡—古代港口和迪尔蒙首都（2005）
采珠业—岛屿经济的见证（2012）
迪尔穆恩古墓葬群（2019）

孟加拉国
巴凯尔哈特清真寺历史名城（1985）
帕哈尔普尔的佛教毗诃罗遗址（1985）
孙德尔本斯国家公园（1997）

巴巴多斯
布里奇顿及其军事要塞（2011）

白俄罗斯
比亚沃韦扎国家森林公园（1979，1992）
米尔城堡群（2000）
涅斯维日的拉济维乌家族城堡建筑群
（2005）
斯特鲁维地理探测弧线（2005）

比利时
佛兰德的比津社区（1998）
拉卢维耶尔和勒罗尔克斯中央运河上的四
座船舶吊车（艾诺）（1998）
布鲁塞尔大广场（1998）
比利时和法国钟楼（1999）
建筑师维克多·奥尔塔设计的主要城市建
筑（布鲁塞尔）（2000）
斯皮耶纳新石器时代的燧石矿（蒙斯）
（2000）
图尔奈圣母大教堂（2000）
布鲁日历史中心（2000）
帕拉丁莫瑞图斯工场—博物馆建筑群
（2005）
斯托克雷特宫（2009）
喀尔巴阡山脉与欧洲其他地区的原始山毛
榉林（2011，2017）
瓦隆尼亚采矿遗迹群（2012）
柯布西耶建筑作品，对现代主义运动的杰
出贡献（2016）

伯利兹
伯利兹堡礁保护区（1996）

贝宁
阿波美皇宫（1985）
W—阿尔利—彭嘉里联合遗址（1996，
2017）

玻利维亚
波托西城（1987）
奇基托斯耶稣传教区（1990）
苏克雷古城（1991）
萨迈帕塔考古遗址（1998）
蒂瓦纳科：蒂瓦纳科文化的精神和政治中
心（2000）
挪尔·肯普夫墨卡多国家公园（2000）
印加路网（2014）

波斯尼亚和黑塞哥维那
莫斯塔尔旧城和旧桥地区（2005）
维舍格勒的穆罕默德—帕夏·索科洛维奇
古桥（2007）
斯特茨奇中世纪墓葬群（2016）

博茨瓦纳
措迪洛山（2001）
奥卡万戈三角洲（2014）

巴西
欧鲁普雷图历史名镇（1980）
奥林达历史中心（1982）
瓜拉尼人聚居地的耶稣会传教区：阿根廷
的圣伊格纳西奥米尼、圣安娜、罗雷托
圣母村、圣母玛利亚艾尔马约尔村遗迹
以及巴西的圣米格尔·杜斯米索纳斯遗
迹（1983，1984）
巴伊亚州的萨尔瓦多历史中心（1985）
孔戈尼亚斯的仁慈耶稣圣殿（1985）
伊瓜苏国家公园（1986）
巴西利亚（1987）
卡皮瓦拉山国家公园（1991）
圣路易斯历史中心（1997）
迪亚曼蒂纳城历史中心（1999）
大西洋沿岸热带雨林保护区（1999）
大西洋东南热带雨林保护区（1999）
中部潘塔纳尔自然保护区（2000，2003）
潘塔奈尔保护区（2000）
巴西的大西洋群岛：费尔南多·迪诺罗尼
亚群岛和罗卡斯岛保护区（2001）
塞拉多保护区：查帕达—多斯—维阿迪罗
斯和艾玛斯国家公园（2001）
戈亚斯城历史中心（2001）
圣弗朗西斯科广场（2010）
里约热内卢：山海之间的卡里奥克景观（2012）
潘普利亚现代建筑（2016）
瓦隆古码头考古遗址（2017）
帕拉蒂和格兰德岛—文化与生物多样性
（2019）

保加利亚
博亚纳教堂（1979）
马达腊骑士崖雕（1979）
卡赞利克的色雷斯古墓（1979）
伊凡诺沃岩洞教堂（1979）
里拉修道院（1983）
内塞巴尔古城（1983）
斯雷伯尔纳自然保护区（1983）
皮林国家公园（1983）
斯韦什塔里的色雷斯人墓（1985）
喀尔巴阡山脉与欧洲其他地区的原始山毛
榉林（2011，2017）

布基纳法索
W—阿尔利—彭贾里保护区（2017）
洛罗派尼遗址（2009）
布基纳法索古冶铁遗址（2019）

佛得角
大里贝拉历史中心旧城（2009）

柬埔寨
吴哥窟遗址公园（1992）
柏威夏寺（2008）
古伊奢那补罗考古遗址的三波坡雷古寺庙
区（2017）

喀麦隆
德贾动物保护区（1987）
流经三国的桑哈河（2012）

加拿大
纳汉尼国家公园（1978）
拉安斯欧克斯梅多国家历史遗址（1978）
艾伯塔省立恐龙公园（1979）
克卢恩／兰格尔—圣伊莱亚斯／冰川湾／塔

琴希尼—阿尔塞克（1979，1992，1994）
安东尼岛（1981）
美洲野牛洞地带（1981）
伍德布法罗国家公园（1983）
加拿大落基山公园（1984，1990）
魁北克古城区（1985）
格罗莫讷国家公园（1987）
沃特顿冰川国际和平公园（1995）
卢嫩堡旧城（1995）
米瓜莎公园（1999）
丽都运河（2007）
乔金斯化石崖壁（2008）
格朗普雷景观（2012）
红湾巴斯克捕鲸站（2013）
迷斯塔肯角（2016）
皮玛希旺·阿奇（2018）
阿伊斯奈皮石刻（2019）

中非共和国
马诺沃贡达圣绅罗里斯国家公园（1988）
桑加河（2012）

乍得
乌尼昂加湖泊群（2012）
Ennedi 高地：自然和文化景观（2016）

智利
拉帕努伊国家公园（1995）
奇洛埃教堂（2000）
瓦尔帕莱索港口城市历史区（2003）
亨伯斯通和圣劳拉硝石采石场（2005）
塞维尔铜矿区（2006）
印加路网（2014）

中国
泰山（1987）
长城（1987）
明清故宫（北京故宫、沈阳故宫）（1987，2004）
莫高窟（1987）
秦始皇陵及兵马俑坑（1987）
周口店北京人遗址（1987）
黄山（1990）
九寨沟风景名胜区（1992）
黄龙风景名胜区（1992）
武陵源风景名胜区（1992）
承德避暑山庄及其周围寺庙（1994）
曲阜孔庙、孔林和孔府（1994）
武当山古建筑群（1994）
拉萨布达拉宫历史建筑群（1994，2000，2001）
庐山国家公园（1996）
峨眉山—乐山大佛（1996）
丽江古城（1997）
平遥古城（1997）
苏州古典园林（1997，2000）
北京皇家园林—颐和园（1998）
北京皇家祭坛—天坛（1998）
武夷山（1999）
大足石刻（1999）
青城山—都江堰（2000）
皖南古村落—西递、宏村（2000）
龙门石窟（2000）
明清皇家陵寝（2000，2003，2004）
云冈石窟（2001）
云南三江并流保护区（2003）
高句丽王城、王陵及贵族墓葬（2004）
澳门历史城区（2005）
四川大熊猫栖息地（2006）
殷墟（2006）
开平碉楼与村落（2007）
中国南方喀斯特（2007，2014）
福建土楼（2008）
三清山国家公园（2008）
五台山（2009）
中国丹霞（2010）
登封"天地之中"历史古迹（2010）
杭州西湖文化景观（2011）
澄江化石遗址（2012）
元上都遗址（2012）
红河哈尼梯田文化景观（2013）
新疆天山（2013）
丝绸之路：长安—天山廊道的路网（2014）
大运河（2014）
土司遗址（2015）
湖北神农架（2016）

左江花山岩画文化景观（2016）
鼓浪屿：国际历史社区（2017）
青海可可西里（2017）
梵净山（2018）
良渚古城遗址（2019）
中国黄（渤）海候鸟栖息地（第一期）（2019）

哥伦比亚
港口、要塞和古迹群，卡塔·赫纳（1984）
洛斯卡蒂奥斯国家公园（1994）
圣克鲁斯历史中心（1995）
蒂尔拉特罗国家考古公园（1995）
圣阿古斯丁考古公园（1995）
马尔佩洛动植物保护区（2006）
哥伦比亚咖啡文化景观（2011）
美丽的道路，安第斯山脉的道路系统（2014）
奇里比克特国家公园—美洲豹的居所（2018）

刚果（布）
桑加跨三国保护区（2012）

哥斯达黎加
塔拉曼卡仰芝—拉阿米斯泰德保护区 / 拉阿米斯泰德国家公园（1983，1990）
科科斯岛国家公园（1997，2002）
瓜纳卡斯特保护区（1999，2004）
迪奎斯三角洲石球以及前哥伦比亚人酋长居住地（2014）

科特迪瓦
宁巴山自然保护区（1981，1982）
塔伊国家公园（1982）
科莫埃国家公园（1983）
历史城镇大巴萨姆（2012）

克罗地亚
杜布罗夫尼克古城（1979，1994）
斯普利特古建筑群及戴克里先宫殿（1979）
布里特威湖国家公园（1979，2000）
波雷奇历史中心的尤弗拉西苏斯大教堂建筑群（1997）
历史名城特罗吉尔（1997）
西贝尼克的圣詹姆斯大教堂（2000）
喀尔巴阡山脉与欧洲其他地区的原始山毛榉林（2011，2017）
斯塔里格勒平原（2008）
斯特茨奇中世纪墓葬群（2016）
15—17 世纪威尼斯共和国的防御工事：陆地之国到西方的海洋之国（2017）

古巴
哈瓦那旧城及其工事体系（1982）
特立尼达和洛斯因赫尼奥斯山谷（1988）
古巴圣地亚哥的圣佩德罗德拉罗卡堡（1997）
比尼亚莱斯山谷（1999）
格朗玛的德桑巴尔科国家公园（1999）
古巴东南第一个咖啡种植园考古风景区（2000）
阿里杰罗德胡波尔德国家公园（2001）
西恩富戈斯古城（2005）
卡马圭古城（2008）

塞浦路斯
帕福斯（1980）
特罗多斯地区的彩绘教堂（1985，2001）
乔伊鲁科蒂亚（1998）

捷克
布拉格历史中心
克鲁姆洛夫历史中心（1992）
泰尔奇历史中心（1992）
泽莱纳山的内波穆克圣约翰朝圣教堂（1994）
库特纳霍拉历史名城中心的圣巴拉巴教堂及塞德莱茨的圣母玛利亚大教堂（1995）
莱德尼采—瓦尔季采文化景观（1996）
克罗麦里兹花园和城堡（1998）
霍拉索维采古村保护区（1998）
利托米什尔城堡（1999）
奥洛穆茨三位一体圣柱（2000）
布尔诺的图根哈特别墅（2001）
特热比奇犹太社区及圣普罗科皮乌斯大教堂（2003）
厄尔士 / 克鲁什内山脉矿区（2019）
拉贝河畔克拉德鲁比的仪式马车用马繁育与训练景观（2019）

朝鲜
高句丽古墓群（2004）
开城历史建筑与遗迹（2013）

刚果（金）
维龙加国家公园（1979）
加兰巴国家公园（1980）
卡胡兹—别加国家公园（1980）
萨隆加国家公园（1984）
俄卡皮鹿野生动物保护地（1996）

丹麦
耶灵墓地、古北欧石刻和教堂（1994）
罗斯基勒大教堂（1995）
科隆博格城堡（2000）
伊路利萨特冰湾（2004）
瓦登海（2009）
斯泰温斯—克林特（2014）
克里斯丁菲尔德，摩拉维亚居留区（2015）
北西兰岛狩猎园林（2015）
格陵兰岛库加塔：冰盖边缘的北欧及因纽特农业（2017）
冰与海之间的因纽特人狩猎场阿斯维斯尤特—尼皮萨特（2018）

多米尼克
三峰山国家公园（1997）

多米尼加
圣多明各殖民城市（1990）

厄瓜多尔
加拉帕戈斯群岛（1978，2001）
基多旧城（1978）
桑盖国家公园（1983）
昆卡的洛斯—里奥斯的圣安娜历史中心（1999）
印加路网（2014）

埃及
孟菲斯及其墓地金字塔—从吉萨到代赫舒尔的金字塔场地群（1979）
底比斯古城及其墓地（1979）
阿布辛拜勒至菲莱的努比亚遗址（1979）
开罗古城（1979）
阿布米那基督教遗址（1979）
圣卡特琳娜地区（2002）
鲸鱼峡谷（2005）

萨尔瓦多
霍亚—德赛伦考古遗址（1993）

厄立特里亚
阿斯马拉：非洲现代主义城市（2017）

爱沙尼亚
塔林历史中心（老城）（1997）
斯特鲁维地理探测弧线（2005）

埃塞俄比亚
拉利贝拉岩石教堂（1978）
塞米恩国家公园（1978）
贡德尔地区的法西尔盖比城堡及古建筑（1979）
阿瓦什低谷（1980）
蒂亚（1980）
阿克苏姆考古遗址（1980）
奥莫低谷（1980）
历史要塞城市哈勒尔（2006）
孔索文化景观（2011）

斐济
历史海港城镇莱武卡（2013）

芬兰
劳马古城（1991）
苏奥曼斯纳城堡（1991）
佩泰耶韦西老教堂（1994）
韦尔拉磨木纸板厂（1996）
塞姆奥拉德恩青铜时代墓地遗址（1999）
高海岸 / 克瓦尔肯群岛（2000）
斯特鲁维地理探测弧线（2005）

法国
圣米歇尔山及其海湾（1979）
沙特尔大教堂（1979）

凡尔赛宫及其园林（1979）
韦兹莱教堂和山丘（1979）
韦泽尔峡谷洞穴群与史前遗迹（1979）
枫丹白露宫（1981）
亚眠大教堂（1981）
奥朗日古罗马剧场和凯旋门（1981）
阿尔勒城的古罗马建筑（1981）
丰特莱的西斯特尔教团修道院（1981）
从萨兰莱班的大盐场到阿尔克—瑟南的皇
　家盐场——开放式锅炉制盐（1982）
南锡的斯坦尼斯拉斯广场、卡里埃勒广场
　和阿莱昂斯广场（1983）
圣塞文—梭尔—加尔坦佩教堂（1983）
波尔托湾：皮亚纳—卡兰切斯、基罗拉塔
　湾、斯康多拉保护区（1983）
加德桥（罗马式水渠）（1985）
斯特拉斯堡：大岛和新城（1988）
巴黎塞纳河畔（1991）
兰斯的圣母主教座堂，原圣勒弥隐修院和
　塔乌宫（1991）
布尔日大教堂（1992）
阿维尼翁历史中心：教皇宫、主教圣堂和
　阿维尼翁桥（1995）
米迪运河（1996）
卡尔卡松历史城墙要塞（1997）
比利牛斯—珀杜山（1997，1999）
法国圣地亚哥——德孔波斯特拉朝圣之路
　（1998）
里昂历史遗迹（1998）
圣艾米伦区（1999）
比利时和法国钟楼（1999）
卢瓦尔河畔叙利与沙洛纳间的卢瓦尔河谷
　（2000）
普罗万城中世纪集市（2001）
勒阿弗尔，奥古斯特·佩雷重建之城
　（2005）
波尔多月亮港（2007）
沃邦防御工事堡垒建筑（2008）
新喀里多尼亚潟湖：珊瑚礁多样性和相关
　的生态系统（2008）
阿尔比的主教旧城（2010）
留尼汪岛的山峰，冰斗和峭壁（2010）
阿尔卑斯地区史前湖岸木桩建筑（2011）
喀斯和塞文—地中海农牧文化景观（2011）
北加莱海峡采矿盆地（2012）
肖维－蓬达尔克彩绘洞穴（2015）
香槟地区山坡、房屋和酒窖（2015）
勃艮第风土和气候（2015）
勒·柯布西耶的建筑作品——对现代运动
　的杰出贡献（2016）
塔普塔普阿泰（2017）
多姆山链－利马涅断层构造区（2018）
法属南部领地和领海（2019）

加蓬
洛佩—奥坎德生态系统与文化遗迹景观
　（2007）

冈比亚
詹姆斯岛及附近区域（2003）
塞内冈比亚石圈（2006）

格鲁吉亚
姆茨赫塔古城（1994）
格拉特修道院（1994）
上斯瓦涅季（1996）

德国
亚琛大教堂（1978）
施佩耶尔大教堂（1981）
维尔茨堡宫及宫廷花园和广场（1981）
维斯教堂（1983）
布吕尔的奥古斯塔斯堡古堡和法尔肯拉斯
　特古堡（1984）
希尔德斯海姆的圣玛丽大教堂和圣米迦尔
　教堂（1985）
特里尔的古罗马建筑、圣彼得大教堂和圣
　玛利亚教堂（1986）
罗马帝国的边界（1987，2005，2008）
吕贝克的汉西梯克城（1987）
波兹坦与柏林的宫殿与庭园（1990，1992，
　1999）
洛尔施修道院（1991）
拉默尔斯贝格矿区、戈斯拉尔历史城镇和
　上哈茨水资源管理系统（1992）
莫尔布龙修道院（1993）

班贝格城（1993）
奎德林堡神学院、城堡和古城（1994）
弗尔克林根钢铁厂（1994）
麦塞尔化石遗址（1995）
科隆主教座堂（1996）
魏玛、德绍和贝尔瑙的包豪斯建筑及其遗
　址（1996）
埃斯莱本和维腾贝格的路德纪念馆建筑群
　（1996）
古典魏玛（1998）
柏林的博物馆岛（1999）
瓦尔特堡城堡（1999）
德绍－沃利茨园林王国（2000）
赖谢瑙修道院之岛（2000）
埃森的关税同盟煤矿工业区（2001）
莱茵河中上游河谷（2002）
施特拉尔松德与维斯马历史中心（2002）
不来梅市市场的市政厅和罗兰城（2004）
穆斯考公园（2004）
雷根斯堡老城（2006）
喀尔巴阡山脉与欧洲其他地区的原始山毛
　榉林（2011，2017）
柏林现代住宅群落（2008）
瓦登海（2009）
阿尔费尔德的法古斯工厂（2011）
阿尔卑斯地区史前湖岸木桩建筑（2011）
拜罗伊特侯爵歌剧院（2012）
威廉丘山地公园（2013）
卡洛林时期面西建筑和科尔维城（2014）
仓库城，康托尔豪斯区和智利屋（2015）
勒·柯布西耶的建筑作品（2016）
位于施瓦本侏罗山的冰河时期最古老的艺
　术洞穴（2017）
海泽比与丹尼弗克考古边境遗迹群（2018）
瑙姆堡大教堂（2018）
厄尔士/克鲁什内山脉矿区（2019）
奥格斯堡水利管理系统（2019）

加纳
沃尔特大阿克拉中西部地区的要塞和城堡
　（1979）
阿散蒂传统建筑（1980）

希腊
巴赛的阿波罗·伊壁鸠鲁神庙（1986）
德尔斐考古遗迹（1987）
雅典卫城（1987）
阿索斯山（1988）
曼代奥拉（1988）
塞萨洛尼基的古基督教和拜占庭遗迹
　（1988）
埃皮达鲁斯考古遗址（1988）
罗得中世纪古城（1988）
米斯特拉斯考古遗迹（1989）
奥林匹亚考古遗址（1989）
提洛岛（1990）
达夫尼修道院、俄西俄斯罗卡斯修道院和
　希俄斯新修道院（1990）
萨莫斯岛的毕达哥利翁及赫拉神殿（1992）
韦尔吉纳考古遗址（1996）
迈锡尼和提那雅恩斯的考古遗址（1999）
帕特莫斯岛的历史中心（霍拉）、神学家圣
　约翰修道院和启示录洞（1999）
科孚古城（2007）
腓立比考古遗迹（2016）

危地马拉
蒂卡尔国家公园（1979）
旧危地马拉城（1979）
基里瓜考古公园及遗址（1981）

几内亚
宁巴山自然保护区（1981，1982）

海地
国家历史公园：城堡、圣苏西宫、拉米尔
　斯堡垒（1982）

梵蒂冈
罗马历史中心，享受法外治权的罗马教廷
　建筑和缪拉圣保罗弗利（1980，1990）
梵蒂冈城（1984）

洪都拉斯
科潘玛雅古迹遗址（1980）

雷奥普拉塔诺生物圈保留地（1982）

匈牙利
布达佩斯（多瑙河两岸、布达城堡区和安
　德拉什大街）（1987，2002）
霍洛克古村落及其周边（1987）
奥格泰莱克洞穴和斯洛伐克喀斯特地貌
　（1995，2000）
潘诺恩哈尔姆千年修道院及其自然环境
　（1996）
霍尔托巴吉国家公园（1999）
佩奇的早期基督教陵墓（2000）
新锡德尔湖与费尔特湖地区文化景观
　（2001）
托卡伊葡萄酒产地历史文化景观（2002）

冰岛
平位利尔国家公园（2004）
叙尔特塞（2008）
瓦特纳冰川国家公园——火与冰的动态
　（2019）

印度
阿旃陀石窟群（1983）
埃洛拉石窟群（1983）
阿格拉古堡（1983）
泰姬陵（1983）
科纳拉克太阳神庙（1984）
默哈伯利布勒姆古迹群（1984）
卡齐兰加国家公园（1985）
马纳斯国家动植物保护区（1985）
凯奥拉德奥国家公园（1985）
果阿的教堂和修道院（1986）
卡杰拉霍建筑群（1986）
汉皮古迹群（1986）
法塔赫布尔西格里（1986）
帕塔达卡尔建筑群（1987）
埃勒凡塔石窟（象岛石窟）（1987）
朱罗王朝现存的神庙（1987，2014）
孙德尔本斯国家公园（1987）
楠达戴维山国家公园和花谷国家公园
　（1988）
桑吉佛教古迹（1989）
德里的胡马雍陵（1993）
德里的顾特卜塔及其建筑（1993）
印度山地铁路（1999）
菩提伽耶的摩诃菩提寺（2002）
温迪亚山脉的比莫贝特卡石窟（2003）
尚庞－巴瓦加德考古公园（2004）
贾特拉帕蒂·希瓦吉终点站（前维多利亚
　终点站）（2004）
德里红堡群（2007）
简塔·曼塔天文台（2010）
西高止山脉（2012）
拉贾斯坦邦的高地要塞（2013）
大喜马拉雅国家公园（2014）
古吉拉特邦帕坦县皇后阶梯井（2014）
那烂陀寺考古遗址（那烂陀大学），比哈尔
　邦那烂陀（2016）
干城章嘉峰国家公园（2016）
勒柯布西耶的建筑作品——对现代建筑运
　动的突出贡献（2016）
艾哈迈达巴德历史城区（2017）
孟买维多利亚的哥特式和艺术装饰合奏
　（2018）
拉贾斯坦邦斋浦尔城（2019）

印度尼西亚
婆罗浮屠寺庙群（1991）
乌戎库隆国家公园（1991）
科莫多国家公园（1991）
普兰巴南寺庙群（1991）
桑义兰早期人类遗址（1996）
洛伦茨国家公园（1996）
苏门答腊热带雨林（2004）
巴厘省文化景观：体现"幸福三要素"哲
　学的苏巴克灌溉系统（2012）
翁比林煤矿遗产（2019）

伊朗
恰高·占比尔（1979）
波斯波利斯（1979）
伊斯法罕伊玛姆广场（1979）
塔赫特苏莱曼（2003）
帕萨尔加德（2004）
巴姆城及其文化景观（2004）

苏丹尼叶城（2005）
比索通古迹（2006）
亚美尼亚庙宇群（2008）
苏西塔古代水利系统（2009）
阿尔达比勒市的谢赫萨菲·丁（Sheikh Safi al-Din）圣殿与哈内加（Khānegāh）建筑群（2010）
大不里士的历史集市区（2010）
波斯园林（2011）
拱巴德卡布斯塔（2012）
伊斯法罕的聚礼清真寺（2012）
戈勒斯坦宫（2013）
塔赫特苏莱曼（2014）
梅满德文化景观（2015）
苏萨（2015）
卢特沙漠（2016）
波斯坎儿井（2016）
亚兹德历史城区（2017）
法尔斯地区的萨珊王朝考古遗址（2018）
希尔卡尼亚森林（2019）

伊拉克
哈特拉（1985）
亚述古城（2003）
萨迈拉古考古区（2007）
埃尔比勒城堡（2014）
伊拉克南部艾赫沃尔：生态多样性避难所和美索不达米亚城市遗迹景观（2016）
巴比伦（2019）

爱尔兰
博恩河河曲考古遗址群（1993）
斯凯利格·迈克尔岛（1996）

以色列
马萨达（2001）
阿克古城（2001）
特拉维夫白城——现代运动（2003）
米吉多、夏琐和基色圣地（2005）
熏香之路——内盖夫的沙漠城镇（2005）
海法和西加利利的巴海圣地（2008）
迦密山人类进化遗址：梅尔瓦隆河谷－瓦迪·艾玛哈尔洞穴群（2012）
犹大低地的马沙－巴塔·古夫林洞穴，洞穴之乡的缩影（2014）
贝特沙瑞姆大型公墓—犹太复兴中心（2015）

意大利
梵尔卡莫尼卡谷地岩画（1979）
罗马历史中心，享受治外法权的罗马教廷建筑和缪拉圣保罗弗利（1980，1990）
绘有达·芬奇《最后的晚餐》的圣玛丽亚感恩教堂和多明各会修道院（1980）
佛罗伦萨历史中心（1982）
威尼斯及潟湖（1987）
比萨大教堂广场（1987）
圣吉米亚诺历史中心（1990）
马泰拉的石窟民居和石头教堂花园（1993）
维琴查城和威尼托的帕拉迪恩别墅（1994，1996）
锡耶纳历史中心（1995）
那不勒斯历史中心（1995）
阿达的克里斯皮（1995）
文艺复兴城市费拉拉以及波河三角洲（1995，1999）
蒙特堡（1996）
阿尔贝罗贝洛的圆顶石屋（1996）
拉文纳早期基督教名胜（1996）
皮恩扎历史中心（1996）
卡塞塔的18世纪皇宫以及园林、万维泰利水道和圣莱乌西建筑群（1997）
萨沃王宫住宅（1997）
帕多瓦植物园（1997）
韦内雷港，五村镇及沿海群岛（帕尔玛亚群岛，蒂诺岛，提尼托岛）（1997）
摩德纳的大教堂、市民塔和大广场（1997）
庞培、赫库兰尼姆和托雷安农齐亚塔考古区（1997）
阿马尔菲海岸（1997）
阿格里真托考古区（1997）
卡萨尔的古罗马别墅（1997）
巴鲁米尼的努拉格（1997）
阿奎拉古迹区及长方形主教教堂（1998）
乌尔比诺历史中心（1998）
奇伦托和迪亚诺河谷国家公园，帕埃斯图姆和韦利亚考古遗址（1998）

提沃利的阿德利阿纳村庄（1999）
维罗纳城（2000）
伊索莱约里（伊奥利亚群岛）（2000）
亚西西的圣方济各圣殿和其他方济各会建筑（2000）
提沃利的伊斯特别墅（2001）
诺托壁垒的晚期巴洛克风格城镇（西西里岛东南部）（2002）
皮埃蒙特和伦巴第的圣山（2003）
圣乔治山（2003）
奥尔恰谷（2004）
塞尔维托里和塔尔奎尼亚的伊特鲁立亚人公墓（2004）
锡拉库扎和潘塔立克石墓群（2005）
热那亚的新街和罗利宫殿体系（2006）
喀尔巴阡山脉及欧洲其他地区的古代原始山毛榉林（2011，2017）
曼托瓦和萨比奥内塔（2008）
雷蒂亚铁路在阿布拉／伯尔尼纳景观（2008）
多洛米蒂山脉（2009）
意大利伦巴第人遗址（568—774 AD）（2011）
阿尔卑斯地区史前湖岸木桩建筑（2011）
托斯卡纳的美第奇别墅和花园（2013）
埃特纳火山（2013）
皮埃蒙特的葡萄园景观：朗格罗埃洛和蒙菲拉托（2014）
巴勒莫的阿拉伯—诺曼风格建筑群以及切法卢和蒙雷阿莱大教堂（2015）
15世纪至17世纪威尼斯共和国防御工事：海洋状态—西泛海之土（2017）
20世纪工业城市伊夫雷亚（2018）
科内利亚诺和瓦尔多比亚德尼的普罗塞克起泡酒产地（2019）

牙买加
蓝山与约翰·克罗山脉（2015）

日本
法隆寺地域的佛教建筑物（1993）
姬路城（1993）
屋久岛（1993）
白神山地（1993）
古京都遗址（京都、宇治和大津城）（1994）
白川乡和五屹山历史村座（1995）
广岛和平纪念公园（原爆遗址）（1996）
严岛神殿（1996）
古奈良的历史遗迹（1998）
日光神殿和庙宇（1999）
琉球王国时期的遗迹（2000）
纪伊山地的圣地与参拜道（2004）
知床半岛（2005）
石见银山遗迹及其文化景观（2010）
平泉——象征着佛教净土的庙宇、园林与考古遗址（2011）
小笠原群岛（2011）
富士山——信仰的对象与艺术的源泉（2013）
富冈制丝场（群马县）以及近代绢丝产业遗迹群（2014）
明治工业革命遗迹：钢铁、造船和煤矿（2015）
勒·柯布西耶的建筑作品，对现代主义运动的杰出贡献（2016）
"神宿之岛"冲之岛·宗像及相关遗产群（2017）
长崎地区隐藏的基督教遗址（2018）
百舌鸟和古市古坟群：古日本墓葬群（2019）

耶路撒冷（由约旦申报）
耶路撒冷古城及其城墙（1981）

约旦
佩特拉（1985）
库塞尔阿姆拉（1985）
乌姆赖萨斯考古遗址（2004）
瓦迪拉姆保护区（2011）
耶稣受洗处－约旦河外伯大尼（2015）

哈萨克斯坦
霍贾·艾哈迈德·亚萨维陵墓（2003）
泰姆格里考古景观岩刻（2004）
萨雅克—北哈萨克干草原与湖群（2008）
丝绸之路：长安—天山廊道的路网（2014）
西部天山（2016）

肯尼亚
肯尼亚山国家公园及自然森林（1997）
图尔卡纳湖国家公园（1997，2001）

拉穆古镇（2001）
米吉肯达卡亚圣林（2008）
蒙巴萨的耶稣堡（2011）
肯尼亚东非大裂谷的湖泊系统（2011）
西穆里奇定居点考古遗址（2018）

基里巴斯
菲尼克斯群岛保护区（2010）

吉尔吉斯斯坦
苏莱曼—至圣之山（2009）
丝绸之路：长安—天山廊道的路网（2014）
西部天山（2016）

老挝
琅勃拉邦的古城（1995）
占巴塞文化景观内的瓦普庙和相关古民居（2001）
川圹巨石缸遗址—石缸平原（2019）

拉脱维亚
里加历史中心（1997）
斯特鲁维地理探测弧线（2005）

黎巴嫩
安杰尔（1984）
巴勒贝克（1984）
比布鲁斯（1984）
提尔城（1984）
夸底·夸底沙（圣谷）和神杉林（1998）

莱索托
马罗提－德拉肯斯堡公园（2000）

利比亚
莱波蒂斯考古遗址（1982）
萨布拉塔考古遗址（1982）
昔兰尼考古遗址（1982）
塔德拉尔特·阿卡库斯石窟（1985）
加达梅斯古镇（1986）

立陶宛
维尔纽斯历史中心（1994）
库尔斯沙嘴（2000）
克拿维考古遗迹（克拿维文化保护区）（2004）
斯特鲁维地理探测弧线（2005）

卢森堡
卢森堡市、要塞及老城区（1994）

马达加斯加
黥基·德·贝马拉哈自然保护区（1990）
安布希曼加的皇家蓝山行宫（2001）
阿钦安阿纳雨林（2007）

马拉维
马拉维湖国家公园（1984）
琼戈尼岩石艺术区（2006）

马来西亚
基纳巴卢山国家公园（2000）
穆鲁山国家公园（2000）
马六甲和乔治城，马六甲海峡历史城市（2011）
玲珑谷地的考古遗址（2012）

马里
杰内古城（1988）
廷巴克图（1988）
邦贾加拉悬崖（多贡斯土地）（1989）
阿斯基亚王陵（2004）

马耳他
哈尔·萨夫列尼地下宫殿（1980）
瓦莱塔古城（1980）
马耳他巨石庙（1980，1992）

[大洋洲] 马绍尔群岛
比基尼环礁核试验场（2010）

毛里塔尼亚
阿尔金岩石礁国家公园（1989）
古苏尔的瓦丹、欣盖提、提希特和瓦拉塔古镇（1996）

毛里求斯
阿普拉瓦西·加特地区（2006）
莫纳山文化景观（2011）

墨西哥
圣卡安（1987）
帕伦克的前西班牙城和国家公园（1987）
墨西哥城与赫霍奇米尔科历史中心（1987）
特奥蒂瓦坎古城（1987）
瓦哈卡历史中心与阿尔班山考古遗址（1987）
普埃布拉历史中心（1987）
瓜纳华托历史名城及周围矿藏（1988）
奇琴伊察古城（1988）
莫雷利亚城历史中心（1991）
埃尔塔津古城（1992）
埃尔维采诺鲸鱼保护区（1993）
萨卡特卡斯历史中心（1993）
圣弗兰西斯科山脉岩画（1993）
波波卡特佩特火山坡上的最早的16世纪修道院（1994）
乌斯马尔古镇（1994）
克雷塔罗历史遗迹区（1996）
卡瓦尼亚斯救济所（1997）
大卡萨斯的帕魁姆考古区（1998）
塔拉科塔潘历史遗迹区（1998）
坎佩切历史要塞城（1999）
霍奇卡尔科考古遗址区（1999）
玛雅古城和卡拉克穆尔，坎佩切的热带森林坎佩切州的卡拉克穆尔古玛雅城与热带森林保护区（2002）
克雷塔罗的谢拉戈达圣方济会修道院（2003）
路易斯·巴拉干故居和工作室（2004）
加利福尼亚湾群岛和保护区（2005）
特基拉的龙舌兰景观和古代工业设施（2006）
墨西哥国立自治大学大学城中央校区（2007）
黑脉金斑蝶生态保护区（2008）
圣米格尔卫城和阿托托尼尔科的拿撒勒人耶稣圣殿（2008）
皇家内陆大干线（2010）
瓦哈卡州中央谷地的亚古尔与米特拉史前洞穴（2010）
皮纳卡特和德阿尔塔大沙漠生物圈保护区（2013）
腾布克神父水道桥水利设施（2015）
雷维利亚希赫多群岛（2016）
特瓦坎—奎卡特兰山谷：中部美洲的原始栖息地（2018）

密克罗尼西亚联邦
南马都尔：东密克罗尼西亚庆典中心（2016）

蒙古
乌布苏盆地（2003）
鄂尔浑河谷文化地貌（2004）
提瓦坎—奎卡特兰谷地：中美洲的原始栖息地（2011）
大不儿罕合勒敦山及其周围的神圣景观（2015）
外贝加尔山脉景观（2017）

黑山共和国
科托尔自然和文化历史区域（1979, 2012, 2015）
杜米托尔国家公园（1980, 2005）
中世纪墓葬群（2016）
16—17世纪威尼斯共和国的防御工事：海洋状态—西泛海之土（2017）

摩洛哥
非斯老城（1981）
马拉喀什老城（1985）
阿伊特·本·哈杜筑垒村（1987）
梅克内斯古城（1996）
瓦卢比利斯考古遗址（1997）
得土安古城（原名缔头万城）（1997）
索维拉旧城（原名莫加多尔）（2001）
马扎甘葡萄牙城（杰迪代）（2004）
拉巴特，现代都市与历史古城——一份共享的遗产（2012）

莫桑比克
莫桑比克岛（1991）

缅甸
蒲甘古城（2014）
蒲甘（2019）

纳米比亚
推菲尔斯泉岩画（2007）
纳米布沙海（2013）

尼泊尔
加德满都谷地（1979）
萨加玛塔国家公园（1979）
奇特旺皇家国家公园（1984）
佛祖诞生地兰毗尼（1997）

荷兰
斯霍克兰及其周围地区（1995）
阿姆斯特丹的防御线（1996）
金德代克－埃尔斯豪特的风车（1997）
荷属安的列斯群岛的威廉斯塔德、内城及港口古迹区（1997）
迪·弗尔·伍达蒸汽泵站（1998）
比姆斯特迂田（1999）
里特维德－施罗德住宅（2000）
瓦登海（2009）
辛格尔运河以内的阿姆斯特丹17世纪同心圆型运河区（2010）
范内勒工厂（2014）

新西兰
汤加里罗国家公园（1990, 1993）
蒂瓦希普纳穆－新西兰西南部地区（1990）
新西兰次南极地群岛（1998）

尼加拉瓜
莱昂·别霍遗址（2000）
莱昂大教堂（2011）

尼日尔
阿德尔和泰内雷自然保护区（1991）
彭贾里国家公园（1996, 2017）
阿加德兹历史中心（2013）

尼日利亚
宿库卢文化景观（1999）
奥孙—奥索博神树林（2005）

北马其顿
奥赫里德地区自然与文化遗产（1979, 2019, 1980）

挪威
奥尔内斯木构教堂（1979）
卑尔根布吕根区（1979）
勒罗斯（1980）
阿尔塔岩画（1985）
维嘎群岛文化景观（2004）
斯特鲁维地理探测弧线（2005）
挪威西峡湾—盖朗厄尔峡湾和纳柔依峡湾（2005）
尤坎－诺托登工业遗产（2015）

阿曼
巴赫莱要塞（1987）
巴特、库特姆和艾因考古遗址（1988）
乳香之路（2000）
阿曼的阿夫拉贾灌溉体系（2006）
卡尔哈特古城（2018）

巴基斯坦
摩亨佐达罗考古遗迹（1980）
塔克西拉（1980）
塔克特依巴依佛教遗址和萨尔依巴赫洛古遗址（1980）
塔塔城的历史建筑（1981）
拉合尔古堡和夏利玛尔公园（1981）
罗赫达斯要塞（1997）

帕劳
南部潟湖石岛群（2012）

巴勒斯坦
耶稣诞生地：伯利恒主诞堂和朝圣线路（2012）
巴勒斯坦：巴蒂尔，橄榄与葡萄酒之地——南耶路撒冷文化景观（2014）
希伯仑/哈利勒老城区（2017）

巴拿马
巴拿马加勒比海岸的防御工事：波托韦洛－圣洛伦索（1980）
达连国家公园（1981）
塔拉曼卡山保护区/拉阿米斯塔德国家公园（1983, 1990）
巴拿马城考古遗址及巴拿马历史名区（1997, 2003）
柯义巴岛国家公园及其海洋特别保护区（2005）

巴布亚新几内亚
库克早期农业遗址（2008）

巴拉圭
塔瓦兰格的耶稣和巴拉那的桑蒂西莫——特立尼达耶稣会传教区（1993）

秘鲁
库斯科古城（1983）
马丘比丘历史圣地（1983）
夏文考古遗址（1985）
瓦斯卡兰国家公园（1985）
昌昌考古地区（1986）
马努国家公园（1987）
利马的历史中心（1988, 1991）
里奥阿比塞奥国家公园（1990, 1992）
纳斯卡和朱马纳草原的线条图（1994）
阿雷基帕历史中心（2000）
卡拉尔－苏佩圣城（2009）
印加路网（2014）

菲律宾
图巴塔哈群礁海洋公园（1993）
菲律宾的巴洛克教堂（1993）
菲律宾科迪勒拉山水稻梯田（1995）
美岸历史古城（1999）
普林塞萨港地下河国家公园（1999）
汉密吉伊坦山野生动物保护区（2014）

波兰
克拉科夫历史中心（1978）
维利奇卡与博赫尼亚皇家盐矿（1978）
前纳粹德国奥斯维辛－比克瑙集中营（1940–1945, 1979）
比亚沃维耶扎森林（1979, 1992）
华沙历史中心（1980）
扎莫希奇古城（1992）
中世纪古镇托伦（1997）
马尔堡的条顿骑士团城堡（1997）
卡瓦利－泽布日多夫斯基：风格主义建筑、园林景观建筑群和朝圣园（1999）
扎沃尔和希维德尼察的和平教堂（2001）
南部小波兰的木造教堂群（2004）
穆斯考尔公园/穆扎科夫斯基公园（2004）
弗罗茨瓦夫百年厅（2006）
波兰和乌克兰在喀尔巴阡山脉地区的木造正教堂（2013）
塔尔诺夫斯克山铅银锌矿及其地下水管理系统（2017）
科舍米翁奇的史前条纹燧石矿区（2019）

葡萄牙
亚速尔群岛英雄港中心区（1983）
哲罗姆派修道院和里斯本贝莱姆塔（1983）
巴塔利亚修道院（1983）
托马尔的女修道院（1983）
埃武拉历史中心（1986）
阿尔科巴萨修道院（1989）
辛特拉文化景观（1995）
波尔图历史中心（1996）
席尔加·维德（Siega Verde）岩石艺术考古区（1998, 2010）
马德拉月桂树公园（1999）
吉马苍历史中心（2001年）
葡萄酒产区上杜罗（2001）
皮库岛葡萄园文化景观（2004）
带驻防的边境城镇埃尔瓦斯及其防御工事（2013）
科英布拉大学—阿尔塔城和索菲亚街（2013）
马夫拉皇室建筑—宫殿、大教堂、修道院、塞尔科花园及塔帕达狩猎公园（2019）
布拉加山上仁慈耶稣朝圣所（2019）

卡塔尔
祖巴拉考古遗址（2013）

韩国
石窟庵和佛国寺（1995年）
海印寺及八万大藏经藏经处（1995）

宗庙（1995）
昌德宫建筑群（1997）
华松古堡（1997）
庆州历史区（2000）
高昌、华森和江华的史前墓遗址（2000）
济州火山岛和熔岩洞（2007）
朝鲜王陵（2009）
韩国历史村落：河回村和良洞村（2010）
南汉山城（2014）
百济遗址区（2015）
山寺，韩国佛教名山寺庙（2018）
韩国新儒学书院（2019）

摩尔多瓦共和国
斯特鲁维地理探测弧线（2005）

罗马尼亚
多瑙河三角洲（1991）
特兰西瓦尼亚村落及其设防的教堂（1993，1999）
霍雷祖修道院（1993）
摩尔达维亚的教堂（1993）
锡吉什瓦拉历史中心（1999）
马拉暮莱斯的木结构教堂（1999）
奥拉斯迪山的达切恩城堡（1999）
喀尔巴阡山脉和欧洲其他地区的原生山毛榉森林（2011，2017）

俄罗斯联邦
圣彼得堡历史中心及其相关古迹群（1990）
基日岛的木结构教堂（1990）
莫斯科克里姆林宫和红场（1990）
诺夫哥罗德及其周围的历史古迹（1992）
索洛维茨基群岛的历史建筑群（1992）
弗拉基米尔和苏兹达尔历史遗迹（1992）
谢尔吉圣三一大修道院（1993）
科罗缅斯克的耶稣升天教堂（1994）
科米原始森林（1995）
贝加尔湖（1996）
堪察加火山（1996，2001）
金山—阿尔泰山（1998）
西高加索山（1999）
喀山克里姆林宫（2000）
费拉邦多夫修道院遗址群（2000）
库尔斯沙嘴（2000）
中希霍特—阿林山脉（2001）
德尔本特城堡、古城及要塞（2003）
乌布苏盆地（2003）
弗兰格尔岛自然保护区（2004）
新圣女修道院（2004）
雅罗斯拉夫尔城的历史中心（2005）
斯特鲁维地理探测弧线（2005）
普托拉纳高原（2010）
博尔加尔历史建筑及考古遗址（2014）
勒那河柱状岩自然公园（2015）
斯维亚日斯克岛的圣母升天大教堂和修道院（2017）
达斡尔景观（2017）
普斯科夫学派教堂建筑（2019）

圣基茨和尼维斯
硫黄石山要塞国家公园（1999）
皮通山保护区（2004）

圣马力诺
圣马力诺历史中心和蒂塔诺山（2008）

沙特阿拉伯
石谷考古遗址（玛甸沙勒）
德拉伊耶遗址的阿图赖夫区
吉达古城，通向麦加之门
沙特阿拉伯哈伊勒省岩画艺术
哈萨绿洲，变迁的文化景观

塞内加尔
戈雷岛（1978）
尼奥科罗—科巴国家公园（1981）
朱贾国家鸟类保护区（1981）
圣路易斯岛（2000）
塞内冈比亚石圈（2006）
萨卢姆河三角洲（2011年）
巴萨里乡村：巴萨里，福拉和贝迪克文化景观（2012）

塞尔维亚
斯塔里斯和索泼查尼修道院（1979）

斯图德尼察修道院（1986）
科索沃中世纪古迹（2004，2006）
贾姆济格勒—罗慕利亚纳的加莱里乌斯宫（2007）
斯特茨奇中世纪墓葬群（2016）

塞舌尔
阿尔达布拉环礁（1982）
马埃谷地自然保护区（1983）

新加坡
新加坡植物园（2015）

斯洛伐克
历史名城班斯卡—什佳夫尼察及其工程建筑区（1993）
莱沃恰，斯皮什城堡及相关文化古迹群（1993，2009）
伏尔考林耐克（1993）
奥格泰莱克洞穴和斯洛伐克喀斯特地貌（1995，2000）
巴尔代约夫镇保护区（2000）
喀尔巴阡山脉原始山毛榉森林和欧洲其他地区古山毛榉森林（2011，2017）
斯洛伐克喀尔巴阡山区木制教堂群（2008年）

斯洛文尼亚
斯科契扬溶洞（1986）
喀尔巴阡山脉原始山毛榉森林和欧洲其他地区古山毛榉森林（2011，2017）
阿尔卑斯地区史前湖岸木桩建筑（2011）
水银的遗产：阿尔马登和伊德里亚（2012年）

所罗门群岛
东伦内尔岛（1998）

南非
南非化石遗址（1999）
大圣卢西亚湿地公园（1999）
罗布恩岛（1999）
马罗提－德拉肯斯堡公园（2000）
马蓬古布韦文化景观（2003）
开普植物保护区（2004）
弗里德堡陨石坑（2005）
理查德斯维德文化植物景观（2007）
蔻玛尼文化景观（2017）
巴伯顿·玛孔瓦山脉（2018）

西班牙
格拉纳达的艾勒汉卜拉、赫内拉利费和阿尔巴济（1984，1994）
布尔戈斯大教堂（1984）
科尔多瓦历史中心（1984，1994）
马德里埃斯科里亚尔修道院和遗址（1984）/安东尼·高迪的建筑作品（1984，2005）
阿尔塔米拉洞和西班牙北部旧石器时代洞窟艺术（1985）
奥维耶多古建筑和阿斯图里亚斯王国（1985，1998）
阿维拉古城及城外教堂（1985）
塞哥维亚古城及其输水道（1985）
圣地亚哥—德孔波斯特拉古城（1985）
阿拉贡的穆德哈尔式建筑（1986，2001）
加拉霍艾国家公园（1986）
历史名城托莱多（1986）
卡塞雷斯古城（1986）
塞维利亚的大教堂、城堡及西印度档案馆（1987）
萨拉曼卡古城（1988）
波夫莱特修道院（1991）
梅里达考古群（1993）
瓜达卢佩的圣玛利皇家修道院（1993）
圣地亚哥康波斯特拉之路：法兰西之路和北西班牙之路（1993）
多南那国家公园（1994）
城墙围绕的历史名城昆卡（1996）
瓦伦西亚丝绸交易厅（1996）
拉斯梅德拉斯（1997）
巴塞罗那的帕劳音乐厅及圣保罗医院（1997）
比利牛斯—珀杜山（1997，1999）
圣米延尤索和索索修道院（1997）
席尔加·维德岩石艺术考古区（1998，2010）
伊比利亚半岛地中海盆地的石壁画艺术（1998）

埃纳雷斯堡大学城及历史区（1998）
伊维萨岛的生物多样性和特有文化（1999）
拉古纳的圣克斯托瓦尔（1999）
塔拉科考古遗址（2000）
埃尔切的帕梅拉尔（2000）
卢戈的罗马城墙（2000）
博伊谷地的罗马式教堂建筑（2000）
阿塔皮尔卡考古遗址（2000）
阿兰胡埃斯文化景观（2001）
乌韦达和巴埃萨城文艺复兴时期的建筑群（2003）
维斯盖亚桥（2006）
喀尔巴阡山脉和欧洲其他地区的原生山毛榉森林（2011，2017）
泰德国家公园（2007）
埃库莱斯灯塔（2009）
特拉蒙塔那山区文化景观（2011）
水银遗产：阿尔马登与伊德里亚（2012）
安特克拉石坟遗址（2016）
哈里发的阿尔扎哈拉古城（2018）
大加那利岛文化景观：里斯科卡伊多考古和圣山（2019）

斯里兰卡
阿努拉德普勒圣城（1982）
波隆纳鲁沃古城（1982）
锡吉里亚古城（1982）
辛哈拉加森林保护区（1988）
康提圣城（1988）
加勒老城及其堡垒（1988）
丹布勒金寺（1991）
斯里兰卡中央高地（2010）

苏丹
博尔戈尔山和纳巴塔地区（2003）
麦罗埃岛考古遗址（2011）
桑加奈卜国家海洋公园和敦戈奈卜海湾－姆卡瓦岛国家海洋公园（2016）

苏里南
苏里南中心自然保护区（2000）
帕拉马里博的古内城（2002）

瑞典
德罗特宁霍尔摩皇宫（1991）
比尔卡和霍夫加登（1993）
恩格尔斯堡铁矿工场（1993）
塔努姆的岩刻画（1994）
斯科斯累格加登公墓（1994）
汉萨同盟城市维斯比（1995）
吕勒欧的格默尔斯达教堂村（1996）
拉普人区域（1996）
卡尔斯克鲁纳军港（1998）
高海岸／瓦尔肯群岛（2000，2006）
南厄兰岛的农业风景区（2000）
法伦的大铜山采矿区（2001）
威堡广播站（2004）
斯特鲁维地理探测弧线（2005）
赫尔辛兰带装饰的农舍（2012）

瑞士
圣加尔修道院（1983）
米兹泰尔的木笃会圣约翰女修道院（1983）
伯尔尼古城（1983）
贝林佐纳三座要塞及防卫墙和集镇（2000）
阿尔卑斯少女峰阿莱奇峰（2001，2007）
圣乔治山（2003）
拉沃葡萄园梯田（2007）
雷蒂亚铁路阿尔布拉／贝尔尼纳段（2008）
瑞士萨多纳地质构造区（2008）
钟表制作城镇拉绍德封和力洛克的城市规划（2009）
阿尔卑斯地区史前湖岸木桩建筑（2011）
勒·柯布西耶的建筑作品，对现代主义运动有杰出贡献（2016）

叙利亚
大马士革古城（1979）
布斯拉古城（1980）
帕尔米拉古城遗址（1980）
阿勒颇古城（1986）
武士堡和萨拉丁堡（2006）
叙利亚北部古村落群（2011）

塔吉克斯坦
萨拉子目古城的原型城市遗址（2010）

塔吉克国家公园（帕米尔山脉）（2013）

泰国
阿育他亚（大城）历史城及相关城镇（1991）
素可泰历史城镇及相关历史城镇（1991）
童·艾·纳雷松野生生物保护区（1991）
班清考古遗址（1992）
东巴耶延山—考爱山森林保护区（2005）

多哥
古帕玛库景观（2004）

突尼斯
杰姆的圆形竞技场（1979）
迦太基遗址（1979）
突尼斯的阿拉伯人聚居区（1979）
伊其克乌尔国家公园（1980）
科克瓦尼布尼城及其陵园（1985，1986）
凯鲁万（1988）
苏塞古城麦地那
沙格镇（1997）

土耳其
希拉波利斯和帕姆卡莱（1985）
迪夫里伊的大清真寺和医院（1985）
伊斯坦布尔历史区域（1985）
哈图莎：希泰首都（1986）
内姆鲁特达格（1987）
赫拉波利斯和帕穆克卡莱（1988）
桑索斯和莱顿（1988）
萨夫兰博卢城（1994）
特洛伊考古遗址（1998）
赛利米耶清真寺（2011）
查塔夫耶克的新石器时代遗址（2012）
布尔萨和库马利吉兹克：奥斯曼帝国的诞生（2014）
帕加马卫城及其多层次文化景观（2014）
迪亚巴克要塞和哈乌塞尔花园文化景观（2015）
以弗所（2015）
阿尼考古遗址（2016）
阿芙洛迪西亚斯古城（2017）
哥贝克力石阵（2018）

土库曼斯坦
梅尔夫历史与文化公园（1999）
库尼亚—乌尔根奇（2005）
尼莎帕提亚要塞（2007）

乌干达
布恩迪难以穿越的国家公园（1994）
鲁文佐里山国家公园（1994）
巴干达国王们的卡苏比陵（2001）

乌克兰
基辅：圣·索菲娅教堂和佩乔尔斯克修道院（1990）
里沃夫历史中心（1998）
斯特鲁维地理探测弧线（2005）
喀尔巴阡山脉的原始山毛榉林和欧洲其他地区（2011，2017）
布科维纳与达尔马提亚的城市民居（2011）
陶里克切索内斯古城及农地（2013）
波兰和乌克兰的喀尔巴阡地区木质教堂（2013）

阿拉伯联合酋长国
艾恩文化遗址：哈菲特、西里、比达—宾特—沙特以及绿洲（2011）

英国
"巨人之路"及其海岸（1986）
达勒姆大教堂和城堡（1986）
乔治铁桥区（1986）
斯塔德利皇家公园和喷泉修道院遗址（1986）
"巨石阵"、埃夫伯里及周围的巨石遗迹（1986）
圭内斯郡爱德华国王城堡和城墙（1986）
圣基尔达（1986年，2004年扩展范围）
布莱尼姆宫（1987）
维斯特敏斯特宫、西敏寺和圣玛格丽特教堂（1987）
巴斯城（1987）
罗马帝国的边界（1987）
亨德森岛（1988）
伦敦塔（1988）
坎特伯雷大教堂、圣奥古斯丁修道院和圣马丁教堂（1988）
爱丁堡的老城和新城（1995）
戈夫岛和伊纳克塞瑟布尔岛（1995，2004）
格林威治海岸区（1997）
奥克尼的新石器时代遗址（1999）
百慕大圣乔治古镇及相关要塞（2000）
布莱纳文工业景观（2000）
索尔泰尔（2001）
多塞特和东德文海岸（2001）
德文特河谷工厂群（2001）
新拉纳克（2001）
基尤皇家植物园，邱园（2003）
海上商城利物浦（2004）
康沃尔和西德文矿业景观（2006）
庞特卡萨鲁岩渡水道（2009）
福斯桥（2015）
尼安德罗岩洞及周边环境（2016）
英格兰湖区（2017）
卓瑞尔河岸天文台（2019）

坦桑尼亚
恩戈罗恩戈罗自然保护区（1979年被列入世界遗产名录，2010年成为自然文化双遗产。）
基尔瓦基斯瓦尼遗址和松戈马拉遗址（1981）
塞伦盖蒂国家公园（1981）
塞卢斯禁猎区（1982）
乞力马扎罗国家公园（1987）
桑给巴尔石头城（2000）
孔多阿岩画遗址（2006）

美国
梅萨维德国家公园（1978）
黄石国家公园（1978）
克卢恩／兰格尔—圣伊莱亚斯／冰川湾／塔琴希尼—阿尔塞克（1979，1992，1994）
大峡谷国家公园（1979）
大沼泽国家公园（1979）
独立大厅（1979）
红杉国家公园（1980）
猛犸洞穴国家公园（1981）

奥林匹克国家公园（1981）
卡俄基亚土丘历史遗址（1982）
大烟雾山国家公园（1983）
波多黎各的古堡与圣胡安历史遗址（1983）
自由女神像（1984）
约塞米特蒂国家公园（1984）
查科文化国家历史公园（1987）
夏威夷火山国家公园（1987）
夏洛茨维尔的蒙蒂塞洛和弗吉尼亚大学（1987）
陶斯印第安村（1992）
沃特顿冰川国际和平公园（1995）
卡尔斯巴德洞穴国家公园（1995）
帕帕哈瑙莫夸基亚国家海洋保护区（2010）
弗兰克·劳埃德·赖特的20世纪建筑作品（2019）

乌拉圭
萨拉门多移民镇的历史区（1995）
弗莱本托斯文化工业景区（2015）

乌兹别克斯坦
伊钦·卡拉内城（1990）
布哈拉历史中心（1993）
沙赫里苏伯兹历史中心（2000）
处在文化十字路口的撒马尔罕城（2001）
西部天山（2016）

瓦努阿图
马塔王酋长领地（2008）

委内瑞拉
科罗及其港口（1993）
卡奈依马国家公园（1994）
加拉加斯大学城（2000）

越南
顺化历史建筑群（1993）
下龙湾（1994，2000）
会安古镇（1999）
圣子修道院（1999）
丰芽—格邦国家公园（2003）
河内升龙皇城（2010）
胡朝时期的城堡（2011）
长安名胜群（2014）

也门
城墙环绕的希巴姆古城（1982）
萨那古城（1986）
乍比得历史古城（1993）
索科特拉群岛（2008）

赞比亚
莫西奥图尼亚瀑布（维多利亚瀑布）（1989）

津巴布韦
马纳波尔斯国家公园、萨比和切俄雷自然保护区（1984）
大津巴布韦国家纪念地（1986）
卡米国家遗址纪念地（1986）
莫西奥图尼亚瀑布（维多利亚瀑布）（1989）
马托博山（2003）

（截至2019年12月）

图片来源

AA Photo Library pages 52-53, 53 bottom
Laura Accomazzo/Archivio White Star pages 392 top left and top right, 393 top
AISA pages 56 left, 57 top, 58-59, 72-73, 79 center left and center right, 81 top, bottom, 82 top, 85 bottom, 86 center, 88-89, 89 top right, center, bottom right, 90-91, 102-103, 106, 107 bottom, 108 top, 121 top and bottom, 124-125, 126-127, 127 top and bottom, 134 top, 135 right, 140 bottom right, 163 center right, 164 top right and bottom left, 198 bottom right, 199 bottom, 209 bottom right, 210 top and bottom left and bottom right, 213 bottom left, 221 bottom left, 222-223, 224 bottom, 230-231, 232 top, 232-233, 236-237, 239 top, 241 top and center, 249 top left and top right, 250, 250-251, 251 top left and top right, 254-255, 255 center right, 257 top, 266-267, 270 top, 272-273, 273 top, 286-287, 287 bottom right, 302-303, 308-309, 322 top and bottom, 322-323, 324 top left, 324-325, 340 top, 341 bottom, 342, 343 top left, 348 top right, 348-349, 349 bottom, 350 bottom left, 352 top and bottom, 352-353, 370 center, 371 top right, 372-373, 374-375, 374 bottom left, 375 top, 377 bottom left, 379 top and center, 381, 391 left and right, 392 bottom, 392-393, 395 bottom, 396 bottom left, 396-397, 398 top, 400 top left, 401 top, 402, 403 top left, top right, bottom left, bottom right, 404 top and bottom, 405 top left, 407 center right and bottom, 408 bottom left and bottom right, 408-409, 410 bottom, 411 right and bottom left, 412 bottom left, bottom right, 413 top
Alamy Images pages 196 top, 216 top
Glen Allison/Mira pages 44 bottom, 46 top right
Stefano Amantini/Atlantide pages 88 top, 91 right bottom, 102 top left, 136 bottom left, 138 bottom, 166 center, 261, 324 top right
Giulio Andreini pages 165, 172 bottom, 177 bottom left, bottom right, 212-213, 222 top left and bottom, 223 top and bottom, 238 bottom, 371, 405 top right and bottom
Anzenberger page 363 center
Toni Anzenberger/Anzenberger page 202 center right
Antonio Attini/Archivio White Star pages 162 top left, 162-163, 161 center, 190-191, 200 top left and bottom, 201 top right, bottom right, 202 top left and top right, 203 left, 204 top left, center left, center right, bottom right, 205 right, 206 top, 206-207, 207 top, 208 right, 209 bottom left, 210-211, 260

top center, 264 top, 265 top center, top right, bottom left and bottom right, 334 bottom right, 358 top, 359 top right and top center, 360 top right, 361 bottom left and bottom right, 362 top, 362-363, 363 bottom, 370 top left, 382 bottom left, 384 top left and bottom left, 386 bottom left, 387 bottom right, 389 top
Archivio Musei Vaticani pages 182-183, 183 top left, top right and center
Archivio Scala page 187 bottom
Tiziana and Gianni Baldizzone pages 340 bottom, 344 bottom, 344-345, 345 top and center right, 346 bottom right, 347 bottom, 357 top, center left and center right
David Ball/Corbis page 180 bottom
Franco Barbagallo page 193 bottom left
A. Battaglini page 221 bottom right
Andrea Battaglini/CuboImages srl/Alamy Images page 193 top
Matteo Bazzi/Il Dagherrotipo page 400 top center
Marcello Bertinetti/Archivio White Star pages 6-7, 10-11, 38 top, bottom, 38-39, 42 bottom left, bottom right, 43 top and bottom, 42-43, 45 bottom, 46 top left, 46-47, 48 right, 49 bottom left, bottom right, 50 top, 51 center right, 54 bottom, 57 bottom, 111 top and bottom, 149 top, 152 top, 153 bottom, 154 bottom right, 154-155, 181 top, 185 bottom, 190 top left and right, 234, 234-235, 235 left and top right, 236 top, 258 bottom left, 259 center right, bottom right, 260 top left, top right and bottom, 262 top left, top right and bottom, 262-263, 263 top, 264 bottom, 265 top left, 302 top left, 303 center left, center right and bottom right, 304 top, center left, center right and bottom right, 306 bottom left and bottom right, 306-307, 307 top and bottom right, 309 top, center right and bottom, 310 center, 314-315, 314 bottom, 315 top left, top right and center right, 316-317 317 top, bottom left and bottom right, 318 top, center left, center right and bottom left, 319 top, 326-327, 327 bottom, 358-359, 360 top left, 360-361, 361 top, 362 bottom left, 363 top
Yann Arthus-Bertrand/Corbis pages 28-29
Ullstein Bild/Archivio Alinari page 70 top
Chris Bland/Corbis/Grazia Neri page 64 top right
Philippe Body/Hoa-Qui/HachetePhots/Contrasto page 133 top
Christophe Boisveux pages 15 bottom, 44 top, 51 center left, 136 top right, 242 top left, 285 top right, 288 bottom left and bottom right, 289 bottom, 291 top left, 298 top right, 299 top right

and bottom right, 318 bottom right, 318-319, 320 bottom left, 320-321, 330 top, 330-331, 331 top, center right and bottom right, 332, 411 bottom right
Massimo Borchi/Archivio White Star pages 247 center left, 248 bottom right, 248-249, 292 bottom, 293 top right, 294 center left and bottom left, 296-297, 297 top right and bottom right, 372 top and bottom, 373 bottom, 378 top, 378-379, 380 top left, top right and bottom
Massimo Borchi/Atlantide pages 17 top, center and bottom, 18 top, 18-19, 189 top right, 208 top left, 210 center, 244 bottom, 320 top right and bottom right, 410-411, 413 center
Livio Bourbon/Archivio White Star pages 149 bottom, 383 top left, 384 center right, 385, 387 top and bottom left, 389 top left and top right, 388-389
Craig J. Brown pages 313 center, 312-313
Wojtek Buss pages 20 top left, 32-33, 33 bottom right, 38 center, 56 center and right, 91 left and right top, 103 bottom left, 129 top right and center, 132 bottom right, 214 left, 215 top right, 272 top left, 273 bottom, 282 top right, bottom left and bottom right, 283, 284 top and bottom, 284-285, 285 top left, 286 bottom, 287 top right, 305
Wojtek Buss/Hoa-Qui/HachettePhotos/Contrasto pages 50-51
Cameraphoto pages 148 top and bottom, 150 top, bottom left, bottom right, 151, 152 center left, center right, 154 top and center, 155 bottom
Ph. Caudron/Eureka Slide pages 62-63
Stefano Cellai pages 63 top, 163 center left, 172 top left, 173 top left, 214-215, 324 top center
Herie Champollion page 116 bottom left
Michelle Chaplow/AA Photo Library page 206 center right
Boisseaux-Chical/Contrasto page 350 top right
Jen Rey Chine/Ag.ANA page 300 top right
Elio Ciol pages 18 bottom left and bottom right, 19 bottom, 257 bottom right
Matthieu Colin/Hemis/Corbis page 117 top
Concessione S.M.A. 1-634 del 4.11.97 Anne Conway/Archivio White Star pages 186-187
Concessione S.M.A. 316 del 18.8.95 Marcello Bertinetti/Archivio White Star pages 180-181
Concessione S.M.A. 493 del 28.5.1993, Stefano Amantini/Atlantide page 167 bottom right
Dean Conger/Corbis/Grazia Neri page 310 bottom
Corbis/Grazia Neri pages 104 center, 105

bottom, 170 center, 196 center and bottom

Guido Cozzi/Atlantide page 163 top

Alexis Daflos/Royal Collection pages 22 bottom, 23 top and bottom

Giovanni Dagli Orti pages 2, 116 top left, 133 bottom, 181 bottom, 118-119, 118 bottom left, bottom right, 119 right, 120-121

Damm/Zefa pages 298 left, 375 bottom

Steve Davey/LPI page 366 center

James Davis/Corbis/Grazia Neri pages 310 top, 310-311

Araldo De Luca/Corbis page 187 top

Thomas Dix pages 293 top left, 294-295

Krzysztof Dydynski/LPI page 396 top left

Electa pages 140 bottom left, 142, 142-143

David Else/LPI pages 364-365, 365 top right, 367 bottom

Ric Ergenbright/Corbis/Grazia Neri page 291 bottom

Robert Everts/zefa/Corbis page 97 top

Martino Fagiuoli/CV Export page 388 center and bottom

Gigliola Foschi/Focus Team pages 89 top left, 90 bottom

Fotoscopio pages 414-415, 414 bottom left and bottom right, 416 bottom

Klaus Frahm/Artur pages 73 left, right top and right bottom, 73 bottom

Robert Freck/Odyssey/F. Speranza pages 220-221

Alfio Garozzo/Archivio White Star pages 267 center right, 268 top, 269 top left, top right and bottom, 341 top, 343 bottom left, 346 top, 415 top, 416 top left and top right, 416-417, 417 top and bottom

Cesare Gerolimetto page 72 bottom

Fausto Giaccone/Franca Speranza pages 22-23

Giusy Giublena pages 348 bottom left, 350 bottom right, 351

Giraudon/The Bridgeman Art Library page 138 top

Michel Gotin page 290 top

Grafenhaim/Franca Speranza pages 20-21

M. Gratton/Vision page 254 top

Itamar Grinberg pages 258-259

Hakan Can Yalcin/123RF: pag. 343 bottom right

Harry Gruyaert/Magnum/Contrasto page 267 bottom

Hackenberg/Zefa pages 224-225

Jan Halady pages 100 top left, top right, 98-99, 99 top right, bottom and top left, 100 top and bottom, 100-101, 101 top left and top right

Roland Halbe/Artur page 203 right

Suzanne Held pages 321 bottom, 336 bottom left and bottom right, 395 center

Jochen Helle/Bildarchiv Monheim/©2002 Victor Horta-Sofam Belgique page 68 left

Jorg Hempel/Artur pages 76-77, 77 center

Pal Hermansen/Franca Speranza page 16

Jeffery Howe page 64 center left

Andrew Humphreys/LPI page 256 left and right

Index pages 267 top left, 268 bottom

Index/Barbieri page 226 top right

Ironbridge Museum Library pages 52 top left and top right, 53 center

© iuphotos/123R page 110 center

Kohlhas/Zefa page 80 left

Dr. Rosen Kolev pages 230, 233 right

Guenay Ulutuncok Laip/Contrasto page 365 bottom right

Reiner Lautwein/Artur/©2002 Victor Horta-Sofam Belgique pages 68 bottom right, 69

Charles Lenars pages 255 center left, 280 left, 349, 390-391, 400 top right, 401 bottom

Danny Lehman/Corbis pages 246-247

Dieter Leisther/Arthur pages 14, 84 top

Jean Pierre Lescourret/Eexplorer/ HachettePhotos/Contrasto page 225 center

Erich Lessing/Contrasto page 175 bottom

Frances Linzee Gordon/LPI page 365 top left

Richard List/Corbis page 108 bottom left

Mel Longhurst/Corbis page 383 center

Georgia Lowell/Corbis/Grazia Neri page 312 bottom left

Ludovic Maisant/Corbis/Grazia Neri page 47 top right

R. Matina/Agefotostock/Contrasto page 237 top right

Susy Mezzanotte page 35 bottom right

Mit Collection/Corbis/Grazia Neri page 291 top right

Florian Monheim/Artur pages 61 top left, 130 top right

Florian Monheim/Bildarchiv Monheim pages 58 bottom, 79 top, 80-81, 82 bottom left, bottom right, 82-83, 84 bottom, 84-85, 86 top and bottom, 86-87, 123 top and center, 128, 129 top center, 129 bottom, 130 bottom, 132 bottom left

Florian Monheim/R. Vongotz/Bildarchiv Monheim pages 78-79

Martin Moos/LPI pages 274 top, bottom right, 274-275, 276, 280 right top and right bottom

E. Mucchiati/Double's page 313 top right

Net Sea/M. Mavromichalis page 243 bottom left and bottom right

Paolo Novaresio pages 346 bottom left, 347 top

Gigi Olivari/Franca Speranza page 51 top

Barbara Optiz/Bildarchiv Monheim page 76 top left and top right

Werner Otto/Imagebroker.net/Ullstein Bild page 74 center

Parlamentary Copyrights 1995 page 54 top

M. Paygrard/Medialp/Francedias pages 134 bottom, 134-135

© Branislav Petkovic/123RF pages 152-153

Daniel Philippe/Air Print pages 70-71, 74-75, 102 bottom left, 116-117, 124, 129 top left, 130-131, 133 center, 132-133, 136-137, 200-201, 204-205, 208-209

Photo Daspet page 139 top, bottom left and bottom right

Photo Henneghien/Ag.ANA page 108 bottom right

Photos10 page 64 bottom right

Jean Charles Pinheira pages 216-217, 217 bottom, 406 bottom, 407 top, 406-407, 408 top, 409 bottom

Andrea Pistolesi pages 59 top left, 59 center right, bottom right, 60 left, 60-61, 61 center, 73 top left, top right, 74 top left and top right, 382-383, 399 center and bottom, 398-399

Sergio Pitamitz/Corbis page 173 top right

Sergio Pitamitz/Sie pages 394-395, 395 top

Josef Polleros/Anzenberger: pages 9, 242 bottom right, 242-243

PowerStock/Zefa page 329 top

Sepp Puchinger/Anzenberger page 400 bottom

Jean-Baptiste Rabquan/Hemispheres page 397 top

Nicolas Rachmano/Ag. ANA pages 39 top, 40 top left, bottom left, 40-41, 41 top right and bottom right

Paola Ragazzini/Corbis/Grazia Neri page 390 bottom left

Luciano Ramires/Archivio White Star pages 112 top left, Giovanni Rinaldi/ Il Dagherrotipo pages 384 top right, 386-387

Ghigo Roli pages 156-157, 160 top

Benjamin Rondel/The Stock Market/ Contrasto page 324 bottom left

© samael334/iStockphoto page 122

Christian Sappa pages 48 left, 48-49

Scala pages 166 top and bottom, 166-167, bottom left

Scala Group pages 81 center right, 110 top, 156 top, center and bottom, 158 center, 159 center, 160-161, 169 center right, bottom left and bottom right, 170 top, bottom, 170-171, 174, 175 top left and top right, 176 top right, bottom, 176-177, 178 top, bottom, 178-179, 179 top left and top right, 184 top, 184-185, 185 top left and top right, 225 top and bottom, 399 top, 412-413

Gregor M. Schmid/Anzenberger pages 194, 195 bottom right, 197

Wolfang Schwager/Artur page 79 bottom

Chris Sharp/South American Pictures page 374 bottom right, 376 top left

© Mykhailo Shcherbyna /123RF page 115

SIE page 257 bottom center

G. Sini/Ag. Marka page 117 bottom

Gerard Sioen/Anzenberger page 131 bottom

Mark E. Smith/Franca Speranza page 137 top

R. Spampinato/Franca Speranza pages 66 bottom, 67 bottom left

© Rolf E. Staerk/Shutterstock page 123 bottom

Anne Stierlin page 376 top right

Henri and Anne Stierlin pages 376-377
Henri Stierlin pages 5, 198 left, 198-199, 206 center left, 213 bottom right, 270-271, 271 top right, center and bottom, 274 bottom left, 277 top left, top right and bottom, 278 top and bottom, 278-279, 279 top right, bottom left and bottom right, 292 top, 297 bottom left, 323 top right and bottom right, 328 top and bottom left, bottom, 376 bottom, 377 bottom right
Keren Su/China Span pages 280-281, 300 top left, 300-301, 301 top
Emilio Suetone/Hemis.fr page 192
Summerfield/Index page 316 bottom
Harald Sund/Tips Images pages 112-113
SuperStock/Agefotostock/Marka pages 34-35
Deanna Swaney/LPI page 15 top
Murat Taner/zefa/Corbis page 93 top
S. Tauqueur/Franca Speranza page 20 top right
Ann Tenno pages 44-45, 47 top left
Luca Tettoni pages 327 top, 333 top left, top right and bottom, 334 top right and bottom left, 335, 336-337, 337 top and bottom
The Bridgeman Art Library page 169 top
Angelo Tondini/Focus Team pages 45 top, 366 top, bottom, 366-367
Yvan Travet/Franca Speranza page 66 top
Prof. Gerhard Trumler pages 104 top, 104-105
©tupungato/123RF page 110 top

Sandro Vannini/F. Speranza pages 161 top, 238 top left, 238-239, 240 top, 240-241, 241 bottom, 343 top right
Giulio Veggi/Archivio White Star pages 21 top, 35 top, center left, center right and bottom left, 36 bottom left and bottom right, 55 top right and center right, 94-95, 95 top, center left, center right and bottom, 96 top, center left and center right, 97 bottom left and bottom right, 103 bottom right, 110 bottom, 112 top right, 113 top, bottom left, bottom right, 116 top and bottom, 140 top, 140-141, 141 bottom, 157 top, 158 top left and top right, 159 top, 161 bottom, 168, 171 top, 172-173, 186 left, 188 top and bottom, 188-189, 193 bottom right, 194 top, 194-195, 195 top right and bottom left, 213 top, 214 right, 215 top left, 217 top, 218 top, 218-219, 219 top and bottom, 220 top and bottom, 226 top left, 226-227, 227 right and bottom, center, bottom, 228-229, 228 bottom, 229 top left and top right, 244 top, 245, 246, 247 top, center right and bottom, 248 top left
Verla Mill Museum Photo Archive pages 24-25, 25 center and bottom, 28 bottom left and right, 26-27, 27 bottom
R. Von Gotz/Bildarchiv Monheim pages 54-55
Ken Welsh/Agefotostock/Granata PhotoStock page 67 bottom right
K.M. Westrmenn/Corbis/Grazia Neri page

359 bottom center
Tony Wheeler/LPI page 390 top left
Ole Woldbye/Pernille Klemp pages 28 top, 29 top left and top right, 30 top left, top right and bottom, 31 top and bottom
Christopher Wood/LPI page 254 bottom
P. Wysocky-S. Frances/Hemispheres pages 107 top, 108-109
Michael S. Yamaschita/Corbis/Grazia Neri page 308 left
Francesco Zanchi/Archivio White Star pages 32 top right and bottom left, 33 top right, 36 top, 37

The maps are by Elisabetta Ferrero/ Archivio White Star

Cover
Taj Mahal (Agra, India).
© *Thomas Dix*

Back cover
left
The interior of the Sultan Ahmed Mosque, better known as the Blue Mosque (Istanbul, Turkey).
© *Massimo Borchi/Archivio White Star*

center
Piazza del Duomo in Pisa.
© *Antonio Attini/Archivio White Star*

right
Jokhang Temple (Lhasa, China).
© *Marcello Bertinetti/Archivio White Star*

作者

　　马可·卡特尼奥出生于 1963 年，毕业于米兰大学物理学专业，现任《科学》（*Le Scienze*）杂志［美国科普杂志《科学美国人》（*Scientific American*）的意大利语版本］的主编。马可·卡特尼奥著有多部著作，包括《海森堡与量子革命》（*Heisenberg and the Quantum Revolution*）（2000 年）以及为白星出版社撰写的《世界大都市》（*Great Cities of the World*）（2005 年）。他喜欢旅游和摄影，曾在《美国新闻与世界报道》（*US News & World Report*）和《聚焦英国》（*Focus UK*）等知名杂志上发表多篇文章。

　　贾斯米娜·特里福尼出生于 1966 年，毕业于帕多瓦大学政治学专业，目前是一名聚焦旅游领域的记者，任职于《子午线》（*Mleridiani*）杂志的编辑部。贾斯米娜·特里福尼视旅行为职业和使命，并积累了大量的民族和文化经验，特别是在印度、东南亚国家和中东地区。她还同时为多家全国性报纸撰稿。贾斯米娜·特里福尼和马可·卡特尼奥为白星出版社撰写了《世界大都市》（2005 年）。

图书在版编目（CIP）数据

艺术珍宝：联合国教科文组织世界遗产 / （意）马可·卡特尼奥，（意）贾斯米娜·特里福尼著；曹莉译 . — 北京：中国科学技术出版社，2024.1
书名原文：The World Heritage Sites of UNESCO The Treasures of Art
ISBN 978-7-5236-0391-8

Ⅰ. ①艺… Ⅱ. ①马… ②贾… ③曹… Ⅲ. ①文化遗产—世界—画册 Ⅳ. ① K103-64

中国国家版本馆 CIP 数据核字（2023）第 235749 号

著作权登记号：01-2023-5287
审图号：GS 京（2023）2418 号

WS White Star Publishers® is a registered trademark property of White Star s.r.l
© 2019 White Star s.r.l.
Piazzale Luigi Cadorna 6,
20123 Milan, Italy
www.whitestar.it

　　本书中文简体版由意大利白星出版社通过中华版权代理有限公司授权中国科学技术出版社有限公司独家出版，未经出版者许可不得以任何方式抄袭、复制或节录任何部分

总　策　划	秦德继
策划编辑	徐世新　许　慧　单　亭
责任编辑	向仁军　单　亭　许　慧　邬梓桐
装帧设计	中文天地
责任校对	焦　宁
责任印制	李晓霖
其他参译人员	荣宁宁　郝晓慧　杨文艳

出　　版	中国科学技术出版社
发　　行	中国科学技术出版社有限公司发行部
地　　址	北京市海淀区中关村南大街 16 号
邮　　编	100081
发行电话	010-62173865
传　　真	010-62173081
网　　址	http://www.cspbooks.com.cn

开　　本	880mm×1230mm　1/16
字　　数	650 千字
印　　张	26.75
版　　次	2024 年 1 月第 1 版
印　　次	2024 年 1 月第 1 次印刷
印　　刷	北京华联印刷有限公司
书　　号	ISBN 978-7-5236-0391-8 / K·379
定　　价	298.00 元

（凡购买本社图书，如有缺页、倒页、脱页者，本社发行部负责调换）